[대외교류연구원 연구총서 2]

한국 근대 개화파와 통치기구 연구

한국 근대 개화파와 통치기구 연구

초판 1쇄 발행   2009년 3월 26일

저　자 Ⅰ 한철호
발행인 Ⅰ 윤관백
펴낸곳 Ⅰ 선인

편　집 Ⅰ 이경남·장인자·김민희
표　지 Ⅰ 김지학·정안태
교정교열 Ⅰ 김은혜·이수정
영　업 Ⅰ 이주하

인　쇄 Ⅰ 한성인쇄
제　본 Ⅰ 광신제책

등록 Ⅰ 제5-77호(1998.11.4)
주소 Ⅰ 서울시 마포구 마포동 324-1 곶마루 B/D 1층
전화 Ⅰ 02)718-6252 / 6257   팩스 Ⅰ 02)718-6253
E-mail Ⅰ sunin72@chol.com
Homepage Ⅰ www.suninbook.com

정가 24,000원
ISBN 978-89-5933-136-9   93900

· 잘못된 책은 바꿔 드립니다.

[대외교류연구원 연구총서 2]

한국 근대 개화파와 통치기구 연구

한철호

선인

책머리에 ▪ 7

1부 유길준(1856~1914)의 삶과 사상

유길준의 생애와 사상 ▪ 13
- Ⅰ. 머리말 | 13
- Ⅱ. 박규수와의 만남: 전통유학으로부터 일탈 | 15
- Ⅲ. 최초의 일본·미국 유학: 개화세계의 경험 | 18
- Ⅳ. 유폐와 연금: 개화사상의 정립 | 20
- Ⅴ. 갑오개혁의 추진: 개혁의 실천과 좌절 | 25
- Ⅵ. 일본망명: 입헌군주제의 지향 | 29
- Ⅶ. 맺음말 | 32

유길준의 개화사상서 『西遊見聞』과 그 영향 ▪ 35
- Ⅰ. 머리말 | 35
- Ⅱ. 『서유견문』의 집필 배경 | 37
- Ⅲ. 『서유견문』의 내용 | 45
- Ⅳ. 『서유견문』의 영향 | 51
- Ⅴ. 맺음말 | 61

2부 친미개화파의 활동과 미국 인식

'최초의 미국대학 졸업생' 李啓弼의 일본·미국 유학과 활동 ▪ 65
- Ⅰ. 머리말 | 65
- Ⅱ. 일본 유학의 경위와 修學(1883~1885) | 69
- Ⅲ. 미국 유학과 활동(1885~1891) | 73
- Ⅳ. 맺음말 | 87

대한제국 초기 한성부 도시개조사업과 그 의의 ▪ 93
–'친미'개화파의 치도사업을 중심으로–
- Ⅰ. 머리말 | 93
- Ⅱ. 치도사업의 배경 | 97
- Ⅲ. 치도사업의 추진 | 105

Ⅳ. 치도사업의 주체 | 115
Ⅴ. 맺음말 | 136

개화기 주미 공사관원의 미국 인식 ■ 141

Ⅰ. 머리말 | 141
Ⅱ. 조미조약 체결 전후 관료지식인의 미국 인식 | 144
Ⅲ. 주미 공사관원의 미국 인식 | 152
Ⅳ. 맺음말 | 170

3부 통치기구의 조직과 운영

통리군국사무아문의 조직과 운영(1882~1884) ■ 175

Ⅰ. 머리말 | 175
Ⅱ. 통리군국사무아문의 설치과정 | 177
Ⅲ. 통리군국사무아문의 조직 | 181
Ⅳ. 통리군국사무아문의 기능 | 186
Ⅴ. 통리군국사무아문의 운영 | 196
Ⅵ. 맺음말 | 209

내무부의 조직과 기능(1885~1894) ■ 213

Ⅰ. 머리말 | 213
Ⅱ. 내무부의 설치과정 | 216
Ⅲ. 내무부의 조직 | 223
Ⅳ. 내무부의 기능 | 233
Ⅴ. 맺음말 | 260

내무부 관료의 구성과 정치적 성향(1885~1894) ■ 265

Ⅰ. 머리말 | 265
Ⅱ. 내무부 관료의 직급별 구성 | 267
Ⅲ. 내무부 관료의 정치적 성향 | 275
Ⅳ. 맺음말 | 290

찾아보기 ■ 323

책머리에

　역사를 공부하겠다고 사학과에 입학한 지 벌써 30년이 흘러갔다. 철모르던 대학 신입생이 어느덧 지천명의 나이에 이르렀고, 옛날 말에 따르더라도 강산이 세 번 바뀌었을 시간이다. 요즘은 사회가 하도 빠르게 변해가니 강산뿐만 아니라 세상도 옛 흔적을 찾아보기 힘들 정도로 달라졌다. 그럼에도 나 자신의 학문에 커다란 진전이 없는 것 같아 안타깝기만 하다.
　한국근대사를 공부하려고 작정했을 때, 동아시아 3국이 각기 다른 길을 걷게 되었던 근본적인 원인과 과정을 천착함과 아울러 현재에 끼친 영향을 광범위하고도 유기적으로 조감해보겠다는 꿈을 품었다. 그러나 한·중·일 3국의 역사를 통달하기는커녕 우리나라 근대화의 복잡다단한 흐름을 제대로 살펴보는 것조차 매우 벅찼다. 따라서 우선 동아시아 3국의 근대화를 비교 분석하기 위한 실마리로 개화파를 화두로 삼았다. 이러한 노력의 자그마한 성과로 10년 전 『친미개화파 연구』를 내놓게 되었다.
　그 후에도 저자는 개화파의 언저리를 맴돌았지만 그 전모를 치밀하게 파악하지도 못한 채 다른 주제들에 기웃거렸다. 덕분에 관심대상이 넓어지긴 했어도 무엇 하나 제대로 완결 짓지 못한 어정쩡한 상태가 되었다. 이러한 연유로 발표된 글들을 책으로 엮을 엄두

조차 내지 못하였다. 또 여기에는 기존의 글들을 책으로 엮는 품을 들이기보다는 한 편의 글이라도 더 쓰는 편이 낫다는 만용도 작용하였다. 그럼에도 나름대로 한번 매듭을 짓고 넘어가는 게 좋지 않겠냐는 주변의 권유를 뿌리치지 못하고 미흡하나마 출간을 결심하기에 이르렀다.

이 책은 3부로 구성되어 있다. 1부는 개화파의 대표적인 인물인 유길준의 삶과 사상을 다루었다. 유길준의 생애와 사상을 시기 구분하여 그 특징을 규정하였고, 그의 대표작인 『서유견문』이 끼친 영향을 치밀하게 분석해 보았다. 2부는 『친미개화파 연구』에서 미처 다루지 못했던 친미개화파의 활동과 미국 인식에 초점을 맞추었다. 이계필의 미국 유학 과정과 활동을 추적해서 그가 '최초의 미국 대학 졸업생'일 가능성을 제시하였고, 대한제국 초기 친미개화파가 한성부 도시개조사업을 주도하였던 사실을 논증하였으며, 주미 공사관원을 중심으로 관료지식인의 미국인식과 그 특징을 밝혔다. 3부는 그동안 역사학계에서 잘 알려져 있지 않았던 개화기 통치기구에 대한 연구이다. 임오군변과 갑신정변을 계기로 신설된 통리군국사무아문과 내무부의 조직과 기능 및 운영을 고찰함으로써 이들 기구가 기존의 의정부·6조체제를 약화시키고 실질적인 국가 최고의 국정의결·집행기구였다는 견해를 새롭게 내놓았다.

이 책에 수록된 글들은 하나의 단행본 체제로 기획·집필된 것이 아니어서 서로 내용이 중복되는 부분도 있고, 몇 편의 글을 덧붙여야 좀더 짜임새를 갖추게 되는 부분도 있으며, 각각의 글들이 발표된 후에 나온 관련 연구 성과를 토대로 보완·수정해야 할 부분도 적지 않다. 따라서 이번 기회에 부족한 측면을 메워보려고 마음먹었으나 저자의 게으름 탓에 제대로 수정·보완하지 못하고 말았다. 또한 저자의 논지가 크게 잘못되지 않다고 판단되는 부분은 그대로 남겨두었다. 여러 선생님들의 질정을 바란다.

이 책이 나오기까지 많은 분들의 도움을 받았다. 학문에 대한 열정이 넘쳐흐르는 하원호 선생님을 비롯한 대외교류연구원의 식구들, 공부뿐만 아니라 삶에 대해서도 날카로운 비판과 따뜻한 격려를 아끼지 않았던 한국근현대사학회의 회원들께 감사드린다. 교정하느라 애썼던 동국대 한성민·조건·이승민 선생님, 원고 정리를 도와주었던 대학원생 김항기 군에게도 고마움을 전한다. 또 밤낮이 바뀐 저자를 늘 보듬어주었던 가족에게 이 책이 조금이라도 위안이 되었으면 좋겠다. 마지막으로 이 책을 기꺼이 출판해주신 선인의 윤관백 사장님, 이 책을 멋있게 편집해주시고 여러 차례의 교정에도 항상 따뜻하게 대해주었던 선인의 편집부 여러분들께 감사의 뜻을 표하고 싶다.

2009년 3월
한철호

1부

유길준(1856~1914)의 삶과 사상

유길준의 생애와 사상

I. 머리말

　矩堂 俞吉濬은 우리나라 최초의 일본·미국유학생이었으며, 군국기무처의원·내각총서·내부대신 등 요직을 맡으면서 갑오개혁을 주도하였고, 아관파천으로 11년 넘게 일본에 망명하였으며, 귀국 후 여생을 마칠 때까지 興士團·隆熙學校·漢城府民會 등을 설립하여 계몽·교육운동에 전념하였다. 또한 그는 『西遊見聞』·『勞動夜學讀本』·『大韓文典』을 비롯하여 「中立論」·「政治學」 등 방대한 저술을 남겼다. 따라서 그는 개화기 대표적인 사상가이자 정치가로 손꼽힌다.
　유길준이 살았던 시기는 우리나라가 대외적으로 개항을 계기로 외압이 가중되어 식민지로 전락하였으며, 대내적으로 전통사회의 모순이 심화되고 있었던 역사의 격변기였다. 이러한 국내외적 상황 속에서 그는 외세의 국권침탈을 막아내고 자주독립을 유지함과 아울러 근대적 사회를 수립하기 위해 나름대로 최선의 노력을 기울였다. 그러나 전근대사회에서 근대사회로 바뀌어가는 격변의 시기에 삶을 영위했던 대다수의 사람들이 그랬듯이, 유길준 역시 한국 근대사가 굴절 및 왜곡되면서 파란만장한 생애를 보냈다. 제국주의 열강의 침략을 막아냄과 동시에 그들의 선진제도와 문물을 받아들여 근대적 국민국가를 건설하는 일이 그리 쉽지만은 않았기 때문이다.

유길준의 생애 자체가 한국근대사의 역정과 맥을 같이 하고 있을 뿐 아니라 그의 방대한 저술이 한국근대사상의 형성과 발전에 커다란 영향을 끼쳤기 때문에, 일찍이 그의 사상과 활동에 관해서는 많은 연구가 축적되어 왔다.[1] 그 결과 유길준의 전 생애에 걸쳐 정치·개혁활동은 물론 사상의 특징과 그 역사적 의의 및 한계 등이 밝혀졌다.

그럼에도 유길준의 생애와 사상에 대해서는 아직까지 다양한 시각과 평가가 존재하고 있다. 그의 교제 폭이 이른바 변법(급진)개화파와 시무(온건·점진)개화파를 망라하고 있었고, 그의 정치적 행보도 갑신정변·갑오개혁·일본망명 등을 계기로 변화되는 모습을 보이고 있기 때문이다. 따라서 그의 사상에 대해서는 보수·점진주의

---

[1] 유길준에 관해서는 金泳鎬,「俞吉濬의 開化思想」,『創作과 批評』, 1968년 겨울호 ; 姜萬吉,「俞吉濬의 韓半島中立化論」,『創作과 批評』, 1973년 겨울호 ; 金炳夏,「俞吉濬의 經濟思想」,『東洋學』 4, 1974 ; 田鳳德,「西遊見聞과 俞吉濬의 法律思想」,『學術院論文集』 15, 1976 ; 李光麟,「俞吉濬의 開化思想」,『韓國開化思想研究』, 一潮閣, 1979 ;「日本 亡命時節의 俞吉濬」·「俞吉濬의 英文書翰」,『開化派와 開化思想 研究』, 一潮閣, 1989 ;『유길준』, 東亞日報社, 1992 ;「俞吉濬의 문명관」,『韓國近現代史論攷』, 一潮閣, 1999 ; 俞東濬,『俞吉濬傳』, 一潮閣, 1987 ; 具仙姬,「福澤諭吉과 1880年代 韓國開化運動」,『史叢』 32, 1987 ; 柳永益,「甲午更張 이전의 俞吉濬」,『甲午更張研究』, 一潮閣, 1990a ;「『西遊見聞』論」,『韓國史市民講座』 7, 1990b ; 김봉렬,『俞吉濬 開化思想의 硏究』, 경남대학교 출판부, 1998 ; 尹炳喜,「일본망명시절 俞吉濬의 쿠데타음모사건」,『한국근현대사연구』 3, 1995 ;『俞吉濬硏究』, 國學資料院, 1998 ; 정용화,「유길준의 정치사상-전통에서 근대로의 복합적 이행-」, 서울대 정치학박사학위논문, 1998 ;『문명의 정치사상-유길준과 근대 한국-』, 문학과지성사, 2004 ; 月脚達彦,「開化思想の形成と展開-俞吉濬の對外觀を中心に-」,『朝鮮史研究會論文集』 28, 1991 ; 韓哲昊,「俞吉濬의 개화사상서『西遊見聞』과 그 영향」,『震壇學報』 89, 2000 ;「서유견문」,『고전으로 가는 길』, 아카넷, 2007 ; 김민규,「개화기 俞吉濬의 국제질서관 연구-兩截體制와 條規體制의 관련성에 대하여-」,『韓國人物史研究』 3, 2005 ; 김신재,「유길준의 민권의식의 특질」,『동학연구』 22, 2007 등 참조.

적 혹은 진보·급진주의적 성격을 띠었다는 상반된 견해가 존재하고 있으며, 그의 '친일'적 행위에 관해서도 평가가 엇갈리고 있는 실정이다. 그 이유는 무엇보다도 그가 처한 역사적 조건과 상황이 시기별로 급변하는 점을 간과한 채 그의 활동과 사상을 단편적으로 이해한 데에서 비롯된다.

이 글에서는 기존의 연구 성과를 수용하면서 유길준의 생애에 걸쳐 일관되는 정치적·사상적 특징을 살펴봄과 동시에 그것이 각각의 전환기에 어떻게 모습을 달리하면서 나타나는가를 조감하는 데 역점을 두었다. 이를 위해 그의 출생부터 일본망명까지 생애를 5시기로 나누어 개관하되 각각의 활동과 그에 조응하는 사상의 관련성을 분석할 것이다. 또한 시기별 활동과 사상이 그 전후에 끼친 영향이 무엇이었는가를 고찰함으로써 그에 대한 역사적 평가를 새롭게 내려 보고자 한다.

II. 박규수와의 만남: 전통유학으로부터 일탈

유길준은 1856년 10월 24일(음력 9/25) 杞溪 俞氏 양반출신인 鎭壽와 韓山 李氏 사이에 서울 北村 桂洞에서 태어났다. 또한 그는 3남 2녀의 5남매 중 둘째 아들로서 위로는 형 俞會濬과 누나, 아래로는 남동생 유성준과 누이가 있었으니, 그야말로 형제자매를 골고루 가지는 행운을 타고난 셈이었다. 이러한 가정환경은 훗날 그가 '時勢'와 '處地'를 고려하여 어느 한쪽에 치우치지 않고 '得中'의 태도를 취하는 데에도 적지 않은 영향을 주었을 것으로 여겨진다.

그의 할아버지 俞致弘은 예천군수·청송부사 등을 지낸 청백리였고, 아버지 유진수는 승지·동지중추부사를 역임하였는데, 모두 학문이 뛰어났다. 비록 가난했지만 화목한 집안 분위기 속에서 그는 한때 서당에 다니다가 여덟 살 때부터 할아버지에게 한학을 배웠다. 그러나 10세 때 할아버지가 돌아가신데다가 11세 때 丙寅洋擾가 일어나자 그의 가족은 京畿道 廣州郡 東部面 德豊里(현 하남시 덕풍동)로 피난을 떠났다.

이곳 서당에서 그는 『小學』·『資治通鑑』 등을 읽었는데, 뛰어난 글재주를 발휘하여 광주 인근에 이름을 드날렸다. 14세 때 서울로 돌아온 그는 학식이 높았던 외할아버지 李敬稙의 본격적인 지도 아래 사서·삼경을 비롯한 각종 서적을 섭렵하였을 뿐 아니라 시문을 잘 지어 양반마을인 북촌 일대에 신동이란 소문이 퍼졌다. 한마디로, 유년시절 그는 과거 준비에 전력하였고, 합격은 예견된 일이나 다름없었다.

그러나 16세 되던 1871년 봄, 유길준은 朴珪壽와의 만남을 계기로 인생의 전환점을 맞이하게 되었다. 박규수가 향시에서 장원으로 뽑힌 그의 시를 읽어보고 대단히 감탄하였고, 박규수와 친분이 있던 외할아버지 이경직의 주선으로 두 사람의 만남이 이뤄졌던 것이다.2) 첫 만남에서 서로에게 호감을 가졌던 두 사람이 본격적으로 교류한 것은 박규수가 우의정직에서 물러났던 1874년 9월경이었다. 이때 그는 박규수가 권유한 魏源의 『海國圖志』를 읽고 나서 충격에 휩싸였다. 이 책에는 그가 지금까지 접해보지 못했던 세계 각국의 역사와 지리뿐 아니라 海防思想이 들어 있었기 때문이다.

이후 그는 종전의 과거 준비에 필요한 서적과는 동떨어진 중국에서 유입된 각종 양무 관련서적을 탐독하였을 뿐 아니라 박규수의 사랑방에 모여든 金允植·魚允中을 비롯하여 金玉均·朴泳孝·徐光範 등과 교류하게 되었다. 이로 말미암아 그는 해외정세에 대한 견

---

2) 향시에서 지은 시는 아니지만, 박규수는 그가 15세 때 습작으로 쓴 시—"俄看雲蔽月 雲去月還生 萬變都無定 終能一色明"—를 보고 완벽한 격조를 갖췄다고 극찬하였다.

문을 넓히고 근대적 학문을 수용하는 데 열중하게 되었으며, 종래 전념해왔던 科文에 회의를 느끼기 시작하였다.

그리하여 그는 과문에 능한 자들은 "본래 利用厚生의 道에 몽매하니 그 用이 사람들의 생활을 편리하게 하고 그 의식을 풍부하게 할 수 없는 것이다. 이것으로 어찌 국가의 부강을 성취하고 인민의 安泰를 이룩할 수 있겠는가"라고 비판한 다음 "과문은 도를 해치는 함정이자 인재를 해치는 그물이며, 국가를 병들게 하는 근본이자 인민을 학대하는 기구이니 과문이 존재하면 百害가 있을 뿐이며 없더라도 하나도 손해가 없다"고 주장했던 것이다.3) 이처럼 과문에 대해 비판적인 의식을 갖게 됨에 따라 그는 자신의 입신양명과 가문의 영달을 보장해줄 수 있는 과거를 포기하였고, 뒷날(1883) "하루라도 남아 있으면 하루의 손해를 볼 것이고 1년간 남아 있으면 1년의 손해를 볼 것"이라면서 과거제도의 폐지를 국왕 高宗에게 적극적으로 건의하기에 이르렀다.4) 실제로도 그는 과거를 과감하게 포기하였다. 이 사실만 보더라도 유길준은 개인의 출세에 연연하지 않고 시대의 새로운 조류를 과감하게 수용·개척해나간 선구자였다고 높이 평가할 수 있다.

한편 1877년 2월 박규수가 병사하자 김옥균·박영효 등이 劉鴻基의 지도를 받았던 반면, 유길준은 김윤식·어윤중 등과 어울렸던 것으로 여겨진다. 물론 김옥균의 부인이 그의 고모뻘이었고, 박규수의 제자들인 이른바 개화파 인물들도 당시로는 소수에 불과했기 때문에 서로 이질감보다 동지의식이 강하였으며, 더욱이 변법·시무개화파의 분화도 임오군란을 계기로 이뤄졌던 만큼 이들 사이에 커다란 갈등이나 대립이 존재하지는 않았을 것이다. 그럼에도 유홍기의 지도를 받았

---

3) 「科文弊論」, 『俞吉濬全書』 5, 一潮閣, 1971, 239~242쪽.
4) 「言事疏」, 『유길준전서』 5, 63~72쪽.

는가의 여부는 단순히 개인 간의 친소(親疎) 관계를 떠나 사상 혹은 세계관의 차이에서 비롯되었을 가능성이 적지 않다. 갑오개혁기에 극명하게 나타나듯이, 그가 박영효보다 김윤식·어윤중 등과 손잡고 개혁을 추진했던 것도 이 점과 결코 무관하지 않다고 생각되기 때문이다.

III. 최초의 일본·미국 유학: 개화세계의 경험

유길준이 개화사상을 심화·발전시키는 획기적인 계기는 일본과 미국 시찰 및 유학에서 마련되었다. 1881년 조선정부가 일본의 '문명개화(文明開化)' 실상을 파악하기 위해 조사일본시찰단(신사유람단)을 파견하였을 때, 그는 어윤중의 수행원으로 발탁되어 일본을 시찰한 뒤 동행한 매형 柳正秀와 함께 東京의 慶應義塾에 입학함으로써 최초의 일본유학생이 되었다. 그는 1년 반의 유학기간에 후쿠자와 유키치(福澤諭吉)의 지도 아래 『西洋事情』·『文明論之槪略』·『立憲政體略』 등 각종 개화서적을 탐독하였다. 그리하여 일본이 "구미제국과 조약을 체결한 후로부터 교의가 친밀해짐에 따라 시기의 變改함을 예측하고 그들의 장기를 취하며 여러 제도를 답습함으로써 30년 동안에 이와 같은 부강을 이룩하였다"라고 일본의 근대적 모습을 긍정적으로 평가하고, 서양제도와 문물의 우수성을 새롭게 인식하게 되었다.[5]

따라서 그는 자신의 독서와 일본견문 혹은 경험을 바탕으로 일종의 見聞記를 집필하였다.[6] 즉, 그는 1882년 여름 견문기를 저술하였

---

5) 俞吉濬,『西遊見聞』, 東京: 交詢社, 1895, 序, 1쪽.
6) 『서유견문』, 서, 1~2쪽.

는데, 때마침 朝美修好條約이 체결되었다는 사실을 전해 듣고 국민들에게 널리 읽힐 의도로 미국 등 서양 각국의 제도와 문물을 소개하는 책을 집필하는 일에 박차를 가하였던 것이다.

그렇지만 1882년 7월 임오군란의 발발을 계기로 유길준은 이 책을 탈고하지 못한 채 閔泳翊의 권고로 수신사 박영효일행과 함께 서둘러 귀국길에 올랐다. 그 후 統理機務衙門의 주사로 발탁된 그는 신문발간 작업을 추진하면서 「漢城府新聞局章程」·「創刊辭」 등 『芋社輯譯』을 집필함과 동시에 「言辭疏」·「世界大勢論」·「競爭論」 등을 써서 국제정세를 논하고 개화를 적극적으로 주장하였다.7) 그러나 박영효의 좌천으로 말미암아 신문발간 작업이 중단됨에 따라 실망한 나머지 그 역시 관직을 내놓았다. 이 틈에 그는 일본 유학 중 완수하지 못했던 이른바 '일동견문기(日東見聞記)'의 편집에 재착수했으나 불행히도 그 원고를 빌려주었다가 돌려받지 못하고 말았다.8)

그러던 중 1883년 7월 유길준은 報聘使의 정사 민영익의 수행원으로 미국을 방문할 기회를 갖게 되었다. 두 달간의 외교활동과 시찰을 마친 뒤 그는 일행이 귀국한 것과는 달리 민영익의 권유로 최초의 미국유학생이 되었다. 즉, 세일럼(Salem)시에 거주하는 모오스(Edward S. Morse) 박사에게 개인지도를 받은 다음 바이필드(Byfield)에 위치한 덤머학교(Governor Dummer Academy)에 입학하였던 것이다. 그는 모오스로부터 사회진화론을 비롯한 근대적 학문을 익히면서 사상적으로 커다란 영향을 받았을 뿐 아니라 "안목을 넓히고 자질을 풍부히" 할 수 있었다.9) 또한 그는 재학시절 투표를 통해서 의견을 결정하는 과정을 보고 미국식 민주주의를 체험하였으며, 미국

---

7) 이광린, 앞의 논문(1979), 58~59쪽.
8) 『서유견문』, 서, 2쪽.
9) 『서유견문』, 서, 3~4쪽 ; 유영익, 앞의 논문(1990b), 133~137쪽.

의 법도와 예절을 알게 되었을 뿐만 아니라 학교제도·농업·공업·상업·군비·학문·법률·조세 등의 법규를 살펴서 미국정치의 대강을 이해하게 되었다.

그러나 1884년 12월 강의실에서 갑신정변의 발발 소식을 접한 유길준은 "놀란 나머지 얼굴빛을 잃은 채" 숙소로 돌아올 정도로 커다란 충격을 받았다.[10] 갑신정변을 주도한 인물들은 자신과 개화·개혁에 뜻을 같이 했던 김옥균·박영효 등이었고, 그들에 의해 자신의 정치적 후원자였던 민영익이 치명상을 입었기 때문이다. 결국 그는 원래 계획했던 대학진학을 포기한 채 1885년 6월 봄 학기를 마치고 귀국하지 않을 수 없었다. 그는 영국의 런던을 방문하고 이집트의 새이드항·싱가폴·홍콩·일본을 경유하여 12월 16일 제물포에 도착하였다.

IV. 유폐와 연금: 개화사상의 정립

유길준은 귀국하자마자 두 달간 포도청에 체포·감금되었다가 우포대장 韓圭卨의 집에 유폐되었고, 1887년 가을부터 1892년 봄까지는 민영익의 별장인 翠雲亭으로 옮겨져 비교적 자유로운 생활을 영위하였다. 이는 갑신정변 후 청국이 적극적으로 조선의 내정에 간섭하고 개화파를 탄압하고 있던 상황에서 그의 식견과 재능을 아낀 고종이 그를 보호·활용하기 위해 내린 특단의 조치였다. 실제로 이 기간에 그는 '另約三端'의 위반 혐의로 강제 소환당한 초대 주미 전권공사 朴定陽의 입장을 청국에 변호하는 「답청사조회(答淸使照會)」 등 3통의 외교문서, 정부의 재정확충을 도모하는 「지제의(地制

---

10) 『서유견문』, 서, 4쪽 ; 유영익, 앞의 논문(1990b), 133~137쪽.

議)」・「세제의(稅制議)」등 재정개혁안, 그리고 일본어선의 어업행위에 대처하고 수산업을 발전시키려는 「어채론(魚採論)」을 집필하였으며, 미국인과 불리한 조건으로 추진되고 있었던 차관・이권교섭을 중지시키는 데 결정적인 역할을 담당하였던 것이다.11)

한편 유길준은 취운정으로 거처를 옮기면서 심적인 안정과 시간적 여유를 얻게 되자 미국에서 견문한 것을 재정리・집필하기 시작하였다.12) 미국 유학 시절 틈틈이 수집한 자료와 자신의 견문이나 소견을 집필하여 궤짝 속에 넣어 두었던 원고의 대부분이 없어졌기 때문에, 1887년 가을부터 1889년 늦봄에 걸쳐 남은 부분을 주워 모으고 후쿠자와의『서양사정』등 각종 외국서적을 참고 또는 번역하여 20편으로 구성된『서유견문』을 집필하였던 것이다.13) 잘 알려져 있듯이,『서유견문』은 국한문 혼용체를 사용하여 청국과의 종속관계를 간접적으로 부정하고 조선의 자주・자립을 은근히 강조하는 동시에 상하귀천・남녀노소를 불문하고 국민 모두에게 세계정세를 쉽게, 그리고 널리 이해시키려는 목적으로 집필되었다.14)

무엇보다 유길준은 참고서적을 단순히 베끼는 데 그치지 않고 외국과 우리의 것을 서로 비교하면서 이에 대한 자신의 견해를 피력하는 데 역점을 두었기 때문에『서유견문』은 그의 사상이 집대성된 대표적인 역작으로 높이 평가받고 있다.15) 이 책의 분량이 방대하기 때문에 여기에서는『서유견문』의 백미라고 할 수 있는 14편「개화의 등급」을 중심으로 그의 독창적인 사상을 살펴보고자 한다.

먼저 유길준은 "무릇 개화라 하는 것은 인간의 千事萬物이 至善

---

11) 유영익, 앞의 논문(1990a), 100~107쪽.
12)『서유견문』, 서, 5쪽.
13) 이광린, 앞의 논문(1979), 62~63, 69~73쪽 참조.
14)『서유견문』, 비고, 4쪽.
15)『서유견문』, 비고, 3~4쪽.

極美한 경지에 이르는 것을 말한다. 그런 까닭에 개화하는 境域은 한정하기 불능한 것이다"고 개화의 개념을 정의한 다음, "연대가 내려올수록 사람의 개화하는 도는 전진"[16]한다고 파악함으로써 역사를 진보적·발전적인 것으로 파악하였다.[17] 이어 그는 개화를 행실·학술·정치·법률·기계·물품의 개화로 구분한 다음 이들을 총합해야 비로소 개화를 구비할 수 있다고 보았다.[18] 이 가운데 '五倫'과 '사람의 도리'를 가리키는 행실의 개화는 장구한 세월을 거쳐도 변하지 않지만, 그 외의 개화는 시대와 지방에 따라 달라지기도 하는 만큼 형세를 참작하고 서로의 사정을 비교하여 장점을 취하고 단점을 버리는 것이 개화하는 자의 대도라는 것이다.[19] 아울러 그는 "개화하는 일은 타인의 장기를 취할 뿐 아니라 자기의 善美한 것을 保守하는 데에도 있으니", "자기의 시세와 처지를 잘 헤아려서 경중과 이해를 판단한 다음에 앞뒤를 가려서 차례로 시행"[20]할 것을 강조하였다. 즉, 우리의 장점과 전통을 바탕으로 삼아 서구 문물과 제도의 장점을 자주적으로, 그리고 현실의 사정에 맞게 수용해야 한다는 것이다.

이와 동일한 맥락에서 그는 '시세'와 '처지'를 고려하지 않은 채 외국의 것만을 숭상하고 자기나라의 것을 업신여긴 '개화당'을 '개화의 죄인'으로, 외국인과 외국의 것을 무조건 배척하고 자기 자신만을 최고라고 여기는 '수구당'을 '개화의 원수'로, 아무런 주견 없이 개화의 겉모습만 따르는 자들을 '개화의 병신'으로 각각 규정하였다. 동시에 그는 개화의 죄인과 원수를 싸잡아 비판하되 개화에 지

---

16) 『서유견문』, 383쪽.
17) 『서유견문』, 375, 383쪽.
18) 『서유견문』, 375~376쪽.
19) 『서유견문』, 378쪽.
20) 『서유견문』, 381쪽.

나친 죄인이 원수보다 나라를 빠르게 위태롭게 만든다고 보았다. 그는 개화를 반대·배척하는 수구파들보다 현실을 무시한 채 성급하게 개화를 추진했던 갑신정변의 주도세력을 더욱 신랄하게 비판하였던 것이다. 따라서 그는 "반드시 得中한 자가 있어서 지나친 자를 조절하며 모자란 자를 勸勉하여 남의 장기를 취하고 자기의 美事를 지켜 처지와 시세를 감안한 연후에 民國을 보전하여 개화의 大功을 이뤄야 한다"는 현실주의적 개혁론을 강조하기에 이르렀다.21) 한마디로 그는 김옥균·박영효 등과 같은 변법개화파라기보다 김윤식·어윤중 등과 같은 시무개화파의 사상 혹은 개화론을 취하고 있었다. 갑오개혁을 추진하는 과정에서 그가 시무개화파와 행동을 같이 한 것도 결코 우연이 아니다.

이러한 태도를 취한 그는 政體에 대해 직접 견문한 미국식 공화제 민주주의의 도입에 난색을 표명하고, 나아가 "각국의 정체를 서로 비교하건대 君民共治가 가장 좋은[最美] 규모"라고 파악하면서도 이에 해당되는 영국식 입헌군주제의 도입을 시기상조라고 판단하였다. 왜냐하면 조선 인민이 이를 향유할 만한 지식과 학식에 미달해 있을 뿐 아니라 우리의 전통과 풍습이 영국의 경우와 다르기 때문이었다.22) 또한 그는 "세계의 어느 나라를 돌아보든지 간에 개화가 극진한 경지에 이른 나라는 없다"고 하면서 그 등급을 開化·半開·未開로 분류한 다음 개화한 자—즉 자신—의 책임과 직분이 계몽과 교육을 통해 반개·미개한 자를 개화의 단계로 끌어올리는 데 있다고 여겼다.23)

이를 위해 유길준은 "천하의 급무는 학교를 세우는 것이 가장 급하다"24)고 전제한 뒤 국민교육의 중요성을 역설하였다. 그는 道德·

---

21) 『서유견문』, 382~383쪽.
22) 『서유견문』, 171~172쪽 ; 유영익, 앞의 논문(1990b), 151~152쪽.
23) 『서유견문』, 375~378쪽.

才藝·工業敎育을 '교육의 3大綱'으로 규정하고, "그 실은 正德·利用·厚生의 대취지니 邦國의 빈부·강약·치란·존망이 그 인민교육의 高下·有無에 있다"[25]면서 실학에 근거한 실용주의적 학문의 습득과 보급을 강조하였다. 즉, 국민교육 실시가 바로 국가의 부강·흥성을 가져다주는 지름길이라는 것이다. 그리하여 그는 우리나라의 전통교육이 실용적인 것은 하나도 없고 옛사람들의 찌꺼기만 줍고 있어 해로움이 많다고 신랄하게 비판하면서 서양의 근대식 학교제도를 자세히 소개하였다.[26] 나아가 그는 서양의 각종 근대적 학문은 모두 이용후생을 바탕으로 삼고 있으므로 적극적으로 받아들여 발달시킬 것을 주장하였다.[27]

이와 동일한 논리로 그는 만일 정부가 지혜·용단·위력으로라도 保國하는 계책을 써서 국민들의 지식이 넓고 높아지도록 하면 주인의 칭호도 얻을 수 있게 되는 반면에, 정부와 국민이 모두 무식하여 지혜·용단·위력으로 하지도 않고 更張을 행하지도 않는다면 노예로 전락하게 된다고 보았다.[28] 요컨대 정부가 지혜로 경장을 추진하는 것이 가장 바람직하지만, 부득이한 경우 차선책으로 용단 혹은 위력으로 경장을 추진함으로써 국민이 노예로 되는 사태를 막아야 한다는 논리이다. 이처럼 개화 내지 개혁의 추진과정에서 정부의 역할을 강조하는 유길준의 논리는 갑오개혁의 필연성과 당위성을 확보하는 근거가 되었다. 나아가 시세와 처지를 중시하고 우리의 장점과 전통을 바탕으로 삼아 자주적으로 현실의 사정에 맞게 개화를 도모하자는 현실주의적 개혁론은 갑오개혁의 실패 후에도

---

24) 『서유견문』, 100쪽.
25) 『서유견문』, 107쪽.
26) 『서유견문』, 234~241쪽.
27) 『서유견문』, 347~358쪽.
28) 『서유견문』, 379~380쪽.

개화사상과 운동을 보급·발전시키는 데 적지 않은 영향을 끼쳤다.[29]

V. 갑오개혁의 추진: 개혁의 실천과 좌절

청일전쟁과 동학농민전쟁을 배경으로 갑오개혁이 단행되자 유길준은 정계에 복귀하게 되었다. 갑오개혁은 1894년 7월 23일 일본군의 경복궁 점령을 계기로 성립된 김홍집내각이 당면과제인 대외적 자주독립과 대내적 근대화를 실현하기 위해 추진하였던 제도개혁운동이었다. 그러나 갑오개혁의 추진과정에서 일본의 영향력이 적지 않게 작용하였기 때문에 그 성격을 둘러싸고 아직도 자율·타율성 논쟁이 벌어지고 있다. 특히 유길준은 갑오개혁 전 기간에 걸쳐 외아문(통리교섭통상사무아문)참의 겸 군국기무처의원·의정부도헌·내각총서·내부협판 및 대신으로서 경장의 이론을 제공함과 동시에 전면에 나서서 개혁을 주도하였던 만큼 그 논쟁을 해결하는 데 관건이 된다. 이 점은 또한 그의 '친일'적 행위를 어떻게 평가해야 할 것인가 하는 문제와도 직결되어 있다.

청일 양국이 동학농민군을 진압한다는 명목 아래 조선에 군대를 파견하여 일촉즉발의 전쟁 위기가 감도는 상황에서, 유길준은 安駉壽·金鶴羽 등과 함께 친청적인 민씨척족정권의 실정을 비판함과 동시에 청군 차병을 반대하는 운동을 벌이다가 여의치 않자 일본공사관 측과 접촉을 시도하고 있었다. 그러던 중 6월 23일 안경수의 천거로 외아문주사로 발탁되었다. 민씨척족의 세도가 민영준이 일본의 실정에 밝고 국제법에도 능통한 그를 활용하려고 했기 때문이다. 이후 그는 청국의 '保護屬邦' 주장을 조선이 인정하는지 여부를

---

29) 한철호, 앞의 논문(2000), 237~242쪽.

묻는 일본 측의 질문에 대해 강화도조약 당시 일본이 조선을 '自主之邦'으로 인정한 사실을 들어 자의적으로 해석하지 말라는 경고조의 회답문을 작성하였다.

그렇다고 이러한 유길준의 반청적인 태도가 바로 친일적인 입장을 표명한 것으로 인식되어서는 곤란하다. 왜냐하면 노인정회담 때 일본이 청국과 전쟁을 일으키기 위한 빌미로 내정개혁을 요구하자 그는 일본군이 철병하면 개혁에 착수할 것이라고 강경하게 항의하는 서한을 쓰기도 하였기 때문이다. 이로써 미뤄볼 때, 그는 반청·反閔을 통한 내정개혁을 일차적 과제로 삼았기 때문에 전략적으로 일본 측에 접근하기도 하였지만, 궁극적으로 외세를 배제한 자주적 개혁을 지향하고 있었음을 알 수 있다.[30]

한편 갑오개혁 개시 이래 유길준은 김홍집·김윤식·어윤중·김학우 등 시무개화파와 함께 군국기무처의원에 발탁되었으며, 의정부·8아문체제에서도 도헌으로서 각종 개혁안을 입안·시행하는 데 주력하였다. 그러나 평양전투의 승리 후 조선을 보호국화하기 위해 일본에서 파견된 이노우에 가오루(井上馨) 공사가 박영효를 중심으로 한 친일내각의 구성을 추진함에 따라, 또한 삼국간섭 이후 고종과 정동파가 배일 친미·친러정책을 강화함에 따라 유길준은 세력이 점차 약화되어 10월 초 의주부관찰사로 좌천당하고 말았다. 이러한 상황 속에서 일본이 세력을 회복하기 위해 10월 8일 민비(명성황후)시해사건을 자행하자 그는 내부대신으로 임명되어 실권을 재장악하였지만, 1896년 2월 11일 아관파천으로 인해 일본에 망명하기에 이르렀다.

이렇듯 갑오개혁 기간에 유길준은 조선에 대한 일본의 영향력 혹은 정책에 따라 부침하였다. 이로 말미암아 그를 비롯한 시무개화

---

30) 유영익, 앞의 논문(1990a), 107~125쪽.

파가 추진한 개혁안 중에는 일본의 침략의도에 부합하는 것도 적지 않았다. 그럼에도 개혁 초기 일본이 청일전쟁에 주력하는 동안 유길준 등 시무개화파는 군국기무처를 중심으로 자율적인 개혁활동을 펼쳤으며, 일본의 무리한 요구에 대해서는 강경하게 반대하는 입장을 취하기도 하였다. 또한 그들이 시행한 개혁안들은 갑오개혁 이전부터 구상해왔던 부분들을 기반으로 입안된 것이 많았다.[31]

무엇보다 갑오개혁을 추진하는 과정에서 일본의 원조에 의존할 수밖에 없었던 상황에 대해서는 유길준 스스로도 매우 부끄러워하면서 깊이 반성하고 있었다. 예컨대, 1894년 10월 일본 방문 시 일본외상 무츠 무네미츠(陸奧宗光)를 만난 자리에서 그는 다음은 '삼치론'으로 자신의 심정을 토로하였다.

> 지금 조선의 개혁은 행하지 않을 수가 없지만 조선인된 자에게는 三恥가 있다. 삼치란 스스로 개혁을 행하지 못해 귀국의 勸迫을 받았으므로 본국 인민에 대해 부끄러운 것이 그 하나요, 세계 만국에 대하여 부끄러운 것이 그 둘이요, 천하 후세에 대해 부끄러운 것이 그 셋이다. 지금 이 삼치를 무릅쓰고 세상에 나설 면목이 없으나, 오직 개혁을 잘 이룸으로써 자기의 독립을 보존하고 남에게 굴욕을 당하지 않으면서 개진의 실효를 거두어 保國安民하게 되면 오히려 허물을 벗어날 수 있다. 만일 다시 舊弊를 그대로 행한다면 장차 또 한 번의 권박을 초래해 국가가 앞으로 어떤 지경에 이를지 알 수 없다. 우리들이 장차 이 점에 힘써 國人의 마음이 따르면 개혁의 일을 행할 수 있고, 만일 이에 통하지 못해 다만 勸勉을 행할 뿐이라면 아마도 성공할 날이 없어 난이 먼저 일어날 듯하다.[32]

---

31) 한철호, 「시무개화파의 개혁구상과 정치활동」, 『한국근대 개화사상과 개화운동』, 신서원, 1998 ; 「갑오개혁 주도세력의 현실대응론」, 『한국근현대사연구』 11, 1999 등 참조.
32) 「問答」, 『유길준전서』 4, 376~377쪽.

즉, 유길준은 조선이 불가피하게 일대 개혁을 단행하게 되었지만 이를 자력으로 행하지 못하고 일본의 '권박'에 따라하게 된 것은 조선 국민·세계 만국·후세 역사 앞에 수치라고 고백하였던 것이다. 그러나 그는 이러한 수치를 감수하고라도 개혁을 성사시켜 국가의 독립과 보국안민을 달성하면 자신의 행위를 용서받을 수 있을 것으로 전망하였다. 그는 '삼치론'을 1895년 8월 17일 제출한 「비밀회(의)청구하는 청의서」에서도 되풀이하여 역설하였다.[33]

이상과 같은 사실들로 미루어, 유길준은 갑오개혁 기간 중 일본의 후원 아래 개혁을 추진하고 있던 자신의 모습에 대해 깊이 반성함과 동시에 치욕을 씻고 개혁을 성공적으로 추진하기 위해 전력을 기울이고 있었음을 알 수 있다. 물론 이러한 대일의존적 태도는 유길준을 비롯한 개혁주도세력이 국민적 지지기반을 마련하지 못했을 뿐 아니라 군사력·경제력마저 갖추지 못한 채 개혁을 추진하려 했던 데에서 비롯된 치명적인 약점이자 한계였음을 부인할 수 없다. 그럼에도 그들이 시한부로 일본에 의존하되 궁극적으로 조선의 자주독립과 부국강병을 달성하기 위해 개혁을 추진하려고 노력했던 점은 간과되어서는 안될 것이다. 특히 유길준 등을 일본에게 나라를 팔아먹은 '매국노'의 개념에 입각한 이른바 '친일파'의 원조로 파악하거나 매도하는 것은 역사적 상황을 고려하지 않은 脫역사적 사고방식이 아닐 수 없다. 이는 그가 일본 망명 중 정미7조약에 대해 강경하게 항의했던 점에서도 잘 드러난다.

---

33) 유영익, 앞의 논문(1990a), 198~200쪽.

VI. 일본망명: 입헌군주제의 지향

유길준은 아관파천으로 일본에 망명한 뒤 헤이그밀사 파견사건으로 고종이 퇴위함에 따라 1907년 8월 16일 귀국하였다. 10년이 넘는 망명 기간 동안 그는 갑오개혁의 실패로 절망에 빠지기도 하고 개인적으로 부모의 별세 소식을 듣고 달려가 보지 못하는 불운도 겪었지만, 쿠데타를 계획하기도 하고 각종 외국서적을 번역하거나 저술하는 일에 열중하였다.

유길준이 망명 중에 어떠한 생각을 품고 있었는가는 그가 1900년 1월 초에 주일 미국공사 버크(A. E. Buck)에게 보낸 편지에 잘 담겨져 있다. 이 편지를 살펴보면, 유길준은 한국을 침략하려는 일본에 대해 불만을 갖고 있었으며, 한국을 둘러싼 러일 양국 간의 갈등으로 말미암아 한국이 황폐화될 것으로 전망하였다. 따라서 그는 한국을 각축장으로 삼으려는 열강들 사이에 미국이 개입하여 한국 땅에서 전쟁을 방지해주고, 나아가 열강들이 한국을 중립지역으로 간주토록 하여 전쟁터로 이용하지 않도록 주선해줄 것을 요청하였다. 이러한 그의 제안에 대해 벅은 한국정부가 요청한다면 거중조정에 나설 수 있다고 답하면서 실질적으로 거부 의사를 표명했지만, 망명 중임에도 조국과 동포의 안녕·안전을 매우 걱정하고 있는 유길준에 관해 호감을 갖게 되었다.[34]

이와 같이 유길준은 한국을 둘러싼 러일 양국의 각축으로 전쟁이 일어날 경우 한국은 망하게 될 것으로 전망하고 있었기 때문에 내정을 개혁하여 전쟁을 미연에 방지하는 것이 보국의 최우선책이라고 판단하기에 이르렀다.[35] 그리하여 그는 국가의 기반을 굳건히

---

34) *Despatches from United States Ministers to Korea, 1883~1905*, The U. S. National Archives M. F. Record Group No. 134, #225, 1900.1.30, Allen→Hay, Enclosure 1.

하기 위해서 고종 황제의 지위와 세습제를 유지하되, 간신배인 李容翊·姜錫鎬 등을 제거하고 일본의 망명자와 국내의 동지들로 정부를 새롭게 구성한다는 계획을 세웠다.

이에 따라 그는 1901년부터 인천의 부호 徐相潗을 국내 거점으로 삼아 쿠데타를 일으킨 다음 새로운 정부를 수립하려는 작업을 추진하였다. 아울러 그는 청년장교들의 비밀조직인 革命一心會와도 손을 잡았다. 혁명일심회를 결성한 청년장교들은 1900년 6월 일본육군사관학교를 졸업했으나 정부로부터 아무런 귀국 지시도 받지 못했을 뿐 아니라 봉급마저 끊겨 곤궁에 처해 있었다. 이에 그들은 무관으로서 "露國派 정부를 전복하고 妾臣雜輩를 일소하여 참된 한국의 독립을 꾀한다"는 목적으로 혁명일심회를 조직한 다음 유길준과 접촉하였던 것이다.36)

그들은 처음에 고종황제와 황태자를 폐위하는 대신 義親王을 내세워 신정부를 조직하기로 계획하였지만, 유길준으로부터 황제를 받들어 정부를 조직한다는 쿠데타계획을 들은 뒤 이에 따르기로 약속하였다. 그는 혁명일심회 회원 중 張浩翼·趙宅顯을 귀국시켜 먼저 귀국한 사관들을 규합하여 군대에 들어가게 한 후 소속 군인들을 이 계획에 동원하라고 지시하였다. 그러나 이러한 그의 쿠데타 시도는 국내의 거점인 서상집의 배반으로 실패로 돌아가고 말았다. 이로 말미암아 혁명일심회의 장호익 등은 참수형을 당하거나 사형 집행 직전에 감형되어 1905년까지 유배당하였다. 또한 이 사건이 한일 양국 간의 분쟁으로 비화되자 유길준 역시 오가사와라(小笠原)諸島의 하하지마(母島)와 하치죠리마(八丈島)에 4년간 유배당하는 고초를 겪었다.37)

---

35) 『유길준전서』 4, 260쪽.
36) 『金亨燮大佐回顧錄』, 『日本外交史料』 10(復刊版), 高麗書林, 1987, 197쪽.
37) 윤병희, 앞의 논문 참조.

이러한 와중에서도 유길준은 국민들에게 외국의 사정을 알리고
자 『普佛士國厚禮斗盆大王의 七年戰史』·『英法露土諸國의 哥利米
亞戰史』·「이태리독립전사」·「정치학」 등을 번역하고, 『大韓文典』
을 집필하는 데 힘썼다. 이 가운데 「정치학」은 비록 그의 저서는 아
니지만 입헌군주제에 관한 자신의 입장을 간접적으로 내비추고 있
다는 점에서 주목할 만하다. 이 점은 그가 쿠데타계획에서도 황제
체제를 유지한 채 신정부를 수립하려고 시도했던 것과 일목상통하
기 때문이다.

 그는 입헌군주제가 군주·귀족·서민 등의 신분계층을 인정하면
서도 이들 간의 상호견제를 통해 권력의 조화를 이룩하는 것으로
파악하였다. 즉, 최고의 위치에서 위엄을 지킬 수 있는 세습군주가
가장 이상적이긴 하지만 군주의 정치권한을 상당히 제한해야 된다
는 것이다. 또한 그는 민이 정치에 참여해야 비로소 입헌군주제가
실시될 수 있다고 주장하면서도, 모든 민에게 참정권을 부여하는
것에는 찬성하지 않았다. 다소의 재산과 지식을 갖춘 중등의 국민
에게 참정권을 부여하면 정치지식을 높이고 나라에 대한 관심을 불
러일으킴으로써 나라의 근본을 굳건히 할 수 있는 반면, 무지한 하
등의 국민에게 참정권을 부여한다면 혼란을 가져와 정권을 유지시
킬 수 없다고 보았다. 이로 미루어 그가 신분제도를 철저히 타파한
다거나 민권을 확립해야 된다는 생각을 가진 것은 아니었음을 알
수 있다.

 이처럼 그는 입헌군주제를 신봉하고 있었기 때문에 일본이 헤이
그특사 파견으로 고종을 퇴위시키고 순종을 즉위시킨 다음 한국의
내정을 일일이 간섭하기 위해 정미7조약을 강제로 체결하자 강력하
게 반대하였다. 그는 이 조약이 실행되면 한국은 "유명무실하게 되
어 일본의 속국상태가 되므로 국민은 결코 이를 따르지 않게 될 것"
이라고 통박한 다음, 나라가 망했으니 귀국한다 해도 "교육사업에

종사하여 국민의 발달을 꾀"하겠다는 입장을 표명했던 것이다. 나아가 그는 일본의 총리 사이온지 긴모치(西園寺公望)에게 만약 이 조약의 체결을 무효화시킨다면, 우리 국민이 영원히 은혜를 잊지 않을 것이라는 내용의 건백서를 제출하기도 하였다.[38]

유길준의 이러한 행동은 일본정부에게 별다른 영향을 주지 못했지만, 갑오개혁 때의 단발령실시와 쿠데타음모 등으로 그에 대한 거부감을 지녔던 국민들에게는 커다란 반향을 불러일으켰다. 또한 그가 귀국 후 자신의 말대로 일체의 관직을 거절한 채 興士團을 설립하여 국민전체의 자질을 향상하기 위한 국민교육운동을 전개하자 국민들은 더더욱 그에 대해 좋은 인상을 갖게 되었다. 심지어 고종마저도 홍사단 찬조금과 龍鳳亭(일명 詔湖亭)을 하사하면서 그를 격려하였고, 유학자들도 종래의 태도를 바꾸어 그를 선각자로 인식하게 되었던 것이다.[39]

VII. 맺음말

우리나라의 근대사를 이야기할 때 가장 먼저 떠오르거나 빠뜨릴 수 없는 인물 중의 한 사람은 바로 유길준이다. 이는 단순히 그의 이름 앞에 덧붙여지는 '우리나라 최초'라는 수식어 때문만은 아니다. 그의 생애 자체가 우리 근대사의 파란만장한 역정을 축약적으로 보여주고 있을 뿐 아니라 그가 역사를 이끌어가는 데 중요한 역할을 담당했기 때문일 것이다. 어쩌면 이러한 점들보다는 일평생 자주독립과 근대국민국가의 건설이란 시대적 당면과제를 해결하기 위해 고민하고 실천했던 그의 행적이 현재에 살고 있는 우리들의

---

38) 『報知新聞』, 1907년 7월 25일자.
39) 이광린, 앞의 책(1992), 154~162쪽.

삶을 각성시키고 반성케 하는 좋은 화두가 되기 때문일지도 모른다.

유길준은 개인의 출세와 가문의 영광을 손쉽게 달성할 수 있는 순탄한 길을 거부한 채 시대의 변화를 인식하고 이에 신속하게 대처함으로써 지난하였지만 선구자적인 삶을 살았다. 최초의 일본유학생 혹은 미국유학생이란 영예는 단지 과거를 포기한 대가로 얻어진 것이 아니라, 미지의 세계를 끊임없이 탐구하고 개척하려는 그의 용기와 결단으로 획득된 것이었다.

또한 그는 누구보다도 빨리, 그리고 정확하게 서구의 문물과 제도를 경험하고 이해하였음에도 불구하고 이를 맹목적 혹은 무비판적으로 받아들여서는 안 된다는 입장을 견지하였다. 그는 우리의 장점과 전통을 바탕으로 삼아 서구 문물과 제도의 장점을 자주적으로, 그리고 시세와 처지를 잘 헤아려서 경중과 이해를 판단한 다음 현실의 사정에 맞게 수용하자는 탁견을 제시하였던 것이다. 세계화 혹은 개방의 홍수 속에서 무분별하게 서구의 제도와 문물을 받아들여 혼란을 자초하고 있는 오늘날 그는 이미 백여 년 전에 우리가 취해야 될 태도와 방법론을 훌륭하게 예견해 주었다고 평가할 수 있다.

한편 그는 이론으로만 무장한 지식인이나 사상가의 차원에 머무르지 않고 자신에게 주어진 시대적 과제를 해결하기 위해 몸소 행동으로 실천한 개혁가였다. 갑오개혁 당시 그는 일본의 원조를 받은 것을 수치로 여기고 하루라도 빨리 개혁을 성공적으로 추진하기 위해 전력을 기울였으며, 일본 망명에서 귀국한 뒤 흥사단·융희학교·한성부민회 등을 조직하여 국민전체의 자질을 향상하기 위한 국민교육운동을 펼치고 지방자치제를 실시하는 데 앞장섰다.

마지막으로 그는 대단한 애국심의 소유자였다. 그가 새로운 세계에 과감하게 도전하고 방대한 저술을 남긴 것도, 안락한 삶을 거부한 채 개혁에 뛰어들고 쿠데타를 계획했던 것도, 그리고 말년에 관직을 거부하고 교육·계몽운동에 전념한 것도 궁극적으로는 개인의 부귀영화보다 국가의 자주독립과 부국강병을 달성하기 위한 것이었다. 물론 이 과정에서 나타난 외세의존적인 태도나 민의 역량을 과소평가한 사상적 한계는 비판받아야 마땅하다. 그러나 그는 신념도 없이 엉터리 애국심을 과시하는 철새 정치인도 아니었고, 나라를 팔아먹는 대가로 일제로부터 돈과 작위를 움켜쥔 친일매국노는 더더군다나 아니었다.

유길준의 개화사상서 『西遊見聞』과 그 영향

Ⅰ. 머리말

　유길준은 조사시찰단·보빙사의 일원으로 파견되어 우리나라 최초의 일본·미국유학생이 되었을 뿐 아니라 갑오개혁기 군국기무처 의원·내각총서·내부대신 등의 요직을 맡으면서 그 개혁의 이론적 토대를 제공하고 개혁운동을 주도했던 사상가이자 정치가였다. 특히 그가 저술한 국한문 혼용체의 『西遊見聞』(1889년 탈고, 1895년 간행)은 단순히 서구의 제도와 문물에 대한 소개서 혹은 견문기에 그치지 않고 자신의 개화사상과 제도개혁구상을 집약한 개화사상서로 높이 평가받고 있다.[1]
　개화파 인물들 가운데 자신의 입장을 체계적으로 정리한 문헌이 흔치 않은 실정이기 때문에 유길준의 『서유견문』은 개화파의 사상

---

1) 1889년에 탈고되고 1895년에 출간된 『서유견문』은 지금까지 서양의 문물제도에 대해 쓴 최초의 서양견문기로 널리 알려져 왔다. 그러나 필자는 초대 주미전권공사 박정양이 일종의 보고서 형식으로 미국의 역사·제도·문물에 관해 집필한 『美俗拾遺』가 1888년에 탈고되었다는 사실을 밝힌 바 있다. 따라서 우리나라 최초의 서양 혹은 미국견문기는 『서유견문』이 아니라 『미속습유』로 수정되어야 할 것이다. 이에 관해서는 한철호, 「初代 駐美全權公使 朴定陽의 美國觀-『美俗拾遺』(1888)를 중심으로-」, 『韓國學報』 66, 1992(『親美開化派硏究』, 國學資料院, 1998 소수) 참조.

을 면밀하게 살펴볼 수 있는 가장 중요한 일급 사료로 손꼽힌다. 따라서 개화기의 정치·사상·개혁운동을 고찰하는 과정에서 유길준과 『서유견문』은 일찍이 연구자들의 주목을 받아왔다.[2] 그 결과 유길준의 사상 형성과정과 정치·개혁활동, 『서유견문』의 집필·출판 경위와 그 내용, 그리고 『서유견문』과 그 외의 저작물에 나타난 그의 사상 및 개혁론과 그 역사적 의의 및 한계 등이 밝혀졌다.

그러나 『서유견문』은 서양의 사정과 제도·문물에 관한 단순한 견문기가 아니라 국내외의 방대한 저서와 문헌 등의 자료를 참고로 저술되었기 때문에 그 내용이 매우 복잡·풍부하다. 또한 유길준의 교제 폭이 이른바 변법(급진)개화파와 시무(온건·점진)개화파를 망라하고 있었고, 그의 정치적 행보도 갑신정변·갑오개혁을 계기로 변화되는 모습을 보이고 있다. 이로 말미암아 『서유견문』에 담겨진 유길준의 개화사상에 대해서는 보수·점진주의적 혹은 진보·급진주의적 성격을 띠었다는 상반된 견해가 존재하고 있다. 이는 무엇보다도 『서유견문』에 소개된 서구의 제도 및 민족주의·민주주의·

---

2) 유길준과 『서유견문』에 대해서는 金泳鎬, 「俞吉濬의 開化思想」, 『創作과 批評』, 1968년 겨울호 ; 姜萬吉, 「俞吉濬의 韓半島中立化論」, 『創作과 批評』, 1873년 겨울호 ; 金炳夏, 「俞吉濬의 經濟思想」, 『東洋學』 4, 1974 ; 田鳳德, 「西遊見聞과 俞吉濬의 法律思想」, 『學術院論文集』 15, 1976 ; 李光麟, 「俞吉濬의 開化思想」, 『韓國開化思想研究』, 一潮閣, 1979 ; 「俞吉濬의 英文書翰」, 『開化派와 開化思想 研究』, 一潮閣, 1989 ; 『유길준』, 東亞日報社, 1992 ; 「俞吉濬의 문명관」, 『韓國近現代史論攷』, 一潮閣, 1999 ; 俞東濬, 『俞吉濬傳』, 一潮閣, 1987 ; 具仙姬, 「福澤諭吉과 1880年代 韓國 開化運動」, 『史叢』 32, 1987 ; 柳永益, 「甲午更張 이전의 俞吉濬」, 『甲午更張研究』, 一潮閣, 1990 ; 「『西遊見聞』論」, 『韓國史市民講座』 7, 1990 ; 김봉렬, 『俞吉濬 開化思想의 硏究』, 경남대학교 출판부, 1998 ; 尹炳喜, 『俞吉濬研究』, 國學資料院, 1998 ; 정용화, 「유길준의 정치사상 : 전통에서 근대로의 복합적 이행」, 서울대 정치학박사학위논문, 1998 ; 『문명의 정치사상—유길준과 근대 한국—』, 문학과지성사, 2004 ; 月脚達彦, 「開化思想の形成と展開—俞吉濬の對外觀を中心に—」, 『朝鮮史硏究會論文集』 28, 1991 등 참조.

자유주의사상과 이에 대한 유길준의 견해를 치밀하게 분리·분석하지 못한 데에서 기인한다.

따라서 현 단계에서는 그가 갑오개혁기 개혁의 이론적 틀을 제공하고 개혁운동을 추진하였다는 사실에 입각해서 그의 개화사상과 개혁활동 간의 관련성을 좀 더 명확하게 다룰 필요가 있다. 나아가 지금까지 학계에서 소홀히 다뤄져왔던 『서유견문』의 영향을 살펴보아야 비로소 그 역사적 의의가 분명히 밝혀지리라 생각된다.

이 글에서는 기존의 연구를 수용하되 『서유견문』의 내용과 그 의의를 재조명하기 위해 다음과 같은 점에 초점을 맞춰 논지를 전개시켜 나가고자 한다. 우선, 유길준의 정치 및 저술활동을 중심으로 『서유견문』의 집필 배경과 그 의도를 살펴보겠다. 다음으로 『서유견문』의 백미라고 할 수 있는 「개화의 등급」을 재검토함으로써 개화사상의 성격과 특징을 고찰하고자 한다. 마지막으로 유길준의 일본 망명(1896) 이후 『서유견문』이 지식인 및 국민들에게 어느 정도 보급되었고, 어떠한 영향을 미쳤는가를 알아볼 것이다.

II. 『서유견문』의 집필 배경

유길준은 『서유견문』을 탈고한 1889년 이전까지 다양한 학문과 경험의 세계를 접하였다. 그는 기계 유씨 양반출신으로서 입신양명을 위한 한학 위주의 과거준비에 전념하였고 뛰어난 글재주를 발휘하여 명성을 얻기도 하였다. 그러나 1871년경 그는 박규수를 만나게 되면서부터 인생의 첫 번째 전환점을 맞게 된다. 종전까지의 과거공부 대신 『海國圖志』·『萬國公法』 등 청국에서 유입된 각종 양무서적을 읽게 되었을 뿐 아니라 박규수 문하의 김옥균·박영효 등과 교류하게 되었기 때문이다. 이로 말미암아 그는 해외정세에 대한 견문을 넓히고 근대적 학문을 수용하는 데 열중하게 되었으며, 나아가 科文으로는 "국가의 富强을 성취하고 인민의 安泰를 이룩할 수" 없다는 판단 아래 과거제도의 폐지를 적극적으로 주장하기에 이르렀다.3)

　유길준이 개화사상을 심화·발전시키는 획기적인 계기는 일본과 미국 방문 및 유학에서 마련되었다. 1881년 조선정부가 일본의 '문명개화' 실상을 파악하기 위해 조사시찰단(신사유람단)을 파견하였을 때, 그는 어윤중의 수행원으로서 일본을 시찰한 뒤 유정수와 함께 東京의 慶應義塾에 입학함으로써 최초의 일본유학생이 되었다. 그는 1년 반 동안 후쿠자와 유키치(福澤諭吉)의 지도를 받아 『西洋事情』·『立憲政體略』 등 각종 개화서적을 읽었으며, 일본의 근대화 추진 실태를 면밀히 관찰하였다. 이때의 상황에 대해 유길준은 다음과 같이 회고하였다.

　　그 곳 사람들의 勤勵한 習俗과 사물의 번식한 景像을 봄에 나 혼자 추측하던 바와 같지 않음을 깨달았다. 그 국중의 多聞博學의 士와 이야기를 주고받을 때 그들의 의견을 듣고 新見奇文의 書를 보며 되풀이하여 생각하는 동안 그러한 사물의 진상을 파헤쳐 본즉 그 제도나 법규가 서양의 그것을 모방한 것이 10 중 8, 9나 된다는 사실을 알게 되었다.4)

　일본이 구미제국과 조약을 체결한 후부터 활발하게 교류하면서 그들의 장점을 적극적으로 받아들임으로써 부국강병을 이룩하게 되었다고 긍정적으로 평가하였던 것이다. 이처럼 일본을 통해 간접적으로 서양제도와 문물의 우수성을 새롭게 인식하였던 그는 자신의

---

　3)「科文弊論」,『俞吉濬全書』 5, 一潮閣, 1971, 239~242쪽.
　4) 俞吉濬,『西遊見聞』, 東京: 交詢社, 1895, 序, 1쪽.

독서와 일본견문 혹은 경험을 바탕으로 견문기를 집필하기로 작정하기에 이르렀다.

    나는 이번 여행에 一記가 없을 수 없다 하여 보고 들은 바를 써 모으기도 하고, 혹 읽은 책 가장자리에 고증을 하기도 하여 一部의 記를 작성하였는데, 그때가 임오년의 여름이었다. 그때마침 우리나라가 또한 구미제국과 조약을 맺기로 했다는 소식이 東京에까지 들려왔던 만큼 나는 이 기록물을 작성하는 데 온 정력을 기울였다. 왜냐하면 내가 泰西諸邦에 가보지 않은 채 남의 이야기의 찌꺼기만을 주어 모아 이 기록물에 옮겨 쓴다는 것은 마치 꿈속에 남의 꿈 이야기를 하는 것과 다를 바가 없기 때문이었다. 그쪽 나라와 국교를 체결하는데 그들을 알지 못함이 온당치 않은 바, 그들의 제반 사실과 풍속을 기록하여 우리나라 사람들에게 읽도록 함으로써 약간의 도움이 없지 않을지 모르나, 직접 목격한 진상을 기록치 못했음을 안타깝게 여기고 있었다.[5]

1882년 여름 일종의 견문기를 저술한 적이 있었는데, 조미수호조약의 체결 소식을 전해 듣고 국민들에게 널리 읽히기 위해 서양 각국의 제도와 문물을 소개하는 책을 집필하는 일에 '온 정력'을 기울였던 것이다.

    그러나 1882년 7월 임오군란의 발발로 말미암아 유길준은 이 책을 탈고하지 못한 채 민영익의 권고를 받아들여 수신사 박영효 일행과 함께 서둘러 귀국길에 오르지 않을 수 없었다. 귀국 후 통리기무아문의 주사로 발탁된 그는 신문발간 작업을 추진하면서 「漢城府新聞局章程」·「創刊辭」 등 『芧社輯譯』을 집필하였다. 일본 유학 시절 그는 이미 "대개 나라를 개화로 가게하고 문명으로 인도케 하는

---

  5) 『서유견문』, 서, 1~2쪽.

활발의 기상과 분양의 마음과 유지의 힘을 으뜸으로 한다.……이는 심오한 증기도 아니요 신묘한 전기도 아니요 단지 평순하고 가장 알기 쉬운 신문밖에 없다"는 사실을 알고, "위로는 조정의 덕화하려는 정치를 돕고 아래로는 일반국민의 복을 증진"시키기 위해서는 신문의 발행이 꼭 필요하다고 느낀 적이 있기 때문이다.6)

아울러 유길준은 「言辭疏」·「世界大勢論」·「競爭論」 등을 써서 국제정세를 논하고 개화를 적극적으로 주장하였다. 이 가운데 「세계대세론」은 제목에서 나타나듯이 세계의 인종·문화·역사·지리 등을 폭넓게 수록하였을 뿐 아니라, 국한문혼용체와 조선의 개국연호를 사용함으로써 『서유견문』의 토대가 되었다는 점에서 주목할 만하다.7) 하지만 박영효의 좌천으로 신문발간 작업이 중단되었기 때문에 그는 크게 실망하여 자신의 관직마저 내놓았다. 이를 계기로 그는 일본 유학 중 완수하지 못했던 이른바 '日東見聞記'—"日東의 見聞을 記"—의 편집에 재착수했으나 불행히도 그 원고를 빌려주었다가 돌려받지 못하였다.8)

이러한 상황 속에서 1883년 7월 유길준은 보빙사의 정사 민영익의 수행원으로 발탁되어 미국을 방문하였다. 두 달간의 외교활동과 시찰을 마친 뒤 그는 다른 일행과는 달리 귀국하지 않은 채, 민영익의 권유로 미국에 남아 모오스(Edward S. Morse) 박사에게 개인지도를 받은 다음 바이필드 소재 덤머학교에 입학함으로써 최초의 미국 유학생이 되었다. 그는 모오스로부터 사회진화론을 비롯한 근대적 학문을 익히면서 사상적으로 커다란 영향을 받았을 뿐 아니라 "안목을 넓히고 자질을 풍부히" 할 수 있었다.9)

---

6) 『時事新報』, 1882년 4월 21일자이광린, 앞의 책(1992), 20~22쪽에서 재인용).
7) 이광린, 앞의 논문(1979), 58~59쪽.
8) 『서유견문』, 서, 2쪽.
9) 『서유견문』, 서, 3~4쪽 ; 유영익, 앞의 논문(1990b), 133~137쪽.

또한 그는 재학 시 선거 제도 등 미국식 민주주의를 직접 체험했고, 미국의 법도와 예절 및 각종 제도와 산업의 상황 등에 대한 이해의 폭을 넓혀갔다. 그리하여 그는 민영익이 자신을 유학시킨 의도를 깨닫고, "보고 들은 것을 기록하는 한편 고금의 서적에서 참고가 되는 것을 옮겨 써서 한 권의 기록을 만들었으나 학습에 종사하느라 여가를 얻지 못하는 까닭에 잡다한 내용을 취사선택하지 못하고, 차례를 정하지 않은 채 궤짝 속에 묶어 넣어 두고 귀국한 뒤에야 완성하리라고 스스로 다짐하고 있었다."[10] 말하자면, 그는 일본 유학 때와 마찬가지로 자신의 견문과 서적을 바탕으로 일종의 미국견문기를 집필하였고, 이는 나중에 『서유견문』을 저술하는 과정에서 긴요하게 활용되었던 것이다.

그러나 1884년 12월 유길준은 갑신정변에 대한 소식을 듣고 "놀란 나머지 얼굴빛을 잃은 채" 숙소로 돌아올 정도로 커다란 충격에 휩싸였다. 자신과 개화·개혁에 뜻을 같이 했던 김옥균·박영효 등과 자신의 정치적 후원자였던 민영익이 서로 충돌하여 정계에서 쫓겨나 망명하거나 치명상을 입었기 때문이다. 그들과 관계가 돈독했던 자신도 간접적으로나마 곤란한 입장에 처했던 그는 결국 학업에 전념하기 어렵다고 판단한 뒤 1885년 6월 봄 학기를 마치고 귀국길에 올랐다. 그는 영국의 런던을 비롯해 유럽을 견문한 뒤 이집트·싱가폴·홍콩·일본을 거쳐 12월 중순 제물포에 도착하였다.

유길준은 귀국 직후 두 달 동안 포도청에 체포·감금된 다음 우포대장 韓圭卨의 집에 유폐되었다가 1887년 가을부터 1892년 봄까지 민영익의 별장인 翠雲停으로 옮겨져 비교적 자유롭게 생활하였다. 갑신정변 후 청국이 조선의 내정에 깊숙이 간섭하고 개화 및 개화파에 대한 반감이 고조되는 상황 속에서 고종과 한규설 등이 유

---

10) 『서유견문』, 서, 4쪽.

길준을 보호하고 그의 재능을 활용하기 위해 특단의 조치를 내렸던 것이다. 이 기간 동안 그는 '另約三端'의 위반 혐의로 강제 소환당한 초대 주미전권공사 朴定陽의 입장을 청국정부에 변호하는 3통의 「答淸使照會」을 비롯해서 「地制議」・「稅制議」 등 재정 확충 및 개혁안, 그리고 일본어선의 어업행위에 대처하고 수산업을 발전시키려는 「漁採論」을 집필하였으며, 미국인이 요구하였던 차관・이권 문서의 불리한 규정을 면밀하게 검토・지적함으로써 그 교섭을 중지시키기도 하였다.[11]

유길준은 취운정으로 거처를 옮기면서 심적인 안정을 되찾고 시간적 여유를 얻게 되자 미국에서 견문한 것을 재정리・집필하기 시작하였다.

> 한공[규설]은 뜻있는 군자인지라 나의 저술에 편의를 제공하기 위하여 정해년(1887) 가을에 한적한 정자로 거처를 옮길 수 있도록 허락해주었다. 그리하여 묵은 원고를 펼쳐 보니 그 태반이 산실하여 수년 동안의 노력이 수포로 돌아가고 만 셈이었다. 하는 수 없이 남은 원고를 輯纂하고 없어진 부분은 증보하여 20편으로 된 책을 꾸몄다. 한글과 한자를 섞어 쓰고 문장의 체제는 꾸미지 않고, 속된 말을 되도록 많이 써서 말하고자 하는 의사가 잘 소통되도록 노력했다.[12]

즉, 미국 유학 시절 틈틈이 수집・집필하여 궤짝 속에 넣어 두었던 원고의 대부분이 없어졌기 때문에 1887년 가을부터 1889년 늦봄에 걸쳐 남은 부분을 다시 모으고 잃어버린 부분을 증보하여 20편으로 구성된 『서유견문』을 집필하였던 것이다.

이 과정에서 그는 옛 원고 외에 각종 외국서적을 번역하여 인용

---

11) 유영익, 앞의 논문(1990a), 100~107쪽.
12) 『서유견문』, 서, 5쪽.

또는 참고하였다. 이 점은 『서유견문』 備考에, "자신의 聞見을 따라 이야기를 이끌어 나아간 것도 있고, 혹 타인의 서적을 참고로 번역한 것도 있다"거나 "여러 나라의 정치·상업·무비·부세 등에 관계되는 기록이나 번역은 10여 년 전 혹은 5, 6년 전의 참고문헌에 의존"하였으며, "산천·물산은 전적으로 타인의 기록물에 의존했다"고 밝힌 데에서 확인된다. 그는 참고서적에 대해서는 언급하지 않았지만, 福澤의 『서양사정』과 제목과 내용이 일치하거나 비슷한 부분이 많은 점으로 미루어 이를 가장 많이 활용하였음을 알 수 있다. 이외에도 포셋(Henry Fawcett)의 『富國策』과 휘튼(Henry Wheaton)의 『萬國公法』 등도 인용한 흔적이 보인다.[13]

자료가 부족하고 구하기도 힘든 당시의 상황에서 그나마 갖고 있던 참고서적을 그대로 인용 혹은 재구성하는 일은 불가피했을 것이다. 그렇다고 해서 『서유견문』의 가치가 폄하되는 것은 아니다. 그는 참고서적을 단순히 베끼는 데 그친 것이 아니라 "유학했을 당시에 견문한 것을 기록하는 데 힘썼으나 혹 우리나라의 현존하는 사실을 이야기하기도 하고 보충하기도" 함으로써 외국과 우리의 것을 서로 비교하였으며, 아울러 이에 대한 자신의 견해를 피력하는 데 역점을 두었기 때문이다. 또한 번역과정에서도 그는 語義의 전달에 착오가 생기는 폐단을 막기 위해 문역을 지양하고 의역을 하는 데 힘 쏟기도 하였다.[14]

가장 높이 평가할 만한 사실은 그가 국한문 혼용체를 사용했다는 점이다. 여기에는 연도를 기록하는 데 청국의 연호가 아닌 조선의 개국연호 또는 서기를 사용한 것과 더불어 청국과의 종속관계를 간접적으로 부정하고 조선의 자주·자립을 은근히 강조하려는 의도가

---

13) 이광린, 앞의 논문(1979), 62~63, 69~73쪽 참조.
14) 『서유견문』, 비고, 3~4쪽.

들어 있었다. 그렇지만 무엇보다도 그가 국한문 혼용체를 사용한 궁극적인 이유는 "첫째 말하고자 하는 의도의 평이함을 위주로 한 것이어서 글자를 대강 이해하는 사람이라도 쉽게 알 수 있도록 하기 위해서요, 둘째……기록의 편이한 방법을 택하기 위함이요, 셋째……자세하고 명백한 기록이 되도록 하기 위해서였다." 그는 한글은 "우리 선조들이 창조하신 문자요, 한자는 중국과 두루 쓰이는 문자인데", "오히려 순 한글만을 사용치 못했음을 불만스럽게 생각"하면서 다음과 같이 자신의 의견을 토로하였다.

더군다나 외국과의 국교를 이미 맺은 오늘날, 나라 안의 모든 사람들, 상하귀천이나 여자, 어린이를 가릴 것 없이 저쪽 사람들의 형편을 알지 못하고는 안 되는 터인즉, 서투르고도 난삽한 한자로 혼돈된 이야기를 늘어놓음으로써 참다운 정경이나 사실을 기록하는 데 어긋남이 있기보다는, 유창하고도 친근한 한글에 의지하여 사실 그대로의 상황을 충실히 나타내도록 하는 것이 옳은 일이라고 생각했기 때문이다.15)

한마디로 그는 상하귀천과 남녀노소를 불문하고 국민 모두에게 세계정세를 쉽게, 그리고 널리 이해시키도록 할 목적으로 국한문 혼용체를 채택하였던 것이다. 그가 "이 책이 영원히 전해지기를 도모하여 쓴 것이 아니요, 일시 신문지의 代用으로 이바지 하고자 한 것"이라고 스스로 명백히 밝힌 것도 바로 이 때문이었다.16)

유길준이 연금 상태에 있었기 때문에 『서유견문』은 한동안 햇빛을 보지 못하였다.17) 1894년 7월 갑오개혁으로 비로소 그는 의정부

---

15) 『서유견문』, 서, 6쪽.
16) 『서유견문』, 비고, 4쪽.
17) 『時事新報』, 1890년 4월 20일자, '雜報'에 의하면, 이때 『서유견문』이 한규설을 거쳐 국왕 고종에게 바쳐졌지만 유감스럽게도 腐儒 때문에 비난을

도헌·내각총서로서 개혁의 전면에 나서게 되었고, 그해 10월 보빙대사 義和君 李堈의 수행원으로 일본에 파견되자 福澤을 통해 『서유견문』의 출판을 의뢰하였다. 그리하여 탈고된 지 6년여 만인 1895년 4월 25일 『서유견문』이 東京 소재 交詢社에서 출판되기에 이르렀다. 이때 출판부수는 1,000부였다. 그는 이 책을 판매하지 않고 정부 고관을 비롯한 당시의 유력자들에게 기증함으로써 자신이 주도하던 갑오개혁의 필요성과 정당성을 홍보하는 데 주력하였다고 한다. 따라서 『서유견문』은 원래의 집필 의도대로 국민들에게 널리 읽혀지지는 못하고 말았다.[18]

III. 『서유견문』의 내용

『서유견문』은 총 20편으로 구성되었는데, 그 내용상 세계의 지리(1~2편), 서양의 정치·경제·교육제도(3~14편), 서양의 관습과 문명(15~18편), 그리고 서양의 주요도시(19~20편) 등 4부분으로 구분될 수 있다. 이 가운데 유길준이 가장 역점을 두었던 것은 둘째 부분이며, 둘째 부분 중에서도 14편의 「開化의 等級」은 그의 독창적인 견해가 가장 돋보인다. 서양의 제도와 문물을 소개함으로써 조선의 현실을 인식시키는 데 중점을 둔 대부분의 항목과는 달리, 이 항목은 개화의 개념과 그 방법 등 유길준 자신의 개화관을 피력하고 있기 때문이다. 더욱이 이 항목은 14편에 같이 들어 있는 「商賈의 大道」와는 편제상 어울리지도 않고, 둘째 부분의 맨 마지막에 편제된 점으로 미루어 전체의 결론격에 해당된다고 여겨진다.[19] 다시 말하

받고 국왕의 손에 머물러 있었다고 한다. 지금으로서는 이 사실의 진위 여부를 가릴 수 없지만, 그러할 가능성도 배제할 수는 없다고 여겨진다. 이광린, 앞의 책(1992), 87~88쪽 참조.
18) 이광린, 앞의 논문(1979), 67쪽.

면,「개화의 등급」에는 유길준의 개화사상이 가장 잘 드러나 있는 셈이다.

먼저 유길준은 "무릇 開化라 하는 것은 인간의 千事萬物이 至善極美한 경지에 이르는 것을 말한다. 그런 까닭에 개화하는 境域은 한정하기 불능한 것이다"라고 개화의 개념을 정의하고 "연대가 내려올수록 사람의 개화하는 道는 전진"[20]한다고 파악함으로써 역사를 진보적·발전적인 것으로 파악하였다.[21]

이어 그는 개화를 행실·학술·정치·법률·기계·물품의 개화로 구분한 다음 이들을 총합해야 비로소 개화를 구비할 수 있다고 보았다.[22] 이 가운데 '五倫'과 '사람의 도리'를 가리키는 행실의 개화는 장구한 세월을 거쳐도 변하지 않지만, 그 외의 개화는 시대에 따라 변하기도 하고 지방에 따라 달라지기도 하는 만큼 형세를 참작하고 서로의 사정을 비교하여 장점을 취하고 단점을 버리는 것이 개화하는 자의 大道라고 인식하였다.[23] 아울러 그는 "개화하는 일은 타인의 長技를 취할 뿐 아니라 자기의 善美한 것을 保守하는 데에도 있으니, 대개 타인의 장기를 취하는 의향도 자기의 선미한 것을 보충

---

[19] 정용화는 『時事新報』, 1890년 4월 24일자, '雜報'에 국왕에게 바친 『서유견문록』이 '十五卷'으로 기술된 점에 주목하여, 이것이 오보가 아니라면 『서유견문』은 처음에 15편으로 탈고되었으나 1895년 출판 전까지 5편이 추가·보완되었을 것으로 추정하였다. 그러할 경우 『서유견문』 내용 중 제3편「방국의 권리」와 제14편「개화의 등급」 등이 나중에 쓰여져 보완되었을 가능성이 높다고 보았다. 즉,「개화의 등급」에 유길준이 갑오개혁을 주도하는 시점에서 개혁의 구체적인 방법과 의지를 담아 삽입함으로써 당시 유력자들의 동의를 구하려 했다는 것이다. 정용화, 앞의 박사학위논문, 1998, 51~52쪽 ;「다시 읽는 『서유견문』」, 『동아시아비평』 3, 1999, 42쪽 참조.

[20] 『서유견문』, 383쪽.

[21] 『서유견문』, 375, 383쪽.

[22] 『서유견문』, 375~376쪽.

[23] 『서유견문』, 378쪽.

하기 위한 고로 타인의 才操를 취하여도 實狀있게 이용할 때는 자기의 재조라. 자기의 時勢와 處地를 잘 헤아려서 경중과 이해를 판단한 다음에 앞뒤를 가려서 차례로 시행"[24]할 것을 강조하였다. 즉, 우리의 장점과 전통을 바탕으로 삼아 자주적으로 현실의 사정에 맞게 개화를 추진하자는 주장이다.

이러한 점들로 미루어 유길준은 유교윤리를 바탕에 둔 채 서구 문물과 제도의 장점을 수용하려는 동도서기론적 사상을 가지고 있었음을 알 수 있다. 그의 이와 같은 태도는 갑신정변의 실패 이후 개화에 대한 불신감이 팽배해 있던 집필 당시의 정치적 상황과 비교적 자유스러웠다고는 하나 연금 상태에 있었던 개인적 환경에 적지 않게 영향을 받아 형성되었으리라고 추정된다. 그러나 무엇보다도 결정적인 요인은 갑신정변의 실패로 말미암아 그의 개화관 혹은 개혁관이 현실의 시세와 처지를 중시하는 쪽으로 변화된 데에서 찾을 수 있다.[25] 그 단적인 예를 들면, 유길준은 자신이 직접 견문한 미국식 공화제 민주주의의 도입에 난색을 표명했으며, 나아가 "각국의 정체를 서로 비교하건대 君民이 共治하는 자가 最美한 규모"라고 파악하면서도 이에 해당되는 영국식 입헌군주제 역시 조선 인민이 이를 향유할 만한 지식과 학식에 미달해 있을 뿐 아니라 우리의 전통과 풍습이 영국의 경우와 다르기 때문에 그 제도를 이식하기에

---

24) 『서유견문』, 381쪽.
25) 갑오개혁 이전 유길준을 변법개화파로 규정할 것인가 아니면 시무개화파로 규정할 것인가에 대해서는 아직까지 여러 가지 이견이 있다. 이는 그가 갑신정변 이전까지는 김옥균 등 변법개화파와 유사한 개혁관을 지니고 있었지만, 그 이후 전통 유학에 크게 집착하지 않았고 종래의 정치체제를 근본적으로 바꾸려기보다 현실주의에 입각한 체제내적 개혁을 지향하면서 인적으로 김윤식·김홍집 등과 관련을 맺는 데에서 기인한다. 이 점에 관해서는 하원호, 「개화사상과 개화운동의 역사적 변화」; 한철호, 「시무개화파의 개혁구상과 정치활동」, 『한국근대 개화사상과 개화운동』, 신서원, 1998 참조.

는 시기상조라고 판단했던 것이다.26)

이와 동일한 맥락에서 그는 '시세'와 '처지'를 고려하지 않은 채 외국의 것만을 숭상하고 자기나라의 것을 업신여긴 '개화당'을 '개화의 죄인'으로, 외국인과 외국의 것을 무조건 배척하고 자기 자신만을 최고라고 여기는 '수구당'을 '개화의 원수'로, 아무런 주견 없이 개화의 겉모습만 따르는 자들을 '개화의 병신'으로 각각 규정하였다. 동시에 그는 개화의 죄인과 원수를 싸잡아 비판하되 개화에 지나친 죄인이 원수보다 나라를 빠르게 위태롭게 만든다고 보았다. 한마디로 그는 개화를 반대·배척하는 수구파들보다 현실을 무시한 채 성급하게 개화를 추진하였던 갑신정변의 주도세력을 더욱 신랄하게 비판하였던 것이다. 따라서 그는 "반드시 得中한 者가 있어서 지나친 자를 조절하며 모자란 자를 권면하여 남의 장기를 취하고 자기의 美事를 지켜 처지와 시세를 감안한 연후에 民國을 保소하여 開化의 大功을 이뤄야 한다"는 현실주의적 개혁론을 강조하기에 이른다.27)

이처럼 '시세'와 '처지'를 감안하여 '득중'의 태도를 취해야 한다는 입장은 개화에 대한 유길준의 핵심사상으로서 「개화의 등급」 전체에 스며들어 있다. 즉, 그는 개화를 '實狀'과 '虛名'으로 분별한 다음,

> 실상개화란 사물의 이치와 근본을 깊이 연구하며 고증하여 그 나라의 처지와 시세에 합당케 하는 것을 가리킨다. 그리고 허명개화란 사물에 관한 지식이 부족하되, 타인의 좋은 형편을 보고는 부럽거나 두려워서 그러든지 앞뒤를 생각할 양식도 없이 덮어놓고 시행하기만을 주장하여 재물을 소비하기만 하여 실용에 닿을 만한 정도에는 미치지도 못하는 수가 많다.28)

---

26) 『서유견문』, 171~172쪽 ; 유영익, 앞의 논문(1990b), 151~152쪽.
27) 『서유견문』, 382~383쪽.

고 파악함으로써 맹목적인 허명개화를 지양하고 현실에 맞는 실상개화를 추진하자고 재차 역설하였던 것이다.

한편 유길준은 "세계의 어느 나라를 돌아보든지 간에 개화가 극진한 경지에 이른 나라는 없다"고 하면서 그 등급을 개화·반개·미개한 자로 분류하였다. 즉, 개화한 자는 "천만가지 사물의 이치를 따져 밝히고 경영하여 日新하고 又日新하기를 기약"하는 것이고, 반개화한 자는 "사물의 깊은 이치를 따져 연구하지 않으며 경영도 소홀히 하여 구차하고도 고식적인 계획과 의사로써 소성에 만족하고 장구한 계책이 없는" 것이며, 미개화한 자는 "천만가지 사물에 알맞은 규모와 제도가 없을 뿐더러 애당초부터 경영에도 관심이 없으며, 능한 자가 어떠한지 능치 못한 자가 어떠한지 분별조차 못할 정도여서 거처와 음식에도 일정한 법도가 존재치 않는" 야만이라는 것이다.[29]

유길준에 따르면 이러한 등급의 고저는 사람들의 재주·능력의 정도와 개화과정의 다양함에서 비롯되기도 하지만, 그보다는 인민의 습속과 방국의 규모, 그리고 가장 중요한 것은 사람이 하느냐 하지 않느냐의 여부에 달려 있으므로[30] 끊임없이 힘써서 노력하면 반개와 미개도 개화에 이를 수 있다. 그런데 모든 국민들이 일제히 개화하는 것은 매우 어려운 일이므로 국민 가운데 개화한 자가 많으면 개화한 나라라고 한다. 따라서 "반개화한 자를 권하여 실행케 하고, 미개화한 자를 가르쳐서 깨닫게 하는 것이 개화한 자의 책임이자 직분이다."[31] 다시 말하자면, 유길준은 개화한 자, 즉 자신의 책임과 직분이 계몽과 교육을 통해 반개·미개한 자를 개화의 단계로

---

28) 『서유견문』, 380~381쪽.
29) 『서유견문』, 375~377쪽.
30) 『서유견문』, 375쪽.
31) 『서유견문』, 377~378쪽.

끌어올리는 데 있다고 여기고 있었다.

　그에 따르면 이처럼 개화하는 일을 주장하고 힘써 행하는 자는 또한 개화의 '주인'이기도 하다. 반면 개화하는 자를 부러워하고 배우기를 기뻐하고 갖기를 좋아하는 자는 개화의 '빈객'이고, 개화하는 자를 두려워하고 미워하되 마지못하여 따르는 자는 개화의 '노예'가 된다. 비록 시세와 처지는 인력으로 어찌하기 어렵지만, 노예라 할지라도 순순히 뒤따라 견문이 넓어지고 지각이 고명해지면 빈객이 되고, 부단히 노력하면 주인의 자리에까지 나아갈 수가 있다.[32]

　이와 동일한 논리로 그는 세계 각국의 개화 초기의 형편에 대해 智慧로 한 자는 규모가 온전하고 폐단도 없으며 항상 주인다운 형세를 보존하고 있지만, 勇斷으로 한 자는 규모도 적고 무수한 폐단으로 말미암아 차질을 빚는 일이 많았으며, 威力으로 한 자는 국민의 지식이 부족함으로 인하여 전적으로 억지로 행하는 일이 많았기 때문에 폐단은 용단으로 한 자에 비해 적으나 그 정부의 위태로움은 국내에 大敵이 있는 것과 같다고 파악하였다. 그런데 만일 정부가 지혜·용단·위력으로라도 保國하는 계책을 써서 빈객의 지위를 잃지 않도록 하고 국민들의 지식이 넓고 높아지도록 하면 주인의 칭호도 얻을 수 있게 되는 반면에, 정부와 국민이 모두 무식하여 지혜·용단·위력으로 하지도 않고 更張을 행하지도 않는다면 노예로 전락하게 된다는 것이다.[33] 요컨대, 정부가 지혜로 경장을 추진하는 것이 가장 바람직하지만 부득이한 경우 차선책으로 용단 혹은 위력으로 경장을 추진함으로써 국민이 노예로 되는 사태를 막아야 한다는 논리이다. 이러한 개화 내지 개혁의 추진과정에서 정부의 역할을 강조하는 유길준의 논리는 갑오개혁의 필연성과 당위성을

---

32) 『서유견문』, 378~379쪽.
33) 『서유견문』, 379~380쪽.

확보하고, 나아가 자신의 행동을 합리화하는 근거가 되었다.

IV. 『서유견문』의 영향

　1896년 2월에 국왕 고종의 아관파천으로 유길준이 일본에 망명함에 따라 『서유견문』 역시 정부로부터 금서 조치를 당한 결과 국민계몽이란 원래의 의도와는 달리 널리 보급되지 못한 것으로 알려져 있다. 그 이유는 1897년 6월 7일자 유길준이 모스에게 보낸 영문서한에서, "제가 오랫동안 연금되어 있을 때 저술하여 1894년 일본에서 인쇄한 이 책(『서유견문』)은 바깥 세계에 대해 국민들의 생각을 넓혀보려는 목적으로 무료로 우리 국민들에게 배부하였습니다. 한때 이 책은 우리 국민들이 몹시 환영하고 어디에서나 큰 인기를 끌면서 읽혔으나 제가 망명한 이후로는 보는 것조차 금지되고 있습니다."[34]라고 썼던 내용을 별다른 이의 없이 사실로 받아들였기 때문이다.

　그러나 위의 대목은 사실과 부합되지 않거나 과장된 점들이 있다. 우선 발행연도가 틀렸고, 『서유견문』을 무료로 배포하긴 했어도 그 대상은 일반 국민이 아니라 정부 고관을 비롯한 당시의 유력자들에게 한정되었으며, 따라서 국민들이 이 책을 몹시 환영하여 어디서나 읽힐 정도로 큰 인기를 끌지 못하였다. 또한 유길준이 망명한 당시의 정치적 상황으로 미루어 『서유견문』을 보는 것이 비공식적으로 금기시되었을지 몰라도 공식적으로 금서로 낙인이 찍혔다는 기록은 남아있지 않다.

　무엇보다 『서유견문』의 금서 조치 여부와 관련해서 아관파천 이

---

34) 이광린, 「유길준의 영문서한」, 239~240쪽.

후 정계의 동향을 면밀히 살펴볼 필요가 있다. 아관파천기에 러시아와 미국 공사의 지원으로 집권한 박정양·이완용 등 貞洞派는 갑오 이전의 전통적인 제도로 전면 복구를 주장했던 申箕善 등 수구파의 반발을 무마시키고 갑오개혁의 개혁취지를 계승하되 각종 제도들을 조선의 실정에 맞게 현실적으로 개편·확대시켜 나갔다. 또한 그들은 자신들의 정책과 입장을 효율적으로 옹호·홍보하기 위해『독립신문』의 창간과 보급을 적극적으로 후원해주었으며, 진보적 성향의 관료들을 결집시켜 개혁을 추진할 수 있는 기반을 마련함과 동시에 국민들의 자주독립정신을 고취하고 대내외에 표방하기 위해 독립협회를 창설·운영하였다.35)

이처럼 아관파천으로 친러수구파가 집권하여 갑오개혁 때 추진된 근대적 제도개혁을 전면 중단시킨 것은 아니었기 때문에, 갑오개혁 당시 유길준의 행적에 대한 비판은 있었을지언정 개화사상서인『서유견문』에 대해 엄격한 금서 조치가 내려질 만한 분위기가 팽배해 있지는 않았다. 따라서『서유견문』은 개화 혹은 개혁을 지향하는 자들에 의해 활용됨으로써 다음과 같이 개화사상을 널리 퍼뜨리고 개혁의 필요성을 홍보하는 데 직·간접적으로 적지 않은 영향을 미쳤던 것이다.

첫째,『서유견문』이 금서로 취급받지 않았다는 단적인 예로 1898년 10월경 "平安南道 公立學校에서 論說을 製하야 學部에 上送하였는데 該部에서 其論을 取考하고 勸勉하는 訓令과 時宜의 合用한 公法會通 二帙과 泰西新史 國漢文 各 五帙과 西遊見聞 一冊과 中日略史 一冊……問題 十一條를 選送"하였던 사실을 들 수 있다.36) 즉,

---

35) 아관파천기 정동파의 개혁활동,『독립신문』의 창간 및 독립협회의 창립에 관해서는 한철호, 앞의 책(1998), 125~210쪽 참조.
36)『皇城新聞』, 1898년 10월 29일자, '雜報'; 이광린, 앞의 책(1992), 129~130쪽 참조.

학부는 『서유견문』 등을 '時宜의 合用한' 서적으로 평가하고 이를 소학교 학생들에게 읽히라고 권장하였던 것이다. 학부가 평안남도 공립소학교로 보낸 훈령에서 "現今 本部 諸般이 猶屬草創하야 敎科 等書를 全不準備라"37)고 하면서 우선 『서유견문』 등의 서적들을 보냈다는 점으로 미루어 이들을 교과서로 사용하도록 조치하였음을 알 수 있다.

학부에서 이러한 조치를 내린 이유는 공립소학교의 논설을 보고 난 후 "言固可觀而 但襲古人皮毛ᄒᆞ야 粉飾外樣ᄒᆞ고 絶無實用工程ᄒᆞ니 此可謂近來迂儒緖餘라 旣無補於當世ᄒᆞ고 又無益於身家"하다고 판단하였기 때문이다. 그리하여 학부는 훈령 속에 "富強之道ᄂᆞᆫ 寔整頓國政이오 整頓國政은 莫急於學校而又尤在於實心做實學ᄒᆞ야 期與各西國으로 並駕齊驅ᄒᆞ야 建萬世不拔之基ᄒᆞ고 立五洲獨立之業이니 此豈非諸生之責而 本部之望諸生者豈淺尠哉아"라 하여 근대식 교육의 필요성을 강조하고, 소학교 학생들에게 『서유견문』 등의 서적을 읽힘으로써 궁극적으로 '부강지도'를 탐구토록 하였던 것이다.

이처럼 『서유견문』이 소학교의 교과서로 활용되었던 점과 관련하여 魚允迪이 私立 時務學校의 교사로 재직하였다는 점은 주목할 만하다. 1894년 10월 보빙대사 의화군 李堈이 일본에 파견되었을 때 그는 尹致昊와 함께 유길준의 수행원으로 갔다가 慶應義塾에 유학하였고, 이를 계기로 『서유견문』의 교열을 보았던 인물이다.38) 그는 1896년 3~8월간 日本帝國大學 문과대학 강사로 근무함과 동시에 早稻田專門學校 정치경제과를 수료하였고, 귀국 후 헌법기초위원(1898~1899)과 외부 번역관보(1899~1902) 등을 역임하였다.39) 시무학

---

37) 『황성신문』, 1898년 11월 5일자, '別報.'
38) 이광린, 앞의 논문(1979), 66~67쪽.
39) 國史編纂委員會 編, 『大韓帝國官員履歷書』, 國史編纂委員會, 1972, 350쪽 참조.

교는 1899년 2월 勳洞 前以文社 洪鍾復 집에서 문을 열었는데, 교과목은 처음에 "各部 現行章程과 各國 通商條約과 公法과 法律과 算術" 등이었다가 "경서·물리·산술·지리·역사·법학·토론·작문" 등으로 개정되었다. 그의 경력으로 볼 때 아마 그는 처음에 산술을 제외한 거의 모든 과목을, 나중에 지리·법학 등을 가르쳤을 것으로 여겨진다. 이렇게 추정해 보면, 그가 『서유견문』을 직·간접적으로 교과서 혹은 그 대용으로 썼을 가능성도 배제할 수 없을 것이다.40)

둘째, 『독립신문』과 『황성신문』의 내용을 살펴보면, 직접 『서유견문』을 거론하지는 않았으나 그 내용을 참고·활용하고 있음을 알 수 있다.

먼저, 『독립신문』은 1897년 3월 6일자 논설에서 다음과 같이 『서유견문』에 들어 있는 개화의 '주인'이라는 용어를 사용하였다.41)

어찌 하였던지 조선이 열리기는 필경 열리는 것은 분명하거니와 열리기를 조선 사람들이 주선하야 열리고 외국 사람을 고입하드래도 조선 사람이 주인이 되야 일을 하여 가는 것이 국체에도 유조하고 또 남들이 조선 사람을 과히 낮게는 아니 볼 터이어니와 만일 조선 사람들이 잘 되야 가는데 주인이 못되고 남에게 끌려 부닥겨 어쩔 수 없이 구습을 버리고 진보를 하드래도 그때는 권리는 모두 외국에 뺏기고 뒤집어 되야 외국 사람들이 개화 주인이 되고 조선 사람은 하기 싫은 일을 억지로 하는 것 같으니 설령 사업이 되드래도 조선 사람이 생색 겨을 것이 없고 후생을 대해서 내가 무삼 사업을 했노라고 할 말이 없을지라. 그러한 즉 어차피 고쳐 문명 개화는 하고야

---

40) 그는 시무학교 개교 시 교사로서 "諸學員을 對하야 時務에 切當흔 演說"을 하기도 하였다. 『황성신문』, 1899년 1월 20일, 3월 30일, 4월 1일, 9월 30일자, '廣告' ; 2월 4일, 24일, 6월 24일자, '雜報' 참조.

41) 이외에도 『독립신문』, 1897년 2월 13일자, '논설'에서는 개화의 '병신'이란 용어를 사용하고 있다. 또한 『독립신문』, 1896년 6월 30일, 7월 2일, 8월 22일, 1897년 7월 27일자, '논설' 등 참조.

견딜 터이니 이왕에 할 지경이면 차라리 생색 접게 조선 사람이 주인이 되야 가지고 일을 하야 권리를 조선 정부에 두고 하는 것이 떳떳하지 이것 다 잃어버리고 위엄에 부닥겨 고치는 것이 어찌 나라에 영광이 되리요.

또한 『독립신문』은 1899년 2월 23일자 「나라 등수」에서, "현금 동서양 각국이 다 등수가 있으니 제 일등은 문명국이요 그 다음에는 개화국이요 그 다음에는 반개화국이요 그 다음에는 개화 못한 야만국이라"고 전제한 다음, 영국·미국·프랑스·독일·오스트리아를 문명국으로, 일본·이태리·러시아·덴마크·네덜란드를 개화국으로, 청국·태국·페르시아·미얀마를 반개화국으로 각각 분류하고 야만국은 기록하지 않았다. 우리나라는 "정부와 인민이 서로 믿지 않아 점점 정의가 섞이여 서로 도울 생각이 없는 고로 나라 등수가 겨우 반개화국"에 불과하다고 했다.

여기에서는 『서유견문』에서 분류한 미개·반개·개화의 단계보다는 「세계대세론」에 실려 있는 야만·미개·반개·문명의 단계와 흡사한 야만·반개·개화·문명의 단계를 거론하고 있다. 그렇지만 그 용어라던가 각 단계에 해당되는 국가명, 특히 우리나라를 반개화국으로 분류하고, 이를 진보의 개념에 입각해서 파악한 것은 『서유견문』을 참고했다고 보아도 무리는 아니다.

다음으로 『황성신문』에는 유길준의 『서유견문』을 원문 그대로 인용하거나 약간의 문맥만 수정한 채 실은 논설들이 눈에 띈다. 특히 『황성신문』에 나타난 개화론을 언급할 경우 가장 빈번히 인용되는 1898년 9월 23일자 논설은 다름 아니라 『서유견문』의 14편 「개화의 등급」의 핵심내용을 부분적으로 발췌해서 옮겨놓은 것이다. 그럼에도 지금까지 연구들은 이 논설의 첫 부분인 "開物成務ᄒᆞ며 化民成俗을 開化라 謂ᄒᆞᄂᆞ니라"는 개화의 개념 정의에만 주목하여 그 다음에 이어지는 본론 부분의 내용을 『황성신문』의 독창적인 개화론으로 간주해왔다. 그러나 이 논설을 면밀히 분석해보면 『서유견문』의 내용과 거의 동일함을 알 수 있다.

(가) 〈今世에도〉 五倫의 行實을 純篤히 行ᄒ야 人의 道理를 知ᄒ則 [此ᄂ] 行實의 開化오[며] 人이 學術을 窮究ᄒ야 [萬物의] 理致를 格ᄒ則 [此ᄂ] 學術의 開化오[며] 國歌의 政治를 正大히 ᄒ야 百姓이 泰平한 樂이 有ᄒ則[者ᄂ] 政治의 開化오[며] 法律을 公平히 ᄒ야 百姓이 寃抑ᄒ 事가 無ᄒ則[者ᄂ] 法律의 開化오[며] 器械의 制度를 便易케[便利히] ᄒ야 人의 用을 利케[하게] ᄒ則[者ᄂ] 器械의 開化오[며] 物品의 制造를 精堅히 ᄒ야 人의 生業을 〈富〉厚케[히 ᄒ고 荒麤ᄒ 事가 無]則[者ᄂ] 物品의 開化니 此數條가[此屢條의 開化를] 合ᄒ면[合한 然後에] 〈可히〉 具備ᄒ 開化[開化의 具備한 者]라 〈고〉 謂ᄒ지래[始謂할디라]. (『서유견문』, 375~376쪽)

(나) 〈然하나〉 行實[의]開化ᄂ 天下萬國의[을] 通同ᄒ[通ᄒ야 其同一ᄒ] 規模래[가] 千萬年[의] 閱歷ᄒ여도 長久不變ᄒ고[長久홈을 閱歷ᄒ야도 不變ᄒᄂ 者]어니와 政治 以下[의] 諸開化ᄂ 時代를 隨ᄒ야 變改[하기]도 ᄒ며 地方을 從ᄒ야 殊異[하기]도 ᄒᄂ[하리니 연힌] 故로 古에 合핟[ᄒ든] 者ㅣ[가] 今에 不合ᄒ[ᄒᄂ] 者도[가] 有ᄒ며 彼에 善ᄒ 者ㅣ 此에[ᄂ] 不善ᄒ 者도 有ᄒ則 古今의 形勢를 斟酌ᄒ며 彼此의 事情을 比較ᄒ야 其長을 取ᄒ고 其短을 棄ᄒᄂ 거시[捨홈이] 開化[ᄒᄂ] 者의 大道니라. (『서유견문』, 378쪽)

(다) 大抵[且夫] 開化〈라 ᄒᄂ 者〉ᄂ 實狀과 虛名의 區別이 有ᄒ니 實狀開化[라 ᄒᄂ 者]ᄂ 事物의 理寶[致]와 根因[本]을 窮究ᄒ며 [考諒ᄒ야] 其國의 處地와 時勢를[에] 合當케 함이오[ᄒᄂ 者며] 虛名開化라 ᄒᄂ 者ᄂ 事物上에 知識이 不足함으로[ᄒ되ㅣ] 他人의 景況만을 見ᄒ고 欽慕[欽羨]ᄒ야 [然ᄒ든지 恐懼ᄒ야 然ᄒ든지] 前後를 推量치 못ᄒ고[推量ᄒᄂ 知識이 無ᄒ고] 〈每事를〉 施行함이라[施行ᄒ기로 主張ᄒ야 財를 費ᄒ기 不少ᄒ되ㅣ] 實用은 其分數를 抵ᄒ기 不

及홈이니 外國을 始通ㅎ는 者가. 〈然ㅎ나 此도 또한 自抛不爲ㅎ는 者보더는 猶勝혼 거시〉 一次 虛名[의]開化를 經歷ㅎ면[ㅎ느]〈自然〉 歲月의 久[遠]함[홈]으로 [無限혼 鍊歷이 有혼 後에 至ㅎ則 實狀開化에 抵到ㅎ느니[始赴홈이라]. (『서유견문』, 380~381쪽)
(라) 故로 無論何人ㅎ고 天事萬物에 勉行不息ㅎ면 完然히 開化의 主人이 될 거시어늘 今에 開化를 斥言ㅎ는 者ㅣ 區而別之ㅎ야 別樣事件으로 歸ㅎ니 此는 開化의 罪人일 뿐 아니라 伏羲神農黃帝唐堯周公孔子의 罪人이니라. 客이 枕吟良久에 書案을 擊하고 起ㅎ더라. (『서유견문』, 378 · 382쪽)

위의 인용문은 『서유견문』과 『황성신문』의 내용을 비교하기 위해 편의상 〈 〉안은 『황성신문』에만 있는 내용, [ ]안은 『서유견문』의 본문으로 구별하였다. 여기에서 알 수 있듯이, (가) · (나) · (다)의 문장은 문맥을 매끄럽게 하기 위해 부사나 접속사를 첨삭하거나 혹은 일부 문구를 바꾸었고, 내용을 요약하기 위해 부분적으로 문장을 생략한 것 이외에는 『서유견문』의 본문을 그대로 인용하였던 것이다. 단지 (라)의 문장은 『서유견문』에는 들어 있지 않지만, '개화의 죄인' 또는 '객'의 개념을 활용하고 있다. 따라서 『황성신문』의 논설 집필자 혹은 기자들은 『서유견문』을 습득 · 숙독하고 있었음이 분명하다.42)

이처럼 『황성신문』의 논설이 『서유견문』의 본문을 거의 그대로 발췌한 것은 무엇보다 유길준의 개화사상이, 앞 장에서 살펴보았듯이, 오륜 혹은 인륜을 실천하는 행실의 개화를 기초로 삼고 시대적 · 지역적 상황을 참작하여 정치 · 법률 등의 제도와 기계 · 물품 등의 물질적 개화를 추진하려는 현실주의적 개혁론에 입각하고 있

---

42) 강재언은 개화에 관한 위의 『황성신문』 논설이 유길준의 그것을 거의 그대로 답습하고 있다고 평가하면서 그 대표적인 예로 (라)의 문장을 제시하였다. 姜在彦 저, 鄭昌烈 역, 『韓國의 開化思想』, 比峰出版社, 1981, 174쪽.

었기 때문이라고 여겨진다. 시세와 처지를 중시하고 우리의 장점과 전통을 바탕으로 삼아 자주적으로 현실의 사정에 맞게 개화를 도모하자는 그의 주장은 갑오개혁이 실패했음에도 불구하고 여전히 생명력을 가질 수 있었다. 아울러 『황성신문』이 국한문으로 유학자 계층의 계몽을 주된 목적으로 간행되었던 점도 유길준의 개화론이 더욱 설득력을 발휘할 수 있는 이유 중의 하나였을 것이다.[43] 이로 미루어 볼 때, 유길준이 일본에 망명 중이었기 때문에 그 논거가 밝혀지지는 않았지만, 『서유견문』을 대본으로 쓰여진 『황성신문』의 논설은 유학자 계층을 비롯한 일반 독자들에게 개화사상을 보급·발전시키는 데 적지 않은 영향을 끼쳤던 것으로 판단된다.[44]

셋째, 『서유견문』은 李承晩이 자신의 사상을 체계화하거나 저술하는 과정에서 좋은 참고자료로 활용되었다. 이승만은 독립협회 해산 직후인 1899년 1월부터 1904년까지 한성감옥서에 정치범으로 수감되어 있었다. 이 기간에 그는 옥중학교를 개설하여 죄수들에게 신학문을 가르쳤을 뿐 아니라 서적실을 만들어 동서양의 각종 서적을 돌려 읽으며, 자신이 탐독한 『中東戰紀本末』 등 외국서적을 번역하였고, 『뎨(제)국신문』과 『神學月報』 등에 논설을 기고하거나 『독립졍(정)신』을 탈고하기도 하였다. 그런데 그가 옥중에서 읽었던 '所覽書錄' 속에는 유길준의 『서유견문』이 포함되어 있다. 당시 옥중에는 유길준의 아우인 俞星濬도 복역하고 있었는데, 그는 이승만에게 개혁운동에 도움이 될 만한 책을 쓰라고 권고할 정도로 서로 친밀한 관계를 유지하고 있었다.[45] 따라서 이승만은 유성준으로부

---

43) 『황성신문』에 대해서는 李光麟, 「『皇城新聞』研究」, 『開化派와 開化思想 研究』, 一潮閣, 1989 ; 崔敬淑, 「皇城新聞의 啓蒙思想에 關한 研究」, 영남대학교 박사학위논문, 1991 등 참조.

44) 예컨대, 남양군 북동에 거주하는 박영진이 『황성신문』에 실린 개화관련 기사를 읽고 그 필요성과 신문의 중요한 역할을 강조한 글을 신문사에 보내기도 하였다. 『황성신문』, 1899년 1월 30일자, '別報' 참조.

터 『서유견문』을 전달받았거나 혹은 감옥 내 서적실에 차입된 것을 읽었을 가능성이 크다.

실제로 이승만이 남긴 글들을 살펴보면, 『서유견문』의 내용과 유사한 부분이 발견된다. 먼저 그가 옥중에서 『뎨국신문』에 기고한 1902년 8월 20일자 논설에 "지금의 개화세계라 말하면 의례히 구라파와 북미주로 알고 반개와 미개한 세계를 말하면 의례히 아시아와 아프리카와 남미주로 아느니"라는 부분은 『서유견문』의 미개·반개·개화 단계를 그대로 사용하고 있음을 알 수 있다. 이러한 개화의 단계는 『독립정신』에서도 나타난다. 이승만은 미국과 유럽 등의 "백성들은 혹 반쯤 열려 여간 개화된 나라도 있고 아주 미개하여 야만인종되는 나라도" 있다면서 "개화한 세상은 전과 같이 아니하여 백성의 자유 권리를 중히 여겨 평균한 이익을 보호하여 주는 고로 세상이 그 즐거움을 한량없이 누리는 바―라. 이러므로 개화의 세력이 종이에 물 젖듯 함에 스스로 퍼지는 힘을 능히 막을 수 없는지라"고 미개·반개·개화의 개념을 사용하면서 개화의 당위성과 필연성을 역설하였다.[46] 또한 그는 "지구상에 15억 만 명 되는 오색인종을 통합하여 세 가지 등분으로 구별하나니 문명개화한 사람과 반쯤 개화한 사람과 야만되는 종류라"고 정의한 다음 우리나라를 '반개화'로 분류하였고, 야만→반개화→문명개화의 3단계로 발전하는 것으로 파악하기도 하였다.[47]

다음 『독립정신』에서 이승만은 각국의 정치제도를 '전제'·'헌법'(입헌)·'민주'로 구분하고 이들 가운데 미국·프랑스 등의 민주정치가 "가장 선미한 바―라. 그러나 동양 천지에서는 합지도 못하려니

---

45) 柳永益, 「雩南 李承晚의 『監獄雜記』 白眉」, 『人文科學』(연세대학교) 80, 1999, 27~32쪽 ; 『젊은 날의 이승만』, 연세대학교 출판부, 2002, 76쪽 참조.
46) 리승만, 『독립정신』, 정동출판사, 1993(로샌슬리쓰: 대동신셔관, 1910), 52~55쪽.
47) 리승만, 위의 책, 71~74쪽.

와 도리어 극히 위험한 생각이라"48)면서 "다만 황실을 존중히 받들어 특별히 높일 뿐이오. 그 외에 상하 반상의 등분이 없이 법률 밑에 일체 백성으로 대접"하는 영국의 입헌정치가 "정치의 가장 아름다운 제도"라고 보았다.49) 그 이유는 "모든 정치의 제도가 매양 그 나라 백성의 정도에 달"려 있기 때문이며, "만일 그 백정의 정도는 보지 않고 다만 남의 정치 구별만 보아 망령되이 헤아리되 지금 새 세상에는 아무 것을 하여도 관계치 않다 할진데, 이는 다만 국법에만 득죄할 뿐 아니라 동양 천지에 용납지 못할 죄인이라"고 주장하였다.50) 이러한 『독립정신』에 나타난 이승만의 내용과 논조는―『서유견문』에만 유일하게 들어 있는 것은 아닐지라도―『서유견문』의 그것에 적지 않게 영향을 받았을 가능성이 크다.

이상으로 많은 예를 들지 못한 한계는 있지만, 『서유견문』은 유길준의 일본 망명 이후에도 직·간접적으로 수많은 사람들에게 읽혀지고 있었다. 이 책은 공식적으로 소학교 학생들의 교과서로 사용되었으며, 비록 그 출처가 밝혀져 있지는 않지만 『독립신문』·『황성신문』 등의 논설에 인용되었고, 이승만 등 지식인들에게도 탐독됨으로써 개화사상을 보급하고 개화운동을 발전시켜 나가는 데 크게 기여하였다고 평가할 수 있다.51)

---

48) 리승만, 위의 책, 75~79쪽.
49) 리승만, 위의 책, 104~107쪽.
50) 리승만, 『독립정신』, 110~112쪽.
51) 李光洙는 安昌浩의 신민회 시절을 서술하면서 당시 계몽운동에 앞장섰던 인물들이 "朴燕巖趾源의 『熱河日記』, 俞吉濬의 『西遊見聞』, 淸國 梁啓超의 『飮氷室文書』에서 세계대세와 신사상을 흡수"하였다고 썼다. 물론 이 부분은 유길준과 안창호의 관계가 각별했다는 점, 이광수가 당시의 사료에 입각해서 기술하지 않았다는 점 등을 고려하더라도, 유길준의 『서유견문』이 당시 계몽운동가들에게 읽혀지거나 영향을 끼쳤음을 간접적으로나마 엿볼 수 있게 해준다. 李光洙, 『島山安昌浩』(『李光洙代表作選集』 9), 三中堂, 1971(重版), 309쪽 ; 尹健次, 『朝鮮近代敎育の思想と運動』, 東京: 東京大學出版會, 1982, 290쪽 등 참조.

V. 맺음말

유길준이 개화사상가·정치가로서 활약했던 시기는 개항을 계기로 외압이 가중되는 동시에 전통사회의 제반 모순이 심화되는 시기였다. 이러한 국내외적 상황 속에서 그는 외세의 국권침탈을 막아내고 자주독립을 유지함과 아울러 근대적 사회를 수립해야 하는 시대적 과제를 떠맡게 되었다. 『서유견문』은 바로 이러한 과제를 해결하기 위한 그의 고뇌에 찬 산물이었다.

유길준은 양반출신으로서 과거공부에 전념하다가 일찍이 세계정세의 변화와 흐름에 눈을 뜨게 되면서 이를 포기하였고, 우리나라 역사상 최초의 일본·미국유학생이 되었다. 유학생 시절 그는 근대적 제도와 문물의 실상을 직접 목도하였을 뿐 아니라 각종 개화서적을 탐독함으로써 사상의 폭과 깊이를 넓혀나갈 수 있었다. 비록 임오군란과 갑신정변이라는 국가의 중대사로 말미암아 원래의 계획대로 공부를 하지 못한 채 귀국하고 말았지만, 그는 자신의 견문과 독서를 통해 개화와 개혁의 필요성을 담은 일종의 견문기 내지 개화사상서를 집필하는 데 힘을 쏟았다. 비록 원고의 전부 혹은 태반을 잃어버리는 불운을 겪기도 하고 미국에서 귀국하자마자 보호에 가까운 연금을 당하기도 하였지만, 1889년 봄 마침내 그는 자신의 대표작인 『서유견문』을 탈고하기에 이르렀다.

『서유견문』은 단순한 서양소개서나 견문기가 아니라 유길준의 사상과 입장이 고스란히 담겨져 있는 개화사상서였다. 이 책의 내용 중 「개화의 등급」은 그의 독창성이 가장 돋보이는 부분이다. 『서유견문』의 결론 격에 해당되는 「개화의 등급」에는 개화의 개념과 방법뿐만 아니라 개화에 대한 그의 입장이 잘 드러나 있다. 여기에서 그는 시종일관 개화를 추진하는 과정에서 시세와 처지를 감안하여 집중의 태도를 취해야 된다는 입장을 견지하였다.

시세와 처지를 고려하지 않은 채 외국의 것만을 숭상하고 자기나라의 것을 업신여긴 개화당을 개화의 죄인으로, 외국인과 외국의 것을 무조건 배척하고 자기 자신만을 최고라고 여기는 수구당을 개화의 원수로 신랄하게 비판한 점에서 단적으로 드러나듯이, 그는 현실의 상황과 여건을 중시하는 현실주의적·점진적인 개혁론자였다. 이와 동시에 그는 반개화자를 권고하여 실행케 하고, 미개화자를 가르쳐서 깨닫게 하는 개화자의 책임과 직분에 충실하려고 노력함으로써 개화의 주인으로서 개혁을 주체적·적극적으로 추진해야 된다고 주장하였다. 특히 그는 정부의 역할을 중시하여 정부가 지혜로써 안 되면 용단과 위력으로라도 개혁을 추진해야 한다는 논리를 전개하였는데, 이는 갑오개혁을 추진하는 정당성의 근거를 이루었다.
　아관파천으로 갑오개혁을 주도했던 유길준이 일본으로 망명함에 따라 『서유견문』 역시 출간된 지 불과 10개월도 채 안되어 자유롭게 유포되지 못하는 불운을 겪게 되었다. 그럼에도 불구하고 『서유견문』은 '시의에 합용한' 서적으로 인식되어 공립소학교 혹은 사립학교의 교과서로 활용되기도 하고, 『독립신문』·『황성신문』 등에 원문 그대로 인용되거나 그 논지가 실리기도 하였으며, 이승만을 비롯한 지식인·정치가·계몽운동가들에게도 부단히 읽혀졌다. 비록 유길준은 정치가로서 좌절을 겪었고, 『서유견문』은 신문 대용으로 국민들에게 널리 읽혀지기를 바랐던 그의 원래 출간 목적에는 부응하지 못했지만, 개화사상을 널리 퍼뜨리고 개혁의 필요성과 당위성을 알리는 데 커다란 영향을 끼친 셈이다. 심지어 그가 평생을 받쳐 해결하고자 했던 시대적 과제가 본질적으로 여전히 숙제로 남아 있는 오늘날, 『서유견문』은 우리들에게 적지 않은 시사점을 던져주고 있다.

2부

친미개화파의 활동과 미국 인식

'최초의 미국대학 졸업생' 李啓弼의 일본·미국 유학과 활동

Ⅰ. 머리말

　李啓弼은 1880년대 일본과 미국에서 유학하였고, 귀국 후 내무부·전운국의 주사와 운산군수를 역임하였으며, 아관파천 중 한성부 소윤으로 임명되어 각종 개혁사업에 참여했을 뿐 아니라 독립협회에서도 활약하였다. 특히 그는 우리나라 최초의 미국대학 졸업생으로 알려진 邊燧보다 먼저 미국으로 건너가서 대학을 졸업한 인물로 학계의 주목을 받고 있다. 그러므로 개화기에 활동했던 인물들에 관한 연구가 몇몇 개화파에 한정되어 있는 시점에서 격변의 삶을 영위했던 이계필의 생애와 활동을 천착하는 작업은 단순히 해외 留學史뿐 아니라 개화사의 폭을 넓히는 계기가 될 것이다.

　개화기에 일본·미국에 유학했던 俞吉濬·尹致昊·徐載弼·변수 등과 달리 이계필의 생애와 활동에 관해서는 그와 직·간접적으로 관련된 인물 혹은 사건을 다루는 과정에서 단편적으로 소개되고 있을 뿐, 그의 삶 전체를 실증적인 차원에서 파악한 연구조차 이뤄져 있지 않은 실정이다.[1] 이러한 연구 성과 가운데 주목할 만한 것은 이광린의 연구이다. 그는 이계필이 1884년 이전 일본으로 건너가 東京

神田의 英和豫備學校에서 공부하고 있던 중 갑신정변으로 말미암아 정부의 소환 명령에 응하겠다는 의사를 표시했지만, 결국 귀국하지 않은 채 미국으로 갔다는 사실을 밝힘으로써 그의 삶을 추적할 수 있는 결정적인 단서를 제공해주었다.

이광린의 연구를 바탕으로 저자 역시 초대 주미전권공사 朴定陽이 최초의 미국견문기인 『美俗拾遺』를 집필할 때, 당시 미국 유학 중이어서 "영어에 능통했던" 이계필에게 적지 않은 도움을 받았을 것으로 추론한 적이 있다.[2] 이를 계기로 저자는 박정양의 『美行日記』와 『從宦日記』에 등장하는 이계필의 존재에 흥미를 느끼고 그의 생애와 활동을 고찰해야겠다는 생각을 품기 시작하였다. 그 일환으로 미국 유학 시절 인연을 맺었던 박정양의 후원 아래 이계필이 한성부 소윤으로 발탁되어 한성부 도시개조사업을 적극적으로 추진했던 사실을 밝혀낼 수 있었다.[3]

이 과정에서 저자는 『한국민족문화대백과사전』에 실려 있는 '이

---

1) 해링튼 著, 李光麟 譯, 『開化期의 韓美關係－알렌博士의 活動을 중심으로－』, 一潮閣, 1973, 252~253쪽(Harrington, Fred Harvey. *God, Mammon and the Japanese: Dr. Horace N. Allen and Korean-American Relations, 1884~1905*. Madison, Wisconsin: The University of Wisconsin Press, 1944) ; 李培鎔, 「舊韓末 米麴의 雲山金鑛 採掘權 獲得에 대하여」, 『歷史學報』 50·51합집, 1971(『韓國近代 鑛業侵奪史研究』, 一潮閣, 1989, 72쪽), 65쪽 ; 愼鏞廈, 『獨立協會研究』, 一潮閣, 1976, 86, 91~95, 458쪽 ; 장수영, 「구 한말 역대 주미공사와 그들의 활동」, 『재미과학기술협회보』 11, 1983, 37, 39쪽 ; 李光麟, 「開化初期 韓國人의 日本留學」, 『韓國開化史의 諸問題』, 一潮閣, 1986, 56, 59~61쪽 ; Vipan Chandra, *Imperialism, Resistance, and Reform in Late Nineteenth-Century Korea Enlightenment and the Independence Club*, Berkeley: Institute of East Asian Studies University of California, 1988, pp.112~113, 주 26).
2) 韓哲昊, 「初代 駐美全權公使 朴定陽의 美國觀」, 『韓國學報』 66, 1992(『親美開化派 研究』, 國學資料院, 1998, 소수), 63쪽.
3) 韓哲昊, 「대한제국 초기 한성부 도시개조사업과 그 의의－'친미'개화파의 치도사업을 중심으로－」, 『鄕土서울』 59, 1999, 132~133쪽.

계필' 항목에 중대한 오류가 있음을 발견하게 되었다. 여기에는 이계필이 1860년에 咸平 이씨 近憲의 아들로 태어나 "1887년 경과전시에 을과로 급제한 뒤 미국 링컨대학에 유학하였다"고 서술되어 있다. 즉, 이 글에서 다루려는 일본·미국 유학생 이계필과는 서로 다른 경력의 두 인물을 합성하여 동일 인물로 파악하였던 것이다.[4] 이에 의거해서 『國朝榜目』을 살펴보면, 이계필은 1860년에 함평 이씨 近憲의 아들로서 1888년 1월 28일(음력 1887/12/16) "中宮殿의 患候가 평상으로 회복된 것을 경하하는 慶科 庭試 文科"에 응시해서 '乙科'에 합격하였다고 기록되어 있다.[5] 그런데 이보다 3일 뒤인 1888년 1월 31일에 또 다른 이계필은 워싱턴주재 조선공사관을 방문하여 박정양공사를 만나고 있었다.[6]

이 사실만으로 미루어 보아도, 경과 정시 합격자 이계필과 미국 링컨대학교 유학생 이계필은 同名異人임에 틀림없다.[7] 왜냐하면 1884년 이전 일본으로 건너갔다가 1885년 미국으로 이동한 이계필이 귀국해서 경과 정시에 응시한 지 3일 만에 워싱턴에 나타나는

---

4) 『한국민족문화대백과사전』 17, 한국정신문화연구원, 1991, 696쪽.
5) 大韓民國 國會圖書館 編, 『國朝榜目』, 大韓民國 國會圖書館, 1971, 493쪽, "光緖十三年十二月十六日 親臨景武臺 中宮殿患候平復慶科 庭試別試文科榜……乙科二人 幼學李啓弼 庚申生 父近憲 祖敦詩 曾祖正緖 外祖黃治運 本昌原 本咸平 居驪州……." 이 사실은 『漢城周報』 99호, 「庭試取士: (1887년) 12월 16일 慶科庭試를 경무대에서 베풀고 親臨하여 試取하였다.……10인을 뽑았는데, 幼學 朴鼎壽·李啓弼……賜第하였다"는 기사, 또한 『高宗純宗實錄』, 1888년 1월 28일(1887/12/16), "御景武臺 王世子侍座 行慶科 庭試文武科 文取朴鼎壽等十人 武取權在文等百人"의 기록 등으로 확인된다.
6) 朴定陽, 「從宦日記」, 韓國學文獻研究所 編, 『朴定陽全集(竹泉稿)』 2, 亞細亞文化社, 1984, 651쪽, 1888년 1월 31일(1887/12/19), "我國人 李啓弼來見 本以江原道鐵原人 來遊我京 癸未夏 到日本 遊學數年 乙酉秋 轉到美國 幸賴美人之救恤 托跡於片瑟邊依阿州加雲他鄕大學校 頗通英語云."
7) 저자는 때마침 기회가 닿아 『한국민족문화대백과사전』에 그동안 입수한 각종 자료를 참고로 이계필에 대해 수정을 가하였다. 한국정신문화연구원, 『EncyKorea 디지털 한국민족문화대백과사전』, 한국정신문화연구원, 2001.

일은 실제로 불가능하였을 뿐 아니라, 이계필이 미국에 유학 중 박정양공사 일행과 만나기 직전에 실시된 경과 정시에 응시했을 가능성도 전혀 없기 때문이다.

한편 이계필에 대해 일찍부터 주목해왔던 이민식은 그가 최초의 미국대학 졸업생이었다는 사실을 밝혀내는 성과를 거두었지만, 동명이인의 이계필이 존재한다는 사실을 전적으로 간과하였다.[8] 더욱이 그는 최근에 이계필의 생애와 활동을 다룬 논문에서도 여전히 똑같은 오류를 되풀이하였기 때문에 이계필에 관련된 새로운 사료들을 발굴해냈음에도 불구하고 이들을 잘못 해석하거나 무리하게 연결시킨 경우가 적지 않게 발견된다.[9] 이로 말미암아 이계필의 생애와 활동이 올바로 밝혀지기는커녕 오히려 혼란이 가중되는 결과를 빚고 말았다.

따라서 저자는 동명이인의 존재로 인해 혼선을 빚고 있는 일본 유학생 출신이자 '최초의 미국대학 졸업생'으로 알려진 이계필의 유학 경위 및 수학과정, 그리고 활동에 관하여 기존의 연구성과를 참고로 하되 잘못된 사실들을 바로잡으면서 가능한 한 정확하게 究明해

---

[8] 이민식, 「19세기말 한미관계 연구」, 한국교원대 대학원 역사교육학과 박사학위논문, 1995. 이 학위논문을 수정·증보한 이민식, 『근대 한미관계 연구(증보판)』, 백산자료원, 1998, 132, 208~209, 214쪽 참고.
[9] 예컨대, 그는 이계필이 1860년에 함평 이씨 근헌의 아들로 태어나 1887년 과거에 합격한 뒤 벼슬을 하지 않고 외국 선진문화를 익히기 위하여 초대 주미조선공사 박정양이 도착하기 전에 미국 링컨대학에 유학하였던 인물로 단정하였다. 그리고 이를 증명하기 위해 그는 이계필이 박정양이 도미하기 전인 1887년 2월 5일(1/13) 혹은 4월 20일(3/27) 익종 추존을 기념하기 위하여 실시한 경과 전시 을과에 합격한 것으로 꿰맞추고 있다. 그러나 앞에서 살펴본 『국조방목』에 나타나듯이, 그가 파악한 이계필은 1888년 1월 28일 경과 정시 문과에 응시·합격한 인물임에 틀림없으며, 따라서 박정양이 도미하기 전에 링컨대학교에 유학하였던 이계필과는 전혀 다른 인물임이 분명하다. 이민식, 「이계필연구(1860~?)」, 『근대 한미관계사(보급판)』, 백산자료원, 2001, 428~429쪽 참조.

보고자 한다. 다만 미리 양해를 구해야 할 점은 저자가 이계필의 인적 사항을 확실하게 파악할 수 있는 일본 및 미국 유학 시절 그의 학적부 혹은 생활기록부를 입수하려고 노력했지만 그렇게 되지 못했다는 것이다. 이러한 이유 때문에 저자는 이계필에 관한 논문을 일찍부터 준비해왔으면서도 상당 기간 발표를 미뤄왔다. 그럼에도 이계필에 관한 오류가 더 이상 반복·확산되지 않음과 동시에 그에 대한 연구를 심화시키는 데 조금이라도 도움이 되기를 기대하면서 이 글의 집필에 임하였다.

II. 일본 유학의 경위와 修學(1883~1885)

이계필이 일본에 유학하기 이전의 인적 사항이나 경력에 관해서는 거의 알려진 것이 없다. 오직 초대 주미전권공사 박정양이 1888년 1월 17일(1887/12/5) 백악관에서 클리블랜드(G. Cleveland)대통령에게 국서를 봉정하고 공사관을 개설한 직후인 1월 31일(1887.12.19) 공사관으로 찾아온 이계필을 만나보고 남긴 다음의 기록이 현재로서는 거의 유일하다.

> 본래 강원도 鐵原人인데, 서울로 와서 지내다가 계미년(1883) 여름 일본에 도착해 수년간 遊學하고 을유년(1885) 가을 다시 미국에 도착하여 다행히 미국인의 구휼을 받아 펜실베니아주 加雲他鄕대학교에 적을 두었는데 매우 영어에 능통하다고 한다.[10]

즉, 이계필은 강원도 철원 출신으로 서울로 상경하여 생활하던 중 1883년 여름에 일본으로 유학하였던 것이다. 이 기록만으로는 그가

---

10) 주 6)과 같음.

몇 년에 출생하였고, 그의 가문과 신분이 어떠했는지, 또 언제 무슨 이유로 상경하였는지는 알 수가 없다.[11] 다만 1883년 여름 그가 일본으로 건너갔던 점에 관해서는 다음과 같은 추론이 가능하다.[12]

먼저 1883년 5월 朴泳孝가 신문을 발간하기 위해 초청했던 일본인 牛場卓藏과 松尾三代太郎이 귀국할 때 함께 동행했던 17명 중 慶應義塾에서 말을 배우고 陸軍戶山學校에 입학했던 14명을 제외한 나머지 3명 가운데 이계필이 포함되었을 가능성이다. 다음으로 1883년 4월 18일(3/17) 東南諸島開拓使 겸 管捕鯨事로 임명된 金玉均이 일본으로 건너갔던 6월을 전후해서 파견을 추진했던 유학생들 중 한 명이었을 가능성도 배제할 수 없다.[13]

이계필은 1885년 6월경 東京 神田의 英和豫備學校에 재학 중이었다.[14] 현재로서는 그가 어떠한 과정을 거쳐 이 학교에 들어갔는가를 파악할 수 없지만, 일본에 건너온 지 2년 가까이 지났던 만큼 그는 이 학교에서 영어를 어느 정도 습득할 수 있었고, 이를 계기로 귀국하지 않은 채 미국으로 건너가겠다는 결정을 내린 것이라고 추측할 수 있다.

그의 유학 생활은 갑신정변으로 말미암아 커다란 고비를 맞이하였다. 당시 일본에 유학한 학생들은 대부분 김옥균의 도움을 받아

---

11) 이 점으로 미루어 볼 때, 주 9)에서 거론했듯이 1860년 함평 이씨 이근헌의 아들로 태어나 경기도 여주에서 거주하였으며, 1887년에 과거에 합격했던 이계필과는 동일인이 아니라는 사실을 알 수 있다. 박정양의 기록에 대한 신빙성은, 후술하듯이 일본 및 미국 유학 시기가 정확하다는 점에서도 입증된다. 따라서 박정양이 이계필의 경력 가운데 가장 중요하다고 할 수 있는 과거 합격 사실을 알고서도 기록하지 않았을 가능성은 거의 없다고 판단된다.
12) 이계필의 일본 유학 생활에 관해서는 전적으로 이광린의 앞의 논문(1986)을 참고로 재구성하였다.
13) 李光麟, 『開化黨研究』, 一潮閣, 1973, 37~38쪽 ; 『漢城旬報』 6호(1883.11.21), '주일생도' 참조.
14) 『朝日新聞』, 1885년 6월 16일자.

생활하고 있었는데, 김옥균이 주도한 갑신정변이 실패하였기 때문에 학자금과 생활비가 끊기게 되었기 때문이다.15) 또한 정부는 유학생들이 일본에 망명한 김옥균과 접촉하는 것을 차단하기 위해 전권대신 徐相雨로 하여금 유학생들과 함께 귀국하라고 지시하였다. 그러나 이에 응한 嚴柱興·俞星濬, 육군사관학교에서 계속 유학하도록 허락받은 朴裕宏 등 3명을 제외한 이계필 등 유학생 10여 명은 귀국 후의 신변 안전에 불안을 느껴 귀국을 거부하였다.16)

유학생들의 귀국 거부에 대해 정부는 그들의 신변 안전을 보장한다고 회유하는 서한을 보내는 한편 조선주재 일본대리공사 近藤眞鋤를 통해 일본정부에 유학생들에게 재정지원을 해주지 말라고 요청하였으며, 유학생들을 쇄환하기 위해 安宗洙와 趙寵熙 등을 일본에 파견하는 등 강온책을 폈다. 그러나 안종수 등은 유학생들의 학자금을 지불해 달라는 慶應義塾 측의 요구로 말미암아 유학생들과 제대로 접촉해보지도 못한 채 귀국하고 말았다. 이처럼 정부와 유학생들 간에 실랑이가 오가는 동안인 1885년 8월경 이계필은 金宣純·玄暎運 등과 함께 귀국하겠다는 의사를 표명하였다.17) 이에 9월 6일 외아문 독판 金允植은 미국상인 타운센드(W. D. Townsend)에게 울릉도 목재 판매권을 주고 그로 하여금 유학생들의 식비와 여비 등을 배상토록 하겠다고 답변함과 동시에 "정부에서 파견"한 이계필 등 10명과 그렇지 않은 金浩然 등 8명, 총 18명의 쇄환자 명단을 통보하였다.18)

---

15) 『朝日新聞』, 1885년 1월 7일자.
16) 『朝日新聞』, 1885년 5월 22일자.
17) 高麗大學校 亞細亞問題研究所 編, 『舊韓國外交文書: 日案』 1, 高麗大學校 出版部, 1967, 255쪽, #532, 1885년 8월 22일(7/13).
18) 『구한국외교문서: 일안』 1, 258쪽, #539, 1885년 9월 6일(7/28). 쇄환 대상자 18명 가운데 이계필과 함께 귀국 의사를 밝힌 김선순은 잔류를 허용하기로 이미 결정되었기 때문에 제외되었다. 『구한국외교문서: 일안』 1,

이로써 판단해보건대, 이계필은 1883년 관비유학생으로 파견되었으며, 갑신정변 이후 정부의 귀국 명령에 처음에는 신변의 불안전 등을 이유로 거부하였지만, 1885년 8월경에는 자발적으로 귀국 의사를 표명하였음을 알 수 있다. 하지만 이계필은 귀국 의사를 표시한 지 얼마 되지 않아 미국으로 건너가는 일종의 모험을 단행하였다.[19] 이계필은 귀국하지 않을 경우 자신의 가족들에게 피해를 끼칠지도 모를 상황에서 왜 자신의 의사를 번복한 채 미국으로 건너갔을까?

아마도 그는 정부의 쇄환 조치가 늦춰지는 동안 극도의 불안감을 느낀 나머지 제3국인 미국으로 가기로 결심했던 것 같다. 실제로 정부는 여러 차례 일본정부의 독촉을 받고서 1886년 4월 20일에야 비로소 유학생문제를 해결하기 위해 외아문주사 朴準禹를 일본에 파견했던 것이다. 이계필이 이미 미국으로 건너간 뒤의 일이었다. 그런데 박준우와 함께 귀국했던 6명과 뒤이어 귀국했던 2명 등 총 8명은 그 대부분이 김옥균 등 갑신정변 주역들과의 친분으로 말미암아 결국 처형당하고 말았다.[20] 비록 결과론적 해석이긴 하지만, 당시 이계필도 귀국했더라면 희생을 면치 못했을 것이다. 이러한 분위기를 사전에 조금이라도 감지했기 때문에 이계필은 귀국 의사를 번복하고 미국행으로 선회했을지도 모른다.

또한 이계필이 미국으로 건너가기로 결심한 데에는 그가 英和豫備學校 학생으로서 영어로 어느 정도 의사소통이 가능했던 점도 크게 작용하였다고 여겨진다. 따라서 그는 유학 중 미국인들과 접촉

259~260쪽, #543, 1885년 9월 8일(7/30) 참조.
19) 高麗大學校 亞細亞問題硏究所 編,『舊韓國外交關係附屬文書: 統署日記』 1, 高麗大學校 出版部, 1972, 377쪽, 1886년 5월 26일자(4/23) ; 이광린, 앞의 논문(1986), 61쪽.
20) 이광린, 앞의 논문(1986), 60~62쪽.

할 기회를 상대적으로 많이 가졌을 것이고, 그의 처지를 딱하게 생각했던 미국인들 중 일부가 미국행을 주선해주었을 것으로 판단된다. 갑신정변 이후 학비와 생활비의 지원 중단으로 쪼들린 삶을 영위하고 있던 그가 미국으로 갈 여비를 스스로 마련할 여지가 별로 없었을 뿐 아니라 아무런 연고나 대책도 없이 무작정 미국으로 갔다고 보기는 곤란하기 때문이다. 그가 미국 도착 후 미국인에게 도움을 받아 펜실베니아주 소재 대학교에 다닐 수 있었던 것도 이러한 점과 무관하지 않을 것이다.

III. 미국 유학과 활동(1885~1891)

1. 유학 생활과 주미조선공사관 접촉

1885년 가을 미국으로 건너온 이계필은 다행히 미국인의 도움으로 펜실베니아주에 정착하였고, 그곳에서 대학교에 다니게 되었다. 그가 곧바로 대학교에 입학하였는지, 아니면 서재필의 경우처럼 고등학교를 먼저 졸업한 후 대학교에 들어갔는지, 또 언제 대학생이 되었는지는 알려져 있지 않다. 다만 영어에 익숙치 못했던 변수가 1886년 2월경 미국에 도착하여 버리츠語學塾(Berlitz School of Language)에서 영어를 익히고 1887년 9월 메릴랜드주립 농과대학에 입학한 뒤 1891년 6월 졸업했던 점,[21] 또 뒤에서 살펴보듯이 이계필이 1891년 5월 콜럼비안대학교(Columbian University)를 졸업했던 점 등으로 미루어 볼 때, 일본에서 영어를 배웠던 이계필은 늦어도 1887년 9월 이전에 펜실베니아주소재 '加雲他鄕대학교─링컨대학교(Lincoln University)─에 입학했을 가능성이 크다고 판단된다.[22]

---

21) 李光麟,「韓國 最初의 美國大學 卒業生 邊燧」, 앞의 책(1986), 80~83쪽.

일본 유학 중 정부의 소환 명령을 거부하고 혈혈단신으로 낯선 미국으로 도피했던 이계필은 당분간 귀국할 수 있는 길이 막힌 상황에서 미국생활에 빨리 적응하기 위해서라도 하루속히 영어를 익히고 학업에 열중할 수밖에 없었을 것이다. 그런데 이계필에게 고국으로 돌아갈 수 있는 기회가 의외로 빨리 찾아왔다. 1887년 정부가 반청 자주외교정책의 일환으로 미국에 공사관을 설치하기로 결정하였고, 1888년 1월 9일 초대 주미전권공사 박정양 일행이 워싱턴에 도착하여 17일 클리블랜드 대통령에게 국서를 봉정한 후 공사관을 개설하였기 때문이다.

이러한 소식을 들은 이계필은 이를 천재일우의 기회로 생각하고 1월 31일 스스로 워싱턴의 공사관을 방문하여 박정양공사를 만났다. 실제로 박정양과의 만남은 이계필의 생애에 획기적인 계기를 마련해주었다. 이 자리에서 박정양은 이계필의 前歷을 대강 파악하고 있었지만 영어에 매우 능통하였던 그에게 상당히 호감을 가졌던 것 같다.[23] 박정양의 이러한 태도는 그가 샌프란시스코에 도착한 이후 미국에 거주하고 있는 갑신정변 관련자들('甲申逆黨')과[24] 그

---

22) 뒤에서 서술하겠지만, 그가 다녔던 '가운타향' 대학교는 링컨대학교로 판단된다. Allen, *Allen Papers*, Vol.2, 1888년 6월 21일, Allen→Dinsmore ; 해링튼, 앞의 책, 252~253쪽 참조.
23) 주 6)과 같음.
24) 당시 미국에는 서재필·변수·서광범 등이 건너와 있었다. 이들 가운데 서재필은 1886년 9월부터 1889년 6월까지 펜실베니아주 윌크스바시 소재 해리 힐맨고등학교(Harry Hilman Academy)에, 변수는 1887년 9월부터 1891년 6월까지 워싱턴시에서 가까운 거리에 있는 메릴랜드주립 농과대학에 각각 다녔다. 또한 서광범은 1885년 말경 샌프란시스코에서 뉴욕으로 갔다가 뉴저지주의 한 대학교에 다녔다고 하는데, 1888년에는 워싱턴에 거주하고 있었다. 李光麟, 『韓國開化思想硏究』, 一潮閣, 1979, 103~106쪽 ; 「한국 최초의 미국대학 졸업생 변수」, 앞의 책(1986), 80~83쪽 ; 方善柱, 「徐光範과 李範晉」, 『崔永禧先生華甲紀念 韓國史論叢』, 探求堂, 1987, 433쪽 등 참조.

외의 '浮浪輩類'가 만나기를 요청하거나 편지로 재물을 구걸했음에도 불구하고 모두 거절해왔던 것과는 매우 대조적이었다.25) 당시 공사관에는 미국인 참찬관 알렌(Horace N. Allen) 외에 번역관 李采淵이 있었지만 능숙하게 영어를 구사할 정도는 아니었기 때문에 박정양이 이계필의 활용가치를 높이 평가한 것으로 여겨진다.26)

때마침 이계필은 자신의 영어 실력을 발휘할 수 있는 호기를 잡게 되었다. 2월 9일경 박정양공사 일행이 샌프란시스코에서 발송했던 의복·약품·일용품 등의 화물이 처음에 이야기를 듣기로는 20~30일이면 도착한다고 하였으나 30여 일이 지났는데도 아무런 소식이 없어서 생활에 불편을 겪게 되었다. 그래서 박공사가 알렌으로 하여금 철도국에 그 사정을 문의하도록 했더니 다만 눈이 쌓여 기차가 늦어진다고 하였다. 이러한 답변이 몹시 의심스러워서 박공사가 다시 이계필에게 샌프란시스코 철도회사에 문의토록 한 결과 남부 철로

---

25) 「종환일기」, 『박정양전집』 2, 649쪽, 1888년 1월 25일자(1887/12/13). 갑신정변 직후 정부의 재일 유학생 송환은 갑신정변 주모자들에게 반감이 컸던 당시 집권자들과 그 후원자인 袁世凱 등 청국 관리들에 의해 거의 반강제적으로 집행되었다. 따라서 이계필이 귀국의사를 표명했다가 이를 어기고 미국으로 간 행위 자체는 분명히 국법을 어긴 중범죄에 해당되었다. 그러나 재일 유학생 송환의 총책임자였던 김윤식이 관직에서 물러나 있었고, 주미공사관의 개설이 곧 반청 자주독립외교의 일환으로 추진되었던 만큼, 박정양은 갑신정변과 직접적으로 관련이 없었던 이계필에 대해 호의적인 태도를 취하였다고 여겨진다.

26) 알렌은 이채연에 대해서 "The regular interpreter is an idiot and cannot speak English"라고 평가하였다. 알렌 著, 金源模 完譯, 『알렌의 日記』, 檀國大學校 出版部, 1991, 530쪽 참조. 그러나 이채연이 영어를 자유자재로 사용하지 못했음을 인정하더라도 이는 지나친 혹평이라고 생각된다. 왜냐하면 박정양은 미국대통령에게 국서를 봉정할 때 번역관 이채연이 대통령의 답사를 '譯言'하였을 뿐 아니라, 공사 일행의 직호와 성명을 "英語로 通譯"하였다고 기록하고 있기 때문이다. 또한 박정양이 이채연만을 대동하고 각부 장관이나 각국 공사를 방문했던 사실로 미루어 보아 그가 어느 정도 영어를 구사했음은 틀림없는 것 같다. 「종환일기」, 『박정양전집』 2, 645, 653, 661, 669쪽 참조.

로 발송하였던 것이 선편으로 바뀌었으므로 50일 정도 소요된 뒤에 도착할 것이라는 답변을 들었다.27) 실제로 이계필이 얻어낸 답변대로 박공사 일행이 1888년 1월 1일 샌프란시스코항에 상륙한 지 약 50여 일 만인 2월 22일에 비로소 화물이 공사관에 도착하였다.28) 따라서 이 사건을 계기로 그에 대한 공사관 측의 신임은 더욱 두터워졌을 것으로 생각된다.

　이와 같이 이계필은 박정양을 만난 이후 워싱턴에 머물면서 공사관의 업무를 보조해주는 역할을 담당하고 있었다. 공사관 개설 직후 공사 일행은 공사관을 운영하는 데 많은 어려움을 겪고 있었던 만큼, 알렌에 못지않게 영어에 능통하고 미국 사정에 비교적 밝았던 이계필의 도움이 절실히 필요했을 것이다. 그런데 당시 그는 필라델피아 소재 링컨대학교에 재학 중이었기 때문에 수업을 받기 위해 돌아가지 않으면 안 되었다. 2월 20일 그는 박정양에게 학업을 지속하기 위해 돌아갈 의사를 밝히면서 여름방학이 되면 다시 공사관으로 와서 머물겠다는 뜻을 비추었다. 이에 박정양도 그의 제안을 받아들이면서 약간의 여비를 지급할 뜻을 표명하였다.29)

　이계필은 필라델피아로 돌아간 후 링컨대학교에 다니면서도 워싱턴의 공사관 측과 계속 연락을 취하고 있었던 것으로 보인다. 그가 병으로 말미암아 귀국할 예정이었던 李完用에게 작별 인사를 하

---

27) 「미행일기」, 『박정양전집』 6, 336쪽, 1888년 2월 9일(1887/12/28), "在桑港出寄之行李什物 始言數十日可到着者 于今兩朔頓無消息. 使安連電訊鐵道局 只云雪積車遲 甚屬訝感 更使李生啓弼電問於桑港鐵道會社人莫海 答稱寄送南鐵路轉從船便 可費五十日到着云 衣服藥餌日用等物盡在其中 自多難堪可悶."

28) 「종환일기」, 『박정양전집』 2, 657쪽, 1888년 2월 12일(1/11), "在桑港寄送之什物 今始到來 多有破傷."

29) 「미행일기」, 『박정양전집』 6, 350쪽, 1888년 2월 20일(1/9), "李生啓弼留連幾日 爲修其所學之未完 請告歸 夏間放學時來留爲言 故許使勤業 以若干資斧示意.."

기 위해 4월 19일 공사관을 방문하고 있기 때문이다.30) 그런데 이계필이 단순히 이완용에게 인사할 목적으로 수업을 결석하면서까지 필라델피아에서 워싱턴으로 갔을까 하는 의구심이 든다. 왜냐하면 이계필이 공사관 측으로부터 아무런 연락도 없었음에도 불구하고 다른 통로로 이완용의 귀국 소식을 듣고서 인사차 공사관을 방문했다기보다 공사관 측으로부터 모종의 역할을 맡아달라는 요청 혹은 연락을 받았을 가능성이 크기 때문이다. 4월 21일 참찬관 이완용과 번역관 이채연 등이 워싱턴을 출발하여 귀국길에 올랐던 점, 또 그들과 함께 서기관 李夏榮이 알렌을 만나기 위해 오하이오로 떠나는 바람에 공사관에는 공사 박정양과 서기관 李商在만 남게 되었던 점 등31)으로 미루어 이계필이 이완용 일행의 길 안내를 맡거나 혹은 일시적으로 공백이 생긴 공사관의 업무를 보조하지 않았을까 추측된다.

박정양공사와의 약속대로 이계필은 여름방학을 맞이하자 6월 6일 워싱턴으로 돌아와 본격적으로 공사관에서 생활하게 되었다.32) 그런데 이때 이계필과 박정양에 관련된 불미스러운 일이 발생하였다고 전해진다. 박정양이 입국할 때 외교관의 면세권을 이용하여 들여온 呂宋煙 3상자를 링컨대학교에 유학 중이었던 이계필이 6월경 필라델피아에서 몰래 팔았다는 것이다. 불행히도 이 사건은 발각되어 『뉴욕 헤럴드(New York Herald)』에 보도됨으로써 공사관의 위신

---

30) 「미행일기」, 『박정양전집』 6, 382쪽, 1888년 4월 19일(3/9), "李生啓弼爲別 參贊官來謁."
31) 「미행일기」, 『박정양전집』 6, 383쪽, 1888년 4월 21일(3/11). 이하영과 알렌이 3일 뒤인 4월 24일 공사관으로 돌아온 점, 이계필이 링컨대학교 재학 중이었던 점 등으로 미루어 이계필은 오랫동안 공사관에 머물지 않았던 것으로 여겨진다. 「미행일기」, 『박정양전집』 6, 384쪽, 1888년 4월 24일(3/14).
32) 「미행일기」, 『박정양전집』 6, 404쪽, 1888년 6월 6일(4/27), "李生啓弼放學 有暇 專來拜謁."

을 실추시켰다.33) 그러나 이 사건은 이계필과 박정양의 관계가 은 밀한 모의(?)를 벌일 정도로 매우 밀접하였음을 반증해준다. 이 사건을 계기로 양자의 관계가 벌어지기보다 오히려 더욱 돈독해진 것으로 보인다.

그리하여 마침내 9월에 그는 박정양의 적극적인 후원으로 워싱턴 소재 대학교로 전학함과 동시에 공사관사무를 맡아보기에 이르렀다.

> 이계필군은 일찍이 필라델피아학교에 유학을 왔는데, 생활비와 학비 등을 모두 미국인에게 도움을 받고 보호를 받아왔다. 현재 이곳 공사관에 와서 이미 머물고 있는데, 만약 우리나라의 학도를 돌보아주지 않는다면 이는 외국인에게 부끄럽고 욕먹을 일이 될듯하다. 또한 그 사람됨이 簡潔해서 쓸 만하다. 그러므로 그를 워싱턴의 학교에 유학하도록 함과 아울러 본 공사관의 사무를 맡아보게 하고, 그 식비와 생활비 등을 모두 본 공사관에서 지급해주겠다는 내용으로 약정하였다. 이군은 잠시 전에 다니던 학교로 가서 교사에게 작별을 고하고 돌아오기를 청하였다.34)

즉, 공사 박정양은 주미조선공사관이 개설되었음에도 불구하고 이계필이 미국인의 도움을 받는 것은 수치라고 생각하였으며, 또 그의 능력을 인정하여 워싱턴으로 전학케 함과 동시에 공사관의 업무를 맡아보도록 조처하고 재정적인 지원을 해주기로 계약을 맺었

---

33) 이 사건에 관해서는 金源模 完譯, 『알렌의 日記』, 檀國大學校出版部, 1991, 154~155쪽 ; 해링튼, 앞의 책, 252~253쪽 ; 이민식, 앞의 책(1998), 208쪽 ; 이민식, 앞의 논문(2001), 430쪽 등 참조.
34) 「미행일기」, 『박정양전집』 6, 437~438쪽, 1888년 9월 15일(8/10), "李君啓弼曾爲遊學於匹羅達皮阿學校 而薪水月例等費 均賴美國人出義保護 現今公館旣駐于此 而若不顧恤本國學徒 恐貽外人之羞言 且其爲人簡潔 足可需用 故使之留學於華盛頓學舍 兼幹本館事務 其薪水月例等費 均由本館辦給之意爲約 李君請暫往其舊住學校 告別敎師而還."

다는 것이다. 이때 이계필은 공사관 측으로부터 매월 학비조로 미화 30원(달러)를 지급받기로 약속하였고,35) 9월 24일 링컨대학교에서 워싱턴 '上等大學校'에 전학하게 되었다.36) 이 워싱턴 '上等大學校'는 현 조지 워싱턴대학교(George Washington University)의 전신인 콜럼비안대학교로 알려져 있다.37) 이로써 이계필은 1885년 정부의 귀국 명령을 거부한 채 일본에서 미국으로 건너온 지 약 3년 만에 오랫동안의 불안정한 생활을 청산하고, 주미공사관으로부터 장학금과 신분을 보장받는 어엿한 유학생이 된 셈이다.

2. 주미조선공사관 근무

이계필은 콜럼비안대학교에 재학하면서 주미공사관의 비정규 직원으로 활동하기 시작하였다. 앞에서 밝혔듯이, 참찬관 이완용과 번

---

35) 「종환일기」, 『박정양전집』 2, 694~695쪽, 1888년 9월 15일(8/10), "本國人 李雅啓弼曾爲遊學於美匹羅達皮阿學校 故自今秋 使之留學於華盛頓學校: 李君之薪水月費 均賴美國人出義保護 現今公館來駐 若不顧恤 恐爲外人之 羞 故使之留學於華盛頓學校 兼幹本館事務 學費則每朔以美金三十元定給 事爲約."
36) 「미행일기」, 『박정양전집』 6, 441쪽, 1888년 9월 24일(8/19), "李君啓弼 始 使入學華盛頓上等大學校."
37) 당시 그가 입학하였던 워싱턴 '상등대학교'가 콜럼비아 대학교였다는 점에 관해서는 Allen, Allen Papers, Vol.2, 1888년 9월 22일, Allen→Dinsmore ; 서울大學校 韓國敎育史庫 編, 『十九世紀 美國務省外交文書: 韓國關聯 文書』 2(United States Department of State, *Notes from the Korean Legation in the United States to the Department of State, 1883~1906*, File Microcopies of Records in the National Archives, Washington, D. C.), 서울大學校 韓國敎育史庫, 1994, pp.90~92, 1888년 12월 13일, Ye Cha Yun→Bayard ; 장수영, 앞의 논문, 37쪽 ; 이민식, 앞의 책(1998), 208, 214쪽 ; 이민식, 앞의 논문(2001), 431쪽 등 참조. 그런데 이민식은 이계필이 "방학 동안 일시 귀국하였다가 다시 도미하여 콜럼비아 대학교(Columbia University)로 전교하였다"고 밝혔는데, 어떠한 근거로 그가 일시 귀국했다가 다시 도미하였다고 했는지 확인할 수가 없다.

역관 이채연은 1888년 4월 21일 귀국길에 올랐다가 1889년 1월 21일 워싱턴으로 돌아왔기 때문에 당시 공사관에는 실무를 담당할 수 있는 인력이 부족한 상태였다. 따라서 이계필은 박정양공사의 개인비서 혹은 통역관의 역할을 담당하였을 것이다. 예컨대, 10월 3일 도지사 '土息加'와 이웃에 살고 있는 해군 관인 '是岳'의 예방에 대한 답례로 6일 박정양이 '土息加'와 '是岳'을 잇달아 방문할 때 이상재와 이계필을 대동하고 있기 때문이다.38) 이계필은 상대적으로 이상재보다 영어 실력이 뛰어났을 것이므로 공사 일행이 미국인들과 접촉할 경우 그가 안내를 맡거나 통역을 전담했을 것임을 쉽게 추측할 수 있다.

또한 이계필은 박정양이 일종의 보고서이자 최초의 미국견문기인 『미속습유』를 집필하는 데 적지 않은 도움을 주었을 것이다. 박정양은 미국에서 활동하고 견문한 바를 『미행일기』에 상세하게 정리한 다음 조선·중국·일본 등지에서 발행된 서적들, 그리고 미국 주재 중 입수하거나 기증받은 각종 자료와 서적들을 참고로 『미속습유』를 집필하였는데, 이들 참고자료 중 영문으로 표기된 것은 미국의 역사·제도·풍속 등에 관해 상대적으로 많은 지식을 갖고 있었던 이계필에게 번역을 의뢰하거나 자문을 받았을 가능성이 크다.39)

이계필과 박정양 두 사람의 관계가 매우 각별하였다는 사실은 박정양이 귀국할 당시의 상황을 살펴보면 더욱 확실하게 드러난다. 잘 알려져 있듯이, 갑신정변 후 조선에 대한 청국의 간섭이 강화되자 정부는 이로부터 벗어나기 위한 자주권 행사의 일환으로 주미공사관을 개선하기로 결정하고, 박정양을 초대 전권공사로 임명하였

---

38) 「미행일기」, 『박정양전집』 6, 447쪽, 1888년 10월 3일(8/28), "隣居海軍官人是岳來訪 美都知事老人土息加來訪."; 449쪽, 1888년 10월 6일(9/2), "申後 與書記官李商在·李生啓弼 往訪土息加 轉訪隣居海軍官人是岳."

39) 한철호, 앞의 논문(1992), 60~64쪽.

다. 청국은 이 사실을 알고 처음에는 주미공사사절단의 파견을 강경하게 저지하였지만, 미국정부의 반박 등을 고려하여 3개월간에 걸친 외교적 실랑이를 벌인 끝에 비로소 박정양공사가 임지에서 소위 '另約三端'을 준수해야 한다는 조건을 달아 그들의 도미를 허락하였던 것이다. 그러나 박정양은 청국 측의 派美 허락조건이었던 '영약삼단'을 제대로 이행하지 않았기 때문에 주미 청국공사 張蔭桓으로부터 여러 차례 경고를 받았고, 결국 袁世凱의 압력에 굴복한 고종으로부터 소환 조치를 당하기에 이르렀다.40)

그리하여 박정양은 1888년 11월 15일 클리블랜드대통령을 예방하여 고별인사를 나눈 다음 11월 19일(10/16) 이상재·李鍾夏·金老美 등과 함께 워싱턴을 떠났다. 공사관에 남게 된 이계필도 이하영·알렌 등과 같이 박정양 일행을 전송하기 위해 워싱턴의 기차역으로 나갔는데, 차마 박정양과 서로 헤어질 수 없을 정도로 심정이 격해져서 다른 사람들과 달리 열차에 동승한 채 50리를 더 가고 난 뒤에야 비로소 작별을 고하였다. 이러한 이계필의 모습을 본 박정양도 더욱 슬픔을 느끼지 않을 수 없었다고 한다.41)

---

40) 주미전권공사의 파견에 대해서는 宋炳基, 「소위 "三端"에 대하여」, 『史學志』 6, 1972 ; 林明德, 『袁世凱與朝鮮』, 臺北: 中央硏究院 近代史硏究所, 1972 ; 金源模, 「朴定陽의 對美自主外交와 常駐公使館 開設」, 『藍史鄭在覺博士古稀記念 東洋學論叢』, 고려원, 1984 ; Yur-Bok Lee, "Establishment of a Korean Legation in the United States, 1887~1890: A Study of Conflict Between Confucian World Order and Modern International Relations," Mimeographed paper, 1983 ; 스워다우트 지음, 신복룡·강석찬 옮김, 『데니의 생애와 활동』, 평민사, 1988 등 참조.

41) 「미행일기」, 『박정양전집』 6, 471~472쪽, 1888년 11월 19일자(10/16), "使書記官李夏榮·隨員姜進熙·學徒李啓弼·美員安連留館 辰初率書記官李商在·武弁李鍾夏·跟率金老味 冒兩進停車場 留館諸君 同來餞行 四萬里舟車同行一周年 甘苦同味 一去一留 悵何可言 爲念前路行事 病骨益勞. 辰正發車 帶病作行 不可與衆人雜處 故貰得車中從容……以便坐臥. 李君啓弼 不忍相捨同車約行五十里告別 尤覺悵然.";「從宦日記」, 『朴定陽全集』 2, 710쪽, 1888년 11월 19일자(10/16), "使書記官李夏榮·隨員姜進熙·學徒

이 사실만 보더라도 이계필과 박정양은 서로 간에 각별한 감정을 지닐 정도로 가까웠다는 점을 알 수 있다. 이계필의 입장에서 보면, 그는 박정양 덕분에 정부 명령에 불응한 범법자의 처지에서 벗어나게 되었을 뿐 아니라 신분적·경제적으로 불안했던 미국 생활을 청산하고 안정되게 공부와 공사관 업무를 병행할 수가 있기 때문이다. 더욱이 그는 박정양의 도움과 천거를 받아 귀국하여 1892년 1월부터 내무부주사로 관직에 오른 뒤 운산군수·한성소윤 등을 역임함으로써 '금의환향'하게 되었다. 말하자면 박정양은 그의 유일하고도 든든한 정치적 후원자이자 '평생의 은인'인 셈이다.[42]

박정양공사가 귀국한 후에도 이계필은 유학생 신분으로서 공사관에 계속 근무하고 있었다. 1888년 12월 13일자로 주미공사관 측에서 국무장관 베이야드(T. F. Bayard)에게 보냈던 공사관원의 명단에 의하면, 공식 관원인 이하영·강진희·알렌과 그의 부인 이외에 비공식 관원 거주자로 '콜럼비아대학교 조선인 학생 이계필(Ye Kay Pill, Korean Student of Columbia University)'의 이름이 들어있기 때문이다.[43] 그런데 1889년판 *Boyd's Washington Directory*에는 이계필이 공사관의 통역관으로 기록된 점으로 볼 때, 비록 그는 비공식 공사관원이었지만 실질적으로는 통역관의 역할을 담당하였음을 알

李啓弼留館 與美人參贊官安連 同爲幹事 辰初率書記官李商在·伴徜李鍾夏·下人金老味 出往華盛頓停車場: 館中諸員及安連同 來餞去留之懷 實屬悵然, 辰正發車: 病中作行 不可與衆人雜處 故以高價貰 得車中從容一處……以便坐臥○李君啓弼同車至約五十里告別 尤覺怊悵."

42) 한철호, 앞의 논문(1999), 124, 132~133쪽.
43) 『十九世紀 美國務省外交文書: 韓國關聯 文書』 2(*Notes from the Korean Legation in the United States to the Department of State, 1883~1906*), pp.90~92, 1888년 12월 13일, Ye Cha Yun→Bayard. 또한 Allen, Allen Papers, Vol.2, 1888년 9월 22일, Allen→Dinsmore ; 장수영, 앞의 논문, 37쪽 ; 이민식, 앞의 책(1998), 208, 214쪽 ; 이민식, 앞의 논문(2001), 432쪽 등 참조.

수 있다.[44]

3. 콜럼비안대학교 졸업과 미국의 조폐과정 조사

주미공사관의 지원 아래 공사관 업무에 종사하면서 학업에도 열중하였던 이계필은 마침내 1891년 5월경 콜럼비안대학교를 졸업한 것으로 알려져 있다. 그 후 정부는 주미공사관에 훈령을 보내 이계필로 하여금 미국 조폐국에서 화폐의 주조과정을 조사하게 하라는 지시를 내렸다. 이에 서리공사 이채연은 미국무부에 이 일을 비공식적으로 요청하였고, 국무장관서리 왓턴(William F. Wharton)은 미국 조폐국의 감독관에게 조선정부를 대표한 이계필이 조폐과정을 시찰할 수 있도록 허가하는 권한을 부여한다는 내용의 이계필 소개장을 발송하였다.[45] 이때 왓턴이 재무부 앞으로 보낸 것으로 추측되는 1891년 5월 21일자 소개서는 다음과 같다.

> 지난(1891년) 5월 미국 수도 워싱턴의 콜럼비안대학교를 졸업한 조선정부 학생 이계필군은 본국 정부로부터 필라델피아 소재 미국 국영 조폐국에서 金의 완전한 시금법과 정제법을 상세하게 조사하라는 훈령을 받았다.[46]

---

44) 장수영, 앞의 논문, 37쪽.
45) 『십구세기 미국무성외교문서: 한국관련 문서』 2(*Notes from the Department of State to the Korean Legation, 1888~1906*), pp.24~25, Wharton→Ye Cha Yun, 1891년 7월 23일, "In response to the personal request of your legation, I have the honor to transmit a letter of introduction for Mr. E. K. Field, representing your Government, authorizing the Superintendent of the Mint to permit his inspection of the process of minting."
46) 『십구세기 미국무성외교문서: 한국관련 문서』 2(*Notes from the Korean Legation in the United States to the Department of State, 1883~1906*), p.128, Ye Cha Yun→Wharton, 1891년 9월 21일(Introduction, May 21, 1891), "Mr. E. K. Field, Korean Government student, who has been graduated in Columbian University, Washington D. C. May last, is instructed by his

즉, 이계필이 조선정부 학생, 즉 조선의 국비유학생으로서 1891년 5월 콜럼비안대학교를 졸업하였으며, 졸업 후 정부로부터 미국의 조폐국에서 금의 시금법과 정제법을 상세히 조사하라는 훈령을 받았다는 것이다. 이 두 가지 사실은 이계필의 유학 생활에 대한 의의를 평가하는 데, 아울러 그의 귀국 후 활동을 살펴보는 데 중요한 단서를 제공해주므로 좀 더 자세히 분석할 필요가 있다.

먼저, 만약 이계필이 1891년 5월 콜럼비안대학교를 졸업한 것이 확실하다면, 이계필은 한국 최초의 미국대학 졸업생이 되는 역사적 의의를 지닌다.[47] 앞에서도 서술했듯이, 지금까지 최초의 미국대학 졸업생으로 알려진 변수가 1887년 9월 메릴랜드주립 농과대학에 입학한 뒤 1891년 6월 졸업했던 사실이 이미 밝혀져 있으므로[48] 이계필이 변수보다 한 달가량 빨리 대학교를 졸업한 셈이다. 그러나 그가 콜럼비안대학교를 졸업했는지를 확증하기 위해서는 졸업장을 발굴해내는 작업이 수반되지 않으면 안 된다. 그가 1889년부터 1891년까지 콜럼비안대학교에 다녔던 기록은 일단 확인된 적이 있기 때문에 졸업했을 가능성이 매우 크지만, 졸업생 명단이나 졸업증명서 혹은 졸업장이 발견될 때 비로소 한국 최초의 미국대학 졸업생으로 확실하게 인정받을 수 있을 것이다.[49]

---

government to look over the complete assaying and refining of gold in the government mint of the United States of America at Philadelphia."
47) 이민식, 앞의 책(1998), 209쪽 ; 이민식, 앞의 논문(2001), 432쪽 ; 한철호, 앞의 논문(1999), 132쪽.
48) 이광린, 앞의 논문(1986), 80~83쪽.
49) 이계필이 1889년부터 1891년까지 콜럼비안대학교에 다녔던 기록은 방선주 박사에 의해 확인된 것으로 알려져 있다. 한편 앞의 문서에 기록된 'E. K. Field'에 대해 처음으로 주목했던 장수영은 "E. K. Field가 과연 한국인인지 외국인인지 알 수가 없으며 그 당시에는 Columbian University에 공과대학이 없었으며 Corcoran Scientific School에서 공학을 가르치고 있었으나 E. K. Field는 졸업생 명단에 없다.……그가 만약 한국인이었다면 田氏였을 가능성이 있으며, 최초의 공학도가 될 것이다"라고 판단하였다.

다음으로, 이계필이 졸업 후 정부의 훈령을 받아 조폐국의 주조 과정을 조사하는 업무를 맡게 되었다는 사실은 정부 내에서 주미공사관에 근무하고 있었던 그의 존재와 능력을 파악하고 추천한 인물이 있었음을 시사해준다. 그렇다면 정부 내에서 누가 그를 추천했고, 하필이면 왜 조폐국의 사무를 조사하라는 임무를 부여하였던 것일까?

그가 미국의 조폐과정 조사라는 새로운 임무를 맡게 되었던 1891년 당시 조선은 재정난을 타개하기 위해 당오전을 남발함으로써 통화가 문란해지고 물가가 등귀하는 등의 폐단이 심각한 지경에 이르고 있었다. 이를 시정하기 위해 內務府는 전환국으로 하여금 은·동화폐를 주조케 함과 동시에 교환국을 설치하여 엽전·당오전 등과 구애 없이 통용하려는 정책을 추진하였다. 전환국은 신식화폐를 주조하고, 교환국은 구식화폐와 신식화폐를 교환하는 업무를 각각 담당케 함으로써 화폐제도를 개혁하고자 한 것이다.[50)] 이러한 계획

장수영은 같은 글의 앞부분에서 1888년 12월 13일자로 주미공사관 측에서 국무장관 베이야드에게 보냈던 공사관원의 명단(이 글의 주 43)에 의거해서 이계필(Ye Kay Pill)이 공사관에 거주하고 있으며, 콜럼비아대학교 학생임을 밝히고 있음에도 불구하고, E. K. Field가 바로 이계필과 동일 인물이었음을 파악하지는 못하였다. 아마도 그 이유는 장수영이 'E. K. Field'를 "그가 만약 한국인이었다면 田氏였을 가능성이 있으며, 최초의 공학도가 될 것이다"라고 서술하였듯이 'E. K. Field'와 이계필(Ye Kay Pill)을 별개의 인물로 생각했거나, 혹은 이계필이 "Columbian 대학을 졸업한 기록은 없다"고 확인했기 때문에 1891년 5월 "Columbian University (현 George Washington University)를 졸업"한 'E. K. Field'와 다른 사람으로 분석했다고 추측된다. 따라서 장수영의 판단대로 이계필이 "Columbian대학을 졸업한 기록은 없다"면, 그의 졸업을 증명할 기록을 찾아야만 비로소 그가 한국 최초의 미국대학 졸업생으로서 평가받게 될 것이다. 이상과 같은 정황으로 미루어 이계필이 최초의 미국대학 졸업생이라는 심증은 가지만, 아직까지 확증이 안 된 상태이기 때문에 이 글에서는 제목에 '최초의 미국대학 졸업생'으로 표기하였음을 밝혀둔다.

50) 韓哲昊, 「閔氏戚族政權期(1885~1894) 內務府의 組織과 機能」, 『韓國史研究』 90, 1995, 18~20쪽.

을 추진하기 위해 1890년 말경 전환국 방판 安駉壽를 일본에 파견하여 일본의 화폐제도를 조사하고 개선 방법을 강구토록 했으며,51) 1891년 9월에는 주일공사 金嘉鎭이 일본 제58은행장이자 大阪府會議長 大三輪長兵衛를 고빙하는 교섭에 나서고 있었다.52)

그 결과 1891년 12월 5일(11/5)에는 전환국에서 은·동화폐를 주조케 함과 동시에 이를 엽전·당오전과 구애 없이 통용시킬 업무를 담당하는 교환국이 설치되기에 이르렀다. 이 사무를 본격적으로 추진하기 위해 청국의 항의를 물리치고 호조판서에 발탁되었던 박정양은 12월 16일 교환국총판과 회판에 각각 임명된 이완용과 大三輪, 그리고 안경수·이상재 등과 더불어 '신식화폐조례' 등을 상의·제정함으로써 화폐제도를 개혁하는 데 박차를 가하였다.53)

이와 같이 조선에서 은·동화폐를 새로 발행하기 위한 제도개혁이 추진되고 있는 상황에서 이계필에게 미국의 조폐 사무를 조사하라는 훈령이 내려진 것은 결코 우연한 일이라고 보기 어렵다. 일본의 화폐제도를 조사하고 개선 방법을 강구하기 위해 안경수를 일본에 파견했던 것처럼 이계필에게도 동일한 목적의 임무가 부여되었다고 볼 수 있기 때문이다. 더욱이 조선에서 화폐제도의 개혁을 주도했던 인물들 가운데 박정양·이완용·이상재 등이 앞에서 살펴보았듯이, 주미공사관에서 근무하던 시절 이계필과 두터운 친분을 유지했거나 안면이 있던 사람들이었다는 점은 주목할 만하다. 따라서 바로 이들이 이계필을 추천하여 그로 하여금 미국의 조폐과정 조사라는 임무를 맡도록 주선했을 가능성이 크다고 판단된다.

---

51) 宋京垣, 「韓末 安駉壽의 政治活動과 對外認識」, 『韓國思想史學』 8, 1997, 210~211쪽.

52) 韓哲昊, 「開化期(1887~1894) 駐日 朝鮮公使의 파견과 외교 활동」, 『韓國文化』 27, 2001, 308~309쪽.

53) 安田吉實, 「李朝貨幣『交換局』と大三輪文書について」, 『朝鮮學報』 72, 1974, 53~58쪽.

나아가 정부가 이계필에게 훈령을 내렸다는 사실은 그에게 귀국할 수 있는 명분을 마련해준 것이나 다름없었다. 그가 정부의 훈령에 따라 미국의 화폐제도와 주전과정을 상세히 조사했던 만큼 정부도 그의 지식을 활용해야만 할 입장이 되었기 때문이다. 그러나 그가 언제 귀국했는가는 정확히 알려져 있지 않다. 다만 1892년 1월 9일(1891/12/10) 이계필이 내무부의 계청에 따라 내무부주사로 임명된 사실로 미루어볼 때,54) 1891년 12월 혹은 그 이전에 미국을 출발하여 연말을 전후한 시기에 귀국했을 것으로 추측할 수 있을 뿐이다.55)

IV. 맺음말

이계필은 우리나라 '최초의 미국대학 졸업생'으로 새롭게 알려지면서 이제 겨우 학계의 주목을 받기 시작한 인물이다. 그러나 그에 관련된 사료가 매우 빈약한데다가, '최초의 미국대학 졸업생' 이계필과 1888년 1월 28일 慶科 庭試文科에 응시·합격한 이계필이 서로 다른 인물이라는 사실조차 파악되지 않았다. 이로 말미암아 두 인물의 인적 사항과 경력이 정확한 논증 없이 혼재되는 바람에 그의 생애와 활동이 올바로 밝혀지기보다 오히려 혼란이 가중되어 왔

---

54) 『日省錄』, 1892년 1월 9일자(1891/12/10), "以李啓弼爲內務府主事 該府啓請差下也." 한편 『承政院日記』에는 유학 이계필을 부주사로 임명하였다고 기록되어 있다. 어느 쪽이 정확한지는 확인할 수 없다. 그런데 이계필의 신분을 '幼學'으로 본 점은 이 기록의 당사자인 이계필이 1888년 1월 28일 경과 정시에 합격했던 동명이인의 이계필이 아님을 간접적으로나마 증명해준다는 점에서 주목할 만하다. 『承政院日記』, 1892년 1월 9일자(1891/12/10), "幼學李啓弼副主事."

55) 박정양이 1888년 11월 19일 워싱턴을 떠나 한 달 뒤인 12월 19일 橫濱에 도착하였으므로 이계필도 서울에 도착하여 내무부주사로 임명되기 적어도 한 달 전에는 워싱턴을 출발했을 것으로 여겨진다. 한철호, 앞의 논문(1992), 57~58쪽.

다. 이 글 역시 이계필의 인적 사항과 유학 생활을 추적하는 데 필수불가결한 그의 학적부 혹은 졸업증명서를 확보하지 못한 한계를 지닐 수밖에 없었다. 그럼에도 저자가 이계필의 일본·미국 유학을 고찰하고자 감히 붓을 든 것은 그에 대한 오류가 더 이상 확산되는 것을 막고, 나아가 그의 생애와 활동을 체계적으로 분석·평가하기 위한 출발점으로 삼겠다는 생각 때문이었다. 여기에서는 이계필의 유학 경위 및 수학과정, 그리고 활동에 관해 밝혀낸 사실들을 정리함으로써 결론에 대신하고자 한다.

이계필은 생몰년이 아직 분명치 않으며, 강원도 철원 출신으로 서울로 상경하여 생활하던 중 1883년 여름에 일본으로 유학하였다. 1883년 6월 김옥균은 동남제도개척사 겸 관포경사로서 일본에 건너갔는데, 이를 전후한 시기에 그의 주도 아래 파견되었던 관비 유학생들 중 이계필이 포함되었을 가능성이 크다. 그가 어떠한 경로로 東京 神田의 英和豫備學校에 들어갔는지는 알 수 없지만 1885년 6월경 이 학교에 재학 중이었던 점으로 미루어 영어를 배우는 데 전념하고 있었음을 알 수 있다.

갑신정변의 실패로 유학생활에 커다란 고비를 맞이하였던 그는 귀국 후의 신변 안전에 불안을 느껴 처음에는 정부의 귀환 명령을 거부하였지만, 1885년 8월경에는 귀국 의사를 밝혔다. 그러나 정부의 쇄환 조치가 늦춰지는 동안 극도의 불안감을 느낀 나머지 그는 종전의 태도를 바꾸어 제3국인 미국으로 건너갔다. 이처럼 그가 미국행을 결심한 데에는 英和豫備學校 학생으로서 영어로 어느 정도 의사소통이 가능했던 점이 적지 않게 작용했을 것이다. 또한 그의 처지를 딱하게 여겼던 미국인들 혹은 학교 관계자들 중 일부가 미국행을 주선했을 가능성도 배제할 수 없다. 갑신정변 이후 학비와 생활비의 지원 중단으로 궁핍하게 살고 있던 상황에서 그가 미국행 여비를 스스로 마련했다고 보기 어려울 뿐 아니라 아무런 연고나 대책도 없이 무작정 미국행을 결정하지는 않았을 것으로 여겨지기 때문이다.

1885년 가을 미국으로 건너온 이계필은 다행히 미국인의 도움으로 펜실베니아주에 정착하였고, 그곳 소재 링컨대학교에 다니게 되었다. 그가 곧바로 대학교에 입학하였는지, 아니면 고등학교를 먼저 졸업한 후 대학교에 들어갔는지는 알려져 있지 않다. 다만 영어에 익숙치 못했던 변수의 경우와 비교해 볼 때, 그는 늦어도 1887년 9월 이전에 대학교에 들어갔을 것으로 여겨진다.

정부의 소환 명령을 거부한 채 미국에서 일종의 망명생활을 하고 있었던 이계필은 주미조선공사관이 개설된다는 소식을 듣고, 1888년 1월 31일 박정양공사를 만났다. 이 자리에서 박정양은 이계필의 前歷을 대강 파악하고 있었지만 영어에 매우 능통하고 미국실정에 비교적 밝은 그에게 상당히 호감을 가졌다. 당시 공사관에는 미국인 참찬관 알렌 이외에 능숙하게 영어를 구사할 수 있는 관원이 없었기 때문에 박정양이 그의 활용가치를 높이 평가하였던 것이다. 그는 당분간 워싱턴에 머물면서 공사관 업무를 직·간접적으로 도와주었고, 박정양의 신임도 얻게 되었다. 2월 20일 이계필이 수업을 받기 위해 공사관을 떠나면서 여름방학 때 다시 공사관으로 와서 머물겠다는 뜻을 비치자 박정양이 그의 제안을 선뜻 받아들일 정도였다. 그는 필라델피아로 돌아간 후 링컨대학교에 다니면서도 워싱턴의 공사관 측과 계속 연락을 취하고 있었으며, 박정양과의 약속대로 여름방학을 맞이하자 6월 6일 워싱턴으로 돌아와 본격적으로 공사관에서 생활하였다.

심지어 박정양이 그에게 공사관의 업무를 맡아보는 조건으로 재정적인 지원을 아끼지 않은 덕분에 1888년 9월 24일 그는 링컨대학교에서 현 조지 워싱턴대학교의 전신인 콜럼비안대학교로 전학할 수 있었다. 3년간의 불안했던 미국 망명 생활을 청산하고, 주미공사관으로부터 장학금과 신분을 보장받는 어엿한 유학생이 되어 학업과 공사관 업무를 병행하게 된 것이다. 그리하여 이계필은 1891년 5월경 콜럼비안대학교를 졸업한 것으로 알려져 있다. 앞으로 그의 학적부 혹은 졸업증명서 등을 발굴해 이 사실을 증명하게 되면, 이계필은 한국 최초의 미국대학 졸업생이 되는 역사적 의의를 지닌다.

그 후 정부는 이계필로 하여금 정부 대표의 자격으로 미국 조폐국에서 금의 시금법과 정제법 화폐의 주조과정을 조사케 하라는 훈령을 주미공사관에 내렸다. 이에 따라 서리공사 이채연은 미국무부에 이 일을 비공식적으로 요청하였고, 국무장관서리 왓턴은 미국 조폐국의 감독관에게 이계필의 소개장을 발송해주었다. 당시 정부가 은·동화폐를 새로 발행하기 위한 제도개혁을 추진하고 있는 상황에서 이계필에게 미국의 조폐 사무를 조사하라는 훈령이 내려진 것은 결코 우연한 일이라고 보기 어렵다. 일본의 화폐제도를 조사하고 개선 방법을 강구하기 위해 안경수를 일본에 파견했던 것처럼 이계필에게도 동일한 목적의 임무가 부여되었다고 볼 수 있기 때문이다.

한편 정부가 이계필에게 특수 임무를 부여하는 훈령을 내렸다는 사실 자체는 정부 내에서 주미공사관에 근무하고 있었던 그의 존재와 능력을 파악하고 추천한 인물이 있었음을 시사해준다. 이와 관련해서 주목할 만한 점은 화폐제도의 개혁을 주도했던 인물들 가운데 박정양·이완용·이상재 등이 주미공사관 재직 중 이계필과 두터운 친분을 유지했거나 안면이 있던 사람들이었다는 사실이다. 따라서 바로 이들—특히 주미공사 시절 그에게 각별한 애정과 지원을 아끼지 않았을 뿐 아니라 그의 귀국 후에도 그의 후원자 역할을 담당했던 박정양—이 이계필을 추천하여 그로 하여금 미국의 조폐 사무에 관한 임무를 맡도록 주선했을 가능성이 크다.

이를 계기로 이계필은 귀국할 수 있는 명분을 얻게 되었다. 그가 정부의 훈령에 따라 미국의 화폐제도와 주전과정을 상세히 조사했던 만큼 정부로서도 그의 지식을 활용하지 않으면 안 되는 입장이었기 때문이다. 그리하여 이계필은 1891년 12월 혹은 그 이전에 미국을 출발하여 귀국길에 올랐고, 1892년 1월 9일 내무부의 계청에 따라 내무부주사로 임명되기에 이르렀다. 이계필은 고국을 떠난 지 8년여 만에 파란만장했던 일본·미국 유학을 마치고 '금의환향'을 하였던 셈이다.

  귀국 후 이계필은 주미전권공사 시절부터 자신을 적극적으로 후원해주었던 박정양의 추천과 지원 아래 운산군수·한성부 소윤 등을 역임하면서 한성부 도시개조사업 등 각종 개혁사업에 참여했을 뿐 아니라 독립협회에서도 활약하였다. 그러나 그의 귀국 후 활동에 관해서도 기존 연구는 거의 모두 동명이인의 또 다른 이계필의 경력과 활동을 구별하지 못한 채 뒤섞어서 서술하고 있다고 해도 과언이 아니다. 그의 귀국 후 정치·개혁활동에 대해 별도의 글로 발표할 예정임을 밝혀둔다.

대한제국 초기 한성부 도시개조사업과 그 의의
― '친미'개화파의 치도사업을 중심으로 ―

I. 머리말

　漢城府[서울]는 아관파천 직후부터 본격적으로 도시개조사업을 추진함으로써 비로소 근대적 도시의 모습을 띠게 되었다. 한성부 도시개조사업의 핵심은 慶運宮[덕수궁]을 중심으로 한 방사선도로의 신설과 기존도로의 확대·정비 등의 치도사업, 그리고 각종 공공건물과 공원의 배치·연결 등에 있었다. 이 중 한성부의 전체 골격을 새롭게 재편했던 치도사업으로 말미암아 한성부는 "東京의 도로들이 미치지 못할 정도의 好道路"를 갖추게 되었을 뿐 아니라 "동아시아에서 가장 불결한 도시"라는 불명예에서 벗어나 "가장 청결한 도시로 탈바꿈"해 갔던 것이다. 따라서 한성부의 치도사업은 대한제국기 '광무개혁'에서 가장 괄목할 만한 성과를 거둔 분야로 평가되었고, 나아가 '광무개혁'의 성격과 의의를 규정하는 데 중요한 척도가 되어왔다.
　한성부 치도사업에 대해서는 일찍이 孫禎睦에 의해 그 대략적인 실태가 밝혀졌다. 비록 손정목의 글은 실증적인 수준에서 크게 벗어나지 못했지만 향후 연구의 초석을 마련해 주었다는 점에서 주목할 만하다.[1] 이를 토대로 金光宇는 치도사업을 도시계획 전체에 대한 인식적 체계와 직결시켜 '都市改造事業'으로 명명하고 그 내용을 체계화하였다. 또한 그는 이 사업의 구상과 추진 주체가 아관파천 이전의 金玉均·朴泳孝 등에서 독립협회기 朴定陽·李采淵 등으로 이어지는 開化派였으며, 통감부시기에 접어들면서 그 주체가 식민지 관료로 대체됨으로써 일본식으로 왜곡·발전되었다고 평가하였다.[2]

그러나 최근에 들어 대한제국기 정치동향 및 개혁운동에 대한 연구성과가 축적되면서 이러한 개화파 주체설에 대해 이의가 제기되었다. 李泰鎭은 김옥균 등 '친일'개화파와 박정양 등 '친미'개화파를 동일한 계열에 놓을 수 없다는 점, 박정양·이채연 등이 한성부 개조사업의 "실질적인 주도자"임을 인정하지만 "왕도의 구조를 바꾸는 일은 國王의 동의 없이는 이루어지기 어려운 것이라는 점을 유의할 필요가 있다"는 점 등을 강조하였다. 즉, 개조사업은 "독립국으로서 새로운 출발을 염원하는 국왕의 뜻을 받들어 일찍이 초대 주미공사로 활약한 박정양과 그 휘하의 직임을 수행한 이채연·이상재·이종하 등이 그때부터 얻은 견문과 지식을 최대로 발휘하여 추진"하였다는 것이다. 따라서 개조사업이 고종과 박정양 등 친미개화파의 긴밀한 관계 속에서 추진되었지만, 어디까지나 그 주체는 고종이고 친미개화파는 고종의 명에 따라 이를 시행한 데 지나지 않았다는 논리이다.[3]

이처럼 김광우·이태진은 모두 친미개화파가 도시개조사업에서 중요한 역할을 담당한 사실에 대해서는 동감하면서도 그 주체를 고

---

1) 孫禎睦, 『朝鮮時代都市社會研究』, 一志社, 1977 ; 『韓國開港期 都市社會經濟史研究』, 一志社, 1982.
2) 金光宇, 「大韓帝國時代의 都市計劃-漢城府 都市改造事業-」, 『鄕土서울』 50, 1991.
3) 李泰鎭, 「18~19세기 서울의 근대적 도시발달 양상」, 『서울학연구』 4, 1995 ; 「1896~1904년 서울 도시개조사업의 주체와 지향성」, 『韓國史論』 37, 1997.

종이나 친미개화파 중 누구로 볼 것인가 하는 문제에 대해서는 의견이 엇갈리고 있다. 그런데 이 문제는 단순히 치도사업 혹은 도시개조사업의 주체에 한정된 것이 아니라 이른바 광무개혁의 주체와도 직결되어 있고, 나아가 대한제국기 개혁운동을 정부와 독립협회 중 어느 쪽이 주도하였는가를 밝히는 데 관건이 된다는 점에 그 중요성이 내재되어 있다. 따라서 이 문제를 해결하기 위해서는 이 시기 정계의 동향과 이와 관련된 개혁활동의 성격에 대한 이해가 전제되지 않으면 안 된다.

잘 알려져 있듯이, 대한제국기의 개혁운동에 관해서는 그 주된 흐름을 독립협회운동과 '광무개혁' 중 어느 곳에 둘 것이냐를 둘러싸고 상반된 연구가 진행되어 왔다. 그 하나는 독립협회·만민공동회의 사상과 활동을 자주민권·자강운동으로 보는 반면 대한제국의 집권층이 추구한 정책을 현상유지의 고식책으로 평가한 연구이고, 다른 하나는 독립협회가 제국주의열강에 의존한 반민족·반민중단체로서 황제권을 강화시키는 데 공헌했다고 비판하면서 광무정권이 주도한 '광무개혁'을 긍정적으로 바라보는 연구이다.[4]

그러나 이들 연구는 정부 측이 독립협회를 탄압·해산시킨 결과에만 집착한 나머지 독립협회와 정부의 관계를 시종일관 대립·갈등적인 것으로 파악하는 오류를 범하였다. 이로 말미암아 기존의 연구들은 양자의 사이가 부분적·지엽적인 마찰은 있었지만 1898년 3월 러시아 재정고문과 군사교관의 철수를 계기로 비로소 공조·협

---

4) 이처럼 상반된 연구경향에 관해서는 愼鏞廈, 「大韓帝國과 獨立協會」, 『韓國史研究入門』, 지식산업사, 1981 ; 「大韓帝國과 獨立協會」, 『제2판 한국사연구입문』, 지식산업사, 1987 ; 한국역사연구회 광무개혁 연구반, 「'광무개혁' 연구의 현황과 과제」, 『역사와 현실』 8, 1992 ; 李玟源, 「대한제국의 성립과 '광무개혁', 독립협회에 대한 연구성과와 과제」, 『韓國史論』 25, 1995 ; 朱鎭五, 「대한제국과 독립협회」, 『한국역사입문 3』, 풀빛, 1996 ; 이태진 외 대한제국 100주년 좌담, 「고종과 대한제국을 둘러싼 최근 논쟁: 보수회귀인가 역사적 진전인가」, 『역사비평』 37, 1997 등 참조.

력에서 반목·대결의 국면으로 바뀌었던 사실, 정부 내에서도 정치적 이해관계와 성향을 달리하는 다양한 정파들이 개혁 여부를 둘러싸고 치열하게 격론을 벌이고 있었다는 사실 등을 간과하고 말았다.

저자는 이 점에 주목해서 정부와 독립협회 양쪽에 관여하면서 양자간의 중재 역할을 맡았던 박정양·이완용·이채연·이상재 등 친미개화파의 정치·개혁활동과 그 성격을 구명한 바 있다. 즉, 정부 내의 친미개화파와 독립협회는 공동보조를 맞추어 대내적으로 각종 개혁을 추진하는 동시에 대외적으로 아관파천기에 친러·반일, 환궁 이후에 반러운동을 각각 펼쳤던 것이다. 이러한 사실은 아관파천기에 집권했던 친미개화파가 『독립신문』의 창간을 지원하고 독립협회의 창립을 주도하는 한편 수구파의 전통적인 제도복구 주장에 대항하여 근대적인 제도개혁을 추진한 점, 러시아의 내정간섭 및 이권침탈에 반대하는 운동을 전개한 데 이어 황제와 수구파의 권력남용을 비판하고 민권보장 및 의회설립을 추진하는 과정에서 정부와 독립협회 양측의 의견을 조율·중재했다는 점 등에서 잘 드러난다.[5]

이와 같은 저자의 견해를 전제로 한다면, 한성부 도시개조사업은 고종과 친미개화파가 정치적 운명을 공유하였던 시기에 가장 활발하게 추진되었음을 알 수 있다. 이 시기는 친미개화파가 정부와 독립협회 양쪽에 모두 관여하였으며, 특히 도시개조사업의 '실질적인 주도자'인 박정양과 이채연이 각각 내부대신과 한성판윤에 재직했던 기간이기도 하다. 따라서 이 글에서는 한성부 도시개조사업의 주체와 그 성격을 해명하기 위해 우선 치도사업의 배경으로 아관파천 중 친미개화파의 집권과 개혁활동을 살펴보고, 다음으로 도시개조사업의 핵심인 치도사업의 추진과정을 고찰하며, 마지막으로 친미개화파와 고종·독립협회의 관계에 초점을 맞춰 치도사업의 주체

---

5) 韓哲昊, 『親美開化派研究』, 國學資料院, 1998.

를 구명해보고자 한다. 이러한 연구가 대한제국기 개혁활동을 올바로 이해하는 데 조그마한 디딤돌이 되기를 기대한다.

II. 치도사업의 배경

고종은 아관파천에 성공하자 당일에 김홍집내각을 해산시킴과 동시에 아관파천의 주역이자 자신의 신임이 두터운 인물들을 중심으로 신내각을 조직하였다.[6] 내부대신과 총리 및 궁내부대신 임시서리에 朴定陽, 외부대신과 학부 및 농상공부대신 임시서리에 李完用, 군부대신 겸 경무사에 李允用, 법부대신에 李範晋, 학부협판에 尹致昊, 한성부관찰사에 李夏榮, 내각총서에 李商在, 농상공부협판에 李采淵, 외부교섭국장에 閔商鎬 등이 각각 발탁되었던 것이다. 이외에 갑오개혁 당시 소외당했던 金炳始·趙秉稷·尹用求·李載純 등은 반일감정을 누그러뜨리고 다양한 세력을 포함시켜 내각의 구색을 갖추려는 의도에서 기용된 데 지나지 않았다. 더욱이 총리대신에 천거된 김병시는[7] 고종의 조속한 환궁 등의 요구조건을 내세워 취임에 응하지 않았기 때문에 박정양이 총리대신서리를 겸직하게 되었다.[8]

그런데 신내각의 인물들 살펴보면, 박정양·이완용·이하영·이

---

6) *Despatches from U.S. Ministers to Korea, 1883~1905*, the U.S. National Archives, MF No.134(이하 *DUSMK*로 약칭), #195, 1896.2.11, Sill→Secretary of State 참조.
7) 그는 국내의 민심을 수습하고 내각의 권위를 높이기 위한 방편으로 박정양 등에 의해 총리대신으로 천거되었다. 國史編纂委員會 編譯, 『駐韓日本公使館記錄』(이하 『일관기록』으로 약칭) 9, 國史編纂委員會, 1993, 151~155쪽, 機密 第14號, 1896년 2월 24일, 小村→西園寺.
8) 『東京朝日新聞』, 1896년 2월 19일자, '朝鮮의 新內閣'; 3월 5일자, '朴定陽 署理' 참조.

채연·이상재 등 친미개화파와 윤치호·이범진·이윤용·민상호 등 친미·친러적 성향의 인물들로 구성되어 있음을 알 수 있다. 그들은 갑오개혁 기간 중 三國干涉을 기회로 삼아 '貞洞俱樂部'라는 정치단체를 결성한 다음 일본의 내정간섭에 대항하여 친미·친러 외교를 전개하였다. 이로 말미암아 '정동파' 혹은 '구미파'·'친미파'·'영어파' 등으로 불리웠던 그들은 민비시해사건 직후 미국 및 러시아공사관에 피신해 있던 중 미·러 양국 공사의 지원 아래 1896년 2월 11일 아관파천을 단행하였던 것이다.9) 따라서 신내각은 친미·친러적인 인사들이 내부·외부·군부·법부 등의 중책을 장악한 '정동파내각'으로 평가할 수 있다.

이처럼 정동파가 집권하게 된 배경에는 미국공사 씰(John M. B. Sill)·서기관 알렌(Horace N. Allen)과 러시아공사 베베르(Karl I. Waeber)의 적극적인 지원도 중요한 요인으로 작용하였다. 아관파천 직후 고종의 내각원 추천을 의뢰받은 알렌은 자신의 '옛 친구이자 전 워싱턴 주재 공사'였던 박정양·이채연 등을 비롯한 친미적 관료들을 천거하였으며,10) 베베르도 본국정부의 滿洲집중책에 입각해서 일본과의 마찰을 피하기 위해 알렌 등 미국공사관의 입장을 배후에서 적극 지원해 주었다.11)

아울러 베베르는 조선의 정국이 러시아에 의해 운영된다는 인상을 주지 않기 위해서 고종에게 신정부에 외국인 고문을 채용할 것

---

9) 한철호, 앞의 책, 73~108쪽 참조.
10) 알렌 지음, 신복룡 옮김, 『朝鮮見聞記』, 평민사, 1986, 187쪽 및 해링튼 著, 李光麟 譯, 『開化期의 韓美關係』, 一潮閣, 1973, 308쪽 참조.
11) 해링튼, 위의 책, 305~308쪽 ; DUSMK, #201, 1896.3.3, Sill→Secretary of State ; Seung Kwon Synn, The Russo-Japanese Rivalry Over Korea, 1876~1904, Seoul: Yuk Phub Sa, 1981, pp.210~230 참조. 아관파천의 실질적인 주역이자 친러파로 알려진 이범진이 신내각의 명단에서 제외된 이유도 베베르의 중립적인 태도에서 찾아질 수 있을 것이다.

을 권고하기도 하였다.12) 이에 따라 미국시민권을 보유한 서재필은 기존의 중추원고문직 외에 농상공부고문을 겸임하였고, 영국인 브라운(J. McLeavy Brown)은 세출의 예산편성 및 정부지출을 운영하는 탁지부고문에, 미국인 그레이트하우스(Clarence R. Greathouse)는 공정한 취조와 재판을 감독하는 법부고문에 각각 임명되었다. 그 결과 정동파는 윤용구·조병직 등이 대신직에 있었던 탁지부·농상공부에 자신들과 뜻이 맞는 외국인고문을 배치함으로써 국정 전반에 근대적 개혁을 추진할 수 있는 기반을 마련하기에 이르렀다.

그러나 정동파의 개혁활동이 순조롭게 진행된 것만은 아니었다. 1896년 4월 민비시해사건에 대한 진상규명이 종결되자 고종이 왕권을 강화하기 위한 일환으로 전통적·수구적 성격이 강한 尹容善·沈相薰·韓圭卨을 총리대신·탁지부대신·법부대신직에 임명한 데 이어 申箕善과 李鍾健을 학부대신과 경무사로 발탁하였기 때문이다. 이로 말미암아 정동파와 수구파는 '舊本新參'의 원칙하에 진행된 각종 제도개혁을 둘러싸고 본격적으로 대립하게 되었다. 이들 양자간의 개혁에 대한 첨예한 견해차는 의정부관제와 지방제도의 개정 과정에서 가장 극명하게 나타난다.

우선 내각의 폐지문제는 6월 4일 학부대신으로 취임한 신기선에 의해 본격적으로 제기되었다. 그는 내각제도의 폐지·斷髮과 양복 착용 금지·諺文(한글)과 양력사용 중지 등 당시의 모든 주요 관제를 갑오개혁 이전으로 복구시켜야 한다는 상소를 국왕에게 올렸다. 그는 내각제도가 "임군의 권리를 빼앗는 것이요 백성에게 권리를 주는 것이니 이것은 모두 이왕 정부에 있던 역적들이 한 일이라"고 비판하였던 것이다.13) 또한 6월 초순 고종의 密旨를 받은 김병시

---

12) *DUSMK*, #201, 1896.3.2, Sill→Secretary of State.
13) 이에 대해 『독립신문』은 내각의 권한 강화가 군주권의 약화를 초래한다는 그의 논리를 부정하고 양자의 조화를 강조하는 동시에 간접적으로 민

역시 3정승을 두고 각부의 명칭을 吏·戶·禮·兵·刑·工·外部 등 7부로, 大臣을 尙書로, 協辦을 侍郞으로 각각 바꾸자는 의정부제도 복구안을 제출하였다.14) 이어 신기선·심상훈 등도 지방 유생층의 호응을 유도하기 위해 승정원을 부활시키는 동시에 관직명을 舊制로 복고·개정할 것을, 이종건은 내부대신 직속하에 있던 경무청을 종전의 捕盜廳으로 바꾸어 국왕의 관할 아래 둘 것을 주장하였다.15)

심지어 신기선·심상훈 등 수구파는 자신들의 입장을 관철시키기 위해 정동파를 정계에서 축출하려고 안간힘을 썼다. 1896년 7월 그들은 재야 유생 鄭惺愚에게 서재필과 박정양 등 정동파를 탄핵하고 관제를 舊制로 복구하라는 상소를 올리도록, 8월에는 또다시 尹履炳·李世鎭을 동원하여 유세남·김춘희 등 18명이 일본 망명중인 유길준 등과 연계하여 반란 음모를 꾸몄다고 무고한 다음 前司果 金弘濟로 하여금 정동파를 그들과 동일한 '開化黨'으로 규정·탄핵하도록 각각 사주했던 것이다.16) 이에 맞서 정동파는 정성우를 비방죄로 고소하여 태 1백 및 징역 3년과 서재필에 대한 배상금 1천

　　권을 보장·확대시키고 서양의 선진제도를 적극 받아들여야 한다고 주장하였다. 고종은 신기선의 상소를 표면상으로는 받아들이지 않았지만, 취임 직후 관립학교 학생들의 교복착용을 금지하고 학부 내에서 일요일 휴업을 폐지한 조치를 묵인함으로써 수구파의 정치적 입지를 넓혀주었다. 『독립신문』, 1896년 6월 4일자, '잡보'; *The Korean Repository*, 1896년 6월호, "The Memorial of The Minister of Education"; 『東京朝日新聞』, 1896년 6월 25일자, '守舊大臣' 참조.

14) 『일관기록』11, 64쪽, 報告 第3號, 1896년 6월 30일, 加藤; 『東京朝日新聞』, 1896년 6월 26일자, '官制變更密旨'; 6월 30일자, '制度復舊案' 등 참조.

15) 『漢城新報』, 1896년 6월 16일자, '閣議廢止風說'; 『東京朝日新聞』, 1896년 7월 7일자, '承政院再興'; 7월 17일자, '制度復舊'; 『일관기록』11, 59~63쪽, 報告 第2號, 1896년 6월 20일, 加藤→西園寺 참조.

16) 『高宗實錄』, 1896년 7월 9일; 『일관기록』9, 210쪽, 機密 第57號, 1896년 8월 15일, 原→西園寺; 『일관기록』10, 171쪽, #256, 1896년 8월 21일, 原→西園寺; 『東京朝日新聞』, 1896년 8월 19일자, '開化黨恐慌' 및 9월 1일자, '魔窟暗鬪' 등 참조.

원의 징벌을 가한 데 이어, 윤이병·이세진·김홍제 등은 무고죄 혐의로 구속시키는 등 강경하게 대처하였다.[17]

그러나 고종은 특지를 내려 정성우의 형벌을 流刑 3년으로 감해 주었고, 오히려 김옥균 암살범 洪鍾宇를 經筵院 侍讀·宮內府 外事課長에, 박영효 암살미수의 주범인 李逸稙을 법부주사에, 鄭洛鎔을 한성판윤에 각각 임명하는 등 수구파인사의 기용을 통해 왕권 강화를 도모하였다.[18] 더욱이 위 사건들의 배후조종자인 신기선·이종건은 아무런 처벌도 받지 않은 채 내각의 폐지를 재차 주장하였다. 그들이 이렇게 행동할 수 있었던 것은 고종이 군주권을 재강화하기 위해 수구파의 의정부 복구론에 동조적인 입장을 취하고 있었기 때문이었다.[19]

이로 말미암아 더이상 내각체제 고수가 어렵다고 판단한 정동파는 국왕 및 수구파와 적절한 타협을 모색하지 않을 수 없었다. 그리하여 1896년 9월 24일 '舊本新參'의 원칙에 입각하여 내각의 기능을 살리되 전통적 의정부의 형식을 갖춘 절충형의 새로운 '議政府官制'가 발포되기에 이르렀다. 이 관제에 따르면, 내각제도와 달리 의정부회의는 국왕이 會席에 친임하거나 왕세자가 代任한 가운데 열릴 수 있으며, 국왕에게 의정부에서 결정된 의안을 재론시키거나 부결된 의안을 재가할 수 있는 권한이 부여되었다.[20] 한마디로 "大君主 陛下께서 萬機를 統領"한다고 규정하여 국왕이 국정의 운영권을

---

17) 『독립신문』, 1896년 7월 20일 및 23일자 '논설' ; 『東京朝日新聞』, 1896년 9월 3일자, '昨夜の審問' 및 '責任歸所' ; 『官報』, 1896년 10월 20일자 ; 『일관기록』 11, 96쪽, 報告 第13號, 1896년 10월 15일, 加藤→大隈 등 참조.
18) The Korean Repository, 1896년 8월호, 'Reaction' 참조.
19) DUSMK, #231, 1896.9.1, Sill→Secretary of State ; 『東京朝日新聞』, 1896년 9월 10일자, '守舊派勢力' 참조.
20) 宋炳基·朴容玉·朴漢卨 編著, 『韓末近代法令資料集』(이하『법령자료집』으로 약칭) 2, 大韓民國 國會圖書館, 1971, 177~178쪽, 詔勅 ; 179~184쪽, 勅令 第1號.

갖도록 함으로써 갑오개혁으로 약화되었던 왕권을 강화시켰던 것이다.21)

그런데 의정부관제는 총리대신의 명칭을 의정으로 개칭하고 참정·찬정·참찬 등 새로운 직제·직명들이 추가되었을 뿐 각 부의 구성과 권한은 실제로 내각제도와 별다른 차이가 없었던 점은 주목할 만하다.22) 즉, 내각제도하에서 내각과 분리되어 있던 궁내부의 대신은 찬정을 예겸할 수 없도록 규정함으로써 의정부회의에 참여하지 못하도록 하였으며, 의정부에서 결정된 주요사안은 비록 국왕에 의해 최종적으로 결정되지만 회의에서만은 자유로운 토론을 보장하였고, 지방관의 임용권을 장악한 내부대신의 지위를 다른 대신들보다 우위에 두었던 것이다. 이러한 조항들은 왕권의 강화를 인정하면서 내각제와 같이 의정부의 권한을 최대한 확보하려는 조치였다.23)

이와 같이 정동파는 갑오개혁 이전의 전통적인 의정부로 완전히 복구하려는 고종과 수구파의 압력에도 불구하고 갑오개혁 때 채택된 내각제도의 장점을 수용하여 국왕의 전횡을 견제할 수 있는 권한을 확보하였다. 따라서 새 의정부관제는 왕권과 내각의 권한을 조화시킨 일종의 국왕 중심의 내각체제로서 의정부를 복설하되 내각제의 골격을 유지하려 했던 정동파의 의도가 반영된 것으로 평가할 수 있다.

다음으로 내부대신 박정양이 주도했던 지방제도의 개편에 대해

---

21) 宋炳基, 「光武年間의 改革」, 『한국사』 19, 국사편찬위원회, 1976, 58~59쪽 ; 「光武改革 硏究-그 性格을 中心으로-」, 『史學志』 10, 1976, 89쪽 참조.
22) 『東京朝日新聞』, 1896년 10월 10일자, '議政府官制' 참조.
23) 『독립신문』도 국왕이나 왕세자가 직접 의정부 회의에 참석하여 신하들의 공개적이고 자유로운 논의를 경청할 수 있게 되었음을 오히려 호의적으로 논평하였다. *The Independent*, 1896년 10월 1일자, 'Editorial' ; 『독립신문』, 1896년 10월 6일자, '논설' 등 참조.

살펴보자. 1896년 4월 3일 박정양은 관찰사와 군수의 임용권을 내각에서 내부로 옮기는 동시에 내부 지방국장 金重煥 등 12명을 地方制度 調査委員에 임명함으로써 지방제도의 개편작업에 착수하였다.24) 이 조사를 토대로 그는 6월 11일 전통적인 道制를 바탕으로 종전의 23府를 13道로 개편하되 내부대신의 지방관에 대한 통제권 강화를 통해 행정의 효율성을 도모한다는 내용의 지방제도 개혁초안을 내각회의에 제출하였다. 그러나 탁지부대신 심상훈이 지방관 임용권 장악을 통해 박정양이 권력을 확장시키려 한다고 비판하는 바람에 이 초안에 대한 심의는 무산되고 말았다.25)

수구파의 반발에도 불구하고 박정양은 6월 13일부터 지방제도 개정 초안에 대한 개정작업에 착수하여 6월 26일 13道 5都護府에 1牧(濟州)을 추가하는 등 일부 세부조항만 정정한 지방제도안을 다시 내각에 상정하였지만, 역시 수구파의 반대로 합의에 도달하지 못하였다.26) 그러나 7월 12일 박정양은 지방제도 개정안을 내각에 제출한 끝에 마침내 8월 4일에 국왕의 재가를 받아 새로운 지방제도를 발포하기에 이르렀다. 그 다음 날인 8월 5일자로 임명된 13도 관찰사에 남정철·이용익 등 수구파 인사가 다수 포함된 사실로 미루어 정동파와 수구파는 지방관 임명에 대한 모종의 타협을 전제로 지방제도 개혁안에 합의하게 된 것으로 추측된다.27)

---

24) 『고종실록』, 1896년 4월 3일 ; *The Independent*, 1896년 4월 11일자, 'Brief Notice' 참조.
25) 朴定陽, 「從宦日記」, 『朴定陽全集』 3, 亞細亞文化社, 1984, 251~252쪽, 1896년 5월 1일 ; 『일관기록』 11, 60쪽, 報告 第2號, 1896년 6월 20일, 加藤→西園寺 ; 『漢城新報』, 1896년 6월 14일자, '沈度支と朴內部の爭論' ; 6월 16일자, '內閣激爭' 등 참조.
26) 「종환일기」, 『박정양전집』 3, 252쪽, 1896년 5월 3일 ; 『독립신문』, 1896년 6월 16일자, '잡보' ; 『일관기록』 11, 64쪽, 報告 第3號, 1896년 6월 30일, 加藤 ; 『漢城新報』, 1896년 7월 22일자, '沈度支之辭職疏' 등 참조.
27) 『東京朝日新聞』, 1896년 8월 7일자, '地方制度.'

새로운 지방행정체제는 漢城郡이 漢城府로 승격되는 한편 종래 23부가 폐지되고 8道制를 바탕으로 13道 1牧 322郡이 신설되었으며, 지방관은 한성부를 5署로 획정하여 判尹과 少尹을, 각 도에 觀察使를, 府·牧·郡에는 府尹·牧使·郡守를 각각 두었다. 또한 한성판윤과 관찰사는 내부대신으로부터, 군수는 관찰사로부터 각각 지휘와 감독을 받도록 규정함으로써 상하 명령복종체제를 확립하였던 것이다. 그리고 지방관리의 사무로 도로 및 교량 보수를 비롯하여 殖産방법 권장, 질병 예방, 토지 개간, 식목 권유 등 인민 보호 사항을 규정한 점은 주목할 만하다.28)

지방제도개혁은 1894년 이전의 道制 복귀와 부·목의 재설치라는 측면에서 갑오개혁 때 채택된 제도와 형식상 차이가 있었지만, 지방관에 대한 내부대신의 체계적인 통제와 郡單一化 체제의 확립을 통해 중앙집권화를 실현하고 행정의 능률성을 높이려 한 점에서 그 지향성은 동일하였다. 비록 지방제도 발표 후 지방관 임명문제를 둘러싼 정동파와 수구파의 논쟁이 빈발하였지만, 이때 마련된 지방제도의 골격은 1904년까지 변함없이 유지될 수가 있었다.

이와 같이 중앙 및 지방제도 개혁과정에서 엿볼 수 있듯이, 수구파관료들은 갑오개혁 이전의 구체제로 제도를 복구함으로써 전제군주제를 강화시키는 데 주력하였던 반면 정동파는 국왕을 국권과 대외적 자주의 상징으로 삼는 내각제도의 범주 내에서 군주제를 인정하되 갑오개혁의 개혁 취지를 계승하여 각종 근대적 제도개혁의 골격을 유지하면서 현실에 맞게 수정·보완하는 데 힘썼다. 한편 고종은 아관파천 직후 정동파와 외국인 고문관을 기용하여 반일 외교를 강화하고 개혁을 추진토록 하였으나 점차 수구파를 발탁하여 손상된 왕권을 회복·강화하려는 정책으로 전환하여 갔다.

---

28) 『법령자료집』 2, 124~126쪽, 勅令 第37號 ; 126~127쪽, 勅令 第38號 참조.

그 결과 의정부관제 발포 이후 단행된 인사에서 議政에 김병시, 贊政에 김영수·윤용구·윤용선·남정철·민영환 등 5명이 임명됨으로써 수구파의 정치적 영향력이 증대됨에 따라 정동파의 세력은 상대적으로 약화될 수밖에 없었다.29) 그러나 1896년 9월에 신기선이 학부 예산으로 서구 문명과 기독교를 비판한『儒學經緯』를 출간·배포하였다가 주한 외국공사들의 격렬한 항의를 받게 된 것을 계기로 정동파는 수세에서 벗어나게 되었다.30) 이 사건으로 말미암아 수구파의 주요 인물 중 한성판윤 정낙용·학부대신 신기선·경무사 이종건이 잇따라 사임하게 되면서 이채연과 이상재가 한성판윤과 의정부 총무국장에 임명되었고, 민영환이 군부대신으로 발탁되었으며, 이윤용과 민상호는 농상공부의 대신과 협판으로 각각 전임하기에 이르렀다. 이처럼 정동파가 정계에서 재부상하는 배경하에서 내부대신 박정양과 한성판윤 이채연은 한성부 치도사업을 본격적으로 추진하기 시작하였던 것이다.

III. 치도사업의 추진

1. 도로 정비 및 신설

한성부의 치도사업은 직책상 내부대신→한성부 판윤·소윤→내부 토목국장이 담당하게 되어 있었다. 그런데 치도사업이 가장 활발하게 전개되었던 시기에 이들 관직은 각각 박정양·이채연·李啓弼·南宮檍 등의 친미개화파가 차지하고 있었다. 앞에서 살펴보았

---

29) 『東京朝日新聞』, 1896년 10월 8일자, '內閣廢止' 참조.
30) *DUSMK*, #238, 1896.10.13, Allen→Secretary of State ;『東京朝日新聞』, 1896년 10월 14일자, '申箕善蹉跌' 참조.

듯이, 박정양 등은 국왕의 권한을 부정하지 않는 선에서 수구파의 전통적 체제 복구론에 동조하지 않은 채 갑오개혁의 취지를 계승하여 각종 근대적 제도개혁을 지속적으로 추진했다. 이러한 그들의 현실적·실용적 개혁관이 가장 잘 반영되었던 것이 바로 한성부의 치도사업이었다.

한성부 치도사업의 핵심인 도로의 정비·확장은 이미 갑오개혁기인 1895년 4월 4일 내무대신 박영효에 의해 구상된 적이 있었다.[31] 이러한 치도사업구상은 1895년 7월 박영효의 실각으로 일단 중단되었지만, 1895년 9월 24일 당시 내부대신 박정양은 치도사업을 추진하기 위해 '道路修治와 假家基址를 官許하는 件'을 마련하였다.[32] 즉, 도로변의 가가기지를 관허할 때 10년간의 시한부로 일정한 도로폭의 유지, 가가의 建材 및 높이에 대한 최소한의 규제 등의 규정을 준수하도록 하는 동시에 도로수리 예산을 책정하였던 것이다. 박영효의 구상을 한층 구체적으로 발전시킨 이 규정은 민비시해사건의 여파로 실행되지 못하고 말았다.

아관파천 직후 박정양은 내부대신에 재취임하자마자 치도사업을 본격적으로 벌여 나갔다. 우선 그는 자신의 관할하에 있던 한성부와 경무청을 통해, 종로의 광통교 주변 도로를 비롯하여 남대문에서 종로까지, 정동 장전 골목에서 남문안 칠간 이상과 모교 이하까지, 서대문에서 의주로와 경복궁까지, 경운궁 뒷문에서 군기소 뒷문으로 아주개까지, 경복궁에서 경운궁까지, 황토마루에서 동대문까지, 광통교에서 남대문에 이르는 중심도로 주변의 가가들을 철거하

---

[31] '內務衙門訓示' 가운데 도로의 유지 및 관리에 대한 조문은 "大路를 各里로 하여금 分掌하여 恪勤히 修築할 事"(제58조), "道路 修梁함과 除草 塡塹함을 農時를 拘치 勿하고 隨現 隨治하여 潦歲와 霖月이라도 往來하는 人이 跋涉함이 便케 할 事"(제59조) 및 "沈水를 徒勞에 濫瀉하지 勿할 事"(제60조) 등이다.

[32] 『법령자료집』 1, 534~535쪽, 奏本 참조.

여 도로를 확장·신설하였으며, 좌판행위를 금지하고 성 안팎의 橋梁과 川邊을 청소토록 하는 등 도로의 정비·청결사업을 추진하였다.33)

아울러 박정양은 치도사업을 전개하기 위한 관련 법규를 제정·공포하였다. 1896년 7월 13일 그는 도로·위생·청소·호적 등에 관한 내부훈령을 한성부에 내려 각처에 고시토록 지시하였다. 이 훈령 가운데 도로를 편하게 신칙하는 조목으로는 각 동리·거리·구렁텅이·좁은 길은 집주인이 수축·정돈할 것, 개천은 쳐서 돌을 쌓고 은구를 놓을 것 등이고, 금단하는 조목으로는 길을 범하여 집짓는 것, 좌판을 벌여놓는 것, 길에 나무와 돌을 늘어놓는 것, 줄과 새끼를 빗겨 치는 것, 대소변을 누는 것 등이 있었다.34) 여기에서 박정양이 도로를 범한 가가의 불법 건설 기준을 1895년 4월 박영효의 '內務衙門訓示' 발포 이후로 삼고 있는 점은 주목할 만하다. 이 점은 그가 갑오개혁 당시 제정된 법률들이라 할지라도 개혁에 필요하면 그 유효성을 적극적으로 인정·활용하고 있음을 보여주기 때문이다. 한편 경무청에서도 이 훈령을 원활히 시행하기 위해 각 교번소마다 '도로를 청결케 하는 방 일곱 조목'을 배포하였다.35)

이어 9월 29일 박정양은 기존의 '도로수치와 가가기지를 관허하는 건'을 참고해서 內部令 第9號인 '漢城內 道路의 幅을 規定하는 件'을 발포하였다. 이에 따르면, "黃土峴으로서 興仁之門까지와 大廣通橋로서 崇禮門까지"에 이르는 오늘날의 종로와 남대문로 전구

---

33) 『독립신문』, 1896년 5월 9일, 5월 23일, 6월 30일, 7월 3일, 7월 14일, 10월 1일자, '잡보' ; *The Independent*, 1896년 5월 21일, 6월 20일, 7월 23일자, 'Brief Notice' ; 『漢城新報』, 1896년 5월 23일자, '貞洞道路之修理라' ; 9월 2일자, '除去假家' 등 참조.
34) *The Independent*, 1896년 7월 16일자, 'Brief Notice' ; 『독립신문』, 1896년 7월 18일자, '논설' 등 참조.
35) 『독립신문』, 1896년 9월 17일자, '잡보' 참조.

간의 도로 폭을 55尺으로 정하는 동시에 도로변에 있는 상가의 형태를 일정한 기준에 의거해 허가하되, 이들 관허 가가에 대해서는 10년 동안의 유예기간을 둔다는 것이다. 이 내부령은 都城의 3대 장터를 연결하는 축으로서 가가가 도열한 중심 번화가인 2대 중심도로만을 대상으로 하였지만, 향후 경운궁을 핵심으로 하는 방사선도로와 환상도로 및 그 외접도로의 건설 등으로 이어지는 서울의 도시개조계획의 근간을 이루고 있다는 점에서 그 의의가 크다.36)

이러한 배경 아래 박정양은 치도사업의 중추적 역할을 수행할 한성부 판윤과 소윤에 초대 주미전권공사 시절 이래 긴밀한 유대관계를 맺어왔던 인물들을 발탁하였다. 즉, 1896년 8월 10일 이계필이 한성소윤에, 10월 6일 이채연이 한성판윤에 각각 임명되었던 것이다. 이로써 1895년 4월 1일부터 줄곧 토목국장으로 재직해왔던 남궁억과 더불어 한성부 치도사업을 실질적으로 주도하는 내부대신·한성판윤과 소윤·토목국장의 직책이 박정양·이채연·이계필·남궁억 등 개혁적·친미적 성향이 강한 인물들로 진용이 갖춰짐에 따라 치도사업은 본격적인 궤도에 오를 수 있었다.

특히 이채연의 한성판윤 임명에 대해 『독립신문』은 5년여 간 주미공사관에 근무하는 동안 세계에서 가장 깨끗하고 쾌적하다고 알려진 워싱턴의 도시운영체제에 대한 지식을 습득하였을 뿐 아니라 국왕을 비롯한 내외국의 신임과 평판이 좋기 때문에 한성부의 도시계획을 추진할 수 있는 최적임자라고 호평하면서 미국 워싱턴의 시장 쉐퍼드(Shepherd)와 같은 인물이 되어 달라고 당부하였다.37) 이 기대에 부응하듯 이채연은 취임 직후인 10월 16일 내부령 제9호를 게시하고 한성부 전역에 걸쳐 가가를 철거·보상하는 작업에 착수

---

36) 이 점에 대해서는 김광우, 앞의 논문, 112~116쪽 참조.
37) *The Independent*, 1896년 10월 15일자, 'Editorial.'

하였다. 그는 경무청의 협조 아래 경무관 이종하·김정식, 총순 이재우, 순검 홍준표 등을 대동하고 부민들에게 직접 집 앞의 길들을 수리하고 차양을 떼라고 계도하였고, 일본 영사와 담판하여 남대문에서 종로까지 일본인을 비롯한 내외국 상민의 가가를 허는 성과를 거두었다.38)

그리하여 11월 11일경에는 가가의 철거가 대강 마무리되어 본격적인 도로 확장 및 신설작업을 추진할 수 있게 되었다.39) 이러한 상황에 대해 당시 일본인이 발행하던 『漢城新報』도 이채연과 남궁억이 열성적으로 치도사업을 벌이고 있다고 보도하였다.40) 또한 『독립신문』도 1896년도의 상황을 총평하는 가운데 "지난 몇 달간 조선에서 가장 주목할 만한 개선 중의 하나는 수도 간선도로의 양호한 상태"였다고 극찬하면서 이로 말미암아 외국인들도 "조선도 보다 좋은 쪽으로 변화할 수 있다고 생각"하게 되었다고 호평하였던 것이다.41)

이와 같이 내부령 제9호에 의거해서 기존의 간선도로인 종로와 남대문로 전구간의 도로 폭을 확장하는 데 커다란 성과를 거둔 데 이어 경운궁을 중심으로 한 방사선도로와 환상도로 및 그 외접도로의 신설작업이 본격적으로 시작되었다. 1897년 3월 29일 이채연은

---

38) 『독립신문』, 1896년 10월 22일자, '논설' ; 10월 13일, 10월 29일, 11월 7일, 11월 12일, 12월 31일자, '잡보' 참조.
39) 『독립신문』, 1896년 11월 14일, '잡보'. 물론 치도사업에 대한 반발도 적지 않았다. 예컨대, 종로 상인이 길도 수리하기 전에 가가를 지었다가 구속되기도 하였고, 준동 거주인들이 내부 훈령을 취소하라고 항의하였으며, 대안동 길 수보 중에 민영기 등 관료들조차 협조하지 않았고, 심지어 치도소에 몰려가 야료를 부린 적도 있었던 것이다. 『독립신문』, 1896년 10월 8일, 11월 3일, 7일, 12월 17일, 12월 29일자, '잡보' 참조.
40) 『漢城新報』, 1896년 10월 18일자, '街衢洞達.'
41) The Independent, 1896년 12월 24일자, 'Editorial' ; 『독립신문』, 1896년 12월 29일자, '논설' 등 참조.

탁지부 고문관 브라운과 함께 서소문 안 길을 측량하였고, 내부 기사 沈宜碩 역시 서소문 안팎의 길을 측량하고 길 좌우에 있는 집칸수를 적어 갔다.42) 또한 정동에서 서소문으로 넘어가는 길 양쪽의 땅주인인 미국 미미교회와 독일 영사관으로부터 다섯 자 넓이씩의 땅을 기증받아 도로를 확장하였다.43) 그리고 유일하게 각 동 간의 길이 막혀 있던 계동과 재동 사이의 도로를 개통하였고, 새문 밖에 길을 신설하고, 10만 원의 예산을 들여 룡골과 동수문 안을 치도하였다.44)

이채연은 치도사업을 원활하게 진행하기 위해 한성부관찰사 시절 치도소의 사무위원으로서 치도업무에 익숙했던 이규진을 내부 주사로 재기용하였다.45) 또한 그는 직접 순검들을 거느리고 한성부 전역을 다니면서 "길을 범하여 지은 방옥들과 개천을 건너서 지은 가가들을 일통 다 헐고 길을 일신케 닦는데 혹 길 곁에서 장작 피는 사람과 좌판 놓고 물건 파는 사람이 있으면 벌로 엄히 중습하고 금단"하는 열성을 보였다.46) 아울러 도성 밖의 도로 역시 새롭게 단장되었다. 즉, 남궁억은 토목국의 예산으로 "남대문에서 용산까지, 새문에서 삼개까지, 염창교에서 삼개까지 다니는 길을 서울 길과 같이 잘 수보"할 계획을 수립하였으며, "서울에서 강촌에 이르는 길들도 도시의 새 도로와 같은 형태로" 수리하기로 예정되어 실행에 옮겨졌던 것이다.47) 그 결과 기존의 주요 간선도로인 종로와 남대

---

42) 『독립신문』, 1897년 4월 6일자, '잡보.'
43) 『독립신문』, 1897년 4월 13일자, '잡보.'
44) 『독립신문』, 1897년 5월 29일, 9월 9일, 1898년 7월 6일자, '잡보' 등 참조.
45) 『독립신문』, 1897년 1월 21일자, '각부 신문.'
46) 『독립신문』, 1897년 4월 17일자, '잡보' ; 『皇城新聞』 1898년 9월 30일자, '잡보.'
47) 『독립신문』, 1896년 12월 8일자, '잡보' ; *The Independent*, 1896년 12월 3일자, 'Brief Notice' 참조.

문로가 확장되었고, 남대문-용산·남대문-독립문·새문-삼개·염창교-삼개 간 성 안팎의 도로가 신설·정비되었으며, 경운궁 중심의 방사선도로가 완성되기에 이르렀다.[48]

한편 주목할 만한 사실은 한성부의 치도사업이 지방의 치도사업을 촉진시키는 데 커다란 영향을 끼쳤다는 점이다.[49] 예컨대, 경기관찰사 吳益泳은 서울의 도로수리를 본받아 도민들에게 각 지역의 도로를 수리하라는 훈령을 내렸으며, 장연군수 윤철규는 군내의 크고 작은 길과 다리를 일신 수축하여 정결케 하는 데 힘썼던 것이다.[50] 또한 내부 지방국장 김중환도 서울에 있는 지방관들에게 "도로 교량을 구례대로 인민을 동칙하야 각별 수치케 하라 하였으나 본부 영칙을 문구로 아는지 시행키 어려운 정형이 있는지 각 지방 정형을 사탐한즉 의구히 험한 길과 무너진 다리가 많다 하니 이는 지방관이 그 책망을 면키 어려운지라" 각기 부임 후 내부의 훈령대로 치도에 힘쓸 것을 촉구하였던 것이다.[51]

2. 준천 및 청소 작업

교통을 원활하게 소통시키기 위해서는 도로의 확장·신설에 못지않게 그 상태를 잘 보존·유지하는 것이 매우 중요하였다. 한성부에는 도로 가운데 개천이 있거나 개천에 각종 오물이 쌓여 위생을 해칠 뿐 아니라 물이 넘쳐흘러 교통에 커다란 방해가 되고 있었다.[52]

---

48) 이태진, 앞의 논문(1997), 192쪽.
49) 『독립신문』은 한성부에서 "길을 일신케 수보하니 각도 열읍에서도 이 본을 받아 치도하면 정치와 위생에 대단히 유조할 듯하더라"고 홍보하였다. 『독립신문』 1896년 12월 3일자, '잡보' 참조.
50) *The Independent*, 1896년 11월 19일자, 'Brief Notice' ; 『독립신문』, 1897년 5월 9일자, '잡보' 참조.
51) 『독립신문』, 1897년 5월 6일자, '논설.'

따라서 한성부는 도로의 효율성을 높이기 위한 일환으로 개천과 우물을 대대적으로 정비하는 동시에 도로와 그 주변을 청결히 하는 데에도 많은 노력을 기울였다.

1896년 11월 12일 이채연은 길들을 수보했으나 더러운 물건들을 개천에 버려서 송기전 다리에서 만전다리까지 차버렸으니 순검으로 하여금 성문으로 들어오는 거름장사와 지게 진 사람을 광통교로 데리고 와서 개천에 버린 거름을 한 짐씩 지고 나가면 5푼씩 주되 그렇지 않으면 성밖으로 내보내지 말라고 경무청 각 서에 요청하였다.53) 이어 11월 14일에는 "인민들은 개천과 길가에 더러운 물건을 버리지 말되 버릴 물건이면 각각 자기 뒷간 곁에 모아 두었다가 거름장수가 오거던 불러주되 만일 듣지 않거던 그 동리 맡은 교번소에 통기하라"는 방을 붙였다.54) 또한 개천가에 사는 집주인에게 이를 깊이 파내도록 조처하기도 하였다. 그러나 그 파낸 오물 더미를 버릴 만한 장소를 마련해주지도 않았기 때문에 오히려 부민들의 원망을 자아냈다. 이러한 상황을 해결하기 위해 토목국장 남궁억은 가가철거비와 함께 거름청소비를 한성부에 지원해 주었다.55)

한성부가 본격적으로 준천 사업에 착수한 것은 1897년 3월경 한성소윤 이계필이 미국인 기사 다이(J. H. Dye)와 함께 개천들을 측량하면서부터이다.56) 이와 아울러 이채연은 송교에서 마교에 이르는 구간의 준천과 그로 인해 발생하는 흙·모래와 오물들을 체계적으로 처리하기 위해 안경수가 운영하는 馬車會社에 용역을 맡겼다.

---

52) 『독립신문』, 1896년 11월 3일, 1897년 6월 29일자, '잡보' 참조.
53) 『독립신문』, 1896년 11월 21일자, '잡보.'
54) 『독립신문』, 1896년 11월 17일자, '잡보.'
55) 『독립신문』, 1896년 12월 17일자, '잡보' ; 1897년 2월 16일자, '각부 신문.'
56) 『독립신문』, 1897년 3월 6일자, '잡보.' 다이는 1896년 봄 조선정부의 기사로 부임하여 1899년 여름에 사임·귀국하였다. 알렌 저, 金源模 편저, 『近代韓國外交史年表』, 檀大出版部, 1984, 152쪽 참조.

이 약정서에 의하면, 준천은 1898년 음력 4월 그믐(양력 6월 18일경)까지 마무리하기로 되어 있었다.57) 이 사업은 순조롭게 진행되어 1898년 7월 6일 이채연은 부민들에게 "현재 하천을 준설함은 오로지 민생을 위한 것으로서, 국고 수만금을 소비하여 이제 겨우 역사를 끝마쳤다"고 고시하고, 오물 투척행위를 엄히 단속할 것을 천명하였으며, 추가로 이를 어길 경우 각 해당 교번소에서는 발견되는 대로 체포하라고 지시하였던 것이다.58)

한편, 앞에서 살펴보았듯이, 준천과 동시에 도로와 그 주변을 청소·정돈하는 작업도 꾸준하게 추진되었다.59) 이에 대한 내부 혹은 한성부의 훈령·고시는 상당히 많이 내려지고 있다. 이는 단순히 도로 소통 문제뿐 아니라 인민의 위생과도 관련되어 강조되었는데, 그 대체적인 내용은 집 뜰과 문 앞을 정결케 하며 물을 칙간에 뿌려 대소변이 막히지 말게 할 것, 길가에 대소변을 누지 말 것, 길거리에 버린 더러운 물건은 그 땅의 가까운 집임자가 치울 것, 각 골목에 작은 개천들을 좌우에 있는 집임자로 하여금 파내게 할 것 등이다.60)

특히 한성부는 각 동에 오물적치장을 지정하여 표지목을 세워놓고, 이곳에 쓰레기를 모아 처리하는 데 주력하였다.61) 그러나 예산

---

57) 이 약정서는 한성판윤 이채연, 내부 토목국장과 마거회사장 안경수, 부사장 그레이트하우스, 총무원 조진태 사이에 체결되었다. 『독립신문』, 1897년 12월 28일자, '각부 신문' 참조.
58) 서울市史編纂委員會 편저, 『國譯 漢城府來去文』 上, 서울특별시, 1997, 169~170쪽, 訓令, 1898년 7월 6일,
59) 한성부 소윤 이계필은 중서 관내 장통방 포병 섬교 위의 시내 가운데 있는 청국 상인의 돼지우리를 철거하라는 통첩을 발송하기도 하였다. 『국역 한성부래거문』 상, 160쪽, 通牒 제1호, 1898년 6월 23일 ; 『독립신문』, 1898년 7월 21일자, '잡보.'
60) 『독립신문』, 1898년 6월 21일자, '잡보' 참조.
61) 『국역 한성부래거문』 상, 135~136쪽, 照復 제1호, 1898년 1월 12일 ; 162쪽, 告示 제2호, 1898년 1월 12일 참조.

부족 등 여러 가지 이유로 오물처리장의 확보가 순조롭게 이뤄지지 않은 적도 있었다. 중서 관할지역에서는 校洞 大賓宮 앞 밭 1판을 오물처리장으로 지정했으나 樓洞宮의 항의로 전 일본영사관 터로 옮겼고, 瑞隣·堅平坊에는 마땅한 공한지가 없어 지정하지도 못했던 것이다. 또한 오물적치장으로 지정했으나 땅값을 지불하지 못해서 땅주인의 경작을 금할 수 없었던 경우도 있었다.62) 이러한 난관도 있었지만 한성부에서는 거금 923원을 투자해서 분뇨를 제거하고 오물을 수송하는 기계를 도입·활용하는 등 청소작업을 효율적으로 벌여나갔다.63) 그 외에도 한성부는 탁지부대신 심상훈의 반대를 물리치고 도로의 청결뿐만 아니라 미관상에도 좋지 않은 남대문시장을 그 인근의 舊선혜청 관사로 옮겼으며, 종각을 수리하였고, 좌판행상과 오물투기 행위를 끊임없이 단속하였으며, 길가에 버려진 시체들을 거두어 장례를 치러주는 한편 이들을 장사지내는 지역을 마련하기도 하였다.64)

이상과 같이 도로의 정비 및 신설, 준설과 청소작업 등 도시개조사업으로 말미암아 한성부는 크게 변모하였다. 그 결과 한성부의 간선도로는 "단지 그 도폭에서 지나칠 만큼 대가로임에 그치지 않고, 도로 그 자체로만 비교하더라도 간혹 우리 東京의 도로들이 미치지 못할 정도의 好道路"를 갖추게 되었을 뿐 아니라65) "1894년의

---

62) 『국역 한성부래거문』 상, 155~156쪽, 照復 제1호, 1898년 1월 28일 ; 145~146쪽, 照復 제5호, 1898년 7월 13일 ; 150쪽, 照復 제6호, 1898년 10월 15일 등 참조.
63) 『국역 한성부래거문』 상, 146쪽, 照會 제5호, 1898년 8월 4일 ; 손정목, 앞의 책(1982), 171~172쪽.
64) 『독립신문』, 1896년 12월 12일, 17일, 1897년 1월 9일, 12일, 3월 23일자, '잡보' ; 1897년 2월 18일, '각부 신문' ; The Independent, 1896년 11월 28일자, 'Department News' ; 『국역 한성부래거문』 上, 163쪽, 照復 제3호, 1898년 1월 19일 ; 138쪽, 照復 제4호, 1898년 2월 12일 ; 143쪽, 照會 제3호, 1898년 4월 39일 등 참조.

서울에 어울리는 슬럼(slum)"의 모습은 흔적도 없이 사라지고 "동아시아에서 가장 불결했던 도시에서 가장 청결한 도시로 탈바꿈"해갔던 것이다.66)

IV. 치도사업의 주체

1. 친미개화파와 고종

한성부 치도사업을 추진하는 과정에서 거론되었던 인물들은 내부대신 박정양·한성판윤 이채연·한성소윤 이계필·내부 토목국장 남궁억·내부 기사 심의석과 총세무사 겸 탁지부고문 브라운, 내부 기사 다이, 그리고 경무청의 경무관 이종하·김정식, 총순 이재우, 순검 홍준표, 내부 주사 이규진 등이다. 이들 가운데 김정식·이재우·홍준표·이규진·다이 등은 관련기록이 남아 있지 않아 그 성향을 알 수 없지만, 관직상 하급 실무자에 불과했기 때문에 치도사업의 주체 문제에서 논외로 하여도 별 무리가 없다고 생각된다. 따라서 이들을 제외한 나머지 인물들의 정치적 배경과 그 성격을 살펴본 다음 이들과 고종과의 관계를 알아보도록 하겠다.

우선 박정양은 반남 박씨의 어른격인 초기 개화사상가 朴珪壽의 친척으로서 그의 천거로 1874년에 慶尙左道 暗行御史로 파견된 이후67) 1881년 조사일본시찰단의 조사·機器局의 초대 總辦으로서 정

---

65) 信夫淳平, 『韓半島』, 東京堂書店, 1901, 38쪽.
66) Isabella Bird Bishop, *Korea and Her Neighbours,* Shanghai: Kelly and Walsh Ltd., 1897 ; Reprint, Seoul: Yonsei University Press, 1970, pp.427~437 ; 이인화 옮김, 비숍 지음, 『한국과 그 이웃나라들』, 살림, 1994, 497~502쪽 등 참조.
67) 한철호, 「고종 친정 초(1874) 암행어사의 파견과 그 활동 – 지방관 징치를 중심으로 –」, 『史學志』 31, 1998, 206~207쪽 참조.

부가 추진한 개화·자강운동에 관여하였다. 특히 1888년 그는 초대 주미전권공사로서 청국의 '另約三端'을 거부한 채 자주외교를 펼침으로써 반청운동의 상징적 인물로 떠올랐다.68) 이로 인해 고종의 두터운 신임을 받은 그는 귀국 후 호조판서·내무부독판, 갑오개혁기에는 군국기무처의원·학부대신·내부대신·총리대신 등 정부 내의 요직을 두루 거치면서 개혁성향의 元老級관료로 성장하였다.

이채연은 통리교섭통상사무아문에서 1년간 영어를 공부한 경력을 인정받아 초대 주미공사관의 통역관으로 선임되어 박정양과 함께 파견되었고, 이어 서기관·서리공사직을 역임하는 등 워싱턴에서 5년여 간 주재하는 동안 영어를 능통하게 구사하게 되었고, 우편제도와 철도의 도입을 미국무부에 요청하기도 하였다.69) 귀국 후 그는 전우국방판·외아문 참의를 거쳐 갑오개혁 중 농상공부협판과 한성부관찰사를 지냈다. 이종하 역시 초대 주미공사관의 武弁으로 재직하였고, 박정양의 귀국시에도 동행했을 정도로 그와 개인적으로 친분이 두터웠다.70)

또한 이계필은 1883년 일본으로 건너가 東京 神田의 英和豫備學校에 유학하던 중 갑신정변으로 정부의 소환 명령을 받았으나 불응하고 1885년 가을 渡美하였다.71) 펜실베니아주 필라델피아의 '加雲他鄕'대학교에서 공부하였던 그는 "영어에 매우 능통"하였기 때문에 1888년 초대 전권공사 박정양의 주선으로 공사관 업무—아마도 임

---

68) 宋炳基,「소위 "三端"에 대하여」,『史學志』6, 1972, 94~102쪽 ; 金源模,「朴定陽의 對美自主外交와 常駐公使館開設」,『藍史鄭在覺博士古稀紀念 東洋學論叢』, 고려원, 1984, 362~368쪽 참조.
69) 장수영,「구 한말 역대 주미공사와 그들의 활동」,『재미과학기술협회보』11-6, 1983, 37~38쪽.
70) 한철호, 앞의 책, 36~37, 82~87, 92~93쪽 참조.
71) 李光麟,「開化初期 韓國人의 日本留學」,『韓國開化史의 諸問題』, 一潮閣, 1986, 56~61쪽.

시통역관—를 보게 되었고, 이와 동시에 워싱턴의 콜럼비안대학교(Columbian University: 현 George Washington University)로 전학해서 1891년 5월경 졸업한 것으로 알려져 있다.72) 이 사실이 맞다면 이계필은 종전의 학설과 달리 邊燧보다 앞선 우리나라 최초의 미국 대학 입학생 및 졸업생이 된다.73) 이처럼 박정양 덕분에 그는 정부 명령에 불응한 범법자의 처지에서 벗어나게 되었을 뿐 아니라 신분적·경제적으로 불안했던 미국 체류생활을 청산할 수가 있었다. 더욱이 그는 박정양의 도움과 천거를 받아 귀국하여 1892년 1월부터 내무부주사로 관직에 오른 뒤 외아문주사·운산군수·세무시찰관 등을 역임하였다. 말하자면 박정양은 그의 유일하고도 든든한 정치적 후원자이자 '平生의 恩人'인 셈이다.74)

한편 남궁억은 1883년 9월에 설치된 영어학교 同文學을 우등으로 졸업한 후 세관에서 근무하였고, 내무부부주사·별군직·칠곡부사 등을 거쳐 1895년 4월 1일부터 줄곧 토목국장으로 재직해 왔다. 그는 아관파천 직후 내부대신 박정양의 명으로 강원도지방으로 내려가 국왕의 조칙을 선포하고 의병을 해산시킨 적이 있었다.75) 그리고 배재학당·독립문 등을 설계 혹은 시공에 관여한 것으로 잘 알려진 심의석도 박정양이 내부대신으로 재임 중이던 1895년 7월 19일 내부대신 奏任으로 內部技手에 임명된 점으로 미루어 '박정양 사람'으로 분류될 수 있다.76)

---

72) 「종환일기」, 『박정양전집』 2, 651쪽 ; 「미행일기」, 『박정양전집』 6, 437~438, 441, 449쪽 ; 장수영, 앞의 논문, 37~38쪽 ; 韓哲昊, 「初代 駐美全權公使 朴定陽의 美國觀―『美俗拾遺』(1888)를 중심으로―」, 『韓國學報』 66, 1992, 45쪽.
73) 한철호, 「'최초의 미국대학 졸업생' 이계필의 일본·미국 유학과 활동」, 『동국사학』 37, 2002 참조.
74) 『박정양전집』 4, 20쪽, '奏本' ; 李培鎔, 『韓國近代鑛業侵奪史硏究』, 一潮閣, 1989, 72~73쪽.
75) 李光麟, 「翰西 南宮檍(1863~1939)」, 『開化期의 人物』, 延世大學校出版部, 1993, 10~27쪽.

이와 같이 치도사업에 관련된 핵심인물들의 공통점을 살펴보면, 첫째, 그들은 예외 없이 박정양과 밀접한 유대관계를 맺어왔던 개혁지향적인 인물들임을 알 수 있다. 그들 대부분은 1880~1890년대 초반 개화·자강정책의 실무를 담당했을 뿐 아니라 일본·미국 등을 견문한 경험을 지니고 있었기 때문에 근대적 제도와 문물의 수용에 대한 필요성을 절실히 느끼고 있었다. 특히 박정양을 비롯하여 이채연·이계필·이종하 등이 초대 주미전권공사와 공사관원으로서 미국의 수도 워싱턴 D.C.에 체류했던 점은 주목할 만하다.

그들은 미국에 주재하는 동안 미국의 역사와 근대적인 제도·문물을 파악하는 과정에서 긍정적이고 호의적인 미국관을 지니게 되었으며, 양국의 체제가 상이함을 깨닫고 조선의 기존제도를 혁신하기보다는 교육을 통한 국민계몽과 점진적인 근대문물의 수용 및 제도개혁에 많은 관심을 기울였다.[77] 이로 미루어 그들은 조선의 자주와 독립을 유지하기 위해서 갑오개혁 전후 조선의 내정에 깊이 간섭하였던 청국이나 일본을 배격하는 동시에 미국과의 외교관계를 강화하고 미국처럼 부국강병할 수 있는 방안을 모색해야 된다는 의식을 지니고 있었음을 알 수 있다.

또한 그들은 방사상 직교로의 구성을 특징으로 한 워싱턴 D.C.의 도시구조와 운영체계에 대해서도 잘 이해하고 있었다. 따라서 한성부 치도사업의 총책임자격인 박정양은 이 사업을 체계적으로 추진하기 위해 그 실무책임자인 한성판윤과 소윤에 이채연과 이계필을 천거·임명하였던 것이다. 이 점은 일개 외부주사에 불과했던 이계필이 파격적으로 소윤에 발탁된 사실에서 분명히 드러난다. 그리고 이종하가 치도사업의 현장관리를 맡아보았던 경무관으로 근무했던

---

76) 이태진, 앞의 논문(1997), 192쪽.
77) 한철호, 앞의 논문(1992), 46~71쪽 참조.

것도 결코 우연한 일이라고 볼 수 없다.78) 그리하여 고종이 경운궁을 본궁으로 택하여 환어하기로 결정하였을 때 그들이 이곳을 중심으로 방사선도로망을 구축하기로 계획·추진한 것 역시 극히 자연스런 일이었다.79) 아울러 그들이 영어에 능통했던 점도 탁지부고문과 브라운과 미국인 측량기사 다이 등과 긴밀하게 협조하면서 치도사업을 추진할 수 있는 장점으로 작용하였을 것으로 추측된다.

둘째, 박정양·이채연 등은 초대 주미전권공사 파견 당시 함께 동행했던 알렌과 각별한 친분을 맺었던 것을 계기로 그의 적극적인 후원을 받아 갑오개혁 이후 내각의 요직을 차지하면서 정계 내에 이른바 '친미'개화파 혹은 정동파를 형성하였다.80) 또한 그들은 이러한 배경을 바탕으로 갑오개혁 중에 남궁억·周時經 등 "育英公院 혹은 서양인이 만든 [培材]學堂 출신인 하급관리 수십명"을 자신들의 기반으로 확보할 수가 있었다.81)

친미개화파는 대외적으로 국가의 자주와 독립을 유지하기 위해 친미외교를 기반으로 상황에 따라 갑오개혁 이전에는 反淸, 갑오개혁과 아관파천기에는 反日, 환궁 이후에는 反러의 세력균형책을 펼쳤으며, 대내적으로 갑오개혁에서 독립협회운동에 이르기까지 미국

---

78) 예컨대, 『독립신문』은 "서서 경무관 이종하 씨는 내부대신 박정양 씨와 한성판윤 이채연 씨와 함께 그전에 개명한 나라에 유람하여 범백사에 문명진보코져 하온즉 아마 길 수리하는 데 잘 할듯하더라"고 호평하였다. 또한 1898년 12월 그가 남서 서장에서 부산항 경무관으로 전임되었을 때에도 "원래 개명한 이로 서울 서서와 남서 서장으로 있을 때에 범백 사무를 극진히 공정케 하는 고로 명예가 없지 않다더니 리씨가 서울을 떠나 외방으로 간다 하는 고로 서서 남서 백성들이 실망지탄이 있다"고 보도한 데 이어, 부산에 부임하자마자 각종 계몽운동을 펼친 것을 극찬하였던 것이다. 『독립신문』 1896년 10월 29일, 1898년 12월 26일자, '잡보' 참조.
79) 「미속습유」, 『박정양전집』 6, 643~644쪽, '華盛頓 ; The Independent, 1896년 10월 15일자, 'Editorial' ; 이태진, 앞의 논문(1997), 191쪽 등 참조.
80) 해링튼, 앞의 책, 269~277쪽 ; 한철호, 앞의 책, 73~91쪽 등 참조.
81) 『東京朝日新聞』, 1895년 6월 29일자, '韓廷の一奇現象' 참조.

의 부국강병을 모델로 삼아 근대적 개혁운동을 주도하였다. 특히 그들의 이러한 외교정책은 외압에 의해 위축되었던 왕권을 회복·유지하려고 노력했던 고종의 의도와 부합하는 것이었다. 다시 말하자면, 그들은 주미전권공사관원으로서 袁世凱의 압력에도 불구하고 자주외교를 전개한 이후 고종의 두터운 신임을 받는 美國通으로 부상하여 청국·일본·러시아 등의 일방적·독점적인 對韓 영향력을 배제하고 세력균형을 유지하는 역할을 담당하였다. 이러한 맥락에서 그들은 민비시해사건으로 미·러 양국 공사관으로 피신하였다가 춘생문사건과 아관파천을 주도하였던 것이다.

이처럼 고종과 정치적 운명을 같이 해왔던 친미개화파는 勤王的 성격도 비교적 강하게 띠고 있었기 때문에 국왕을 국권과 대외적 자주의 상징, 그리고 개혁의 구심점으로 삼으면서 갑오개혁 당시의 각종 근대적 개혁조치를 현실에 맞게 수정·보완하려고 애썼다.[82] 고종 역시 어느 정도 개화의 실정에 밝았고, 또한 왕권을 보존·강화하기 위해서라도 서구의 근대적 문물과 제도를 수용할 필요성을 느끼고 있었다. 따라서 아관파천으로 박영효 등 변법개화파에 이어 김홍집·김윤식·유길준 등 시무(온건)개화파가 축출됨으로써 정계 내에 남아 있던 유일한 개혁지향적 세력이자 고종의 신임이 두터운 친미개화파가 내각의 요직에 등용되기에 이르렀다.

이러한 고종과 친미개화파의 교감 속에서 가장 중요한 성과를 거둔 사업이 바로 한성부 도시개조사업 혹은 치도사업이었다. 왜냐하면 치도사업의 중요 계기 중의 하나가 바로 고종이 경운궁으로 이거하기로 결정한 데 있었기 때문이다. 고종은 8월 10일 궁내부와 탁지부로 하여금 궁내부를 수리하라는 조칙을 내린 데 이어 9월 4일 경복궁에 있던 眞殿과 殯殿을 경운궁의 별전으로 옮겼으며, 10월 31일

---

82) 뒤에서 살펴보듯이, 친미개화파가 주도적 역할을 담당했던 독립협회운동도 이와 동일한 맥락에서 전개되었던 것이다.

에는 경운궁으로 환어할 뜻을 공식적으로 밝혔다.83) 일단 경운궁이 본궁으로 정해지고 고종의 환어 장소로 확정됨으로써 이를 중심으로 한 방사선 도로 등 각종 도로의 확장과 신설 등 도시개조사업은 더욱 활기를 띠게 되었다.

따라서 치도사업을 비롯한 한성부 "개조사업은 독립국으로서 새로운 출발을 염원하는 국왕의 뜻을 받들어 일찍이 초대 주미공사로 활약한 박정양과 그 휘하의 직임을 수행한 이채연·이상재(당시 토목국장은 남궁억이며, 이상재는 직접적인 관련이 없음―저자주)·이종하 등이 그때부터 얻은 견문과 지식을 최대로 발휘하여 추진한 것"이라는 주장에는 나름대로 설득력이 없지 않다. 그러나 김옥균 등 '친일'개화파와 박정양 등 '친미'개화파를 동일한 계열에 놓을 수 없다는 점, 박정양·이채연 등이 한성부 개조사업의 "실질적인 주도자"임을 인정하지만 "왕도의 구조를 바꾸는 일은 국왕의 동의 없이는 이루어지기 어려운" 점 등을 근거로 이 사업의 주체는 고종이고 친미개화파는 고종의 명에 따라 이를 시행한 데 지나지 않았다는 논리에는 쉽사리 동의하기가 어렵다.84)

우선, 앞에서도 살펴보았듯이 한성부 치도사업의 핵심법령인 내부령 제9호는 이미 갑오개혁 중 박영효에 의해 구상·발포된 '내무아문훈시' 가운데 도로 관련조항과 박정양에 의해 발표된 '도로수치와 가가기지를 관허하는 건'을 참고해서 마련된 것이었다. 박정양은 갑오개혁 당시 발표된 개혁안 중 현실에 필요한 조항을 수용·활용하였는데, 이는 그가 1896년 7월 13일 한성부에 지시한 도로 등에 관한 내부훈령 속에 도로를 범한 가가의 불법 여부 기준을 1895년 4월 4일―박영효의 '내무아문훈시' 발포일―로 삼았던 사실에서도 확

---

83) 『日省錄』, 1896년 8월 10일, 9월 4일, 10월 31일 ; 이태진, 앞의 논문(1997), 192~193쪽 참조.
84) 이태진, 앞의 논문(1995), 18~19쪽 ; 위의 논문(1997), 185~188쪽 등 참조.

인할 수 있다. 즉, 친미개화파는 일본의 간섭과 입김이 적지 않게 반영된 갑오개혁 당시의 제반 조치들에 대해 반감을 갖고 있었지만, 치도사업 등 그 개혁 취지만큼은 계승하여 적극적으로 활용하였던 것이다.

또한 도시개조사업이 국왕의 동의 없이 이뤄질 수 없었음은 인정하지만, 그렇다고 해서 고종이 그 사업의 주체가 될 수는 없다. 만약 국왕 고종의 동의 혹은 관리 임명권자를 기준으로 그 주체 문제를 다룬다면, "독립국으로서 새로운 출발을 염원하는 국왕의 뜻을 받들어" 친미개화파가 추진하고 있던 도시개조사업을 심상훈 등 수구파가 감히 방해한 이유를 해명하기가 힘들다. 앞에서 살펴보았듯이, 고종은 왕권을 조속히 회복·강화할 목적으로 수구파인사들을 기용함으로써 의정부관제와 지방제도 등 제도개혁 전반에 걸쳐 상반된 개혁구상을 지닌 수구파와 친미개화파 간에 격렬한 대립을 야기시켰던 것이다.

이러한 양자의 갈등·대립은 도시개조사업에 관해서도 예외는 아니었다. 이 점은 "한성판윤 이채연의 열정적인 지휘 아래 대규모 개조사업이 시내에서 이미 진행되어 왔다. 그런데 개조사업이 지속되는 과정에서 유일한 걱정거리는 수구파이다"라는 1897년 6월 18일자 『노스 차이나 헤럴드(North China Herald)』紙의 기사에서도 잘 드러난다.85) 또한 탁지부대신 심상훈의 반대에도 불구하고 이채연이 도로의 청결과 미관을 위해 남대문시장을 그 인근의 舊 선혜청 관사로 옮겼던 사실에서도 재차 확인된다.86) 이와 같이 친미개화파는 근왕적 성격도 있었고 고종에 의해 발탁·임명되었지만, 개혁의 방

---

85) *North China Herald*, 1897년 6월 18일, 'A New Palace,' Park Il-Keun ed., *Anglo-American and Chinese Diplomatic Materials Relating to Korea(1887~1897)*, 釜山大學校 中國問題硏究所, 1984, 1377쪽.
86) 앞의 주 64) 참조.

향과 성격에 대해 수구파와 견해를 달리하면서 도시개조사업을 추진하였던 것이다.

더욱이 친미개화파는 공식적으로 경운궁을 본궁으로 확정한 1896년 8월 이전에 이미 중심도로 주변의 가가 철거 및 도로의 확장·신설, 좌판행위 금지와 성 안팎의 교량·천변 청소 등 도로의 정비·신설 및 청결사업을 벌이고 있었다. 당시 도시개조사업을 통해 한성부를 근대적 모습으로 변모시킬 수 있는 능력을 소유한 집단은 미국에서 오랫동안 체재하면서 근대적 도시구조와 운영에 관한 지식과 견문을 갖춘 친미개화파밖에 없었다고 단언해도 결코 지나치지 않다. 비록 이 사업을 추진하는 과정에서 고종의 동의가 있었다 하더라도, 어디까지나 수구파의 반대에도 불구하고 이를 구상·입안·시행한 '실질적인 주도자'이자 주체는 친미개화파였고, 고종은 그들의 제안을 동의·후원해 주었다고 보아야 할 것이다.

이 문제는 친미개화파와 함께 도시개조사업의 주체로 알려진 브라운의 경우를 보면 더욱 확실히 드러난다.[87] 브라운은 1893년 총세무사로 발탁되었고, 1894년 탁지부고문관을 겸임하였는데, 아관파천 직후인 1896년 3월 1일 정동파의 요구와 베베르의 권고에 따라 고종으로부터 탁지부의 재정지출과 예산편성을 전적으로 위임받았다. 이로써 탁지부의 지출은 모두 그의 허락을 받아야만 했을 뿐 아니라 그의 서명이 없는 탁지부령은 무효일 만큼 브라운은 막강한 권한을 갖게 되었다. 그는 불요불급한 지출을 절감하는 재정긴축정책과 엄격하고 합리적인 재무관리로 국가의 재정을 확충하는 데 결정적으로 기여하였지만, 이로 말미암아 탁지부대신 윤용선·심상훈을 비롯한 민종묵·정낙용 등 수구파와 극심한 마찰을 빚어 탄핵안이 제기되기도 하였다.[88]

---

[87] Isabella Bird Bishop, 앞의 책, 427~437쪽 ; 이인화 옮김, 앞의 책, 497~498쪽 ; *DUSMK*, #87, 1898.3.14, Allen→Secretary of State 등 참조.

심지어 브라운은 왕실재정을 관리하는 궁내부의 불필요한 지출을 억제하고 재원확보를 저지하였기 때문에 고종과의 관계도 점차 벌어지게 되었다. 예컨대, 1896년 7월 브라운이 궁내부에서 요구한 경운궁의 추가수리비를 거절하자 탁지부대신 심상훈이 강권으로 지출을 명령한 사건이 일어났다. 이에 브라운이 출근을 거부한 채 고문직을 사임하겠다고 강경하게 대처하는 바람에 7월 12일 고종은 그의 재정지출권을 재확인해주는 詔勅을 반포함으로써 간신히 무마시켰다. 이어 8월 궁내부가 재원확보를 위해 내지의 요소에 稅所를 설치하고 잡세를 거두었는데, 브라운은 과세는 탁지부 소관이므로 함부로 부과하지 말 것을 고종에게 직간하여 결국 허락을 받아냈다. 두 사건 중 전자는 고종의 환궁예정지였던 경운궁의 수리비를 추가로 지출하기를 거부한 것이고, 후자는 궁극적으로 국왕 자신의 재정확보에 제동을 걸었다는 점에서 고종에게 적지 않은 타격을 안겨다 주었다.[89]

이처럼 고종이 브라운을 탁지부고문관에 임명하고 막강한 권한을 주어 당시 재정을 정비·개혁했지만, 앞의 치도사업에서와 마찬가지로 재정개혁의 주체는 역시 브라운이었지 고종이 아니었다. 더욱 주목할 만한 점은 그가 탁지부·궁내부대신을 비롯한 관리들, 나아가 고종과도 마찰을 빚을 정도로 긴축재정을 하면서도 도시개조사업에 관련된 지출만큼은 별다른 제재를 가하지 않았던 점이다. 그러기는커녕 그는 오히려 이채연과 함께 도로측량에 나서기도 하였다. 이 점으로 미루어 친미개화파와 브라운 간에는 단순한 금전

---

88) 金賢淑, 「韓末 顧問官 J. McLeavy Brown에 대한 硏究」, 『韓國史硏究』 66, 1989, 120~130쪽 참조.
89) 『일관기록』 11, 71쪽, 報告 第5號, 1896년 7월 18일, 原→西園寺 ; 82~83쪽, 報告 第9號, 1896년 8월 15일, 原→西園寺 ; 金賢淑, 「韓國 近代 西洋人 顧問官 硏究(1882~1904)」, 梨花女大 博士學位論文, 1999, 208~209쪽 참조.

문제뿐 아니라 치도사업에 대한 협조·자문 등 긴밀한 협조가 이뤄지고 있었음을 알 수 있다.

이상으로 살펴보았듯이, 심상훈 등 수구파와 박정양·이채연 등 친미개화파 및 브라운 등은 모두 고종으로부터 임명되었지만, 양자는 한성부 도시개조사업뿐만 아니라 재정문제를 비롯해 제도개혁 전반에 걸쳐 서로 대립적인 입장을 취하고 있었다. 따라서 단순히 고종의 임명 혹은 동의를 결정적 기준으로 삼아 주체문제를 논할 경우, 고종은 친미개화파로 하여금 치도사업을 추진하게 하는 동시에 수구파로 하여금 이를 반대하도록 사주하게 만들었다는 모순을 범하는 셈이 된다. 물론 고종과 친미개화파가 정치적 운명을 함께 했던 아관파천기에 도시개조사업이 본격적으로 추진된 점, 고종이 그 적임자로 수구파가 아닌 친미개화파를 기용한 점 등으로 볼 때, 이 사업에 대해서 양자 간에는 서로 교감이 통했음을 부인할 수 없다. 그러나 당시 이 사업을 구상·입안·시행할 지식과 능력을 갖춘 인물들은 친미개화파밖에 없었고, 그들이 브라운과의 긴밀한 협조 아래 실질적으로 이 사업을 주도·추진한 주체였다고 해석하는 것이 타당하다.

2. 친미개화파와 독립협회

치도사업을 주도한 인물들의 가장 중요한 특징 중의 하나는 그들이 『독립신문』의 창간을 적극 지원해 주고 독립협회를 창립·운영해 나가는 데 앞장섰다는 사실이다. 아관파천은 일본의 내정간섭에서 벗어나려는 동기에서 단행되었지만, 국왕의 러시아공사관 피신 자체가 독립국가의 체면을 손상시킨 것이었다. 이러한 상황에서 정권을 장악한 박정양·이완용 등 친미개화파는 국가의 자주권을 회복하고 국민적 통합을 달성하기 위한 일환으로 『독립신문』의 창간과 독립협회의 창설을 주도하였다.

친미개화파는 1888년 초대 주미전권공사로 재직 중 근대적 신문의 체제와 그 중요성에 관해 많은 지식을 습득하고 있었을 뿐 아니라, 갑오개혁 중에 이미 한글신문을 발행하려고 시도한 일이 있었다. 따라서 그들은 서울주재 일본인이 발행하는 『한성신보』가 1896년 2월 고종의 아관파천에 대한 비난 기사를 게재한 사건을 계기로 정부 측의 입장을 국내외에 적극 홍보하고 친정부적인 여론을 조성하기 위해 『독립신문』의 발행을 후원해 주었다. 이 과정에서 그들은 서재필을 발탁하여 1896년 1월경 김홍집내각과 서재필의 합의사항대로 신문 창간비 4,400원을 보조해 주는 동시에 정동 소재 정부건물을 신문사 사옥으로 사용하도록 하였다.

또한 『독립신문』 창간 이후에도 그들은 『독립신문』을 관보와 동일한 제2종 우편물로 값싸게 우송할 수 있도록 편의를 봐주었고, 중앙의 관리들은 물론 지방관과 각급 학교 생도들에게 『독립신문』을 구독하라고 지시하는 등 그 보급에도 지원을 아끼지 않았다. 이와 같이 서재필은 『독립신문』의 창간 및 운영과정에서 친미개화파의 전폭적인 원조를 받았기 때문에, 후술되듯이 『독립신문』을 통해 친미개화파 혹은 정동파 내각을 옹호·지지해 주었고, 치도사업에 관한 홍보와 계몽을 적극적으로 펼쳤던 것이다.[90]

아울러 친미개화파는 갑오개혁 중 淸帝功德碑를 묻어버리고 迎恩門·慕華館 등을 헐어버리자는 박영효의 제안을 계승하는 동시에 獨立門을 건립하고 獨立公園을 조성하자는 서재필의 의견을 수용한 다음 이 사업을 적극적·공개적으로 추진할 목적으로 독립협회를 창설하였다. 또한 친미개화파는 국내외적으로 독립협회의 합법성을 인정받고 대중적 기반을 확보하기 위해 독립문 건립에 대한 고종의

---

90) 한철호, 앞의 책, 171~180쪽 참조.

재가를 받아냄으로써 독립문의 건립이 조선의 내정에 간섭한 바 있는 청일 양국뿐 아니라 러시아 등 구미 열강으로부터의 독립을 상징하는 것임을 강조하였다.[91] 고종 역시 러시아공사관 피신으로 손상된 왕권 및 왕실의 권위를 회복하기 위해 "세계 만국에 조선이 아주 독립국이란 표를 보"이려는 독립협회의 창립을 허가해주었다.[92]

그러나 친미개화파가 독립협회의 창립에 앞장선 것은 무엇보다도 1896년 6월 이후 수구파의 영향력이 점차 증대되는 상황 속에서 진보적 성향의 관료들을 결집시키고 관료층 및 국민에게 자주의식 내지 개혁의식을 널리 확산시키려는 데 그 목적이 있었다. 즉, 친미개화파는 국민적 공감대를 불러일으킬 수 있는 독립문 건립사업을 추진한다는 명분을 내세워 독립협회를 결성함으로써 대외적으로 자주국임을 과시함과 동시에 대내적으로 개혁을 지속적으로 단행할 기반을 공고히 다지려고 했던 것이다.[93]

독립협회는 1896년 7월 2일 外部에서 창립총회를 개최하여 독립문과 독립공원 건설 등 사업목적을 비롯해 협회의 조직, 회의 운영방침과 회원 가입자격 등을 규정한 '獨立協會規則'을 제정·공포하고 초대 임원진도 선출하였다. 임원진의 특징을 살펴보면, 독립협회는 고문 서재필과 위원장 이완용을 위시하여 이채연·이상재·민상호 등 친미개화파 혹은 정동파가 주축이 되고, 개혁성향이 강한 親貞洞派계열의 현직관료들이 광범위하게 참여한 官邊團體의 성격을

---

91) *The Independent*, 1896년 6월 20일자, 'Editorial' ; *The Korean Repository*, 1896년 6월호, 'Notes and Comments' 등 참조.
92) 『독립신문』, 1896년 6월 20일자, '논설' ; 愼鏞廈, 『獨立協會研究』, 一潮閣, 1976, 251쪽 ; 李光麟, 『韓國開化思想史研究』, 一潮閣, 1979, 125~128쪽 ; 임창영 지음, 유기홍 옮김, 『위대한 선각자 서재필 박사 전기』, 공병우글자판연구소, 1987, 145~149쪽 등 참조.
93) 朱鎭五, 「獨立協會의 主導勢力과 參加階層-독립문 건립 추진위원회 시기를 중심으로-」, 『東方學志』 77·78·79합집, 1993, 679~681쪽 ; 헐버트 지음, 신복룡 옮김, 『大韓帝國滅亡史』, 평민사, 1984, 156~157쪽 참조.

띠고 있음을 알 수 있다.94) 물론 '독립협회규칙'에는 보조금을 납부하고 가입의사만 표시하면 누구나 회원이 될 수 있는 조항이 있었지만, 설립 당시 독립협회는 친미개화파를 중심으로 한 관료들이 주도·운영하였던 단체였다. 독립협회는 표면적으로 정치적 색채를 드러내지 않으면서 관료층 간에 친목을 도모하고 유용한 정보를 교환·확산시킨다는 목적을 내세웠지만, 실질적으로는 이를 통해 진보적 성향의 관료들을 결집시켜 근대지향적인 개혁을 추진하려 했던 일종의 정치단체였던 것이다.95)

그런데 주목할 만한 사실은 치도사업을 주도한 이채연이 위원에, 남궁억·이계필·심의석 등이 간사원에 발탁된 점이다. 이들 중 이채연과 남궁억은 독립협회의 발기인으로도 참여해 독립협회를 창설하기 위한 사전 작업을 담당하기도 하였다. 또한 박정양은 외부대신 이완용이 협회의 위원장을 맡고 있었던 만큼 동일 직급의 大臣으로서 위원장보다 낮은 직책을 맡는다는 것이 독립협회의 조직체계상 어울리지 않았기 때문에 창설 당시 임원진으로 직접 관여하지 않았다. 그러나 그가 창립 직후인 7월 18일 내부대신으로서 각 부의 관리들과 함께 독립문 건립문제를 상의하였던 점, 그리고 11월 20일 내부지방국장 김중환의 명의로 각 도에 공문을 보내 관찰사 이하 모든 지방관들이 독립문 보조금 모집에 동참해 줄 것을 요청했던 점 등으로 미루어 독립협회를 적극 후원해 주었음을 알 수 있다.96) 한편 이종하도 협회의 조직이 확장됨에 따라 10월 19일경 새로 간

---

94) 한철호, 앞의 책, 185~188쪽 참조.
95) *The Independent*, 1896년 7월 2일자, 'Brief Notice'; *The Korean Repository*, 1897년 11월호, 'The Independence Club'; 韓興壽, 「獨立協會의 政治集團化過程」, 『社會科學論集』(延世大) 3, 1970, 28쪽 참조.
96) 그는 1897년 7월 협회의 위원으로 선출되기도 하였다. 「종환일기」, 『박정양전집』 3, 256~257쪽, 1896년 6월 8일; 『독립신문』, 1896년 12월 5일, 1897년 7월 22일자, '잡보' 참조.

사원으로 선출되었다.

　이와 같이 박정양·이채연 등 친미개화파는 『독립신문』을 창간하고 독립협회를 창립·주도하는 데 결정적인 역할을 담당하였다. 다시 말하자면, 그들은 정부의 관료이자 독립협회의 주도세력으로 양자에 모두 관여하였고, 이를 바탕으로 정부 내의 친미개화파 혹은 정동파내각과 독립협회는 상보적인 관계를 유지하면서 수구파의 제도복구론을 저지하는 동시에 자주외교와 근대적 개혁을 추진하였던 것이다. 이러한 사실은 『독립신문』이 불편부당의 편집방침을 천명하였음에도 불구하고 실질적으로 친미개화파 개개인은 물론 치도사업 등 친미개화파내각이 추진했던 각종 개혁조치를 적극적으로 지지·홍보해 주었던 점에 잘 나타난다.

　우선 『독립신문』은 아관파천 이후 조선의 정계 내에 대립되는 두 개의 정당—'진보당(the Progressive party)'과 '완고당(the Conservative party)'—이 존재하고 있는데, 완고당은 "청일전쟁 이전에 존재했던 구상태로 복귀하려는 목적을 가진 사람들로 구성"되었고, 진보당은 구미 국가와 적극적으로 교섭하고 근대적 제도와 문물을 수용하여 조선의 제도를 개혁하려는 당이라고 파악하였다.[97] 이어 『독립신문』은 친미개화파를 진보당으로 규정한 다음 그들의 입장을 은연중에 옹호하고 있었다. 즉, 『독립신문』은 "외국신문지들에 말하기를 지금 조선 내각이 개화내각인지 완고당내각인지 문제가 많이 있기로 우리가 오늘날 내각에서 한 일들을 말하노니 이것을 가지고 생각하거드면 완고당들인지 개화당들인지 가히 알지라"는 전제 아래 義兵 진압, 탁지부고문 브라운의 재정 정리, 미국에 대한 京仁鐵道 부설권 양여, 도로 수선, 독립협회 창설 등 친미개화파(진보당)의 정책 높이 평가하고, "만일 성군이 우에 아니 계시고 개화하려는 정부가

---

[97] 『독립신문』, 1896년 8월 27일, 29일, 9월 1일자, '논설' ; *The Independent*, 1896년 8월 25일자, 'Editorial' 참조.

아니면 이런 일을 누가 경영을 하리요"라는 결론을 내림으로써 친미개화파내각을 '개화내각'으로 두둔하였던 것이다.98)

아울러『독립신문』은 1896년 말 한 해 동안의 중요한 사건을 회고·총평하는 가운데, 아관파천과 그에 따른 친미개화파내각의 성립을 정당화한 다음 "완고당과 지각없는 사람들이 복구를 하지를 못하여 애쓰는 사람들이 많이 있"음에도 불구하고 친미개화파가 추진한 각종 개혁활동을 치하하였다.99) 이처럼『독립신문』은 정부 내 진보당과 완고당이 대립하고 있다고 파악한 뒤, 신기선·심상훈·조병식 등 완고당 혹은 수구파의 제도복구론을 비판함과 동시에 박정양·이채연 등 진보당 혹은 친미개화파의 제도개혁조치를 적극 옹호·후원하였던 것이다.100) 이 점은 바로 정부 내의 친미개화파와 독립협회가 근대적 제도개혁을 추진하는 과정에서 대립적이 아니라 상보적인 관계를 유지하고 있었음을 극명하게 보여준다.

이러한 맥락하에서『독립신문』은 친미개화파에 의한 각종 개혁, 특히 치도사업에 대해서도 적극적인 홍보와 지원을 아끼지 않았고, 이는 치도사업이 괄목할 만한 성과를 거둘 수 있었던 원동력이 되었다. 먼저『독립신문』은 치도사업의 주역들에 관해 호의적인 평가를 내렸다. 내부대신 박정양이 도로개선·위생사업·호구조사를 실

---

98)『독립신문』, 1896년 7월 2일자, '논설' 참조. 또한『독립신문』은 "사람들이 현내각을 비활동적이라고 생각하는 것은 잘못"이라면서 친미개화파내각에 의해 "지난 10년 동안 보다도 지난 3개월 동안에 더 실질적인 진보가 이루어졌다"고 높이 평가하였다. *The Independent*, 1896년 4월 14일 및 5월 23일자, 'Editorial' 참조.

99) 또한『독립신문』은 "조선정부와 인민과 우리 독립신문사 사이에 지금 있는 친밀한 의가 점점 더 깊어 우리를 조선 친구로 알고 또 우리는 언제든지 조선만 위하여 일하는 사람으로 알아주기를 믿노라"고 함으로써 정부, 특히 친미개화파내각과의 유대관계를 강조하기도 하였다.『독립신문』, 1896년 12월 26일, 31일자, '논설' 참조.

100) 한철호, 앞의 책, 197~210쪽 참조.

시하라는 훈령을 발하자 이를 "문명 진보하는 사업" 내지 "내부대신이 지금까지 했던 일 중 가장 중대한 사업"이라고 평가하였고, 이에 관련된 내부의 각종 훈령을 게재함으로써 이들 사업을 적극 성원해 주었다.101) 또한 이채연에 관해서는 "한성부 판윤이 정부 규칙을 받들어 도로를 정케 하는 것은 첫째 인민을 위해서 하는 것이요, 둘째는 외국 인민에게 조선도 야만이 아닌 것을 보이려는 주의라"거나 "이채연씨가 지금 정부 명령을 받아 범로 작가한 것을 다 헐고 길을 일신케 수보하니 참 개명한 세계라. 어찌 아름답지 않으리요"라고 호평하였다.102) 그리고 남궁억에 대해서도 "남궁씨가 죽도록 힘을 들여 각처 도로를 수정하야 이 큰 사업을 많이 도와 하여도 놓고 또 지금 방장하는 터"인데, 그가 제물포에 공사하러 갈 때 내부대신 남정철에게 하직인사를 하지 않고 떠났다는 이유로 면관당한 사실을 비판하면서 "그만한 허물은 견책에 해당하고 면관토록 중히 다스릴 것이 아닐 듯하더라. 남궁씨가 갈리기에 조선 큰 사업 하나이 또 잘되지 못할가 보아서 우리는 매우 염려"하였던 것이다.103)

다음으로 『독립신문』은 많은 지면을 할애하여 치도사업의 목적과 과정을 홍보하는 동시에 미흡한 점에 관해서는 날카롭게 조언과 비판을 가하기도 하였다. 『독립신문』은 초기의 치도사업이 "서소문 안 시고문안 동소문안 창의문안 같은 길은 닦지 안하고 나라와 백성에게 유익치 않은 길을 돈을 무수히 많이 들여 하니 이 일은 무

---

101) *The Independent*, 1896년 7월 16일자, 'Brief Notice' ; 『독립신문』, 1896년 7월 18일자, '논설' 참조.
102) 『독립신문』, 1896년 11월 7일, 12월 3일자, '논설' 참조. 또한 이채연이 한성판윤에서 물러났을 때에도 "서울 안에 인민을 위하야 한 사업이 적지 아니 하고 외국 교제상에도 명예 있게 하였는데 졸연히 갈리니 내외 인민이 섭섭하다고들 하더라"고 아쉬움을 표시하면서 그 후임자인 김홍륙에 관해서는 비판적 태도를 취하였다. 『독립신문』, 1898년 3월 15일자, '잡보' 참조.
103) 『독립신문』, 1897년 9월 28일자, '잡보.'

슨 일인지 알 수 없더라"고 비판하면서 그 목적을 '便民'에 둘 것을 강조하였다.104) 또한 치도사업의 결과 인민과 우마의 왕래가 편리해졌다고 호평하면서도 "외국 사람이 남의 나라에 가서 그 나라 인민이 어떠한 백성인지 짐작하는 것은 첫째 길을 보고 결단하는 것이라. 서울길이 전일에 비교하면 얼마큼 나아진 데도 있거니와 아직도 십분지 일이 수리가 못되어 근일에 사람들이 길에 다니려면 길이 길이 아니라 수채 구멍으로 나는 것 같은 데가 많이 있"다고 지적하였다.105)

그리하여『독립신문』은 종로에서 정동을 잇는 모교다리가 장마로 말미암아 그 다리 중간을 괴이고 섰던 돌기둥이 기울어져 다리 한가운데가 방금 무너지게 되었으므로 사람과 우마의 안전을 위해 빨리 수축할 것, "중서 파재교 다리목에서 돈화문 밑까지 통한 데는 막중한 대궐 앞 큰 길이요 어로어늘 그 길은 잘 수축을 아니하였던지 항상 누습하며 물이 저축하야 못도 같고 개천도 같하여" "인민들이 심히 괴롭고 불편히 여"기니 즉시 보수할 것 등을 한성부에 촉구하였다.106)

아울러『독립신문』은 "서소문 밖 유한택이가 자기 돈을 내어 서소문턱 길 패인 데를 고치고 자기 집 앞에 길을 수리한다니 이런 사람은 문명한 뜻이 있는가 보더라"107)고 치도사업에 협조적인 사람에게 칭찬을 아끼지 않은 반면 그렇지 않은 경우 가차 없이 비판을 가하였다. 예컨대, "간혹 지각없는 사람들은 실상 효험 있는 줄을 모르고 가가 헐린 것만 충원하는 자 있다 하니 가히 한심한지라"

---

104)『독립신문』, 1896년 7월 30일자, '잡보.'
105) *The Independent*, 1896년 12월 24일자, 'Editorial' ;『독립신문』, 1897년 2월 2일, 12월 30일자, '논설.'
106)『독립신문』, 1897년 9월 14일, 1898년 1월 17일자, '잡보' ;『황성신문』, 1898년 10월 21일자, '잡보.'
107)『독립신문』, 1896년 8월 18일자, '잡보.'

라던가, 한성부에서 계동과 재동 간의 길을 개통하였더니 자기의 치전에 해롭다는 이유로 그 길을 막고 왕래를 방해한 홍건표에 대해 "자기 한 사람의 리만 생각하고 여러 사람의 사정을 돌아보지 아니할 뿐만 아니라 한성부 영칙을 시행 아니 하는 것 같으니 한성부에서 마땅히 다시 신문하여 이 길을 통하는 것이 당연하다"는 공론을 전하였다.108)

『독립신문』은 치도사업 후 도로 정비와 청결 및 준천 등에 관해서도 계몽과 조언을 게을리 하지 않았다. 치도사업을 게을리 한 경무청 관원들에 대해 "경무청을 팔아먹고 나감이 좋을 듯"하다던가 "경무청 관원이 되어 신식을 좇지 않고 전일 풍도로 호화롭게 떠버리고 벽데하고 길에서 혼자만 다니려"는 행위를 비꼬기도 하였다.109) 또한 도로를 고치고 난 뒤 정리를 제대로 하지 않아 어린 아이가 다쳤다는 소식을 전하면서 치도사업에 신중을 기할 것을 당부한 적도 있었다.110) 그리고 한성부에서 "외국 준천하는 본으로 개천 형편의 높고 낮은 데와 넓고 좁은 데며 길이와 광을 여일히 척양하여 일신케 준천을 하랴는데 개천가에 사는 어리석은 인민들이 무단히 든 말을 지여 서로 의심을 한다"고 보도하면서 "준천을 잘하여 인민들을 위생코져 함이니 개천가에 사는 사람들은 다시 의심을 말고 안업할지어다"고 계몽하였다.111)

그 외에도 서소문 안 길 가운데 우물을 그대로 두는 것은 "사람 잡는 덧을 길가에 놓는 것과 같"아 사람과 우마가 상하기가 쉽고 위생에도 대단히 해로우므로 하루빨리 메우라고 촉구하였고, "야만국 외에는 길가에 대소변 보는 나라는 없으니" 이 "창피한 풍속"을 없

---

108) 『독립신문』, 1896년 12월 3일자, '논설' ; 1897년 5월 29일자, '잡보.'
109) 『독립신문』, 1896년 10월 8일, 1897년 10월 2일자, '잡보.'
110) 『독립신문』, 1896년 11월 21일자, '잡보.'
111) 『독립신문』, 1897년 3월 6일자, '잡보.'

애자고 홍보하였으며, 청국인 거류지가 청결치 못할 뿐 아니라 청국제 독륜거가 소음이 많고 도로를 매우 상하게 하므로 대책을 강구하라고 주장하기도 하였다.112)

또한 『독립신문』은 "서울과 오 항구에 급한 일은 길인데 서울은 좋은 길이 많이 되어 지금은 공자님 제자까지라도 샛길을 좋아하는 모양이요 무식한 모군군이라도 길이 그렇게 되어 가야 할 줄로 생각하는 사람들이 많이 있는지라"고 한성부 치도사업의 성과를 극찬하면서 이를 본받아 개항장 및 지방에까지 확대시킬 것을 촉구하였다.113) 이를 위해 『독립신문』은 무엇보다도 지방관의 역할이 중요하다고 강조하였다. 즉, 지방관의 직무상 제일 중한 일은 "도회처에는 길을 정하게 닦고 개천을 좌우로 파 더러운 물건이 흘러 내려가게 하며 대소변을 사람 다니는 길거리에 보지 못하게 하는 것"이며, "백성들이 깨달아 이런 것을 낫게 하고 살기를 바랄 지경이면 언제 될는지 모를 터인즉 첫 번은 정부에서 인도를 하야 억지로라도 좀 정하게 살도록" 해야 한다는 것이다.114) 그리하여 도로의 수축과 청결에 관해서는 내부의 훈령도 여러 번 전달되었고, "이것이 모두 관인들의 당연한 직무인즉 만일에 심상히 여기고 실상 효험이 없을 진데 각 항 감리나 각군 군수나 당초에 직무들을 아니하자는 주의라. 그럴진데 구태여 관인 노릇들을 말고 진즉 가는 것이 옳다"고 주장함으로써 지방관의 분발을 촉구하였다.115)

한편 독립협회에서도 치도사업에 관심을 갖고 그 필요성을 널리

---

112) 『독립신문』, 1897년 6월 29일, 8월 17일, 1898년 2월 12일, 6월 16일자, '잡보.'
113) 『독립신문』, 1897년 8월 28일자, '논설.' 또한 『독립신문』, 1896년 12월 3일자, '잡보' 참조. 또한 『독립신문』은 윤치호가 서울에서 인천까지의 도로가 형편없음을 비판하고 치도사업의 중요성과 필요성을 강조한 편지를 게재하기도 하였다. 『독립신문』, 1897년 3월 30일자, '잡보' 참조.
114) 『독립신문』, 1897년 4월 3일자, '논설.'
115) 『독립신문』, 1897년 4월 17일자, '잡보.'

계몽하기 위해 토론회를 열었다. 1897년 9월 5일 제2회 토론회에서 '위생하는 데는 도로 수정하는 것이 제일 방책'이라는 주제로 우의에 유기환·이채연, 좌의에 권재형·이상재가 각각 나서서 발제와 토론을 하였다. 이 자리에서 조민희는 "길 닦는 것이 위생에 유조한 줄은 아나 만일 큰 길만 닦고 적은 길을 닦지 아니할 것 같으면 적은 길 길가에서 사는 사람들은 이왕보다도 더러운 데 더 파묻혀" 있게 되므로 "한성부에서 길을 닦으려면 장안 길을 다 닦아야 참 위생에 유조하겠다"고 발언하여 큰 호응을 얻었다.[116] 토론 주제가 위생의 차원에서 치도사업을 다루긴 했어도 실질적으로는 치도의 방법과 향후 방향에 대해서도 광범위한 토론이 벌어짐으로써 이에 대한 일반인들의 관심을 환기시키는 데 크게 기여했으리라 판단된다. 또한 1898년 2월 20일의 토론회에서는 '담배대를 무는 것이 인민의 위생에 크게 방해롭다'는 문제가 상정되었는데, 이 역시 도로의 청결과 직결된 것이었다.[117]

이상과 같이 정동파는 정부의 정책을 효율적으로 옹호·홍보하기 위해『독립신문』을 창간하였으며, 진보적 성향의 관료들을 결집시켜 개혁을 추진할 수 있는 기반을 마련하기 위해 독립협회를 창립하였다. 따라서『독립신문』과 독립협회도 자연히 친미개화파 내지 친미개화파내각에 대해 우호적인 입장을 견지하면서 치도사업을 비롯한 각종 제도개혁을 지지·후원해 주었다. 이러한 정부 내 친미개화파와 독립협회 혹은『독립신문』간의 상호보완적 관계는 아관파천기뿐만 아니라 고종과 수구파세력에 의해 독립협회가 해산될 때까지 지속되었다.[118]

---

116)『독립신문』, 1897년 9월 7일자, '잡보.'
117)『독립신문』, 1898년 2월 26일자, '잡보.'
118) 한철호, 앞의 책, 211~262쪽 참조.

V. 맺음말

대한제국기에 가장 가시적이고 괄목할 만한 성과를 거둔 한성부의 도시개조사업—특히 치도사업—은 이른바 '광무개혁'의 성격과 의의를 밝히는 중요한 척도로 인식되었기 때문에 많은 연구자들의 관심을 끌어왔다. 그러나 이 사업의 주체에 대해서는 연구자들 간에 상당한 견해차를 드러내고 있다. 그 이유는 한편으로 대한제국기의 개혁운동을 바라보는 관점의 차이에서 비롯된 것이지만, 다른 한편으로 이 사업에 대한 구체적이고도 실증적인 연구를 소홀히 한 탓이기도 하다. 따라서 이 글에서는 치도사업의 배경과 추진과정을 면밀히 분석한 다음 이를 토대로 친미개화파가 이 사업의 주체였음을 밝히는 데 역점을 두었다.

한성부의 치도사업은 초창기에 내부대신 박정양이 주관하였다. 그는 자신의 관할하에 있던 한성부와 경무청을 통해 중심도로 주변의 가가들을 철거하여 도로를 확장·신설하였으며, 좌판행위를 금지하고 성 안팎의 교량과 천변을 청소하는 등 도로의 정비·청결사업을 벌였다. 또한 그는 치도사업을 전개하기 위한 관련 각종 법규를 제정·공포한 데 이어 치도사업의 중추적 역할을 수행할 한성부 판윤과 소윤에 초대 주미전권공사 시절 이래 긴밀한 유대관계를 맺어왔던 이채연과 이계필을 발탁하였다. 이로써 1895년 4월 1일부터 줄곧 토목국장으로 재직해왔던 남궁억과 더불어 한성부 치도사업을 실질적으로 주도하는 내부대신, 한성판윤·소윤, 내부 토목국장의 직책에 박정양·이채연·이계필·남궁억 등 개혁적·친미적 성향이 강한 친미개화파 인사들로 진용이 갖춰짐에 따라 치도사업은 본격적인 궤도에 오르게 되었다.

그들은 내부령 제9호에 의거해서 한성부 전역에 걸쳐 가가를 보상·철거하고 기존의 간선도로인 종로와 남대문로 전구간의 도로 폭을 확장한 데 이어 경운궁을 중심으로 한 방사선도로와 환상도로 및 그 외접도로를 신설·확장시켜 나갔다. 이와 동시에 도로의 효율성을 높이기 위한 일환으로 개천과 우물이 대대적으로 정비되었고, 각 동에 오물적치장을 지정하고 오물을 제거·수송하는 기계를 도입하는 등 도로와 그 주변을 청결히 하는 작업도 진행되었다. 그 결과 한성부는 동아시아에서 가장 청결한 도시로 변모해갔던 것이다.

이처럼 한성부 치도사업을 성공적으로 주도하였던 박정양·이채연·이계필·남궁억·심의석·이종하 등은 개인적으로 박정양과 밀접한 유대관계를 맺어왔을 뿐 아니라, 정계 내에서 친미개화파로 분류되었던 개혁지향적인 인물들이었다. 특히 박정양과 이채연·이계필·이종하 등은 초대 주미전권공사와 공사관원으로서 미국의 수도 워싱턴에 오랫동안 체류했기 때문에 방사상 직교로의 구성을 특징으로 한 워싱턴의 도시구조와 운영체계에 대해서도 잘 이해하고 있었다. 따라서 한성부 치도사업의 총책임자격인 박정양이 실무책임자인 한성판윤과 소윤에 이채연과 이계필을 천거·임명한 점, 이종하가 치도사업의 현장관리를 맡아보았던 경무관으로 근무했던 점, 그리고 치도사업의 골격이 워싱턴과 동일하게 경운궁을 중심으로 한 방사선 도로망의 신설·확충에 있었다는 점 등은 결코 우연한 일이 아니었다.

한편 친미개화파는 치도사업을 비롯한 각종 제도개혁을 추진하는 과정에서 수구파와 커다란 마찰과 대립을 겪게 되었다. 친미개화파는 대외적으로 국가의 자주와 독립을 유지하기 위해 친미외교를 기반으로 세력균형책을 펼쳤으며, 대내적으로 국왕을 국권과 대외적 자주의 상징으로 삼는 내각제도의 범주 내에서 군주제를 인정하되 근대적 제도들을 현실에 맞게 수정·보완하는 데 힘썼다. 그런데 외압으로 말미암아 위축된 왕권을 조속히 회복·강화하기 위한 일환으로 고종은 한편으로 자신의 의도와 부합한 친미개화파의 외교노선을 적극 지원해 주면서도 다른 한편으로는 수구파인사들을 기용하여 갑오개혁을 전면적으로 부정하고 모든 제도를 그 이전의 구체제로 복구시키려고 노력하였다.

이처럼 전제군주제를 강화하려는 고종의 양면정책하에서 수구파의 반대에도 불구하고 친미개화파가 갑오개혁의 개혁 취지를 계승하여 추진했던 실용주의적 개혁조치 중의 하나가 바로 한성부의 치도사업이었다. 한성부 치도사업의 핵심법령인 내부령 제9호는 이미 갑오개혁 중 박영효에 의해 구상·발포된 '내무아문훈시' 가운데 도로 관련조항과 박정양에 의해 발표된 '도로수치와 가가기지를 관허하는 건'을 참고로 입안된 것이었다. 또한 박정양이 1896년 7월 13일 한성부에 지시한 도로 등에 관한 내부훈령 속에 도로를 범한 가가의 불법 여부 기준을 박영효의 '내무아문훈시' 발포일인 1895년 4월 4일로 삼았던 사실도 그가 갑오개혁 당시 발표된 개혁안 중 현실에 필요한 조항을 수용·활용하였음을 분명히 보여준다.

비록 치도사업은 고종의 경운궁 환궁이 중요한 계기가 되었고, 고종의 동의 없이 이뤄질 수 없었지만, 그렇다고 해서 고종이 그 사업의 주체가 될 수는 없다. 만약 전제군주제이기 때문에 관리임명권자인 고종을 모든 조치의 주체라고 바라본다면, 고종이 상반된 개혁구상을 지닌 친미개화파와 수구파를 임명하여 서로 대립케 했던 모순된 현상을 해명하기 어렵다. 더욱이 친미개화파는 경운궁을 본궁으로 공식 확정한 1896년 8월 이전부터 이미 중심도로 주변의 가가 철거 및 도로의 확장·신설 및 정비·청결사업을 벌이고 있었다. 당시 도시개조사업을 통해 한성부를 근대적 모습으로 변모시킬 수 있었던 유일한 집단은 미국에서 오랫동안 체재하면서 근대적 도시구조와 운영에 관한 지식과 견문을 습득한 친미개화파였다. 따라서 수구파의 반대에도 불구하고 치도사업을 구상·입안·시행한 '실질적인 주도자'이자 주체는 친미개화파였고, 고종은 그들의 사업 추진을 원조·후원해 주었다고 보아야 할 것이다.

　마지막으로 친미개화파에 의한 각종 개혁, 특히 치도사업이 성공적으로 추진될 수 있었던 원동력으로『독립신문』과 독립협회의 적극적인 홍보와 지원을 꼽을 수 있다. 이와 관련해서 간과해서는 안 될 사실은『독립신문』의 창간을 적극 지원해 주고 독립협회를 창립·운영해 나가는 데 앞장섰던 인물들이 바로 친미개화파였다는 점이다. 즉, 그들은 정부 측의 입장을 국내외에 적극 홍보하고 친정부적인 여론을 조성하기 위해『독립신문』의 발행을 후원해 주었으며, 독립문을 건립한다는 명분을 내세워 대외적으로 자주국임을 과시함과 동시에 대내적으로 개혁을 지속적으로 단행할 기반을 공고히 다지기 위해 독립협회를 창설했던 것이다. 따라서『독립신문』은 불편부당의 편집방침을 천명하였음에도 불구하고 실질적으로 수구파의 제도복구론을 비판함과 아울러 친미개화파 개개인은 물론 치도사업 등 친미개화파내각이 추진했던 각종 제도개혁조치를 적극적으로 지지해 주었다. 독립협회가 토론회를 개최하여 치도사업에 대한 국민적 공감대를 불러일으키고 여론을 확산시킨 것도 이러한 맥락에서 비롯된 것이었다.

　이와 같이 친미개화파는 정부의 관료이자 독립협회의 주도세력으로 양자에 모두 관여하였기 때문에『독립신문』과 독립협회도 자연히 친미개화파 내지 친미개화파내각에 대해 우호적인 입장을 견지하면서 치도사업을 비롯한 각종 제도개혁을 지지·후원해 주었던 것이다. 이러한 정부 내 친미개화파와 독립협회 혹은『독립신문』간의 상호보완적인 관계는 창립 이후 고종과 수구파세력에 의해 독립협회가 해산될 때까지 지속되었다. 특히 1898년 3월 러시아의 외압이 약화된 것을 계기로 고종과 수구파가 황제권을 강화시키려는 의도를 강력히 드러냈던 상황에서 친미개화파는 독립협회의 민권보장과 의회설립 요구를 수용하면서 정부와 독립협회 양측의 의견을 조율·중재하는 역할을 담당하였다.

그러나 고종과 수구파가 주한 외국공사들의 묵인과 지원 아래 독립협회를 강제로 해산시킴으로써 정부 내 유일한 개혁지향 세력인 친미개화파도 자연히 정치적 입지가 약화되어 갔다. 이로 말미암아 정계 내에서 관민통합 혹은 관민공동의 기치 아래 친미개화파가 지속적으로 펼쳐왔던 근대적 개혁운동도 중단되기에 이르렀다. 따라서 1899년 「대한국국제」의 반포를 전후해서 추진되었던 이른바 광무개혁은 개혁적·비판적 세력이 소외 혹은 배제된 가운데 고종과 수구파 혹은 황실측근세력에 의해 주도되었고, 수많은 부작용을 낳은 채 그 범위도 황제권 강화와 정권 유지에 필요한 군사·재정을 확보하는 데 머물고 말았다.

개화기 주미 공사관원의 미국 인식

Ⅰ. 머리말

　근래에 이르러 3·1절과 8·15광복절에는 유난히 다양하고도 많은 집회가 곳곳에서 열렸다. 적어도 이날만큼은 당연히 조국의 광복·해방을 위해 헌신한 선열들의 업적을 떠올리며, 잔혹한 식민통치를 펼쳤던 일제의 악행을 되새기면서 오늘날까지 사죄와 반성을 외면하는 일본의 본질을 정확히 깨닫자고 목소리를 높이는 것이 자연스러운 풍경일지도 모르겠다. 그러나 2002년 미군장갑차에 여중생 2명이 사망한 사건을 계기로 북한 핵과 이라크 파병문제를 둘러싸고 역설적이게도 이러한 날에 반일·지일·극일의 구호는 파묻힌 채 친미·반미의 극단적인 감정이 표출되었다. 이처럼 한미 양국이 새롭게 관계를 재정립해야 할 중대한 국면을 맞이해서 과연 미국이 어떠한 존재인가를 다시 되짚어보아야 할 필요가 있다.
　1882년 서구 국가들 중 최초로 한국과 조약을 체결한 후 미국은 한국 근현대사의 전개과정에서 커다란 영향을 끼쳐왔다. 최근에 실시된 한 신문의 여론조사에 의하면, 주변 4강과 유럽연합(EU) 중에 한국이 가장 협력해야 할 나라로 미국(53%)을 꼽았으며, 한국 외교정책에 대해 한국의 대통령·국회·여론보다 미국의 영향력이 더

크다고 우리 스스로 생각할 정도였다.[1] 지구상의 모든 국가들이 교통수단과 정보망의 비약적인 발전으로 한 가족처럼 생활하게 된 오늘날, 한미 양국은 태평양을 사이에 두고 거리상으로만 멀리 떨어져 있을 뿐 그 어느 나라보다도 서로 밀접한 이해관계를 맺고 있다. 우리에게 일본이 모든 분야에 걸쳐 '가깝고도 먼 나라'로 여겨지고 있다면, 미국이야말로 '멀고도 가까운 나라'인 셈이다.

'조미조약' 체결 후 조선(이하 1897년 이후부터 한국으로 칭함)은 영국 등 서구 열강과 조약을 맺음으로써 중국 중심의 화이론적 조공질서에서 벗어나 세계자본주의체제에 본격적으로 편입되었다. 이러한 상황 속에서 조선은 자주독립을 유지하고 근대적 제도개혁을 추진하기 위해 열강의 외압에 대응하는 동시에 서구식 제도·문물의 수용 방법을 다양하게 모색하였다. 특히 조선정부는 조선주재 미국공사 푸트(Lucius H. Foote)의 부임 직후 閔泳翊 등 報聘使를 파견하여 미국의 근대적인 제도개혁과 부국강병책의 추진상황, 그리고 국제정세의 동향을 파악하려고 노력하였다. 이어 1887년 朴定陽을 주미 조선공사로 임명·파견함으로써 실질적인 양국 간의 국교 정상화를 이룩하였다. 주미 조선공사의 상주는 조선의 독립을 대내외에 과시했다는 점에서 그 역사적 의의가 크다. 또한 1893년에는 시카고에서 개최된 콜롬비아 세계박람회에 출품대원 鄭敬源을 파견해서 미국과 우의를 돈독히 다졌다.

이들 사절단 가운데 주미 조선공사관원들은 특정 업무를 수행한 보빙사·출품대원과는 달리 미국에 장기간 주재하면서 외교 현안을 처리했을 뿐 아니라, 미국을 포함한 국제정세의 동향을 체계적으로 파악할 수 있었다는 점에서 주목을 요한다. 그들 중에는 귀국 후 정부의 요직에 발탁되어 정치·외교 분야에서 활동하거나 갑오개혁·

---

[1] 『중앙일보』, 2004년 9월 30일자.

독립협회운동 등에서 중요한 역할을 담당한 인물들이 많았지만, 일제의 국권강탈을 계기로 매국 친일파로 변신한 자도 적지 않았다. 따라서 주미 조선공사관원의 미국 인식에 대한 연구는 개화기 조선의 외교 및 정치·개혁운동의 전개과정과 국제질서의 변화에 대한 조선인의 대외관을 이해하고, 나아가 오늘날 한국인이 지닌 미국 인식의 원형을 규명하는 데 관건이 된다.

지금까지 개화기 조선인의 미국관 혹은 미국 인식에 대해서는 많은 연구 성과가 축적되어 왔다. 그럼에도 주미 조선공사들이 견문기나 회고록을 거의 남기지 않은데다가 귀국 후 국왕과 나눈 복명문답마저 매우 단순하거나 남아 있지 않기 때문에 그들의 미국 인식에 관한 연구는 제대로 이뤄져 있지 않다. 따라서 이 글의 목적은 현존하는 각종 자료들을 토대로 주미 조선공사관이 개설된 이후 을사늑약으로 폐쇄되기까지 주미 공사관원들의 미국 인식을 살펴보는 데 있다.

이를 위해 먼저 역사상 최초로 미국을 방문했던 보빙사를 중심으로 조미조약 체결 전후 관료지식인의 미국 인식을 살펴봄으로써 주미 공사관원들의 미국 인식을 이해하는 전제로 삼고자 한다. 다음으로 주미 공사관원들이 미국에 대해 어떻게 인식하였는가를 분석할 것이다. 특히 최근에 발굴·공개된 콜롬비아 세계박람회 출품대원 정경원의 문서를 적극 활용하여 주미 공사관원들의 미국 인식과 비교함으로써 그 특징을 살펴보고자 한다.[2] 그러나 초대 주미 공사관원을 제외하고는 미국 인식을 엿볼 수 있는 기록을 거의 남기지 않았던 만큼, 그들의 미국 인식을 전체적으로 조감하는 데 미흡할

---

2) 이민식은 정경원의 문서를 발굴하여 번역·소개하였다. 저자는 문서 원본을 직접 확인하지 못했기 때문에 이 번역문에 의존하되, 내용을 손상하지 않는 범위 내에서 문장을 교정하였다. 이민식, 「19세기 콜럼비아 박람기에 비친 정경원의 대미 외교와 문화 활동」, 『한국사상과 문화』 3·5, 1999(『근대 한미관계사』, 백산자료원, 2001 소수).

수밖에 없었다는 점을 미리 밝혀둔다.

II. 조미조약 체결 전후 관료지식인의 미국 인식

조미조약 체결 전 조선에는 魏源의 『海國圖志』(1844)와 徐繼畬의 『瀛環志略』(1850) 등 각종 서양소개 서적들이 유포되었으며, 이들을 참고로 崔漢綺의 『地毬典要』(1857)가 편집되어 박규수·오경석 등 개명관료 내지 개화파인사들이 호의적 미국관을 갖는 데 커다란 영향을 주었다. 그럼에도 전반전인 분위기는 화이론적 세계관에서 벗어나지 못한 채, 미국인을 '犬洋之類' 혹은 '海浪賊'으로 인식할 정도로 미국에 대해 무관심하거나 무지하였다.[3]

이러한 상황에서 1879년 8월 청국 直隸總督 겸 北洋大臣 李鴻章은 서구열강과의 조약 체결로 세력균형을 이룩함으로써 일본의 침략을 방지하려는 열국입약권도책을 조선에 권유하기에 이르렀다.[4] 이를 계기로 조선은 1880년 5월 金弘集을 제2차 修信使로 임명하여 일본의 조선침략 가능성과 개화문물을 살피도록 조처하였다. 김홍집은 東京 체류 중 외무경 井上馨 등과 양국의 현안인 관세 징수·공사 駐京 문제 등을 협의하는 동시에 주일 청국공사 何如璋 등과 일·러 양국의 동정을 탐문하는 데 주력하였다. 당시 伊犁紛爭으로 청·러 간의 긴장이 고조되고 있는 정세 속에서 何如璋은 김홍집에게 일본의 침탈보다는 러시아의 남하가 조선의 안보에 위협적이며,

---

3) 조미조약 이전 한국인의 대미관에 관해서는 송병기, 「쇄국기의 대미인식」· 류영익, 「통시기적으로 본 대미인식」, 『한국인의 대미인식』, 민음사, 1994 등 참조.
4) 宋炳基, 『近代韓中關係史研究』, 단대출판부, 1985, 23~44쪽 ; 權錫奉, 『淸末 對朝鮮政策史研究』, 一潮閣, 1986, 82~104쪽 참조.

이를 견제하기 위해 미국과 조약을 체결해야 할 필요가 있다고 역설하였다. 이에 설득당한 김홍집은 防俄策과 서양의 선진문물 수용을 위한 자강책 등이 담겨진 黃遵憲의 『朝鮮策略』을 가지고 귀국하였다. 잘 알려져 있듯이, 『조선책략』에는 러시아의 남하정책을 막기 위해 '親中'·'結日', 그리고 '聯美'를 권고하면서 미국을 "예의로써 나라를 세우고 남의 토지와 인민을 탐내지 않으며, 굳이 남의 정사에 관여하지 않는" 나라이자 "천하에 으뜸가는 부국"이라고 찬사하는 내용이 담겨져 있었다.[5]

『조선책략』을 통해 미국에 대해 긍정적·호의적인 입장을 굳힌 고종과 위정자들은 미국과의 수교를 추진하기 시작했다. 그러나 고종과 일부 개화파가 주도했던 대미수교책이 순조롭게 진행된 것은 아니었다. 특히 『조선책략』은 정부 내 대신과 관리들의 지지를 적극적으로 얻지 못했기 때문에 이를 비판하는 상소가 잇따랐다. 더욱이 전국의 유생들이 벌인 辛巳斥邪運動은 정부의 개화정책과 대미 수교 추진에 커다란 장애가 되었다. 유생들은 미국이 러시아 등 다른 침략적인 나라들과 전혀 다를 바가 없는 오랑캐 나라이며, 종래 아무런 이해관계가 없었던 미국과 솔선해서 통교하는 것은 백해무익하다는 논리로 맞섰다. 이러한 조야의 척사운동은 고종의 강력한 탄압으로 가까스로 무마되었지만, 조선정부로 하여금 조미조약 체결에 관한 미·청 간의 교섭을 비밀리에 추진토록 만들었으며, 나아가 그 주도권을 청국에게 넘겨주는 결과를 낳았다. 그리하여 1882년 5월 22일 李鴻章과 슈펠트(R. W. Shufeldt) 간에 조미조약이 체결되기에 이르렀다.

---

[5] 『조선책략』의 영향에 대해서는 趙恒來, 「黃遵憲의 『朝鮮策略』에 對한 檢討」, 『大邱大論文集』 3, 1962 ; 李瑄根, 「庚辰修信使 金弘集과 黃遵憲著 『朝鮮策略』에 관한 再檢討」, 『東亞論叢』 1, 1963 ; 송병기, 앞의 책(1985), 59~86쪽 ; 권석봉, 앞의 책, 118~143쪽 등 참조.

한편 임오군란 후 청국은 조미조약의 체결을 통해 조선에 대한 열강 간의 세력균형을 도모하려던 정책을 스스로 포기하였다. 청국은 군란을 무력으로 진압한 데 이어 朝淸商民水陸貿易章程의 체결을 강요함으로써 양국의 종속관계를 재확인하는 동시에 조선의 내외정에 직접 간섭하기 시작했던 것이다. 이러한 상황 속에서 1883년 5월 특명전권공사 푸트가 부임하였다. 고종은 미국정부가 조·청간의 속방조회문에 개의치 않고 청국 및 일본주재 미국공사와 동격인 특명전권공사를 파견함으로써 조선을 독립국으로 인정해준 사실에 크게 고무되어 "기뻐서 춤을 추었을" 정도로 환영하였다.6)

이후 고종은 청·일의 외압으로부터 독립을 보존하고 개화정책을 추진하는 데 필요한 인적·물적 자원을 확보하기 위해 적극적으로 친미 정책을 펼치기 시작하였다. 고종의 이러한 전략적 발상의 근저에는 미국이야말로 영토야욕이 없는 부강국이며, 강자보다도 약자의 편을 부지하는 道義국가라는 黃遵憲 식의 미국관이 도사리고 있었다. 그리하여 미국에 보빙사를 파견하여 미국정부의 공사파견 조치에 사의를 표시함과 아울러 개화·자강에 필요한 미국인 고문관의 고빙을 요청하기에 이르렀다.

보빙사의 正使에는 민씨척족의 소장 영수였던 민영익, 부사에 조사시찰단(신사유람단)의 朝士로서 대미 수교를 위한 특별 임무를 부여받았던 洪英植, 종사관에 수신사 박영효와 함께 일본을 방문했던 徐光範이 각각 발탁되었다. 그리고 수행원에는 일본 慶應義塾에서 유학했던 兪吉濬·邊燧, 영선사의 일원으로 청국 어학국에서 영어를 배웠던 高永喆, 무관 崔景錫·玄興澤 등이 임명되었다.7) 이처

---

6) 柳永益,「朝美條約의 成立과 初期 韓美關係의 展開」,『韓國近現代史論』, 一潮閣, 1992, 1~32쪽.
7) 金源模,「韓美外交史研究－閔泳翊의 對美自主外交와 世界一周航行－」,『龍巖車文燮敎授華甲紀念 史學論叢』, 新書苑, 1989, 390~396쪽;「遣美

럼 민씨척족을 대표하는 민영익과 국제정세에 밝고 개화지향적인 개화파인사들이 보빙사에 발탁된 점은 고종이 미국과의 유대강화, 이를 통한 개화·자강정책추진에 심혈을 기울이고 있었음을 보여준다.

1883년 7월 보빙사 일행은 제물포를 출발하여 長崎·橫濱을 거쳐 9월 2일 샌프란시스코항에 상륙하였다. 그들은 아더(Chester A. Arthur) 대통령에게 한국의 개국 연호가 적힌 국서를 봉정하고, 각종 공식 행사나 숙박지에 태극기를 휴대·게양함으로써 조선이 자주독립국임을 과시하는 자주외교를 펼쳤다. 또한 그들은 조선의 개화정책에 필요한 외교고문·군사교관 등의 파견을 요청하였으며, 주요 관청 및 각종 근대식 시설들을 살펴봄으로써 근대적 제도·문물에 관한 견문을 넓혔다.[8] 10월 12일, 3개월 동안의 일정을 마무리 지은 보빙사 일행은 유길준을 유학생으로 남겨둔 채 두 조로 나뉘어 귀국길에 올랐다. 민영익·서광범·미해군 중위 포크(George C. Foulk) 등은 유럽을 거쳐 1884년 5월 31일 귀국하였으며, 홍영식 등은 사행길을 되돌아 1883년 12월 19일 귀국하였다.

한국 역사상 최초로 미국과 유럽을 견문한 보빙사 일행은 미국에 대해서 어떻게 인식하였을까? 먼저 1884년 6월 민영익은 고종에게 복명하는 자리에서 각국 공사에 비해서 특별한 예우를 받았다고 아뢴 뒤, "미국의 부강이 천하제일이냐?"는 물음에 "그 나라는 땅이 넓고 곡식이 많이 생산되며, 사람들이 모두 務實한 고로 商務가 매우 왕성하여 비할 나라가 없나이다"라고 답하였다. 그리고 고종이 방

朝鮮報聘使 隨員 邊燧·高永喆·玄興澤 硏究」, 『祥明史學』 2·3합집, 1995 ; 노대환, 「閔泳翊의 삶과 정치활동」, 『韓國思想史學』 18, 2002 등 참조.

[8] 文一平 著, 李光麟 校註, 『韓美五十年史』, 探求堂, 1975, 135~136쪽 ; 卞鍾和, 「1883年의 韓國使節團의 보스톤 訪問과 韓美 科學技術交流의 發端」, 『한국과학사학회지』 4-1, 1982 ; 홍사중, 『상투 틀고 미국에 가다』, 弘盛社, 1983 ; 김원모, 앞의 논문(1989), 396~397쪽 등 참조.

문국들 중 어디가 가장 좋은가라고 묻자 "泰西 모두 프랑스 수도 파리가 제일 좋다고 하나 신이 보건대 미국 뉴욕이 가장 좋아 보였으며, 파리는 변화하지 않은 것은 아니로되 그 雄盛함이 뉴욕만 못한 것 같습니다"라고 아뢰었다. 그는 유럽 각국보다 미국이 경제적으로나 군사적으로 우월하다고 판단하였던 것이다.9)

민영익은 귀국 인사차 미국공사 푸트를 만나서도 "나는 암흑에서 태어나 광명 속으로 들어가 보았다. 이제 나는 다시 암흑으로 되돌아왔다. 아직 나는 내 길을 똑똑히 볼 수 없지만 곧 볼 수 있기를 바란다"고 소감을 밝혔다. 이처럼 그는 미국을 '광명'의 세계로 인식하고 있었기 때문에 귀국 후 국가 발전을 위해 모든 노력을 기울이겠다고 굳은 의지를 피력하기도 하였다. 그러나 그는 귀국 도중 항상 휴대하고 있던 유교서적만을 탐독함으로써 이를 옆에서 지켜본 서광범이 그에 대해 걸었던 기대와는 정반대의 결과를 낳게 될지도 모르겠다고 우려할 정도로 심정의 변화를 일으켰다.10) 실제로 그는 귀국 후 친청적 입장을 고수하면서 오히려 개화파를 탄압하는 데 앞장섰다.

다음으로 홍영식·서광범·변수 등 변법개화파는 우호적인 미국관을 갖게 되었을 뿐 아니라, 근대적 제도·문물의 수용에 대한 필요성을 절감하게 되었다. 홍영식은 고종과 나눈 복명 문답에서 미 국무부의 고관이 직접 뉴욕의 정거장까지 마중 나와 영접한 것은 "흔히 볼 수 없는 異例"였으며, 가는 곳마다 미국 국민들이 "지극히 환대"하였고, 뉴욕 체재비용을 전부 상인들이 부담한 것은 "더욱 보

---

9) 『承政院日記』, 1884년 5월 9일. 또한 文一平, 앞의 책, 142~145쪽 ; 류영익, 앞의 논문(1994), 294~296쪽 등 참조.

10) George M. McCune and John A. Harrison, eds., *Korean-American Relations: Documents Pertaining to the Far Eastern Diplomacy of the United States, Vol. I: The Initial Period, 1887~1895*, Berkeley and Los Angeles: University of California Press, 1963(이하 *Korean-American Relations*로 약칭), p.7, 106.

기 드문 일"이었다고 답함으로써 미국의 조야 모두 조선에 대해 호감을 갖고 있었다고 보고하였다.

또한 그는 미국이 부강하다고 파악하였기 때문에, 미·일 양국을 비교해보라는 고종의 물음에 "미국은 토지가 비후하고 利源이 광대하며 制置에 속한 모든 것에 이르기까지 일본은 모두 이에 미칠 바가 못됩니다. 일본 같은 나라는 서양법을 채용한 지 아직 日淺하며 비록 그 나라가 서양법을 약간 모방했다 치더라도 진실로 미국의 예에 견주어 논할 수 없습니다"라고 단언하였던 것이다. 이처럼 일본에 비해 미국이 모든 측면에서 우월하다는 판단은 그가 얼마나 미국을 호의적으로 인식했는가를 단적으로 보여준다. 따라서 고종이 미국에서 취해야 할 장점이 무엇이냐는 질문에 그가 "특히 우리가 가장 중시할 것은 교육에 관한 일인데, 만약 미국의 교육방법을 본받아 인재를 양성해서 백방으로 대응한다면 아마도 어려움이 없을 것이므로 반드시 그 법을 본받아야 합니다"라고 건의한 것은 당연한 귀결이었다.[11]

서광범 역시 미국과 유럽 시찰을 통해 미국에 대해 호의적 인식을 품게 되었다. 그는 시찰 과정에서 "자기 나라에 유익한 문제가 있으면 이를 열심히 노트에 적었으며," 포크가 "백과사전에 있는 세계 주요 국가의 정치사 및 개화사에 관한 정보자료를 많이 번역해 주었더니" "이를 소중히 간직하고 귀국"할 정도로 '미국 배우기'에 열중하였다.[12] 또한 그는 대영박물관에서 영국국왕이 인도공자로부터 받은 선물과 1860년 영국군의 북경공략 당시 청국의 궁궐에서 약탈해 온 전리품 등을 관람하고 난 뒤, 인도공자가 불쌍하다면서 "미국은 이러한 약탈행위를 하지 않으니 미국국민은 훌륭한 국민이

---

11) 金源模, 「遣美使節 洪英植復命問答記」, 『史學志』 15, 1981, 216쪽 ; 류영익, 앞의 논문(1994), 83~86쪽 등 참조.
12) *Korean-American Relations*, pp.106~107.

다"라고 말했다고 한다.13) 즉, 그는 유럽을 견문하면서 미국이 유럽 열강과는 달리 약소국가를 침략·지배하지 않는 공평무사한 나라임을 확신하였던 것이다.

이러한 긍정적 미국 인식을 바탕으로 그는 귀국 후 갑신정변을 추진하는 과정에서 홍영식과 더불어 주한 미국공사의 협조를 간절히 요청하였다고 판단된다. 그가 "독립이란 타국의 간섭을 받지 말아야 한다는 점이다. 중국을 두려워만 한다면 아무리해도 독립은 불가능하기 때문에 중국과 관계없이 정치를 개량하고 외교를 확장해야 한다"14)는 소신을 굳히게 된 것도 이를 실현하는 데 미국 측이 협조해주리라고 여기고 있었기 때문이다.

이와 같이 미국을 직접 견문하고 돌아온 보빙사의 보고는 당시 고종을 비롯한 위정자들의 호의적인 미국관을 더욱 확고하게 만들어주었다. 그러나 민영익과 홍영식·서광범 등 변법개화파는 귀국 후 미국을 포함한 서구식 제도의 수용 방식, 개혁추진의 주도권 장악, 대외정책의 이견 등을 둘러싸고 상반되는 태도를 취하였다.15) 보빙사 파견 전 변법개화파와 교류하면서 개화에 관심을 보였던 민영익은 민씨척족의 집권을 공고히 하고 청국과 전통적 관계를 유지하는 범위 내에서 점진적인 개혁을 추진해야 된다는 입장을 갖게 되었다. 그와 달리 홍영식 등은 미국 방문을 통해 조선의 자주와 부국강병을 달성하기 위해 대청 속방관계의 청산과 제도개혁을 단행해야만 한다고 확신하였던 것이다. 이러한 민영익과 홍영식 등의 견

---

13) *Shufeldt Letters*, Foulk to Shufeldt, 1884.2.26(김원모, 앞의 논문(1989), 401쪽에서 재인용).
14) 伊藤博文 編,『秘書類纂 朝鮮交涉資料』上, 原書房, 1970, 282~285쪽.
15) 민영익은 귀국 후 고종에게 러시아 의존책을 건의함으로써 변법개화파와 결정적으로 입장을 달리했다고도 한다. 古筠紀念會 編,『金玉均傳』, 慶應出版社, 1944, 281~282쪽 ; 서영희,『대한제국 정치사 연구』, 서울대학교출판부, 2003, 38쪽 등 참조.

해차는 결국 갑신정변을 유발시키는 중요한 요인으로 작용하였다.

한편 유길준은 미국의 덤머학교(Governer Dummer Academy)에서 수학하는 도중 갑신정변의 발발 소식을 듣고 1885년 9월경 귀국하였다. 그는 귀국 직후 집필한 「중립론」에서 다음과 같이 미국에 대해 평가를 내렸다.

> 혹자는 말하기를 미국은 우리나라와 우의가 두터우니 의지하여 도움을 받을 만하다고 하지만 그렇지 않다. 미국은 멀리 大洋 건너편에 있으며 우리나라와 별로 깊은 관계가 없다. 더구나 미국이 먼로 독트린을 선포한 후에는 유럽이나 아시아의 일에 간섭할 수 없게 되어 있어 설사 우리나라가 위급해지더라도 그들이 말로는 도움을 줄 수 있을지언정 군대를 동원해서 구원해줄 수 없다. 옛 말에 천 마디의 말이 한 발의 탄환만 못하다고 했다. 그러므로 미국은 우리의 통상의 상대로서 친할 뿐이며, 우리의 위급함을 구해주는 우방으로 믿을 바 못 된다.16)

유길준은 미국이 우리나라의 운명에 막대한 영향력을 발휘한다는 사실을 인식하고 양국이 우호관계를 지속해나갈 것을 열망했던 '知美派'였음에도 불구하고, 미국에 대해 냉철하게 파악하려는 태도를 견지하였던 것이다. 나아가 그는 『서유견문』에서도 대통령제의 도입에 반대하는 등 미국의 여러 가지 제도 중에 아무리 좋은 것이 있더라도 우리 전통에 맞지 않는다면 채택해서는 안 된다는 주체적·선별적 태도를 취하였다.17)

이상과 같이 직접 미국을 방문·시찰했던 보빙사 일행의 미국 인식은 크게 세 가지로 분류된다. 미국을 근대화 혹은 부국강병의 모

---

16) 俞吉濬全書編纂委員會 編, 『俞吉濬全書』 4, 一潮閣, 1971, 323쪽.
17) 俞吉濬, 『西遊見聞』, 東京: 交詢社, 1895, 139~140쪽.

델로서 상정하는 긍정적·우호적인 입장, 미국에 대해 호의적으로 바라보되 제도 수용에 부정적·회의적인 입장, 그리고 미국식 제도를 선별적으로 수용하자는 주체적·객관적인 입장 등이다. 이들은 개화기 주미 공사관원을 비롯한 관료 지식인이 지닌 미국 인식의 원형을 이룬다고 여겨진다.

Ⅲ. 주미 공사관원의 미국 인식

갑신정변 후 청국의 駐箚朝鮮總理交涉通商事宜 袁世凱는 조선의 외교와 통상은 물론 국정 전반에 걸쳐 간섭을 강화시켜 나갔다. 이에 대항하여 조선은 러시아를 끌어들여 1886년 '제2차 朝露密約'의 체결을 추진하였다. 袁世凱는 이러한 조선의 기도를 차단하는 동시에 고종의 폐위와 민씨척족의 거세를 李鴻章에게 건의하였으며, 興宣大院君에게 국정을 감독시킬 계획을 은밀히 도모하였다.[18] 그러나 이 음모가 폭로되자 고종은 청국의 속박으로부터 벗어나기 위한 일환으로 1887년 8월 18일 朴定陽을 초대 주미 전권공사로 임명하게 되었다.

청국 측은 처음에는 한국이 원래 자국의 속국이라고 주장하면서 박정양 일행의 파미를 적극적으로 반대하고 나섰지만, 미국정부의 반박 등을 고려하여 주미공사가 임지에서 '另約三端'을 준수해야 한다는 조건을 달아 그들의 도미를 허락하였다. 그 결과 주미공사 일행은 11월 12일 서울을 출발, 미국으로 향하기에 이르렀다. 박정양

---

18) 宋炳基, 「소위 "三端"에 대하여」, 『史學志』 6, 1972, 94~102쪽 ; 金源模, 「朴定陽의 對美自主外交와 常駐公使館 開設」, 『藍史鄭在覺博士古稀記念東洋學論叢』, 고려원, 1984, 362~368쪽 ; 金正起, 「淸의 朝鮮에 대한 軍事政策과 宗主權」, 『邊太燮博士華甲紀念史學論叢』, 三英社, 1985, 877~899쪽.

과 함께 미국에 파견된 사절단의 일행은 李完用·李夏榮·李商在·李
采淵, 그리고 안내책임자인 미국인 참찬관 알렌(Horace N. Allen: 安
連) 등 총 11명이었다.19)

이처럼 주미 조선공사를 파견하게 된 배경에 관해서 이하영은 다음과 같이 회고하였다.

> 내로는 狼心을 품고 외로는 幼羊처럼 服之從之하는 外親內疎의 정책을 쓰는 정부는 조국강토를 胡國에 밧친다는 民怨을 드러가며 청국의 覇絆을 탈하려 胸算이 구구한 것은 勢固然한 일대모순이엿다. 그 흉산이라는 것은 도저히 자력으로 排胡를 능히 할 수 업슬 줄 각오하고 日本 이외의 어느 나라에 의뢰치 안을 수 업섯다. 이에 後援國 물색에 상하가 진력하여 우연히 발견한 것이 북미합중국이다. 미국을 후원후보국으로 한 데는 三大 理由가 유하니 一曰, 조선과 거리가 머러서 內國侵入이 그다지 심하지는 않을 것이요, 二曰 黃金의 富國이니 물질적으로 덕을 볼 것이요, 三曰 宗敎至上主義國家니 도덕을 존중할 터이라 모욕과 야심이 적을 것이라는 達觀的이었든 것이다.20)

비록 이 글은 일제강점기에 쓰여진 한계는 있지만, 미국 인식의 중요한 단면을 잘 엿볼 수 있다. 당시 위정자들은 미국을 지리적 관계상 영토 침략 야욕이 적은 나라, 물질적으로 풍부한 부국의 나라, 도덕을 존중하는 종교지상주의 국가 등 '달관적'으로 인식하고, 조선이 청국을 비롯한 열강의 속박에서 벗어날 수 있도록 도와줄 '후원후보국'으로 상정했다는 것이다. 이러한 위정자들의 미국 인식은 한편으로 향후 친미 위주의 세력균형책을 추진하는 바탕이 되었으

---

19) 朴定陽, 「從宦日記」, 韓國學文獻硏究所 編, 『朴定陽全集』 2, 亞細亞文化社, 1984, 624~625쪽.
20) 李夏榮, 「韓米國交와 海牙事件」, 『新民』 14, 1926, 301~302쪽.

며, 다른 한편으로 주미 공사관원의 우호적인 미국관을 형성하는 데 커다란 영향력을 끼쳤다는 점에서 주목할 만하다.

실제로 초대 주미 공사 일행은 첫 공식 행사인 국서 봉정부터 미국에 대해 좋은 인상을 지니게 되었다. 박정양은 미국이 민주국이므로 유럽의 군주국과 달리 사신 접견의 예절이 아주 간편하여 오직 성심으로 상대한다고 느꼈으며,21) 이완용 역시 "미국 대통령과 외부장관이 우리나라 공사 우대하기를 한결같이 다른 나라 공사를 대하는 것과 똑같이 하였다"22)고 파악하였다. 이어 이상재도 공사 일행이 국무장관 베이야드(T. F. Bayard)를 방문했을 때 국무장관이 먼저 면회를 신청했던 청국공사를 무시한 채 자신들과 장시간 담화했을 뿐 아니라 조선공사와 면회 중이니 후일 다시 방문하라고 문전박대한 데 매우 고무되었다. 당시 청국인 배척문제로 인해 미국의 감정이 좋지 못한 상황을 감안하더라도, 미국 국무장관이 자신들이 보는 앞에서 청국공사를 모욕한 행위는 상대적으로 조선에 환심을 사려는 행위로 인식되었던 것이다.23)

주미 공사관원들이 미국에 대해 호감을 갖게 된 중요한 이유 중의 하나는 무엇보다 미국의 영토가 커서 상대적으로 다른 나라를 침략할 야욕이 적은 공평무사한 나라라는 점이었다. 그들은 샌프란시스코항에서 대륙횡단열차를 타고 워싱턴으로 가는 도중 미국 영토의 광대함을 실감하였다. 이는 박정양이 귀국 후 복명문답에서 미국이 일본과 비교해서 몇 배 정도나 되느냐는 고종의 물음에 "동서 8,550리이고 남북 4,800리……강역의 넓음이 亞洲의 中國이나 구

---

21) 『承政院日記』, 1888년 5월 8일조.
22) 박정양의 미국 인식에 대해서는 한철호, 「초대주미전권공사 박정양의 미국관」, 『한국학보』 66, 1992 참조.
23) 李商在, 「상투에 갓쓰고 米國에 公使갓든 이약이, 벙어리 外交, 그레도 評判은 조왓다」, 『別乾坤』 2, 1926, 9~10쪽.

주의 러시아에 비해 작지 않습니다"24)라고 답한 데에서도 잘 드러난다. 정경원 역시 샌프란시스코에서 열차를 타고가면서 "50~60리가 황량하고 빈한하고 적막하지 않은 곳이 없"다면서 "비어 있지 않은 곳인데도 임자가 없는 땅"이니 "나라의 규모는 가히 볼 만하다"고 감탄하였다.25) 이처럼 미국의 영토가 광활하다는 인식에는 당시 조선을 둘러싸고 각축을 벌이던 중국·일본·러시아 세력을 견제하고 한국의 자강과 자주를 지지해줄 수 있는 세력으로서 은연중 미국을 상정하려는 의도가 담겨져 있었다.

다음으로 주미 공사관원들은 미국의 富가 '천하에 으뜸'이라는 데 이의를 제기하지 않았다. 관세를 담보로 미국으로부터 2백만 원의 차관을 도입하려 했던 박정양은 미국정부의 세출입 항목을 분석한 뒤 세입액이 세출액을 항상 초과할 정도로 재정이 넉넉하여 국회에서 감세 논의가 일어날 만큼 국부가 세계 최고라는 결론을 내렸다. 아울러 그는 미국의 농업이 구미 각국에서 으뜸을 차지하고, 정부가 기계제작에 엄격한 통제를 가하여 기계가 더욱 정밀해진 결과 "각종 製造는 이루 다 기록할 수 없을 정도로 해마다 증가하여 세계에서 으뜸"이 되었다고 보았다. 농공업 등의 분야에서 기계의 효용을 인정함으로써 간접적으로나마 서양기술도입의 필요성을 강조하였던 것이다. 또한 그는 미국정부가 산업보호 내지 육성정책을 실시한 결과 물산이 풍부하여 "개국된 지 몇 백 년이 지났지만 饑荒의 고통을 알지 못한다"26)고 평하였다.

하지만 박정양은 철도와 도로 등 교통수단을 경제적인 측면보다는 국민의 편리를 위해준다는 관점에서 바라보았다. "미국인들은 便民利用에 관한 일에 힘쓰기"27) 때문에 철도와 도로가 전국에 걸

---

24) 『승정원일기』, 1889년 7월 24일조.
25) 이민식, 앞의 책, 502쪽, 1893년 3월 10일(4/25).
26) 「미속습유」, 『박정양전집』 6, 623쪽.

쳐 만들어져 있을 뿐 아니라, 기차·전차·자동차 등이 값싸고 신속해서 "인민들이 걸어 다니는 것을 보기가 힘들다"28)는 것이다. 그러므로 그는 서양인들이 동양의 인력거를 보고 "어찌 차마 사람으로서 사람을 탈 수 있는가. 생각건대, 이는 天理人情上 마땅히 행할 바가 아니다"29)라고 평가한 말을 인용하여 평등사상에 근거한 인도주의적 입장을 간접적으로나마 표명하기도 하였다.

미국이 부강하다는 인식은 1896년 11월 21일 거행된 독립문 정초식에서 이완용이 '우리나라의 미래'라는 제목으로 연설한 데에서도 잘 드러난다.

> 독립을 하면 나라가 미국과 같이 세계에 부강한 나라가 될 터이요, 만일 조선인민이 합심을 못하여 서로 싸우고 서로 해하려고 할 지경이면 구라파에 있는 폴랜드란 나라 모양으로 모두 찢겨 남의 종이 될 터이라. 세계사기에 두 본보기가 있으니 조선 사람은 둘 중에 하나를 뽑아 미국같이 독립이 되어 세계에서 제일 부강한 나라가 되던지 폴랜드같이 망하던지 좌우간에 사람 하기에 있는지라. 조선 사람들은 미국같이 되기를 바라노라.30)

그는 조선 인민이 합심하여 독립을 달성한 뒤 세계에서 "제일 부강한 나라"인 미국을 본보기로 삼아야 한다고 역설했던 것이다.

정경원도 샌프란시스코에 입항하면서 수십 리에 걸쳐 휘황찬란하게 빛나는 가로등을 보고 미국에 대한 첫 소감을 "번영과 화려함, 부유함을 상상할 수 있다"고 밝혔다.31) 그는 박람회의 미국전시실

---

27) 「미행일기」, 『박정양전집』 6, 456쪽.
28) 「미속습유」, 『박정양전집』 6, 634쪽.
29) 「미속습유」, 『박정양전집』 6, 633쪽.
30) 「독립신문」, 1896년 11월 24일자, '논설.'
31) 이민식, 앞의 책, 499쪽, 1893년 3월 7일(4/22).

을 둘러본 뒤 "물건을 준비하지 않는 것도 없고 일을 갖추지 않은 것도 없었다"면서 미국이 가장 많은 물품을 진열했다고 평하였다.32) 또한 박람회 개최 후 그는 워싱턴에 가서 각종 관공서와 유적지 등을 방문했는데, 거의 매일 차를 타고 관람했어도 도로가 안전하게 만들어져 있고 "가로를 다스리는 일을 전심으로 하니 이처럼 좋은 도로가 능히 이뤄지지 않을 수 없다"고 감탄하면서 "서양인의 법은 기기가 없을 때에는 마음으로 정해 만들어내는 것을 실행해 가는 것"으로 이해하였다.33) 그 결과 귀국할 무렵에는 정경원도 "아메리카는 400년 동안 토지를 개척하고 백성들이 모여 금은화폐·목축·과일·곡식·학교·기계·전선·철도·舟車 등 물산이 풍부하여 천하의 제일이다"라는 결론을 내리게 되었다.34)

그러나 정경원은 성리학적 관점에 입각해서 자본주의 경제체제의 폐단을 날카롭게 파악하고 있었다. 박람회 개회 당일 미국인들이 차비가 비싸 차를 타지 않는 광경을 목격했던 그는 "외국의 거짓은 오로지 財利를 얻기 위해 일하기 때문에 체면을 돌보지 않는" 점이 우리나라와는 아주 다르다면서 "어찌 외국의 풍속이 존비귀천이 있다고 할 수 있는가"라고 비판하였다.35) 또한 그는 미국인들이 "오로지 貨利만 알아 체면을 무시하고 가게 음식점 값이 20달러였으며, 멀리 떨어져 있는 집에는 그나마 음식을 배달해주지도 않는 것"은 '도둑의 심보'와 다를 바 없으며, 박람회를 개최해놓고도 戲院에 빠져 손님 행세를 하는 모습을 보고 그 목적이 사람의 재산을 뺏으려는 데 있는 것일지도 모른다고 혹평하였던 것이다.36)

---

32) 이민식, 앞의 책, 561쪽, 「박람회약기」.
33) 이민식, 앞의 책, 531쪽, 1893년 4월 29일(6/13).
34) 이민식, 앞의 책, 556쪽, 「박람회약기」.
35) 이민식, 앞의 책, 506쪽, 1893년 3월 16일(5/1).
36) 이민식, 앞의 책, 539쪽, 1893년 6월 18일(7/30).

한편 주미 공사관원들은 부임 초 조선과는 전혀 다른 미국사회의 관습과 예절 때문에 많은 불편을 겪었지만, 곧 신분·직업 및 남녀의 차별이 없는 민주적이고 평등한 사회체제에 대해서도 점차 호감을 갖고 그 특징을 정확히 이해하게 되었다. 박정양은 남북전쟁이 '黑奴의 解放'이라는 인도주의적인 목적을 달성하기 위해 일어났다는 사실에 깊은 감명을 받았으며,37) 초대 미국전권공사였던 푸트가 현직에서 물러난 후 상업에 종사하고 있음을 알고 "美俗은 비록 오늘 執政大臣일지라도 내일 해직되면 평민과 같아져서 무릇 상공업에 종사하는 것이 자유롭고 구애받지 않는다"38)라고 평가하였다.

아울러 그는 미국에는 투혼제도가 없고 자유연애가 일반적인 관례임을 알게 되었고,39) 일부일처제에 근거한 축첩의 금지, 남성의 여성존중 등 여성의 지위와 권리에도 많은 관심을 갖게 되었다.40) 나아가 그는 미국사회가 주권재민론과 천부인권설에 입각한 평등주의·민주주의사회이기 때문에 귀천존비의 신분적·직업적인 차별은 물론 남녀차별도 없는 능력본위의 사회라고 파악하기에 이르렀다.41) 이는 부임 초 연회에 참석하여 "남녀가 서로 껴안고서 춤추며", "기혼녀, 미혼녀가 모두 연회에 참석"하는 것을 보고 "우리나라 안목으로 보면 어지러워 가히 아찔하고 의아"할 정도라고 느꼈던 사실과42) 비교해 보면, 그의 인식에 커다란 변화가 있었음을 알 수 있다.

이처럼 주미 공사관원들이 주재 중 미국사회체제에 빠르게 적응해나갔던 모습은 이하영과 이채연의 경우를 보더라도 잘 나타난다.

---

37) 「미속습유」, 『박정양전집』 6, 572쪽 ; 「미행일기」, 『박정양전집』 6, 330~340쪽.
38) 「미행일기」, 『박정양전집』 6, 438쪽.
39) 「미속습유」, 『박정양전집』 6, 636쪽.
40) 「미속습유」, 『박정양전집』 6, 636~638, 640쪽.
41) 「미속습유」, 『박정양전집』 6, 639쪽.
42) 「미행일기」, 『박정양전집』 6, 334쪽.

영어도 점차 유창해지면서 의사소통도 원활해졌던 이하영은 능숙한 춤 솜씨로 각종 연회에서 서양 여인들의 표적이 되었을 뿐 아니라, 미국 부호의 딸로부터 청혼을 받을 정도였다고 한다. 특히 1889년 2월경 그가 공사관에서 개최한 연회에는 각계각층의 정부요인과 외교관들 천여 명이 참석했을 만큼 대성황을 이루었다고 전해진다.43) 또한 1889년 1월 워싱턴에 도착했던 이채연과 이완용의 부인은 공사관을 찾아온 방문객들에게 손을 내밀고 악수하면서 인사했는데, 이채연은 서슴치않고 자신의 아내가 매우 영리하다고 자랑했다는 것이다.44)

그 반면 정경원은 미국의 사회체제에 대해 매우 비판적인 입장을 취하였다. 박람회 개최 당일 조선전시실을 방문한 클리블랜드(Grover Cleveland) 대통령이 악공들의 환영 연주를 듣고 돌아간 뒤, "백성들이 대통령을 보아도 경례할 뜻이 없더라. 대체로 사람은 모두 스스로의 권리가 있는 것이니 저 사람들이 그러한 사람들이라고 하지만 내가 그러한 사람이라면 어찌 사람 측에 속한다고 할 수 있을까? 아! 예법 파괴가 일국에 이 같은 지경에 이르러 있구나!"라고 한탄해마지 않았다.45) 아무리 미국이 상하의 차별 없이 평등한 민주주의 국가이지만 대통령에게 인사조차 제대로 하지 않을 정도로 예법이 무너져버렸다는 것이다.

아울러 그는 "이 나라 인물은 번창하고 있으나 時世가 轉下하여 장차 척박하고 빈곤하여 화려함이 점점 사라져갈 것 같다. 풍속이 여존남비하니 여자에게 편하고 가볍고 따뜻함을 택하게 한다.……

---

43) 문일평, 앞의 책, 218~219쪽 ; 장수영, 「구 한말 역대 주미공사와 그들의 활동」, 『재미과학기술협회보』 11-6, 1983, 37쪽 등 참조.
44) 장수영, 앞의 논문, 38쪽 ; 조창수, 「1백년 전 워싱톤의 한국 여성」, 『여성동아』, 1982년 12월호.
45) 이민식, 앞의 책, 508쪽, 1893년 3월 16일(5/1).

하물며 여자 중에 통령이 되는 이도 있다 하니 어찌 이보다 더하지 않은 下風이 있다고 하겠는가?"라고 '여존남비'의 사회풍토에 대해서도 곱지 않은 시선으로 바라보았다.46) 비록 그가 우체국에 다수의 여직원들이 근무하는 모습을 본 뒤 "여자들은 성품이 조용하고 재주가 민첩한 고로 규모가 정밀하고 자세하여 남자보다도 우수하다고 한다"라고 여자의 능력을 높이 평가하기도 했지만,47) 남성전용 유흥장('紳民會社')을 둘러보고 "서양인의 풍속에 여자가 참여하지 못하는 곳이 없으나 이 회사만은 여자의 입장이 허락되지 않았다. 이 나라 문명의 운이 점점 열려 陽이 성하고 陰이 쇠하여 가는 조짐이라 할 수 있지 않겠는가?"라고 호평하였다.48)

정경원은 미국체재 5개월이 지난 뒤 무도장에 갔을 때에도, "남녀가 춤을 추는데 어깨를 껴안고 이리저리 밟으면서 또는 뒤로 잡으면서 사람을 현혹케 하는 것은 말로 다 표현할 수 없다"면서 자신에게 함께 춤추자는 사람이 많았지만 "말하지 않고 사양"했던 점으로 미루어 그가 여전히 남존여비의 관념을 고수하고 있었음을 알 수 있다. 그의 행동은 수행원으로 무도장에 함께 갔던 박용규가 여러 서양 여자들과 껴안고 춤을 추었던 모습과도 매우 대조를 이룬다.49) 당시 유학생이었던 박용규는 "양복을 입고 영어를 잘하여 우리나라 사람이라고 분별하지 못할 정도"였으며, "서양에 정통하고 恭勤하며 여러 가지 행색이 어그러짐이 없었"기 때문에 박람회의 수행원에 이어 공사관 서기생으로 발탁된 뒤 서리공사를 역임했던 만큼 누구보다도 미국의 체제에 대해 호감을 지녔을 것이다.50)

---

46) 이민식, 앞의 책, 518쪽, 1893년 3월 22일(5/7).
47) 이민식, 앞의 책, 525쪽, 1893년 4월 16일(5/31).
48) 이민식, 앞의 책, 526쪽, 1893년 4월 17일(6/1).
49) 이민식, 앞의 책, 544~545쪽, 1893년 8월 23일(10/2).
50) 이민식, 앞의 책, 513~514쪽, 1893년 3월 18일(5/3).

마지막으로 주미 공사관원들은 개신교에 대해서도 점차 호의적으로 인식하게 되었다.51) 특히 초대 주미 공사관원들은 참찬관으로 동행했던 선교사 알렌과 친밀했기 때문에 최소한 개신교에 대해 부정적인 입장을 취하지 않았을 것으로 판단된다. 미국으로 부임해가는 船上에서 크리스마스이브 파티에 참석해달라는 요청을 받고 일부러 병을 핑계 삼아 거절했던 박정양은 나중에 미국인이 종교의 자유를 누리고 있으며, 개신교를 '勸懲導善의 規'로 파악하였다.52) 개신교를 도덕과 윤리의 관점에서 긍정적으로 평가했던 것이다. 그가 서력의 기원이 "耶蘇의 降生을 紀年으로 삼는다"53)는 것을 알면서도 「미속습유」의 연도를 모두 서력으로 표시했던 점도 개신교를 긍정적으로 이해하려는 인식과 무관하지 않다고 여겨진다.

이상재도 체미 중 미국이 부국강병해진 이유를 알기 위해 성경을 읽었다고 전해진다. 잘 알려져 있듯이, 그는 일본망명자들과 연락하여 정치개혁을 공모했다는 무고로 한성감옥서에 수감 중이던 1903년경에 이르러서야 비로소 개신교로 개종했는데, 이 사실로 미뤄보아도 그 이전까지 개신교를 종교로 받아들이지 않았음을 알 수 있다.54) 하지만 그는 개종 후 독실한 신자로 변모해갔다. 비록 3·1운동 이후의 회고이지만, 그는 "우리가 미국을 친애함은 그 나라의 부함도 아니요 강함도 아니라 오직 하나님의 뜻을 받아 정의·인도를 제창하기 때문이라"55)고 밝힐 정도로 독실한 개신교 신자의 입장에서 호의적 친미관을 견지하게 되었다.

또한 주미 공사관원들 중에는 개신교 목사로부터 물심양면으로

---

51) 「미속습유」, 『박정양전집』 6, 611~612쪽.
52) 「종환일기」, 『박정양전집』 2, 633쪽 ; 「미속습유」, 『박정양전집』 6, 611~612쪽.
53) 「미속습유」, 『박정양전집』 6, 640쪽.
54) 전택부, 『월남 이상재의 생애와 사상』, 연세대학교 출판부, 2001, 72~73쪽.
55) 『東亞日報』, 1920년 8월 26일자.

도움을 받은 인물들도 있었다. 서광범은 갑신정변 후 일본을 거쳐 미국으로 건너갔을 때, 우리나라에 체재 중이던 언더우드 선교사의 친형에게 도움을 받아 뉴욕으로 가서 대학에 진학할 수 있었다. 조선에 남아있던 그의 부인과 가족들도 개신교 선교사들의 도움으로 목숨을 유지할 수 있었다. 심지어 그는 한때 개신교 선교사가 되어 귀국할 생각을 가졌다고도 한다.56) 그리고 김윤정도 유학생으로 선발되어 워싱턴에 도착한 뒤, 장로교회 목사 햄린(Hamlin)의 적극적인 주선으로 흑인 학교인 하워드대학에 입학하였으며, 그 후 공사관 서기관에 임명되어 서리공사를 지내기도 하였다.57) 비록 이들은 개종하지 않았지만, 개신교에 대해 매우 호감을 지녔음에 틀림없다.

주미 공사관원들과는 달리 정경원은 개신교를 비롯한 서양의 종교를 매우 부정적으로 바라보았다. 미국으로 가는 도중 일본 東京 神田區 소재 공부자묘를 배알했을 때, 그는 "사람이 지나가면서도 물어보는 이 없고 황량한 장소와 같으니 오늘날 사람들과 더불어 슬퍼할 일이다. 아! 공자의 도는 인간에 대한 도이다. 三綱五常이 우주 생령을 유지하는 법인데, 저 서방 사람들은 지식을 알고 종교를 창시하고 부강을 도모하여 제도와 기계는 오직 유용하나 人道에 이르러서는 존중하지 않는 듯하다"고 통탄하였다. 일본이 외관상 부강해보일지 모르지만, "공자를 부지런히 공부하지 않으니 백성들은 무식이 넘쳐흐르고 몸이 갈구하는 힘을 얻을 데를 몰라 얼마 되지 않는 작은 지식을 빙자하여 삶을 꾸려나가니 그 고통이 막심하였

---

56) 方善柱, 「徐光範과 李範晋」, 『崔永禧先生華甲紀念 韓國史論叢』, 探求堂, 1987, 432~433쪽.

57) 이승만, 「청년 이승만 자서전」(이정식, 권기붕 옮김, 『초대 대통령 이승만의 청년시절』, 동아일보사, 2002 소수), 288~289쪽 ; 로버트 올리버, 황정일 옮김, 『신화에 가린 인물 이승만』, 건국대학교출판부, 2002(Robert T. Oliver, *Syngman Rhee: The Man Behind the Myth*, Dood Mead and Company, 1955), 95쪽 등 참조.

다"는 것이다.58)

이러한 그의 인식은 최고의 학자가 누구냐는 미국인의 질문에 "4천 년 전 箕子가 중국에서 東來하여 모든 교화를 숭상하여 가히 文治가 이어져 왔"다면서 이황과 이이를 손꼽거나 왜 한글을 쓰지 않느냐는 물음에 "한문은 음과 뜻 둘 다 있어 가히 전후로 막힘이 없고 성현이 이바지한 것은 心法·정치가 다 이 한문에 실려 있기 때문에" 한문을 숭상한다고 답한 데에서도 잘 드러난다.59) 그는 전통적인 성리학의 관념을 확고히 갖고 있었기 때문에 "서양인은 매주 7일만에 하루를 놀면서 敎堂에 가서 예배"를 드리는 광경을 직접 목격했지만,60) 개신교에 대해 별다른 호감을 갖지 않았던 것으로 판단된다.

그럼에도 정경원 역시 박람회를 마친 뒤 미국을 비롯한 각국의 정세와 제도·문물에 대해 깊은 관심을 갖게 되었다. 이는 그가 "앞으로 외국의 정형을 탐구하고 천하의 시세를 관찰하여 조야에 보고하고자 한다. 그렇게 하면 大小百工을 모두 알게 되고 곧 交誼를 돈독히 하기를 좋아하게 되고, 인재를 널리 구하여 나라와 백성을 이롭게 하는 데 효과가 있을 터이니 이는 장차 나라의 근본이 될 것이다"라는 판단 아래 체재 기간 중 박람회의 각종 규칙을 모은 『會院紀約』, 미국 견문기인 『參互見聞錄』, 개인적인 감상을 적은 『雜識』, 그리고 서양의 풍속을 자료로 묶은 『奉使記』 등을 저술한 점,61) 그리고 귀국 도중 일본에 머물면서 다량의 서적 구입에 몰두하였다는 점 등에서도 잘 나타난다.62)

---

58) 이민식, 앞의 책, 496쪽, 1893년 2월 18일(4/4).
59) 이민식, 앞의 책, 509~510쪽, 1893년 3월 17일(5/2).
60) 이민식, 앞의 책, 500쪽, 1893년 3월 8일(4/23).
61) 이민식, 앞의 책, 548~549쪽.
62) 杉山米吉, 『現今淸韓人傑傳: 朝鮮國』, 杉山書店, 1894, 34쪽, 「鄭敬源」 참조.

이처럼 주미 공사관원들은 장기간 주재하는 동안 미국의 체제 전반에 걸쳐 우호적으로 이해하거나 인식하고 있었기 때문에 청국·일본뿐 아니라 서구 열강의 세력 확대를 방지하기 위한 방편으로 미국에 적극적으로 원조를 요청하는 데 심혈을 기울였다. 그 대표적인 예로써 1893년 6월 8일 이채연이 국무장관 그레샴(Walter Q. Gresham)을 만난 자리에서 우편·철도사업에 미국의 참여를 요청했던 사실을 들 수 있다.

이채연은 먼저 한국이 우편 업무 혹은 제도를 갖추지 못한 채 일본인이 설치한 우체국을 이용할 수밖에 없는 상황을 설명한 뒤, 독자적으로 우편 제도를 마련하기 위해 실무 경험이 많은 미국인을 한국에 파견해줄 수 있을지 여부를 물어보았다. 이러한 제안에 대해 그레샴으로부터 긍정적인 답변을 들은 그는 "우리나라에서 일본의 우편 업무를 중단시킬 때, 일본정부는 분란을 일으킬지도 모른다. (그러나) 우리는 결코 일본에게 (우편 업무를) 양여하거나 계약을 체결한 적이 없다"는 점을 강조하였다.

아울러 그는 한국이 일본의 우편 사업권을 부정하면 일본이 이를 핑계로 값싸게 지은 우체국 건축비에 대해 (거액의) 대가를 요구할 것이고, 그로 인해 한국이 난관에 처할 경우 '우리의 좋은 친구인 미국(our good friend-United States-)'이 우리의 입장을 편들어주기를 기대하였다. 나아가 그는 우리나라에서 일본 전신을 사용해 국내 및 외국정부로 훈령을 보낼 때, 특히 미국으로 보내는 훈령이 일본에서 지체되고 있는 상황을 역설한 뒤, "일본은 우리를 시샘하고 좋아하지 않는다. 또한 일본은 미국정부 특히 미국행정부가 우리에게 우호적이라는 사실을 알고 있다. 일본은 미국이 조선의 가장 좋은 친구(Korean's best friend)라는 점도 알고 있"으므로 훈령 전달이 늦어지지 않도록 중재해달라고 의뢰하였던 것이다.

또한 이채연은 우리나라에는 철도가 없는데도 일부 대신들은 나이가 많아서 철도부설의 중요성을 이해하지 못한 반면 국왕은 그렇지 않다면서 조선의 상황을 다음과 같이 설명하고 도움을 요청하였다.

영국인, 독일인, 그리고 일본인들은 조선에 철도를 건설하는 데 자본을 확대하려고 한다. 그러나 우리는 그들을 두려워한다. 그들이 우리나라에 발판을 마련하면 곧바로 우리들을 먹어 삼킬까 두렵다. 하지만 우리는 미국 국민에게 대단한 신뢰를 갖고 있다. 국왕은 미국이 서울에서 제물포까지 30마일에 걸쳐 지상 전철을 부설하기를 원한다. 그러나 한국은 그러한 철도를 건설하는 방법을 알지 못한다. 귀하께서는 저에게 그 사업에 대해 도와줄 수 있느냐?

덧붙여 그는 조선에는 철도를 건설할 자재가 없지만, 이를 유럽에서 구매하기를 원치 않는다고 언급함으로써 자재 역시 미국에서 매입할 의사를 강하게 밝혔다. 즉, 이채연은 미국을 '우리의 좋은 친구'로 규정함과 동시에 "미국 국민에게 대단한 신뢰를 갖고 있다"는 점뿐만 아니라 일본 역시 "미국이 조선의 가장 좋은 친구라는 점도 알고 있다"는 점을 거듭 강조하면서 미국이 조선의 곤경을 방관하지 않을 것이라는 전제 아래 우편과 철도사업을 통해 조선을 침략하려는 일본 및 유럽 열강에 대신해서 이들 사업을 미국이 원조해주기를 기대하였던 것이다.[63]

이에 대해 국무장관 그레샴은 조일 간의 분쟁에 개입할 권리가 없지만, 이채연으로 하여금 미국정부에게 빨리 연락을 취하고 조선주재 미국공사에게 상황을 잘 설명해주어 그가 위급한 상황에 처한 조선정부의 요망을 문서로 발송하는 절차를 밟아달라고 답변하였다. 합리적인 방식을 통해 조선과 우호를 유지해나가겠다는 것이었

---

63) 김기석 편, 『19세기 미국무성 외교문서』 2, 서울대학교 한국교육사고, 1994, 148~158쪽.

다. 아울러 그레샴은 우편 업무와 철도 건설을 지원·감독할 기술자를 기꺼이 파견해주겠다고 확답해주었다. 이처럼 그레샴에게 긍정적인 답변을 들은 이채연은 귀국 후 고종에게 미국이 조선에 호의를 베풀었다고 보고하였다.[64]

이채연의 후임인 이승수 역시 서리공사 재직 시인 1893년 11월 정부의 훈령에 따라 미국의 해군·육군사관학교에 생도를 파견·유학하게 해달라고 요청하였는데, 국무장관 그레샴으로부터 외국인 학생들과 똑같이 조선인 학생에게도 "학비 없이도 미국에 건너와 교육을 받을 수 있게 되었다"는 답변을 얻어냈던 적이 있었다.[65] 특히 청국의 방해로 말미암아 공사로 임명된 지 4개월 만에 미국 대통령에게 신임장을 제정했던 이승수는 "미국이 여러 나라 중에서 조선과 처음으로 조약을 체결한 나라이며 이로써 조선의 독립적인 군주권과 그 인민이 국제적 평등성을 인정받는 계기가 된 조약을 체결하게 되었던 사실을 특별히 기억"한다고 전제한 뒤, "선임자들의 업무에 항상 예의와 친절을 베풀어"준 데 감사하고 "양국 간에 우의를 다질 수 있는 모든 영역이 달성"되기를 희망한다고 밝혔다.[66]

이처럼 주미 공사관원들은 미국이 조선을 다른 국가들과 동등한 자주독립국으로 대해준다고 인식하였기 때문에 조미조약 제1조의 거중조정 조항에 더욱 신뢰를 갖게 되었다. 그리하여 1894년 청일전쟁 발발 직전 이승수는 정부의 훈령에 따라 미국 국무부에 적극적인 거중조정을 요구했으나 미국의 중립적인 태도에 실망을 금치 못하였다. 그러나 전쟁에 휩싸였던 1894년 8월 1일 그는 미국에 곡식과 식료품을 공급해서 난민을 구제해달라고 요청하여 구체적인 성과를 얻어냄으로써 호의적인 미국관을 견지했을 것으로 추측된다.[67]

---

64) 『19세기 미국무성 외교문서』 4, 161쪽 ; 이민식, 앞의 책, 452~453쪽 참조.
65) 『19세기 미국무성 외교문서』 3, 175~176쪽 ; 이민식, 앞의 책, 453~457쪽.
66) 『19세기 미국무성 외교문서』 3, 175~176쪽 ; 이민식, 앞의 책, 457~460쪽.

한편 주미 공사관원들은 퇴임 후에도 여전히 친미 의존적인 외교정책을 모색하였다. 1896년 12월 이완용은 일본과 군사적 충돌을 회피하기 위해 가능한 한 조선을 원조하는 데 주저하였던 러시아공사 베베르(Karl I. Waeber)의 행동에 실망하면서 다음과 같이 자신의 속내를 드러냈다.

> 금일[救國]의 요체는 오직 어느 한 강국에 의뢰하여 그 힘을 빌어서 러시아의 전횡을 막는 길이 있을 뿐이다. 이를 영국에게 상의할 것인가. 아니다, 不可하다.……만약 이제 와서 일본을 끌어 들여 함께 排露策을 강구하기로 한다면 이것은 곧바로 露·日의 충돌을 촉진시키는 길이므로 이것 역시 불가하다. 그렇다면 그 외의 국가는 어떤가. 다만 미국 한 나라가 있을 뿐이다. 이에 미국인을 많이 빙용하여 국정을 자문받아 內政 整理를 위임시키면 그 나라의 품격으로 보아 그들은 禍心을 품고 있지 않고 公平無事하게 處事하여 결과적으로 러시아의 전횡을 방지하는 방편이 되리라. 그런데 이것마저 오늘날의 정세로 살피건대 우리나라 사람의 힘으로는 결행할 수 없으니 일본정부를 중개로 해서 그 알선에 의하는 수밖에 없다.[68]

이완용은 한국정부 내 러시아의 전횡을 견제하기 위해 영국과 일본을 끌어들일 수는 없다고 전제한 다음, 미국인은 한국에 대해 '禍心'이 없을 뿐 아니라 '공평무사'하게 일을 처리하므로 미국인 고문들을 정부 내에 대거 기용해야 한다는 복안을 제시하였던 것이다. 그가 미국인 혹은 미국에 대해 호감을 갖고 있었지만, 자력으로 미국의 원조를 이끌어내기 힘들다는 판단 아래 일본 측에 주선을 의뢰하려 했던 사실은 주목할 만하다. 그는 국제정세를 가장 잘 이해

---

67) *New York Times*, 1894년 8월 9일자 ; 이민식, 앞의 책, 465, 475쪽.
68) 國史編纂委員會 編, 『駐韓日本公使館記錄』(이하 『일관기록』으로 약칭) 9, 國史編纂委員會, 1993, 252쪽.

하고 민감하게 대처했던 탓에 훗날 그 변화의 대세에 따라 처신을 달리할 수 있는 가능성을 보여주기 때문이다.

미국정부가 한국에 대해 중립을 지킨다는 명목으로 적극적으로 지원 내지 거중조정에 나서지 않았음에도 불구하고, 주미 공사관원 출신을 비롯한 한국정부 관료들이 호의적인 미국관을 바탕으로 미국에 대한 기대를 저버리지 못했던 태도는 을사늑약 체결 직전까지도 크게 변하지 않았던 것으로 여겨진다. 1905년 11월 9일 한국에 도착한 일본특명전권대사 伊藤博文이 주한공사 林權助와 주한일본군사령관 長谷川好道를 앞세워 '보호조약'을 강제로 체결하려 했을 때, 경무고문 丸山重俊은 이하영의 동향에 대해 다음과 같이 보고하였다.

> 현재 일본당의 한 사람으로 불리는 이하영 같은 이는 일본의 요구를 정말로 부당하다고 분개하면서 사람들에게 일본은 지난번에 통신사무를 빼앗고 연안항로권을 장악하였는데, 지금 또 지나친 요구를 감히 한다고 이야기한다. 우리들은 도저히 승복할 수가 없는 바이다. 나는 최근에 크게 하야시를 힐책하였는데, 본인은 반은 일본당처럼 가장하였지만 근시 미국선교사 등에게 의뢰하여 미국의 옹호 아래 서려는 운동을 시도하고 있다. 그는 목하 궁중에 있으면서 일본배척의 언론을 주장하여 크게 세력을 지니기에 이르렀다고 한다.[69]

이하영은 겉으로는 "일본당처럼 가장했지만" 실제로는 '미국의 옹호'를 받으려는 운동을 시도하거나 "일본배척의 언론을 주장"하고 있다고 파악될 정도로 친미 의존적인 태도를 취하였던 것이다. 이러한 입장은 단지 이하영뿐만 아니라 고종을 비롯해 우호적인 친미관을 지녔던 한국의 관료지식인들도 견지하고 있었을 것으로 여겨

---

69) 『일관기록』 24, 357쪽.

진다. 당시 러일전쟁의 승리 후 일본이 구미 열강의 묵인 혹은 협조 아래 한국의 국권을 침탈하려 했던 국내외 정세로 미루어볼 때, 그들이 미국의 대한정책을 제대로 파악했는지 여부와 관계없이 선택할 수밖에 없었던 유일한 항일 내지 반일정책은 대미의존적인 정책이었을지도 모른다.

하지만 비슷한 시기에 고종의 밀서를 지니고 미국에 파견되었던 이승만이 "(미국)대통령이나 정부와 전국의 소위 유력자들은 모두가 친일적이었다. 1882년에 체결한 (조미수호)조약은 한낱 어리석은 외교적 제스처에 지나지 않았고, 한국인들이 그 조약에 기대를 걸었던 것은 어리석고 순진한 탓이었다"라고 간파하였듯이,[70] 그들이 견지하고 있었던 우호적인 친미인식과 친미정책의 한계는 너무나도 명백한 것이었다. 그나마 이하영은 미국에 대한 미련이 조금이라도 남아 있었기 때문에, 을사늑약 체결 당시 조약 체결에 반대했던 한규설의 입장에 소극적으로 동조했던 것으로 여겨진다.[71]

반면 미국정부의 친일 정책을 깨달았을지도 모를 이완용이 종전의 친미적 입장을 내던지고 재빨리 시세에 영합해 '친일파'로 변신을 꾀하였다는 사실은 잘 알려져 있다. 이러한 식의 태도는 마지막 주미 서리공사 김윤정에게도 잘 드러난다. 을사늑약 체결 전 그는 이미 주미 일본공사와 비밀리에 접촉하면서 미국의 원조를 요청하려 했던 이승만의 계획과 활동상황을 상세하게 보고하고, 자신이

---

70) 이승만, 앞의 글, 301쪽.
71) 1904년 7월 당시 외부대신 이하영이 주차일본군사령관의 서울 내외 군사경찰 실시 요구를 거절하고 이를 철회할 것을 청한 것도 주목할 만하다. 그가 일본의 국권 강탈 후 작위를 받아 '친일파'로 전락했던 뒤에도 알렌과 친분을 유지했던 사실도 시사해주는 바가 적지 않다. 高麗大學校 亞細亞問題研究所 編, 『舊韓國外交文書: 日案』 7, 高麗大學校出版部, 1970, 245쪽, #8242, 1904년 7월 25일 ; 이민식, 『근대 한미관계 연구』, 백산자료원, 1999, 370~371, 373~375쪽 참조.

한국공사로 임명되면 일본에 적극 협력하겠다고 약속했다. 이 공로를 인정받아 본국으로 소환된 뒤 그는 태인군수・인천부윤을 거쳤을 뿐 아니라, 일제강점기 내내 고위관직을 역임하면서 친일 활동을 벌였던 것이다.[72]

Ⅳ. 맺음말

　조미조약의 체결 후 한국은 미국으로부터 독립을 보전함과 동시에 개화・자강을 추진하는 데 필요한 인적・물적 자원을 조달하기 위해 보빙사와 주미 공사, 그리고 세계박람회 출품대원을 파견하였다. 이처럼 미국을 직접 방문・시찰했던 외교사절단 중 공사관원들은 누구보다 장기간 주재하면서 미국의 동향을 체계적으로 파악할 수 있었을 뿐 아니라 귀국 후에도 관계의 요직에 발탁되어 중요한 역할을 맡았다. 따라서 이 글에서는 주미 공사관원의 미국 인식을 분석하는 데 초점을 맞추되, 이를 보빙사와 출품대원의 미국 인식과 비교함으로써 그 특징을 살펴보았다.
　역사상 최초로 미국과 유럽을 견문한 보빙사 일행은 대부분 일본을 방문한 경험도 있었던 만큼 일본이나 유럽 각국보다 미국이 경제적・군사적으로 우월하다고 바라보았다. 그러나 각각 정치적 입장과 대외관의 차이, 그리고 근대적 제도와 문물의 수용 방식에 대해서는 서로 인식을 달리하였다. 민영익은 미국식 제도 수용에 소극적・회의적인 입장을 취하였고, 홍영식・서광범 등은 미국을 근대화 혹은 부국강병의 모델로서 상정할 정도로 적극적・호의적이었으며, 유길준은 미국식 제도를 선별적으로 수용하자는 주체적・객

---

[72] 이승만, 앞의 글, 300~301쪽 ; 로버트 올리버, 앞의 책, 102~106쪽 참조.

관적인 입장을 견지하였다. 이러한 미국관은 개화기 관료 지식인이 지닌 미국 인식의 원형을 이룬다는 점에서 주목할 만하다.

다음으로 갑신정변 후 청국의 적극적인 내정간섭에 대항하기 위한 일환으로 파견된 초대 주미 공사관원들은 국서 봉정 때부터 미국이 민주국이므로 사신 접견의 예절이 간편하고 다른 국가와 똑같이 대우해준 데 좋은 인상을 지니게 되었다. 무엇보다 그들은 미국의 영토가 커서 다른 나라를 침략할 야욕이 적은 공평무사한 나라라고 인식하였다. 당시 한국을 둘러싸고 각축을 벌이던 열강을 견제하고 자주와 자강을 원조해줄 세력으로 미국을 상정하였던 것이다. 또한 그들은 미국이 넉넉한 재정, 정교한 기술, 정부의 산업 보호·육성정책 등을 바탕으로 세계 최고의 부국을 이룩하였다고 파악하였다. 아울러 주미 공사관원들은 신분·직업 및 남녀의 차별이 없는 능력본위의 민주적이고 평등한 미국의 사회체제에 대해서도 점차 호감을 갖고 그 특징을 정확히 이해하게 되었다. 뿐만 아니라 그들은 도덕과 윤리의 관점에 입각해서 개신교를 '勸懲導善의 規'로 긍정적으로 바라보았다.

그 반면 출품대원 정경원은 미국의 각종 시설과 기계의 유용성, 그리고 넉넉한 자원 등에 감탄하면서도 성리학적 관점에 입각해서 자본주의 경제와 사회체제의 폐단을 비판하였다. 미국인들은 오직 이익만 챙기는 데 급급할 뿐 체면을 돌보지 않으며, 심지어 도둑의 심보를 갖고 있다고 혹평하였던 것이다. 아울러 미국이 상하의 차별 없이 평등한 민주주의 국가이지만 대통령에게 인사조차 제대로 하지 않을 정도로 예법이 무너져버렸다고 한탄했으며, 여존남비의 사회풍토나 개신교에 대해서도 곱지 않은 시선으로 바라보았다. 그러나 주미 공사관원들도 부임 초기에 우리나라와 전혀 다른 미국의 체제에 대해 비판적 태도를 취했던 점, 정경원 역시 자신이 견문한 바를 보고함으로써 나라와 백성을 이롭게 하는 효과를 기대하거나 귀국 도중 일본에서 다량의 서적을 구입했던 점 등으로 미루어 그가 최소한 부국강병책과 관련된 미국의 근대적 제도에 대해 점차 호감을 지니게 되었다고 여겨진다.

한편 주미 공사관원들은 호의적인 미국 인식을 바탕으로 삼아 대외적으로 국가의 자주독립을 유지하기 위해 친미외교를 기축으로 삼아 반청·반일·반러의 세력균형책을 펼쳤으며, 대내적으로 미국의 부국강병을 모델로 삼아 근대적인 개혁운동을 추진하였다. 이 과정에서 한국정부는 각종 이권을 미국인에게 넘겨주었으나, 결국 미국의 협력과 원조를 획득하는 데 실패하고 말았다. 그럼에도 주미 공사관원들은 미국의 실체를 정확하게 파악하지 못한 채 을사늑약 체결 전까지도 우호적인 미국 인식을 견지하고 있었다.

그러나 을사늑약 체결 직후 미국에 파견되었던 이승만이 미국의 위정자들 모두가 친일적이었으며, 한국인들이 조미조약에 기대를 걸었던 것은 어리석고 순진한 탓이었다고 간파하였듯이, 주미 공사관원들이 지닌 미국 인식의 한계는 너무나도 명백한 것이었다. 심지어 그들 중에는 미국이 한국에서 손을 떼자 오히려 친일파로 전락한 인물들이 적지 않았다. 이러한 의미에서 무비판적으로 터득한 미국 인식체계 내지 고정관념에 사로잡혀 미국에 대해 객관적이고 냉철하게 파악하지 못한 주미 공사관원들의 미국 인식은 오늘날 우리들에게도 시사해주는 바가 적지 않다.

통치기구의 조직과 운영

통리군국사무아문의 조직과 운영(1882~1884)

Ⅰ. 머리말

　統理軍國事務衙門은 1882년 12월 4일(음)에 설치되어 1884년 10월 21일 폐지될 때까지 존속하면서 "國家事務를 總察하고 宮內사무르 管掌"했던 사실상 조선정부의 최고 국정 의결기구이자 집행기구였다. 壬午軍亂 후 統理機務衙門이 폐지됨에 따라 고종은 당면한 대외적 자주 독립과 대내적 개화·자강 관련 업무들을 효율적으로 처리하기 위해 1882년 7월 25일 機務處를 신설한 뒤, 11월 17~18일 이를 統理衙門과 統理內務衙門으로 확대하였다가 12월 4일에 다시 그 명칭을 統理交涉通商事務衙門과 統理軍國事務衙門으로 각각 바꾸었다. 그중 통리군국사무아문은 기존의 議政府와 6曹를 形骸化시키면서 실질적으로는 국정전반에 걸친 중대사안을 의결·시행하는 권력의 中樞府로 기능하였다. 그러므로 통리군국사무아문에 대한 파악은 이 시기 집권세력의 동향과 국정운영 상황, 나아가 권력 구조의 성격을 이해하는 데 관건이 된다.

　종래 통리군국사무아문이 설치·운영되었던 시기에 대한 정치사 연구의 대부분은 '위로부터의 개혁운동'을 주도했던 개화파의 활동 및 사상의 형성과정, 그리고 개화정책의 실상을 밝히는 데 치중되어 있다. 반면에 당시 국정을 주도했던 閔氏戚族勢力의 권력 독점 실태와 그들이 장악한 핵심 정치기구를 분석한 연구는 미흡한 실정이다.[1] 더욱이 이들 연구 역시 일부는 통리군국사문아문을 논급하더라도 그 조직과 기능만을 개괄하는 수준에 머물고 있을 뿐이다. 한마디로 민씨척족정권의 권력구조와 그 성격을 밝혀줄 통리군국사문아문에 관한 본격적인 연구는 아직 이루어지지 않았다고 말할 수 있다.

이 글에서는 『日省錄』・『承政院日記』・『淸季中日韓關係史料』 등을 포함한 관련 사료들을 활용하여 통리군국사문아문이 어떻게 조선중기 이후의 備邊司와 유사한 최고의 정치기구로 발전했는가를 밝히는 동시에 이의 운영을 둘러싼 민씨척족세력과 정치세력 간의 동향과 권력구조의 특징을 구명해보려 한다. 이를 위해 우선 통리

---

[1] 1880년대 민씨척족정권 및 핵심 통치권력기구에 관한 연구는 田保橋潔, 『近代日鮮關係の硏究』上, 京城: 朝鮮總督府中樞院, 1940 ; 李瑄根, 『韓國史: 最近世篇』, 乙酉文化社, 1961 ; 全海宗, 「統理軍國事務衙門의 經緯에 대하여」, 『歷史學報』 17・18합집, 1962 ; 李鐘春, 「統理軍國事務衙門에 대한 考察」, 『論文集』(淸州敎育大學) 3, 1968 ; 李鉉淙, 「高宗때 滅省廳設置에 대하여」, 『金載元博士回甲紀念論叢』, 乙酉文化社, 1969 ; Yong Ick Lew(柳永益), "An Analysis of the Reform Documents of the Kabo Reform Movement, 1894," *Journal of Social Sciences and Humanities*, 40, 1974 ; 金達中, 「1880年代 韓國國內政治와 外交政策」, 『韓國政治史學報』 10, 1976 ; Martina Deuchler, *Confucian Gentlemen and Barbarian Envoys: The Opening of Korea, 1875~1885*, Seattle and London: University of Washington Press, 1977 ; 李光麟, 「統理機務衙門의 組織과 機能」, 『學術院論文集』(人文・社會科學篇) 26, 1987(『開化派와 開化思想硏究』, 一潮閣, 1989 소수) ; 糟谷憲一, 「民氏政權上層部의 構成에 關한 考察」, 『韓國史硏究會論文集』 27, 1990 ; 田美蘭, 「統理交涉通商事務衙門에 關한 硏究」, 『梨大史學』 24・25합집, 1990 ; 원종규, 『조선정치제도사』 3, 평양: 과학백과서전종합출판부, 1990 ; 김필동, 「갑오경장 이전 조선의 근대적 관제개혁의 추이와 새로운 관료기구의 성격」, 『한국의 사회제도와 농촌사회의 변동』, 문학과 지성사, 1992 ; 崔賢淑, 「開港期 統理機務衙門의 設置와 運營」, 高麗大學校 敎育大學院 碩士學位論文, 1993 ; 연갑수, 「개항기 권력집단의 정세인식과 정책」, 『1894년 농민전쟁연구』 3, 역사비평사, 1993 등 참조.

군국사문아문의 설치과정을 면밀히 알아보고, 다음으로 통리군국사
문아문의 조직과 기능은 어떠했는가를 분석하겠으며, 마지막으로
통리군국사문아문의 운영을 살펴봄으로써 민씨척족 등 집권세력이
어떻게 권력을 장악·행사해 나갔는가를 고찰해 보기로 하겠다. 통
리군국사문아문은 민씨척족세력과 變法開化派 간의 대립이 가장 극
에 달하던 壬午軍亂 직후에 설치되어 甲申政變 때에 폐지되었으므
로 이러한 연구는 양자 간의 개화인식 및 개화정책에 대한 차이뿐
만 아니라 민씨척족정권의 권력구조와 그 성격을 밝히는 데에도 기
여할 수 있으리라 생각된다.

II. 통리군국사무아문의 설치과정

임오군란이 청국군에 의해 진압된 후 高宗은 1882년 7월 18~22일
간 3차례에 걸쳐 정치적 안정을 도모하고 민심을 수습하기 위한 綸
音과 교서를 내렸다.2) 이어 25일에 고종은 국가의 중대사안을 신속
히 협의·결정하고자 청국의 황제 직속기구였던 軍機處를 모방하여
대궐 안에 기무처를 설치하고3) 趙寧夏·金炳始·金弘集·金允植·魚
允中·申箕善 등 친청적 성격이 강한 개화파 인사들을 관리로 임명
하였다.4) 고종은 통리기무아문이 폐지된 상황 속에서 기무처를 중

---
2) 『日省錄』, 1882년 7월 18일, 20일, 22일조.
3) 金允植, 『陰晴史』, 國史編纂委員會, 1958, 192~193쪽, 1882년 7월 10일,
"新設機務處于禁中 以時事艱處 四郊多壘 不可如前汗漫 各官在家辦事 故
依中國軍機處例 設機務處 常直禁中 隨事入達 俾無遲悞之患."
4) 『일성록』, 1882년 7월 25일조. 홍영식은 친청적 입장이 강하지 않고 변법
개화파에 속하는 인물이었지만, 이 당시 김윤식 등 온건개화파들과 대립
적인 위치에 서 있지 않은 상황이었다. 따라서 그의 등용은 개혁적 성향
이 강한 인사들을 포용하여 개화정책을 적극 추진하려는 고종의 의사가
반영된 것으로 판단된다.

심으로 정국을 주도해 나가려 했던 것이다.

　우선 기무처의 관리들은 고종이 청국의 관리들을 접견하는 자리에 入侍하였을 뿐 아니라5) 對淸 외교 실무를 담당하였다. 즉, 조영하와 김홍집은 기무처가 설치되기 이전인 7월 21일에 각각 謝恩兼陳奏使와 副使로 청국에 파견되어 향후 조선의 정치개혁 방안—'善後事宜六條'—에 대한 李鴻章의 자문을 구하는 한편 8월 20일에 '朝淸商民水陸貿易章程'을 체결하는 등 양국관계를 수습하고 9월 7일에 돌아왔다.6) 또한 조영하는 귀국한 지 10일 만에 진주사로서 다시 청국에 파견되어 鍊軍敎師의 초빙 및 신식군기의 원조, 그리고 외교통상고문관의 초빙 등을 요청하였다. 그리고 어윤중은 8월 12일부터 問議官으로 청국에 가서 조영하와 함께 장정을 체결한 다음 9월 26일에 복명하고 있다.7) 김윤식 역시 1881년 領選使의 일행으로 파견되었던 유학생들을 철수시키고 군기제조와 군대교련문제를 상의하기 위해 9월 29일에 청국에 파견되었다가 11월 4일에 귀국하였다.8)

　따라서 기무처는 대청외교가 마무리되는 9월 중순경에야 비로소 국정논의를 위한 본격적인 활동을 벌이기 시작하였다.9) 먼저 9월 18일에 기무처는 재정을 확보하기 위해 송도에 설치될 鑄錢所 업무

---

5) 『備邊司謄錄』, 國史編纂委員會, 1972, 1882년 8월 9일·21일, 9월 8일, 10월 1일, 11월 16일조 참조.
6) '善後事宜六條'의 내용은 定民志, 用人材, 整軍制, 理財用, 變律制, 擴商務 등이다. 中央研究院 近代史研究所 編, 『淸李中日韓關係史料』 2, 臺北: 中央研究院 近代史研究所, 1972, 910~912쪽, #554.
7) 이에 대해서는 金鍾圓, 「朝·中水陸商民貿易章程에 대하여」, 『歷史學報』 32, 1966 참조.
8) 이때 김윤식의 활동은 『음청사』, 197~221쪽에 자세히 기록되어 있다.
9) 『음청사』, 194~222쪽, 1882년 9월 8일~11월 12일 ; 金弘集, 「以政學齊日錄」, 『金弘集遺稿』, 高麗大學校出版部, 1976, 282~284쪽, 1882년 9월 18일~11월 17일 참조.

를 관장하였으며,10) 10월 20일에 減省廳을 설치하여 불필요한 국가기구를 축소·폐지하는 업무를 추진하였던 것이다.11) 그러나 기무처는 국가의 주요 사무를 통괄할 만한 조직을 갖추지 못한 임시적인 국정논의기구의 성격을 띠고 있었기 때문에 적극적으로 개혁을 주도해 나갈 국가기구로 확대·개편되어야 할 필요성이 대두되었다.12)

한편 청국의 對朝鮮 정책 입안·실행 책임자인 李鴻章은 조청상민수륙무역장정의 체결을 통해 양국 간의 종속관계를 재확인하는 동시에 조선에 대한 청국의 경제적·외교적 특권을 확대하였다. 그는 조선에 監國大臣을 파견하거나 조선을 청국의 완전한 속국으로 만들어야 한다는 張謇·張佩綸 등의 강경론자들의 주장에 반대하면서도, 그들의 건의를 일부 받아들여 조선의 국정에 관여하는 조치를 취하게 되었다. 그리하여 이홍장은 袁世凱에게 조선군 교련을 맡기는 동시에 국제정세에 밝은 馬建常과 묄렌도르프(Paul Georg von Möllendorff, 穆麟德)를 고문관으로 파견하였던 것이다.13)

11월 14일에 조영하 등이 외국 고문관들과 함께 귀국하자 국가기

---

10) 『일성록』, 1882년 9월 19일조.
11) 감생청의 총책임자인 句管堂上은 어윤중이었고, 簿案考閱 업무는 개화파의 스승격인 劉鴻基가 맡았다. 1882년 12월 29일에 감생청은 20개 조목으로 이루어진 '減省廳別單'을 마련하였으나 거의 실행되지 않았다. 오히려 이 일을 담당했던 어윤중은 西北經略使로 좌천되었고, 감생청도 1883년 5월 1일에 폐지되고 말았다. 감생청에 관해서는 이현종, 앞의 논문 참조.
12) 1882년 8월 5일 고종이 '개화윤음'을 반포한 이후 이른바 개화시무에 관련된 상소가 조정에 잇달아 올려지면서 개화정책을 추진할 수 있는 분위기가 조성되어가고 있었다. 이 시기의 개화시무상소에 관해서는 이선근, 앞의 책, 537~538쪽 ; 韓㳓劤, 『韓國開化期의 商業研究』, 一潮閣, 1976, 349~354쪽 ; 權五榮, 「東道西紀論의 構造와 그 展開」, 『韓國史市民講座』 7, 1990, 36~39쪽 참조.
13) 林明德, 『袁世凱與朝鮮』, 臺北: 中央研究院 近代史研究所, 1970, 36~39쪽 ; 趙陽子, 「淸의 對朝鮮政策과 袁世凱」, 『釜山史學』 5, 1981, 91~95쪽 참조.

구의 개편이 이루어졌다.14) 11월 17일에는 청국을 비롯한 구미열강과의 외교 및 통상문제를 전담하게 될 統理衙門이 설치되어 판리에 조영하, 협판에 김홍집, 참의에 묄렌도르프가 각각 임명되었다.15) 또한 그 다음 날 고종은 이홍장과 吳長慶의 권유에 입각하여 임오군란 이후 헤이해진 기강을 바로잡고 便民利國에 관계된 업무를 논의·결정할 統理內務衙門을 대궐 안에 설치하였으며,16) 이어 19일에 총리에 洪淳穆 ·金炳國, 판리에 閔台鎬·尹滋憲·金有淵·金炳始, 협판에 김윤식, 참의에 홍영식·어윤중·신기선 등을 임명하였다.17)

이 두 아문의 인사 조치를 살펴보면, 먼저 명실상부한 원로급 세력가와 국제 정세에 밝고 개혁을 주장하는 개화파의 인물들이 함께 포진되어 있음을 알 수 있다. 따라서 통치기구의 개편은 자신의 친정체제를 강화하려는 고종과 그의 후원을 등에 업고 근대화를 도모하고자 했던 개화파, 그리고 친청적 인사들을 통해 조선의 국정에 간섭하려는 청국의 의도가 서로 맞물려 이루어졌다고 여겨진다. 다음으로 기무처의 관리들이 모두 이들 신설아문에 발탁된 사실이 주목된다. 통리아문에는 조영하와 김홍집이, 통리내무아문에는 김병시·김윤식·홍영식·어윤중·신기선이 배치됨으로써 기무처는 이제 유명무실한 기구가 되어버리고 말았다.

---

14) 馬建常은 국왕에게 省刑罰·定刑典·廣取材·恤奴婢·求富庶·愼疾癘·興工藝·正境界 등 9개조의 개혁방침을 건백하고 조선의 제도 개혁을 권고하였으며, 묄렌도르프는 조영하 등과 근대적 외교전담부서의 창설을 합의하였던 것이다. 馬建常,「上朝鮮國土條陳」, 方豪 編,『馬相伯先生文集』, 臺北: 上智編譯館出版, 1947, 1~4쪽 ; 彭澤周,『明治初期日韓淸關係の硏究』, 東京: 塙書房, 1969, 375~376쪽 ; Yor-Bok Lee, *West Goes East*, Honolulu, University of Hawaii Press, 1988, pp.45~55 참조.
15) 이에 대해서는 전미란, 앞의 논문 참조.
16) 통리내무아문의 설치는 단지 청국의 제도뿐만 아니라 서구제국의 정치제도에 대한 인식을 갖추고 있었던 홍순목·김병국 등 정부대신들에게도 고무적으로 받아들여졌다.『일성록』, 1882년 11월 18일조.
17)『일성록』, 1882년 11월 19일조.

12월 4일에 통리내무아문과 통리아문은 통리군국사무아문과 통리교섭통상사무아문으로 명칭이 각각 바뀌었다. 그러나 그 구성원은 閔泳翊만이 權知協辦通理交涉通商事務에 추가되었을 뿐 아무런 변동이 없었다.[18] 더욱이 12월 22일에 이르러 명목상으로만 존재하던 삼군부와 기무처가 정식으로 통리군국사무아문에 합쳐짐으로써[19] 통리군국사무아문은 개화·자강정책을 비롯한 국정 전반의 중대현안을 효율적으로 협의·집행하는 조선정부의 중추적인 정치기구로 자리잡게 되었다.

III. 통리군국사무아문의 조직

1882년 12월 12일에 의정부는 고종이 내린 교지에 의거하여 전문 16조로 이루어진 '統理軍國事務衙門 新設節目'(이하 절목으로 약칭)을 마련하였다. 이 절목에 의하면, 통리군국사무아문은 국내의 '軍國事務'를 '總領'하는 만큼 그 체통을 의정부와 동일한 正一品衙門으로 높이고 그 처소를 궁궐 안 內兵曹에 두었다. 1881년에 설치되었던 통리기무아문이 국가의 기밀을 취급하는 중요한 기관으로서 그 처소를 내병조에 두었다는 사실로 미루어, 통리군국사무아문이 통리기무아문과 동급의 업무를 담당하게 되었음을 알 수 있다. 따라서 통리군국사무아문은 대신과 당랑이 모두 모여서 군국기무—실제로는 '편민이국'에 관계되는 개화·자강정책—를 논의·결정하여 필요한 경우 국왕을 알현하고 직접 아뢸 수 있는 권한을 부여받았다. 이와 같이 통리군국사무아문은 회의를 통해 협의·결정된 국가의

---

[18] 양 아문의 판리는 독판으로 명칭만 바뀌었다. 『일성록』, 1882년 12월 4일 및 5일조.
[19] 『일성록』, 1882년 12월 22일조.

주요사안을 형식적이나마 국왕에게 보고하거나 재가를 받아 시행하는 절차를 밟도록 되어 있었지만, 실질적으로 국정을 총괄하는 최고의 행정기구이자 정치기구로서의 위상을 갖추었던 것이다.

統理軍國事務衙門 新設節目[20]

　一. 衙門禮統 一依政府例爲之爲白齊.
　一. 衙門處所 以內兵曹爲之爲白齊.
　一. 督辦 以正一品 協辦 以從三品 參議 以堂上正三品爲之 以督辦
　　　并有闕 則以首協辦權差爲白齊.
　一. 大臣堂郞 課日齊會爲白齊.
　一. 軍國事務 獻可爲替否 究有至當白齊.
　一. 堂上 依政院例 各有分掌爲白齊.
　一. 如有進達之事 請司謁入稟爲白齊.
　一. 堂上一員 輪回入直爲白齊.
　一. 仕進後 依政院例 仕記呈納爲白齊.
　一. 當相除拜總官 則啓遞爲白齊.
　一. 堂郞 雖除拜臺職 勿拘仕直爲白齊.
　一. 主事 勿拘文·蔭·武·生進·幼學擇差 分掌擧行 一員輪回入直
　　　爲白齊.
　一. 堂郞 除拜外任 則不得兼帶 以京畿監司守令四都留守 仍帶行公
　　　仍爲白齊.
　一. 印信 令禮曹鑄成爲白齊.
　一. 書吏徒隷 以議政·三軍府·戶·惠廳 時帶任役者 擇定爲白齊.
　一. 外他合行條件 追後稟旨施行爲白齊.

또한 통리군국사무아문은 正·從一品의 督辦, 正·從二品의 協辦, 正三品의 參議 등의 堂上官과 文·武·蔭官 또는 생원·진사·유학

---

20) 『비변사등록』, 1882년 12월 12일조.

의 구애 없이 선발하는 堂下官인 主事, 그리고 사무직원인 書吏와 徒隷로 구성되었다. 특히 주목할 만한 것은 실제 업무를 총괄하고 추진하였던 당상관은 약간의 제한이 있지만 겸직이 허용되었다는 점이다. 즉, 당상관은 군무를 통괄하는 최고관직인 五衛都總官을 겸직할 수 없었으나 堂郎은 사헌부의 직책을 맡을 수 있었다. 또한 당랑은 외직을 겸할 수는 없지만 그중에서 경기감사·수령·四都留守는 겸직할 수 있었다. 이처럼 당랑들이 국가의 요직을 독점할 수 있도록 한 겸직허용 규정은 결과적으로 통리군국사무아문으로 권력이 집중될 수 있는 기반을 마련해주었던 것이다.

한편 통리군국사무아문의 조직은 초기의 承政院의 예에 따라 吏·戶·禮·兵·刑·工務 등 6무로 나뉘어졌다.[21] 그러나 6무는 전통적 행정기구인 6조와 그 체제가 같았기 때문에 개화·자강정책을 적극 추진할 만한 조직이 아니었다. 예를 들어 1883년 1월 22일 통리군국사무아문의 직무분장을 보면, 재정·군사·외교담당부서인 호·병·예무는 독판·협판·참의가 집중 배치되었던 반면 형무와 공무에는 독판과 참의가 배치되지 않았던 것이다. 요컨대, 통리군국사무아문의 초기 6무 조직은 개화·자강정책을 효율적으로 추진하기보다는 기존의 재정·군사권을 장악·강화하는 데 역점을 두었다고 판단된다.

따라서 1883년 8월 20일에 이르러 통리군국사무아문은 '分事章程'과 '事務規則'을 마련하여 그 조직을 체계적으로 정비하게 되었다.[22] 즉, 6무 조직은 理用司·軍務司·監工司·典選司·農商司·掌內司 등의 6사로 개편되었던 것이다. 이 6사 조직은 통리기무아문의 7사

---

[21] 당상의 업무분장에 대한 기록은 1882년 12월 14일에 처음 나오고, 6무에 대한 기록은 1883년 1월 14일에 비로소 나타난다. 『承政院日記』, 1882년 12월 14일 및 1883년 1월 14일조 참조.

[22] 이때 작성된 통리군국사무아문의 분사장정과 사무규칙은 현재 찾아볼 수 없어서 그 내용 전체를 밝힐 수가 없다.

6무의 인사배치(1883년 1월 22일)

部署	督辦	協辦	參議	主事	書吏
吏務	金炳德	趙準永	趙同熙	金洛鎭·權 瀟	張元植·金德演
戶務	閔台鎬·金有淵	韓章錫	李重七	李重夏·洪在鼎	宋應龜·高濟弘 金夔鉉·崔相純
禮務	鄭範朝			尹 憲·金明均	韓晚洪·金純興 尹 瑨·洪慶善
兵務	趙寧夏·金炳始	朴定陽·金允植	漁允中·王錫鬯	朴齊永·丁大樊	白明奎·金漢俊
刑務		李喬翼	尹泰駿	李秀宏·徐光祚	尹忠錄·金宜鉉
工務		閔種默		洪承運·尹泰駰	申永默·吳學默

전거: 朴定陽, 「從宦日記」, 韓國學文獻研究所 編, 『朴定陽全集(『竹泉稿』)』 2, 亞細亞文化社, 1984, 487~488쪽, 1883년 1월 22일.

중 대내적 업무 부서였던 이용사·군무사·감공사·전선사 등 4사의 명칭과 기능을 그대로 계승하면서 농상사와 장내사를 추가·신설한 것이었다.

우선 이용사는 각 관청에서 소요되는 재정을 수급·처리하는 재정담당부서로서, 군무사는 중앙과 지방의 군대를 통솔하는 군사담당부서로서, 전선사는 관리들의 신분 및 인사를 총괄하는 인사담당부서로서 기존의 6조 가운데 호조·병조·이조의 핵심 업무를 각각 전담하였다. 또한 감공사는 근대식 무기·기계·선박·군함 등을 구입·제조하고 관리하는 부서로서 외국과의 외교·통상이 확대됨에 따라 부국강병의 기초가 되는 선진 문물을 적극적으로 수용하는 업무를 맡고 있었다.[23] 그리고 농상사는 국가재정을 충실히 하기 위해 農·商·桑·茶業 등의 농촌경제의 생산력 증대에 관한 제반 사무와 이를 권장·육성하기 위한 民戶의 통제를 담당하는 부서였다.[24]

---

23) 이용·군무·전선·감공사의 직무는 『비변사등록』, 1880년 12월 20일조, '統理機務衙門新設節目' 참조.

마지막으로 장내사는 왕실에 관한 모든 사무를 관할하는 동시에 6사 전체의 사무를 총괄하는 통리군국사무아문의 최고 부서였다.25)

1883년 10월 3일 현재 6사의 직무분장에 의하면 장내사를 제외한 5사에는 독판·협판·참의가 모두 배정되었다. 특히 농상사와 군무사에 가장 많은 협판·참의·주사가 배치된 점은 통리군국사무아문이 '부국'과 '강병'을 도모하는 데 비중을 두고 있었음을 시사해준다. 다시 말해, 통리군국사무아문은 6사로 조직 개편이 이루어진 뒤에 비로소 재정·군사·인사 등 국가의 주요 업무뿐만 아니라 근대적 문물의 수용과 산업육성 등 소위 개화·자강업무를 총괄하는 국가 최고의 국정의결 및 집행기구로서의 체제를 갖추게 되었던 것이다.

6사의 인사배치(1883년 10월 3일)

府署	督辦	協辦	參議	主事
掌內司	閔台鎬			
理用司	金炳始*	李喬翼·趙準永	閔應植*	李重夏·尹泰日·徐相喬
軍務司	金炳始	尹泰駿*·韓圭稷·李祖淵*	趙同熙*	洪在鼎·林敎相
典選司	金有淵	韓章錫·魚允中	申箕善*	朴齊永
監工司	鄭範朝	金允植·朴定陽	李重七	李秀洪·金明均
農商司	趙寧夏	閔種默·具完植·尹泰駿	趙同熙·申箕善·閔應植·王錫鬯	權瀟·洪承運·徐光祚·韓龍源

전거: 1. 독판·협판·참의는 『일성록』, 1883년 9월 30일조.
　　　2. 주사는 『일성록』, 1883년 10월 3일조.
비고: *표는 겸직을 표시하는데, 이조연은 외아문의 협판을 겸직하고 있었다.

---

24) 『漢城旬報』 제7호(1883.12.9), '內衛門布示' 참조.
25) 장내사의 독판은 '수독판'으로서 각국 공사가 입장할 때 이를 관장하는 업무도 맡고 있다. 『일성록』, 1883년 9월 30일 및 1884년 4월 3일조.

Ⅳ. 통리군국사무아문의 기능

앞에서 살펴보았듯이 통리군국사무아문은 재정·군사문제뿐만 아니라 근대적 문물제도의 수입과 산업육성 등 부국강병과 편민이국에 관련된 개화·자강정책을 적극적으로 추진하기 위해 설치되었다. 그러므로 여기에서는 통리군국사무아문에서 입안·시행한 정책들을 면밀히 검토함으로써 그 기능이 설치 당시의 목적에 얼마나 부합되게 발휘되었는가를 알아보기로 하겠다.

1. 재정확보책 강구

통리군국사무아문이 당면한 급무는 극도로 궁핍한 상태에 놓여 있었던 국가의 재정을 확충하는 것이었다. 먼저 통리군국사무아문은 재정난을 타개하기 위해 當五錢의 주조를 추진하였다. 1883년 2월 18일에 고종은 총리대신 홍순목의 건의를 받아들여 명목가가 常平通寶의 5배인 당오전을 주조하여 銀票와 함께 유통시키기로 결정하였다.[26] 그리하여 2월 21일에 민태호와 박정양은 慶熙宮과 禁衛廳, 그리고 萬里倉 등 3개 鑄錢所의 당오전과 은표의 주조 업무를 담당하게 되었다.[27] 이어서 통리군국사무아문의 주관 아래 4월 11일에는 강화도에, 6월 3일에는 의주부에도 주전소가 추가로 신설되었다.[28]

그러나 이들 주전소만으로는 국가경비의 충당에 필요한 화폐를 충분히 주조할 수 없었기 때문에 1883년 7월 5일에 이르러 통리군

---

26) 당오전의 주조와 이를 둘러싼 민씨척족과 변법개화파 사이의 대립에 관해서는 元裕漢, 「當五錢攷」, 『歷史學報』 35·36합집, 1967 ; 「典圜局攷」, 『歷史學報』 37, 1968 ; 吳斗煥, 「當五錢 硏究」, 『經濟史學』 6, 1983 참조.
27) 『일성록』, 1883년 2월 21일조.
28) 『승정원일기』, 1883년 1월 22일, 4월 11일조 ; 『일성록』, 1883년 6월 3일조.

국사무아문은 조폐 업무를 전담할 典圜局을 설치하고 그 절목을 마련하였던 것이다.29) 이어 7월 13일에 전환국의 업무를 관장할 管理와 幇辦직에 통리군국사무아문의 독판 민태호와 참의 李重七이 각각 임명됨으로써 실질적으로 통리군국사무아문이 전환국의 운영을 주도하게 되었다.

전환국이 설치된 이후에도 기존의 주전소는 당오전을 계속 주조하였을 뿐 아니라 工匠(邊首)에 의한 私鑄도 성행하게 되었다. 이에 통리군국사무아문은 사주 내지 潛鑄행위를 엄격히 단속하는 한편30) 전환국에서만 당오전을 발행하고 그 밖의 주전소에서는 엽전을 만들도록 조처하였으며,31) 급기야 1883년 말에 모든 주전 사업을 전환국에 일임시키고 나머지 주전소를 철파시킬 것을 건의하였다.32) 이와 같이 통리군국사무아문은 전환국으로 하여금 주전 사업을 전관케 하여 화폐의 주조과정을 철저하게 관리·감독하게 함으로써 통화의 안정을 꾀하고자 하였던 것이다. 그럼에도 사주와 위조행위는 근절되지 않은 채 통화질서가 문란해지고 물가는 더욱 등귀하고 말았다.33) 통리군국사무아문은 당오전의 주조를 통해 국가재정을 충당하려고 했지만 결국 민폐만 가중시켰던 셈이다.

---

29) 『일성록』, 1883년 7월 5일조.
30) 『일성록』, 1883년 9월 13일조.
31) 『일성록』, 1883년 10월 18일조.
32) 『일성록』, 1883년 12월 21일조.
33) 1884년 7월 29일에 통리군국사무아문은 다음과 같이 고시를 내리고 있다. "統理軍國事務衙門告示: 上께서 盜錢散錢은 一律的으로 禁斷하라는 일로 曉諭하셨으므로 當五錢을 私鑄한 자를 잡아서 조사중이니 대소백성은 마땅히 조심해야 할 바이다. 7월 29일부터 8월 2일까지 기한을 주겠으니 도성안 各部·민간에서 가지고 있는 新錢·純鉛 및 純洋鐵을 섞어서 만든 當五新錢을 모두 京兆에 바치라. 그리고 京兆에서는 본인의 성명·거주지 및 錢數를 책자에 열기해서 본부에 보고하여 파악하기에 편리하도록 하라. 만약 다시 前犯科와 같은 자가 있으면 極律로 다스리고 결코 용서하지 않을 것이다." 『한성순보』 제34호(1884.8.1) 참조.

다음으로 통리군국사무아문은 병사들의 부족한 군량을 충당하기 위해 친군영으로 하여금 鑛山을 채굴할 것을 건의하였다.[34) 이에 의하여 친군영의 감독은 허다한 潛冒와 漏隱의 폐단을 禁斷·감시하고 그 범죄자를 처벌하는 권한을 부여받았다.[35) 또한 고종은 1884년 9월 16일 장내사로 하여금 '贍民裕國'에 보탬이 되는 개광업무를 전관토록 하는 동시에, 반발하는 내·외국인의 무단 채광을 막고 광산을 효율적으로 개발할 전담부서를 설치하라고 명한 뒤 통리군국사무아문으로 하여금 그 절목을 마련하도록 지시하였다.[36) 이러한 고종의 지시는 갑신정변 때문에 당장 실현되지는 않았지만 1887년 4월 5일에 광무국이 설치됨으로써 결실을 맺게 되었다.[37)

마지막으로 통리군국사무아문은 재원확보의 일환으로 赴燕使가 갖고 가는 包蔘(紅蔘)을 철저히 관리하고자 하였다. 이를 위해 통리군국사무아문은 국가에서 정한 포삼액 이외의 매매를 엄금하는 '包蔘禁潛節目'을 마련하여 엄격히 시행하였던 것이다.[38)

2. 군사권 행사

조선정부는 1881년 일본식 군대인 別技軍을 설치하고 기존의 5군영을 武衛營과 壯禦營으로 개편함으로써 근대적 군사훈련을 실시하고자 했지만, 차별대우를 받아오던 兩營의 군인들이 임오군란을 일으켰기 때문에 성공을 거두지 못했다. 더욱이 군란 후 치안은 서울

---

34) 『일성록』, 1884년 1월 6일, 3월 6일조.
35) 『일성록』, 1884년 3월 6일조.
36) 鄭喬, 『大韓季年史』, 國史編纂委員會, 1957, 24쪽, 1884년 1월 ; 『일성록』 1884년 9월 16일조.
37) 광무국에 대해서는 李培鎔, 『韓國近代 鑛業侵奪史研究』, 一潮閣, 1989, 15~21쪽 참조.
38) 『일성록』, 1883년 7월 28일조.

에 주둔하는 3천 명의 청국군에 의해 유지되고 있었다. 이러한 상황 속에서 통리군국사무아문은 군사체제를 정비하고 군사권을 장악하는 데 박차를 가하게 되었다.

먼저 통리군국사무아문은 군사제도의 개편을 도모하였다. 임오군란 직후 고종은 5군영을 재차 兩營制로 환원시키는 동시에 서울주둔 청국제독 吳長慶에게 군사훈련을 부탁했다. 이에 吳長慶의 부탁을 받은 袁世凱는 청국식 군사제도에 의거해서 조선의 군대를 '新建親軍'으로 개편시켰다. 그리고 1884년 7월 22일에 중앙의 친군은 前·後·左·右營 등 친군4영으로 확대되었다.[39] 이와 아울러 친군영의 營使에는 통리군국사무아문의 협판인 尹泰駿·李祖淵·韓圭稷·閔泳翊 등이 임명되었다.

따라서 1884년에 이르러서는 이미 혁파된 훈련도감 이외에 여전히 궁궐수비를 담당하고 있었던 (舊京軍)4영—龍虎營·禁衛營·御營廳·總戎廳—을 개편하는 조치만이 남아있었다. 이에 통리군국사무아문은 이 4영의 군대를 친군4영에 이속시키는 한편 이후의 조처 방식은 군무사의 당상으로 하여금 총리대신과 협의하여 절목을 마련하도록 하였다.[40] 곧이어 친군영의 영사가 군무사 당상직을 겸임하게 됨으로써 통리군국사무아문은 실질적으로 중앙군대의 통솔권을 완전히 장악하게 되었다.[41]

또한 통리군국사무아문은 중앙군뿐만 아니라 지방군을 통솔하는 권한도 지니고 있었다. 통리군국사무아문은 각 도 지방군의 군사훈

---

39) 이병주,「開化期의 新舊軍制(1864~1894)」,『한국군제사-근세조선후기편-』, 육군본부, 1977, 321~325쪽 참조.
40) 이에 따라 다음날에 '各軍門變通節目'이 마련되었고, 갑신정변 직후인 1884년 11월 7일에 금위영과 어영청은 친군별영으로 개편되었다. 이리하여 중앙군은 청국식의 친군영으로 개편을 완료하게 되었다.『일성록』, 1884년 8월 27일, 28일 및 11월 7일조.
41)『승정원일기』, 1884년 8월 28일조.

련을 보고받는 동시에[42] 지난해의 농사 정황이 지방마다 다르므로 전국적으로 그 상황을 조사하여 재해가 심한 곳은 군사훈련 대신에 堤堰을 축조하는 역에 종사하도록 하는 조치를 내렸던 것이다.[43] 이처럼 작황의 흉작에 따른 군사훈련 면제조치는 1883년 여름과 1884년 겨울에도 취해지고 있었다.[44] 한편 1883년 12월 5일에 통리군국사무아문은 畿沿地方의 海防兵砲 훈련을 통합시키기 위해 畿沿海防營을 설치하고 동래와 덕원 등지의 군비를 강화하는 등 수도권 및 연안지역의 방어체제 확립방안을 강구하기도 하였다.[45]

이와 같이 통리군국사무아문은 중앙군을 비롯한 8道·4都의 지방군을 통솔하고 있었기 때문에 자연히 군사력의 유지 및 강화를 위한 군비확보의 기능도 발휘하고 있었다. 즉, 통리군국사무아문은 친군영에 필요한 자금을 확충하기 위해 훈련도감 안에서 군수품을 관할하였던 糧餉廳을 1883년 6월 24일에 친군영 내로 옮겼으며,[46] 11월 16일에는 친군영의 증설에 따른 餉需를 원활히 조달할 목적으로 籌餉局을 특설하였던 것이다.[47] 그러나 이것만으로는 군수의 부족현상이 해소되지 않았기 때문에 통리군국사무아문은 關西城餉 중 45,500石을 우선 활용토록 조치하였다.[48] 그리고 통리군국사무아문

---

42) 『승정원일기』, 1883년 1월 7일조.
43) 『승정원일기』, 1883년 1월 12일조.
44) 『일성록』, 1883년 7월 12일 및 1884년 10월 9일조.
45) 『일성록』, 1883년 12월 5일조 ; 尹致昊, 『尹致昊日記』, 國史編纂委員會, 1973, 30~33쪽, 1883년 12월 4일조 참조. 『윤치호일기』에 의하면, 청군제독 吳長慶이 양국의 교전 시 조선군이 조선의 항구에 정박할지도 모를 불란서 군함을 공격하지 않을 경우 청군을 연해에 둔영시킬 것이라고 위협하자, 고종은 이를 방지하기 위해 경기도 부평에 기연해방연을 설치해서 연해의 사병을 인천항에 집결시키고 미국 기함 내의 교사를 초빙하여 훈련시키려 했다고 한다.
46) 『일성록』, 1883년 6월 24일조.
47) 『일성록』, 1883년 11월 16일조.
48) 『일성록』, 1884년 1월 22일 및 윤5월 2일조.

은 기연해방영의 군비를 확보하기 위해 충주지방의 포량 6,000石을 해방아문으로 이속시켰으며,[49] 황해병사의 요청을 받아들여 放軍收布制를 실시하였다.[50]

다음으로 통리군국사무아문은 지방의 군사요충지인 鎭을 설치·혁파하는 업무를 관장하였다. 황해감사 沈東臣이 대청도의 設鎭便否와 해로의 요충지인 吾又島와 助泥島의 양진을 합해서 鎭堡로 만들고자 장계를 올렸을 때,[51] 통리군국사무아문은 대청도에는 진을 설치할 필요가 없고 오우도와 조니도 소재의 진들은 그대로 내버려 두라는 결정을 내렸다.[52] 또한 통리군국사무아문은 1881년에 絶影島에 진이 설치된 이후 그 중요성이 약화된 多大鎭을 영구히 혁파하고 해당지역의 僉使와 군대를 부산진에 이속시켰으며,[53] 충청우도 舟帥邑鎭의 搜討軍과 水營欄後軍을 역시 폐지시키는 조치를 취하기도 하였다.[54]

3. 駐津大員 派遣

통리군국사무아문이 맡은 기능 중에 특기할 만한 것은 당시 일본과 서양 각국의 조약 체결 및 개정교섭 등 대외문제의 전담부서인 통리교섭통상사무아문이 있었음에도 불구하고 對淸 외교업무를 관장했다는 점이다. 1882년 조청상민수륙무역장정의 체결 교섭 당시 문의관 어윤중은 事大使行의 폐단을 내세워 일본이나 서양 각국과 마찬가지로 조선의 외교관을 北京에 상주시킬 것을 요구하였다. 그

---

49) 『일성록』, 1883년 8월 23일조.
50) 『일성록』, 1883년 8월 21일 및 1884년 9월 7일조.
51) 『일성록』, 1882년 12월 20일조.
52) 『승정원일기』, 1883년 1월 20일조.
53) 『승정원일기』, 1883년 4월 19일조.
54) 『일성록』, 1883년 11월 23일조.

러나 청국은 조선의 '派使駐京' 요청을 양국 간의 전통적인 事大典例에 어긋난다는 이유로 거부하였다. 결국 청국의 의도대로 양국의 종속관계를 명문화시킨 조청상민수륙무역장정이 체결됨에 따라 조선은 각국의 외교사절보다 격이 낮은 商務委員―天津駐箚大員―을 파견하기에 이르렀다.55) 이와 같이 조·청 양국은 평등관계가 아닌 종속관계였기 때문에 조선의 대청 외교업무는 내정으로 간주되어 통리교섭통상사무아문이 아닌 통리군국사무아문이 관장하게 되었던 것이다.

조청상민수륙무역장정의 규정에 따라 통리군국사무아문은 1883년 10월에 우리나라 최초의 상주 총영사인 駐津大員을 파견하기로 결정하고 영선사의 예를 참고해서 그 절목을 마련하였다.56) 1883년 10월 3일 통리군국사무아문은 주진대원에 金善根, 10월 23일에 참찬관에 南廷哲, 참의관에 卞元圭, 서기관에 朴齊純을 각각 임명하였던 것이다.57) 그러나 이들은 주진대원의 공관 부지 미확정 등 국내외의 사정으로 말미암아 임명 즉시 파견되지는 못하였다.58) 그 사이 1884년 1월 27일에 김선근이 병으로 말미암아 부임할 수 없게 되자 통리군국사무아문은 공조판서 남정철을 주진대원으로, 成岐運을 서기관으로 각각 새로 임명하였다.59) 이들은 3월 17일 고종에게 사폐한 다음 남양만으로 가서 19일 청국으로 발정·취임하였다.60)

---

55) 김종원, 앞의 논문, 138~140, 159~160쪽.
56) 黃玹, 『梅泉野錄』, 國史編纂委員會, 1955, 71쪽, "金允植旣還 領選使改稱 駐津大員 金聲[善]根差下 前赴天津 自是歲以爲常." 1883년 10월 6일에는 영선사의 예에 의거해서 청국주진대원의 파송절목도 마련되었다. 『일성록』, 1883년 10월 6일조.
57) 『일성록』, 1883년 10월 3일, 23일조.
58) 『일성록』, 1883년 11월 10일조.
59) 『일성록』, 1884년 1월 27일, 3월 9일조.
60) 주진대원에 관해서는 한철호, 「한국 근대 주진대원의 파견과 운영(1883~1894)」, 『동학연구』 23, 2007 참조.

그 외에 통리군국사무아문은 청국사신을 영접하는 일뿐만 아니라61) 각국 공사가 국왕을 알현하는 업무를 전관하기도 하였다.62) 또한 통리군국사무아문은 1883년 미국에 報聘使를 파견한 후 承文院으로 하여금 이에 관계된 모든 사유를 보고할 것을 요구한 점으로 미루어63) 대외사절단 파견에도 간여했던 것으로 여겨진다.

4. 개화·자강기구 신설

통리군국사무아문의 기능 가운데 전통적인 행정기구인 6조와 확연히 구분되는 점은 '부국강병'을 달성하기 위한 개화·자강책을 적극적으로 추진한 것이었다. 따라서 통리군국사무아문은 근대적인 제도와 문물을 효율적으로 수용하는 데 필요한 개화·자강기구를 신설하는 업무를 관장하였다.

우선 통리군국사무아문은 영선사가 추진해왔던 근대적 병기의 제조 및 수리기구인 機器局의 설치를 주관하였다.64) 1883년 5월 11일 통리군국사무아문은 上海로부터 구입한 기계가 도착함에 따라 기기국의 설치절목을 마련하고65) 各司各項各減各條·摠戎廳月課契 및 軍器寺元貢 등을 그 운영자금으로 충당하도록 조처하였다.66) 이어 5월 23일에는 통리군국사무아문의 참의 이조연 등이 기기국의 총책임자인 총관에 임명됨으로써 실제적으로 통리군국사무아문이 기기국을 관할하게 되었다.67) 한편 1884년 8월 27일에 기존의 병기제

---

61) 『일성록』, 1883년 5월 5일, 28일, 11월 28일, 1884년 9월 20일조 참조.
62) 『일성록』, 1883년 9월 25일, 1884년 4월 3일조.
63) 『일성록』, 1883년 6월 12일조.
64) 기기국에 관해서는 金正起, 「1880년대 機器局·機器廠의 設置」, 『韓國學報』 10, 1978 참조.
65) 『일성록』, 1883년 5월 11일조.
66) 『일성록』, 1883년 6월 5일조.

조 업무를 맡고 있었던 軍器寺는 기기국에 흡수·통일되고 말았다.[68]

다음으로 통리군국사무아문은 '布示'를 통해 농상사가 관할하는 戶·農·桑·茶業을 진흥시키기 위한 방안으로서 '統戶規則'·'農務規則'·'養蠶規則'을 재정·포고하고 이를 실행하기 위한 기구의 설립을 추진하였다.[69] 먼저 1884년 8월 말경 통리군국사무아문은 독판 조영하, 협판 민영익과 이조연, 그리고 통상교섭통상사무아문의 독판 김홍집과 전환국 총관 묄렌도르프 등으로 하여금 蠶桑公司의 설치 업무를 상의하도록 하는 동시에 上海에 머물고 있던 독일인 메르텐스(A. H. Maertens, 麥登司)를 잠상공사경리에 내정하였다.[70] 그러나 메르텐스가 10월 10일에 조선에 도착한 지 일주일 만에 갑신정변이 발발함으로써 잠상공사는 계획단계에 머무른 채 설치되지 못하고 말았다.[71]

또한 통리군국사무아문은 1884년 9월 12일에 장내사의 주관으로 이른바 '裕國利民'에 관계되는 농상·직조·瓷甄·牧畜·紙·茶局 등 6국을 신설하고 그 절목을 마련하는 등 근대적인 농업육성정책을 강구하였다.[72] 그러나 이후 6국에 대한 인사 조치가 내려지지 않은 사실로 미루어 그 운영이 실제적으로 이루어지지 않은 것으로

---

67) 『일성록』, 1883년 5월 23일조.
68) 『일성록』, 1884년 8월 27일조.
69) 『한성순보』, 제7호(1883.12.9), '內衛門布示' 참조.
70) 統理軍國事務衙門 編, 『上諭』, 1884년 8월, 奎章閣圖書 #18094. 高麗大學校 亞細亞問題研究所 編, 『舊韓國外交文書: 德案 1』, 高麗大學校 亞細亞問題研究所, 1967, 346쪽, #951, 附「蠶桑公司設立에 관한 上諭」참조.
71) 잠상공사의 설치계획 및 그 과정에 대해서는 須川英德, 「朝鮮開港後一八八〇年代における生絲輸出の試みについて―內衛門布示と蠶桑公司―」, 『朝鮮史研究會論文集』 26, 1989, 195~204쪽 참조.
72) 『대한계년사』, 26쪽 1884년 1월조에도 "置農桑·織造·瓷甄·牧畜·紙·茶等局 凡六局 皆設官以主之"라는 기록이 있는 것으로 보아 통리군국사무아문의 '布示'가 공포된 이후 장내사와 농상사를 중심으로 산업육성정책에 대한 논의가 계속되어 왔음을 알 수 있다.

판단된다.

 한편 통리군국사무아문은 1883년 8월 1일에 삼군부의 혁파 이후 소속처가 없어졌던 보부상을 예하에 두어 관리하다가 8월 19일에 외국의 상국·상사·상회 등의 예를 모방하여 독립기관인 惠商公局을 설치하였다.73) 그렇지만 혜상공국의 句管堂上에 민태호, 총판에 민영익·민응식·한규설·이조연 등 통리군국사무아문의 당상관이 임명됨으로써 실질적으로 통리군국사무아문이 혜상공국을 통괄하였던 것이다.

 마지막으로 통리군국사무아문은 부산·원산·인천 등 3개 항에서 청일 양국을 비롯한 각국과의 통상이 활발해짐에 따라 조선의 상인들을 보호하고 통상상의 불법행위를 방지하는 데 힘쓰기도 하였다. 예컨대, 통리군국사무아문은 서울상인들이 만든 長通商會를 보호하였고,74) 인천부사로 하여금 討捕使를 겸임시켜 개항장의 질서와 치안을 유지하도록 하였으며,75) 어선을 가장한 청국인의 밀무역을 단속하고자 白翎島僉使 玄昇運을 검찰관으로 임명하기도 하였던 것이다.76) 또한 통리군국사무아문은 울릉도에서 자행되고 있던 일본인의 불법적인 벌목과 어로행위를 근절시키기 위해 울릉도에서 가까운 육지의 지방관으로 하여금 그곳 주민을 이주·개척시키는 일을 전담케 하는 방안을 마련하였다. 즉, 통리군국사무아문은 울릉도에 대한 '募民墾地'책을 효과적으로 추진하기 위해 처음에 三陟營將, 그리고 나중에는 平海郡守로 하여금 울릉도첨사직을 겸하도록 하였던 것이다.77)

---

73) 『일성록』, 1883년 8월 1일조.
74) 『음청사』, 227쪽, 1883년 6월조.
75) 『승정원일기』, 1883년 10월 19일조.
76) 『일성록』, 1884년 7월 28일조.
77) 『일성록』, 1884년 3월 15일, 6월 30일조.

이상을 종합해 보면, 통리군국사무아문은 재정·군사관련 업무뿐만 아니라 對淸外交와 근대적 개화·자강기구의 신설 등 국정 전반의 주요 사안을 입안·시행함으로써 기존 의정부와 6조의 권한을 사실상 능가하는 기능을 발휘하였다. 특히 통리군국사무아문이 전환국·기기국·주향국·광무국·잠상공사·농상국·직조국·자전국·목축국·지국·차국 등 개화·자강 관련기구들의 신설을 주도하는 동시에 이들 기구들을 실질적으로 통괄하였다는 점은 주목할 만하다. 그러나 그 기능은 권력의 유지에 근간을 이루는 재정·군사권의 장악에 집중되어 있었고, 적극적으로 근대적 제도와 문물을 수용하는 데까지 이르지는 못하였다. 한마디로 통리군국사무아문은 개화·자강추진 기구였을 뿐 아니라 나아가 최고의 정책의결 및 집행기구로 기능하였다고 판단된다.

V. 통리군국사무아문의 운영

통리군국사무아문은 당상관인 독판·협판·참의와 당하관인 주사에 의해 운영되었다. 또한 절목에는 규정되어 있지 않았지만 설치 당시 영의정 홍순목과 좌의정 김병국이, 그 후 우의정에 임명된 김병덕과 沈舜澤이 모두 총리대신직을 겸하고 있었던 점으로 미루어 의정부의 3정승이 통리군국사무아문의 총리대신을 겸임하였음을 알 수 있다.[78] 이 점은 상대적으로 통리군국사무아문의 정치적 위상이 드높았음을 보여준다.

그러나 통리군국사무아문의 존속기간 중 의정부의 3정승이 모두 직위를 차지하고 있었던 시기는 얼마 되지 않았다. 예컨대, 영의정

---

78) 『일성록』, 1883년 3월 17일, 1884년 8월 19일조.

직은 1883년 6월 17일에 홍순목이 사임한 이후 1884년 5월 22일에 좌의정 김병국이 그 후임으로 임명되기 전까지 약 1년 가까이 공석으로 남아있었다. 더욱이 김병국의 승진으로 생긴 좌의정직은 갑신정변 이전까지 역시 비워지게 되고, 1884년 6월 5일 우의정 김병덕마저 직무에 충실하지 못하다는 이유로 門黜된 이후 그 자리가 곧 채워지지 않았다. 그리하여 3정승직에는 8월 19일 심순택이 우의정에 임명될 때까지 영의정 김병국만이 홀로 남게 되었다. 이러한 사실로써 통리기무아문이 설치된 후 의정부의 권한이 크게 위축되어 있었음을 알 수 있다. 따라서 총리대신은 통리군국사무아문의 명목상 총책임자에 불과했던 것으로 판단된다.

또한 앞에서 살펴보았듯이 통리군국사무아문의 실제 업무를 총괄하고 추진하였던 당상관은 중앙기구 중 5위도총관을 제외한 모든 관직과 외직 가운데 경기감사·수령, 4도유수 등을 겸직할 수 있었다. 그러므로 당상관 중에서도 국가의 요직을 겸임하고 있는 당상관이 당연히 통리군국사무아문의 운영권을 장악하게 되었던 것이다. 1882~1884년간 통리군국사무아문의 관리들을 직급으로 나누어 분석하면서 그 운영을 주도했던 핵심세력의 특징을 살펴보면 다음과 같다.

첫째, 督辦은 6司(務)를 대표하여 업무를 총괄하는 책임자였는데, 그들 중 1명은 '首督辦'으로서 통리군국사무아문의 실질적인 최고 책임자역할을 맡고 있었다. 독판은 各司(務)마다 1명씩 임명되는 것이 원칙이었으나, 설치 당시에는 민태호·김병시·김유연·尹滋悳 등 4명뿐이었다.79) 그 후에도 윤자덕과 민태호가 1883년 1월 17일과 2월 13일에 각각 사임하였고, 김병덕이 임명된 지 2개월 만인 1883년 3월 17일에 우의정 겸 통리군국사무아문 총리로 승진한 반

---

79) 1883년 1월 22일 직무분장에 의하면, 6무 업무의 경중에 따라 형무와 공무는 독판이 없는 반면 호무와 예무에는 두 명의 독판이 배치되었다.

면, 1월 13일에 조영하와 鄭範朝만이 그 후임에 임명되었기 때문에 자연히 독판은 2務 이상을 겸관할 수밖에 없었다. 따라서 초기 6무 체제하에서는 병무를 관할하면서 선혜청당상·예조판서·좌변포도 대장·친군영제조 등을 겸임했던 김병시와 호무를 관할하면서 호조 판서와 공시당상을 겸직했던 김유연이 그 운영을 주도한 것으로 여겨진다.

독판의 재임기간

성명	본관	생몰년	재임기간	성명	본관	생몰년	재임기간
閔台鎬	驪興	1834~1884	1882.12.5~1883.2.13	金炳始	安東	1832~1898	1882.12.5~1884.3.13
			1883.9.19~1884.10.17	金有淵	延安	1819~1887	1882.12.5~1884.10.17
尹滋悳	坡平	1827~1890	1882.12.5~1883.1.17	金炳德	安東	1825~1892	1883.1.12~1883.3.17
趙寧夏	豊壤	1845~1884	1883.1.13~1884.10.1	鄭範朝*	東萊	1837~1897	1883.1.17~1884.6.30

비고: *표는 『漢城旬報』 제31호(1884.7.1)에 기록된 1884년 6월 30일 현재 인사배치에 없는 자임(이하 동일).

그러나 1883년 8월 20일 6무에서 6사로 조직개편이 단행된 후에는 9월 19일에 통리군국사무아문의 총책임자격인 장내사 독판(首督辦)으로 복귀한 민태호가 점차 그 운영권을 장악하게 되었다. 그는 임오군란 때 민겸호가 살해당한 뒤 민씨척족의 제1세대 중 몇 안 되는 생존자로서 의정부의 좌찬성을 비롯해 鑄錢堂上·鼓鑄處堂上·開城留守·典圜局管理事務·惠商局句管·宣惠廳堂上·貢市堂上 등 재정의 요직을 장기간 독차지함으로써 민씨척족정권의 이른바 勢道로 군림하였던 것이다.80)

---

80) 그는 민비의 父인 閔致綠의 양자였던 閔升鎬가 후손이 없자 민비의 천거로 자신의 아들 민영익을 민승호에게 입양시킴으로써 관계에 발탁되었

반면에 김병시는 이용사와 군무사의 독판직을 맡았지만 1883년 11월 29일부터 1884년 1월 10일까지 이조판서직만 겸임했다가 1884년 6월 30일에는 통리교섭통상사무아문의 독판으로 옮겨가고 말았다. 또한 조영하는 대왕대비 神貞王后의 조카로서 임오군란 직후 對淸외교를 주도하고 기무처와 통리교섭통상사무독판에 등용되는 등 중앙정부의 실력자로 자리잡았지만, 그 후로는 공조판서직을 겸임했을 뿐 정부요직에서는 배제되고 말았다. 정범조 역시 1884년 1월 17일부터 5월 4일까지 병조판서를 겸임하는 데 그쳤다. 단지 김유연만은 1884년 7월 29일까지 무려 1년 10개월여 동안 호조판서를 장기간 겸직한 다음 10월 6일에 이조판서를 역임하였다.

이와 같이 통리군국사무아문의 존속기간에 독판에 임명된 자는 민태호·김병시·김유연·윤자덕·김병덕·조영하·정범조 등 총 7명이었다. 그들은 모두 여흥 민씨·안동 김씨·풍양 조씨 등 명문양반 가문 출신으로서 고종이 친정을 개시하기 이전에 과거에 합격하여 주요관직을 두루 역임했던 50대 전후의 중진관료였다. 이들 중 민태호·윤자덕·김병덕·조영하·정범조 등은 통리기무아문의 당상을 지냈으며, 대부분은 청국과의 전통적인 관계를 중시한 나머지 국제정세에는 밝지 못했던 親淸系 인사들이었다. 독판들 중 초기에는 김병시·김유연의 정치적 영향력이 높았지만, 1883년 8월 23일의 조직개편을 계기로 민태호가 장내사의 독판으로 정부의 요직을 겸직하면서 통리군국사무아문뿐만 아니라 국정전반의 운영을 주도함에 따라 그 외의 독판들의 정치적 위상은 상대적으로 격하되었던 것이다.

다. 그리고 이 일을 추진하는 데 결정적인 역할을 담당했던 동생 閔奎鎬가 사망한 뒤 본격적으로 중앙으로 진출하였다. "자상하고 신중해서 감히 독단을 하지 않는" 성품의 그는 자신의 딸이 세자빈으로 책봉됨을 계기로 권력을 장악하게 되었다. 『매천야록』, 45, 54~55쪽 참조.

둘째, 협판은 各司(務)의 실질적인 업무를 담당하는 관리로서 독판의 직무를 보좌하는 기능을 맡고 있었다. 따라서 통리군국사무아문 설치 초기 협판은 독판들과는 달리 외유경험이 있고 국제정세에 밝은 김윤식·박정양·조준영·민종묵 등 소위 時務家들이 발탁되었다.

협판의 재임기간

성명	본관	생몰년	재임기간	성명	본관	생몰년	재임기간
金允植	淸風	1835~	1882.12.5~ 1884.3.13	朴定陽	潘南	1841~1905	1883.1.17~ 1884.10.17
李喬翼	廷安	1830~	1883.1.17~ 1884.10.17	趙準永	農壤	1833~1886	1883.1.17~ 1884.10.17
韓章錫	淸州	1845~1894	1883.1.17~ 1884.6.30*	閔種默	驪興	1835~1910	1883.1.17~ 1884.10.17
尹泰駿	坡平	1839~1884	1883.8.1~ 1884.3.13 1884.9.16~10.17	魚允中	咸從	1848~1896	1883.8.1~ 1884.10.17
				韓圭稷	淸州	?~1884	1883.9.29~ 1884.10.17
具完植			1883.9.29~ 1883.6.30*	李祖淵	廷安	1843~1884	1883.9.30~ 1884.10.17
閔應植	驪興	1844~?	1883.12.9~ 1884.10.17	南一祐	宜寧	1837~?	1884.3.13~10.17
洪英植	南陽	1855~1884	1884.3.28~8.20	沈相薰	靑松	1854~?	1884.6.24~10.17
閔泳翊	驪興	1860~1914	1884.8.28~10.17				

먼저 김윤식은 1881년 영선사로 청국에 파견되었을 때에 임오군란이 일어나자 청군에 지원을 요청했던 對淸 외교통이었다. 그는 귀국 후 기무처 관리로서 特進官에 발탁되어 군란으로 초래된 정국의 혼란을 안정시키는 일에 전념하였다. 특히 예무와 감공사를 맡았던 그는 機器局의 초대 총관으로 근대적인 무기 생산 산업을 주도하는 한편 강화유수로 재임하는 동안 袁世凱에게 강화의 지세와 군대훈

련을 시찰해 줄 것을 요구하는 동시에 강화병 중에 500명을 선발하여 鎭撫營을 조직하고 청국식 훈련을 받도록 주선하였다.81) 이와 같이 그는 청국의 양무운동을 모델로 삼아 개화정책을 추진함으로써 조선정계 내의 핵심적인 친청파인사로 부상하였다. 그러나 1884년 3월 13일 통리교섭통상사무아문의 협판으로 발령받은 데 이어 8월 27일 강화유수직에서도 물러나면서 이후 요직에서 배제된 채 공조판서·예문제학·지의금 등을 맡았을 뿐이다.

또한 박정양·조준영·민종묵 등은 조사일본시찰단의 朝士로서 일본을 시찰한 후 통리기무아문의 당상에 등용된 개혁파 인사들이었다. 박정양은 예무와 감공사를 관할하면서 이조참의·형조참판·이조참판·예조참판·한성좌윤·기기국총판·대사헌 등을 역임하였다. 그는 1883년 5월 중순 국가의 재정난을 타개하기 위해 단행되었던 당오전과 銀票 등의 주전 사무를 관장하고, 김윤식 등과 더불어 기기국의 초대 총관으로서 개화정책을 추진하였다. 민종묵은 군란 직후 進賀謝恩 겸 歲幣副使로 청국을 방문하였던 민씨척족 중의 중진이었는데 공무와 농상사의 협판으로서 이조참판·한성판윤·형조판서·대사헌 등을, 조준영은 이무와 이용사의 협판으로서 이조참의·승지·대사헌·예조참의·한성우윤과 좌윤 등을 각각 역임하였다.

한편 1883년 8월 20일의 조직개편을 전후하여 협판의 수가 2명으로 증원됨에 따라 윤태준·이조연·한규직·심상훈·민응식·민영익 등 민씨척족과 親関系 인사들이 대거 등용되었다. 먼저 윤태준은 수신사와 영선사의 종사관으로 일청 양국을 방문한 적이 있으며, 임오군란 당시 대궐을 빠져나온 민비를 자신의 집에 은닉시킨 다음 노자를 마련해 주어 충주로 피신케 해준 공로로 과거에 급제하였다.82) 그 후 그는 통리군국사무아문의 참의·협판으로서 우영

---

81) 『음청사』, 222~223쪽, 1882년 11월 16~18일 ; 224쪽, 1883년 정월조 참조.

감독·직각·겸필선·응교·기기국총판·이조참의·혜상공국총판·예조참판·전영감독·후영사 등을 지냈다.

이조연은 서자출신이지만 박규수에게 재능을 인정받아 그의 예하에서 郎署로 머물러 있다가 역시 수신사의 수행원과 영선사의 考選官으로 일청 양국을 돌아보았으며, 일본이 임오군란의 배상금을 요구했을 때 그들의 잘못을 조리 있게 반박한 일로 고종에게 발탁되었다고 한다.[83] 그는 윤태준과 함께 과거에 급제한 뒤 통리교섭통상사무아문과 통리군국사무아문의 참의를 겸임하였다가 협판으로 승진하여 기기국총판·이조참의·혜상공국총관·예조참판·좌영감독·북경사겸안무사·전환국총판·후영감독·좌영사 등을 겸임하였다.

한규직은 동래부사로 재직하는 동안 고종에게 막대한 뇌물을 진상하여 총애를 받았다고 전해진다.[84] 그는 특진관·어영대장·총융사·우포장·同訓練·형조참판·知義禁·혜상공국·총판·공조판서·전영감독·기기국총판·전영사 등을 지냈다.

이들 3인은 袁世凱와 친분이 두터웠을 뿐 아니라 고종 내지 민비의 신임을 받아 재정·군사의 요직을 독점하고 있었다. 특히 이들은 민영익과 함께 친군4영의 영사·기기국총판·혜상공국총판으로서 국권과 재정권을 장악함으로써 민씨척족의 정권 유지·강화에 핵심적인 역할을 담당하였다.[85] 따라서 이들은 모두 갑신정변 당시

---

82) 『매천야록』, 60, 64쪽.
83) 『매천야록』, 64, 79~80쪽.
84) 『매천야록』, 80쪽.
85) 1884년 8월 26일 친군사영의 책임자인 감독의 칭호가 영사로 바뀌고 민응직의 후임으로 민영익이 우영사에 임명됨으로써 중앙군은 이들 4인의 수중에 들어간다. 그리고 28일에는 4영사는 통리군국사무아문의 군무사 당상을 겸관하라는 절목이 추가되었는데, 이는 통리군국사무아문이 군사권을 완전히 장악하게 되었음을 의미한다.

개화당에 의해 주요제거 대상으로 지목되어 살해당하고 말았던 것이다.

이들 외에 심상훈은 임오군란으로 충주로 피신하였던 민비와 궁중의 연락을 맡았던 일을 계기로 청주목사에 발탁된 친민씨계 인물이었다. 임오군란 후 그는 중앙관계로 진출해서 통리군국사무아문의 참의를 거쳐 협판으로 승진하여 이조참의·檢校直閣·兼輔德·예조참판·경기감사 등의 직을 역임하였다. 더욱이 그는 갑신정변 당시 고종을 끝까지 호위함으로써 신임을 얻어 그 후 민씨척족의 핵심인물이 되었다.86)

협판 중에는 민영익과 친분이 두터웠던 온건개화파의 어윤중과 변법개화파의 홍영식도 포함되어 있었다. 조사시찰단의 조사로 일본의 근대화를 살펴보고 天津으로 갔을 때 임오군란이 일어나자 김윤식과 함께 청군의 파병을 요청했던 어윤중은 귀국 후 기무처·감생청의 구관당상으로서 불필요한 국가기구의 정비작업에 착수하였다. 이 과정에서 그는 지나치게 과감한 개혁을 시도한 결과 서북경략사로 일시 좌천되기도 하였다. 그러나 그는 재무와 외교업무에 능통했기 때문에 통리군국사무아문의 참의로 기용되어 협판으로 승진한 뒤 병조참판·호조참판을 겸임하면서 개화정책을 추진하는 데 일익을 담당하였다.

홍영식은 조사시찰단의 조사와 통리기무아문의 당상관직을 역임한 변법개화파 관료로서 기무처에 발탁된 뒤 통리군국사무아문의 참의로 임명되었으나 곧 통리교섭사무아문의 郵政司 협판의 자리로 옮겨갔다. 그는 민영익과 함께 보빙사의 부사로 미국을 시찰하고 돌아온 후 郵政總局 창설의 산파역을 담당하였으며, 병조참판을 거쳐 다시 통리군국사무아문의 협판으로 임명되었으나 민씨척족과 변

---

86) 『매천야록』, 77~79쪽.

법개화파의 대립이 첨예화되었던 1884년 8월 20일에 협판직에서 물러나고 말았다.

1884년 8월 28일에 변법개화파로서 유일하게 협판직에 올랐던 홍영식의 후임으로 민씨척족세력의 소장 領袖인 민영익이 임명되었던 점은 주목할 만하다. 고종과 민비의 총애를 받았던 그는 혜상공국총판·이조참판·금위대장·우영사·기기국총판 등 주로 군사·재정 방면의 요직을 겸임함으로써 친부 민태호와 권력을 나누어 장악하고 있었다.[87] 그는 報聘正使로 미국을 방문하기 전까지 어윤중·김옥균·홍영식 등 개화파와도 두터운 친분을 유지하면서 정부가 주도하였던 개혁정책의 추진에 앞장서기도 하였다.[88] 그러나 그는 귀국 후 청국군 교관을 고빙하고 袁世凱와 유착하는 등 개화성향을 버리고 오히려 민씨척족정권을 유지하는 데만 진력함으로써 갑신정변 때 김옥균 등 개화당의 제거대상으로 지목되었던 것이다.

또한 민응식은 임오군란의 반발로 충주로 피난간 민비를 扈從하면서 자신의 집에 묵게 했던 공로로 출세가도를 달린 인물이었다.[89] 민비의 비호 아래 참의를 거쳐 협판으로 승진한 그는 이조참의·혜상공국총판·대사성·호조참판·한성우윤·충주목사·후영감독·평안감사 등을 역임하면서 재정과 군사의 요직을 차지할 수가

---

87) 井上角五郞 저, 한상일 역, 『서울에 남겨둔 꿈: 漢城之殘夢』, 건국대학교 출판부, 1993, 28~31쪽 참조. 그는 김윤식·한규직·이조연·이교익·어윤중·민응식·박정양·홍영식·김만식 등 내·외아문의 인사와 袁世凱·馬建常·陳樹棠·王錫鬯 등 청국 고문들을 자신의 三淸洞 소재 亭舍로 초청해 회합을 갖기도 하였다. 박정양, 「종환일기」, 『박정양전집』 2, 542~543쪽, 1884년 2월 9일조 참조.
88) 민영익 문하의 팔학사는 이중칠·조동희·홍영식·김흥균·홍순형·심상훈·김옥균·어윤중 등이었다. 이들 중 김흥균·홍순형·김옥균을 제외한 인물들이 모두 통리군국사무아문의 당상으로 등용된 것은 민영익과의 친분이 적지 않게 작용한 것으로 판단된다. 『매천야록』, 42쪽 참조.
89) 『매천야록』, 86쪽 ; 『대한계년사』, 16쪽.

있었다. 그는 갑신정변 직전에 평안감사로 부임하였기 때문에 화를 면할 수가 있었을 뿐만 아니라, 주전업무를 관장하면서 막대한 재산을 축적하여 갑신정변 이후 민씨척족정권의 세도로서 부상하게 되었다.

　요컨대, 협판을 역임한 총 16명의 관리는 거의 대부분이 20~40대의 문과 급제자였지만 소수의 무반과 서얼도 포함되어 있었다. 독판들과는 달리 초기의 협판은 영선사와 조사일본시찰단을 이끌고 청국과 일본의 근대적인 문물을 시찰한 경험을 바탕으로 개화·자강정책의 실무를 담당했던 김윤식·박정양·조준영·민종묵 등 개혁파 관료가 주류를 이루고 있었다. 특히 조직개편 이후 협판의 수가 늘어나면서 이들 개혁파 관료 이외에 민영익·민응식 등 민씨척족과 윤태준·이조연·한규직·심상훈 등 친민계 인사들이 대거 발탁되어 군사와 재정의 요직을 차지하였다. 그 반면 김윤식·홍영식 등 개화파 인사들은 통리교섭통상사무아문으로 밀려났다.

참의의 재임기간

성명	본관	생몰년	재임기간	성명	본관	생몰년	재임기간
洪英植	南陽	1855~1884	1882.12.5~12.16	魚允中	咸從	1848~1896	1882.12.5~ 1883.8.1
申箕善	平山	1851~1909	1882.12.5~ 1884.10.17	尹泰駿	坡平	1839~1844	1883.1.12~8.1
趙同熙*	楊洲	1856~?	1883.1.17~ 1884.6.30	李重七	完山	1846~?	1883.1.17~ 1884.3.24
王錫鬯		淸國人	1883.1.19~ 1884.10.17	閔應植	驪興	1844~1903	1883.5.24~12.9
鄭夏源	延日	1851~	1884.3.13~ 1884.10.17	沈相薰	靑松	1854~?	1884.3.28~6.24
徐光範	達成	1859~1896	1884.7.23~ 1884.10.17	閔丙奭	驪興	1858~1940	1884.8.4~8.18
李道宰	延安	1845~1909	1884.8.18~10.17				

셋째, 참의는 협판을 보조하는 역할을 담당한 실무관리로서 各司에 1명씩 배치되었다. 참의는 총 13명으로서 30대가 주류를 이루고 있었으며, 그 배경은 협판들과 유사하였다.

초기의 참의로 활약한 관리는 신기선·어윤중·趙同熙·李重七·윤태준 등 친청파 내지 친민씨 계열의 인물들이었다. 신기선은 1880년 초반 대표적인 동도서기론자로서 기무처에 이어 참의로 발탁되었고, 어윤중·이중칠·조동희는 민영익 문하의 '八學士'에 속했던 인물들이었으며, 앞에서 살펴보았듯이 윤태준도 민비의 후원을 받아 정계에 등장하였다. 또한 참의 중에는 청국인 왕석창이 배치되어 있었다. 그는 초기 農務 소속이었다가 1883년 8월 20일 조직개편으로 농상사에 배치되었다. 그리고 1883년 9월 21일 그는 고종에게 '請鑄常平疏'를 올려 당오전 주조로 말미암은 물가 등귀를 방지하기 위해 常平錢을 만들자는 것, 조례에 준하여 관세 외에도 山澤·漁梁의 禁令을 풀어서 내외 군민의 生路를 넓혀주자는 것, 禁錮의 폐단을 시정하여 인재를 등용하자는 것 등을 건의한 적이 있다.90) 이 점으로 미루어 그는 조청 양국 간의 관계를 중재하거나 통리군국사무아문을 감시하는 역할을 맡았다가 후에는 주로 경제분야의 자문 역할을 했던 것으로 추정된다.91)

조직개편 이후 윤태준·어윤중·민응식·심상훈 등이 협판으로 승진한 뒤 일시적으로 참의의 수가 줄어들어 신기선·鄭夏源과 청국인 王錫鬯 등 3명이 업무를 맡아 보았다가 1884년 7월 말경부터 서광범·민병석·이도재 등이 충원되었다. 그러나 이들은 협판들과

---

90) 『한성순보』 제2호(1883.10.11), '內國記事' 참조.
91) 통리교섭통상사무아문에 배치되었던 馬建常·묄렌도르프보다 그 정치적 비중이 낮은 王錫鬯이 통리군국사무아문에 배속되었다는 점은 통리군국사무아문에 대한 청국의 정치적 간섭이 상대적으로 약했음을 시사해준다고 판단된다. 井上角五郎, 앞의 책, 35~36쪽 참조.

는 달리 정부의 요직을 겸임하지는 못한 것으로 보아 그 비중이 그리 크지 않았던 것으로 판단된다.

마지막으로 주사는 실무를 맡아보는 당하관급 관리로서 각 사에 2명씩이 배치되었다. 총 22명의 주사들 중 임용 당시의 신분 내지 관직은 幼學이 7명으로 가장 많고, 신급 제자 3명, 진사 2명, 통리교섭통상사무아문 주사 1명, 前주사와 前奉事 각 1명, 현직관리 7명 등으로, 문·무·음관과 생원·진사·유학에 구애받지 않고 선발한다는 원칙이 적용되고 있었음을 알 수 있다.

주사 가운데 尹泰駰은 영선사의 從事官伴倘으로 청국을 다녀왔으며, 邊燧는 1882년 김옥균을 수행하여 일본에 갔다가 동경의 학교에서 양잠술과 화학을 배우고 돌아왔을 뿐만 아니라 보빙정사 민영익의 수원으로 미국을 방문하기도 했다.[92] 또한 1882년 문과에 급제한 이중하는 1885년 土們勘界使로서 백두산정계비를 답사하고 간도의 영유권을 주장했던 인물이며, 池運永은 池錫永의 庶兄으로 갑신정변 후 일본에 망명한 김옥균·박영효 등을 암살하기 위해 파견되었으나 실패했던 인물이다. 그리고 金明均은 영선사의 종사관으로서 김윤식이 주도했던 무기 공장 창설계획의 실무를 담당하고 기기국의 방판을 겸임하였다.[93] 閔致完은 흥선대원군에게 천거(蔭擢)되어 都事를 지내다가 고종의 친정 이후 蝟島에서 귀양살이를 한 적이 있었고, 다산 정약용의 증손자 丁文燮은 선조의 후광으로 1886년 대과에 급제한 인물이었다.[94] 이러한 사실로써 판단컨대, 주사는 비교적 능력 위주로 선발된 젊은 신진 관료들이었다.

한편 통리군국사무아문의 구성원은 시기에 따라 그 변동이 적지

---

92) 李光麟, 「韓國 最初의 美國大學 卒業生 邊燧」, 『韓國開化史의 諸問題』, 一潮閣, 1986 참조.
93) 김정기, 앞의 논문, 102~105, 109쪽 참조.
94) 『매천야록』, 33~73쪽 참조.

않았다. 총원은 1883년 1월 22일 현재 6무에 29명(독판 6, 협판 6, 참의 5, 주사 12명)이었다가 1883년 8월 20일 6사 체제로 조직이 개편된 후 협판의 수가 배로 늘어나면서 1883년 12월 1일 현재 총 33명(독판 5, 협판 11, 참의 5, 주사 12)이, 1884년 6월 30일 현재 독판과 참의의 수가 더 줄어들어 총 29명(독판 3, 협판 12, 참의 3, 주사 11)이 되었다.95) 더욱이 이처럼 단순히 구성원의 숫자상의 변화뿐만 아니라 통리군국사무아문은 조직개편을 계기로 실무를 맡았던 민씨척족과 친민계 인사들이 대거 진출하게 됨으로써 그들의 핵심적인 권력의 중추기구로 자리잡는 성격상의 변화가 일어났다.

이상을 종합해 보면, 통리군국사무아문의 당상관, 특히 독판과 협판은 겸직허용 규정을 통해 호조·선혜청·혜상공국과 병조·친군4영·기기국 등 재정과 군사에 관련된 요직을 독점함으로써 국정의 주도권을 장악하였다. 그런데 당상관은 정치적 성향이 서로 다른 여러 정파로 구성되었을 뿐 아니라, 그 숫자도 시기에 따라 변동이 심했다. 즉, 통리군국사무아문의 운영권은 1883년 8월 20일 6務에서 6司로 조직이 개편되는 것을 계기로 김병시·김윤식·어윤중·박정양·조준영·민종묵 등 친청파 내지 개혁파 인사들로부터 민태호를 정점으로 민영익·민응식 등 민씨척족과 윤태준·이조연·한규직·심상훈 등 친민계의 인사들에게 넘어갔던 것이다.

이와 같이 민씨척족은 통리군국사무아문을 중심으로 국제정세에 밝고 실무에 능통한 개혁파 인사들을 적극 활용하여 개화·자강정책을 추진하는 한편 친민계 인사들을 요직에 등용하여 자신들의 권력을 강화시켜 나가는 데 주력하였다. 이로 말미암아 민씨척족세력과 대립하고 있던 김옥균·박영효 등 변법개화파의 핵심인사들은 통리군국사무아문에 발탁되지 못한 채 정계에서 점차 소외당하게

---

95) 『일성록』, 1883년 1월 22일, 1884년 12월 1일조 ; 『한성순보』 제31호 (1884.7.1), '國內官報' 참조.

되었다. 그 결과 변법개화파 인사들은 갑신정변을 일으켜 민씨척족의 핵심적 권력기반이었던 통리군국사무아문을 폐지시키는 동시에 형해화된 의정부의 권한을 재강화시켜 개혁을 단행하려 했던 것으로 판단된다.[96]

VI. 맺음말

 이 글에서는 통리군국사무아문의 설치과정, 그 조직과 기능 및 운영 등을 살펴봄으로써 임오군란 이후 갑신정변까지의 기간에 개화·자강 추진기구로 설치된 통리군국사무아문이 기존의 의정부와 6조를 능가하는 최고의 권부로 발전하였음을 부각시키는 동시에 그 주도세력의 인적 배경을 고찰함으로써 당시 권력구조의 특징을 총체적으로 파악하고자 하였다.
 고종은 임오군란 이후 개화정책의 추진 의지를 공식적으로 대내외에 천명하고 이를 실현하기 위한 정치기구의 개편 작업에 착수하였다. 그리하여 임오군란 당시 폐지되었던 통리기무아문의 체제를 이어받아 임시로 청국의 군기처를 모방한 기무처를 설치하였다가 통리교섭통상사무아문과 통리군국사무아문으로 개편함으로써 정부조직은 기존의 의정부·6조 체제와 신설된 양 아문으로 이원화되었다. 이와 같이 청국식 제도의 형식을 본뜬 정치기구의 개편은 친정

---

96) 갑신정변 중 반포된 14개조의 정강 가운데 6조 이외의 불필요한 관청을 폐지하고 모든 권력을 의정부에 귀속시키고자 한 조항은 바로 통리군국사무아문의 폐지를 의미하는 것이었다. 지금까지 이 조항에 대한 대부분의 기존 연구가 통리군국사무아문이 민씨척족의 권력기반이었다는 사실을 간과한 채 단지 국왕의 전제권 제한과 내각회의의 권한 확대, 또는 입헌군주제 내지 내각제의 확립 등에 초점을 맞춰 평가한 점은 재고할 여지가 있다고 생각된다.

체제를 구축하려는 고종과 개화·자강정책을 적극 추진하고자 하였던 개화파, 그리고 조선의 내정에 간섭하려던 청국의 의도가 맞아떨어져 이뤄진 것이었다. 특히 이들 중 통리군국사무아문은 통리기무아문과 마찬가지로 그 처소를 궁궐 안에 두고, '부국강병'과 '편민이국'에 관련된 업무를 포함한 국정 전반의 주요사안을 의결·집행하는 개화·자강 추진기구로 자리잡게 되었다.

통리군국사무아문은 의정부와 동일한 正一品衙門으로서 설치 초기에는 이·호·예·병·형·공무 등 6무로 편제되어 기존의 6조와 동일한 조직을 갖추고 있었다. 그러나 1883년 8월 20일에 새로 마련된 분사장정과 사무 규칙에 따라 이용사·군무사·감공사·전선사·농상사·장내사 등의 6사로 개편됨으로써 재정·군사 등 국정 전반을 통괄하면서 개화·자강 사무를 효율적으로 조정·추진할 수 있는 조직을 갖추게 되었던 것이다.

실제로 통리군국사무아문은 당오전주조·광산개발·包蔘관리 등 정부의 재정확보책을 강구하는 한편 군제개편·중앙 및 지방군의 통솔·주향국 특설·진의 치폐 등 군사관련 업무를 다루었으며, 대청 외교·통상문제를 전담하는 청국 주진대원의 파견을 주관하였다. 아울러 통리군국사무아문은 '부국강병' 내지 '裕國利民'에 관계되는 기기국·전환국·혜상공국을 신설하고 이를 실질적으로 관할하였을 뿐 아니라 잠상공사와 농상·직조·瓷甄·牧畜·紙·차국 등 6국을 신설절목으로 마련하였으며, 청일 양국의 불법적인 통상행위를 방지하는 조치를 취하기도 하였다. 이처럼 통리군국사무아문은 기존의 의정부·6조와는 달리 개화·자강사무를 조정·추진하는 기구였을 뿐 아니라, 나아가 국정을 총괄하는 최고의 권부로서 기능하였다고 말할 수 있다.

통리군국사무아문은 의정부의 3정승이 겸임하였던 총리대신을 비롯하여 당상관인 독판·협판·참의와 당하관인 주사로 운영되었다. 이들 중 各司(務)의 업무를 총괄했던 독판직에는 여흥 민씨·안동 김씨·풍양 조씨 등 명문세도가 출신의 자손들로서 친청 노선을 취하고 있었던 인물들이, 그리고 각사의 실무를 담당하고 있던 협판과 참의직에는 청일 양국의 근대적인 문물을 시찰하고 개화정책에 적극 관여하였던 時務家와 임오군란을 계기로 관계의 요직에 진출했던 친민계의 인사들이 각각 등용되었다.

 더욱이 통리군국사무아문의 당상관—특히 독판과 협판—은 겸직 허용 규정을 통해 호조·선혜청·전환국·혜상공국과 병조·친군4영·기기국 등 재정과 군사관련 요직을 독점함으로써 국정의 주도권을 장악해 갔다. 그런데 당상관직은 정치·사회적 배경이 다른 여러 관료들로 구성되었을 뿐 아니라, 그 숫자도 시기에 따라 변동이 많았다. 통리군국사무아문은 초기 6무 체제하에서 김병시·김윤식·어윤중·조준영·민종묵 등 친청파 내지 개혁인사들에 의해 운영되었다. 그러나 1883년 8월 20일에 6사로 조직이 개편된 시점을 계기로 세도로 부상하고 있던 민태호를 정점으로 민영익·민응식 등 민씨척족과 윤태준·이조연·한규설·심상훈 등 친민계의 인사들이 대거 등용되어 그 운영권을 장악하였던 것이다.

 이상과 같이 통리군국사무아문은 개화·자강정책을 포함한 국정의 현안을 협의·집행하는 기구로 설치되었으나 점차 민씨척족세력이 자신의 권력기반을 공고히 조성하는 중추적 정치기구로 변모되어갔다. 이로 말미암아 민씨척족세력을 타도하고자 갑신정변을 단행했던 김옥균 등은 통리군국사무아문을 폐지하고 이로 인해 그 기능이 형해화되었던 의정부의 권한을 재강화시켜 급진적인 정치개혁을 추진하려 했던 것으로 판단된다. 갑신정변 이후 민씨척족세력은 1885년 5월 25일 통리군국사무아문의 후신으로 內務府를 신설하고 이를 중심으로 다시금 권력을 장악·행사해 나갔다.

내무부의 조직과 기능(1885~1894)

Ⅰ. 머리말

 內務府는 1885년 5월 25일(음) 王命에 의해 설치되어 1894년 7월 30일 폐지될 때까지 "國家機務를 總察하고 宮內사무를 관장"했던 최고의 국정의결·집행기구였다. 갑신정변 이후 청국이 對朝鮮 종주권 강화정책의 일환으로 내정에 적극 간섭함에 따라 국왕 高宗과 집권세력인 閔氏戚族은 군주권 내지 주권을 보존하기 위해 統理軍國事務衙門의 체제를 계승한 내무부를 신설하였던 것이다. 이에 내무부는 각종 개화·자강사업을 비롯한 국가의 중대 사안을 처리함으로써 기존의 議政府와 6曹체계를 약화시키고 조선 중기의 備邊司를 능가하는 국가 최고의 국정의결·집행기구로 기능하였다. 따라서 내무부의 조직과 운영을 파악하는 일은 이 시기에 실시된 개화·자강정책의 성격은 물론 권력구조의 성격, 나아가 집권세력의 권력장악 실태 등을 이해하는 데 관건이 된다.
 종래 내무부가 설치·운영되었던 시기의 정치사 연구는 당시 청국의 영향력이 조선에 강하게 미쳤다는 점을 감안하여 駐箚朝鮮總理交涉通商事宜 袁世凱의 강압적인 대조선정책과[1] 이에 반발한 조

---

1) 갑신정변 이후 청국의 대조선정책에 관한 대표적인 연구로는 王信忠,

선정부 측의 반청외교, 그리고 몇몇 개화·자강추진기구의 조직과 그 기능 등에 집중되어 왔다.2) 이로써 袁世凱의 '시대착오적'인 對朝鮮 내정간섭정책의 실상은 어떠했으며 그것이 조선의 개화·자강정책을 방해·좌절시킨 가장 중요한 원인으로 작용했다는 사실은 많이 밝혀졌다. 그러나 이 시기에 민씨척족정권의 실권자들이 어떻게 권력을 장악하고 있었는가에 대한 연구는 상대적으로 등한시되었다.

최근 개항 후 조선이 당면했던 각종 개화·자강사무를 효과적으로 추진할 목적으로 1881년에 청국의 總理衙門체제를 모방하여 신설한 통리기무아문과 이를 계승한 統理交涉通商事務衙門(1882~1894)·

『中日甲午戰役之外交背景』, 北京: 淸華大學出版部, 1936; 田保橋潔, 『近代日鮮關係の硏究』 下, 朝鮮總督府中樞院, 1940; 李瑄根, 『韓國史: 最近世篇』, 乙酉文化社, 1961; 林明德, 『袁世凱與朝鮮』, 臺北: 中央硏究院 近代史硏究所, 1972; Young Ick Lew(柳永益), "Yüan Shih-k'ai's Residency and the Korean Enlightenment Movement," *The Journal of Korean Studies* 5, 1984; 權錫奉, 『淸末對朝鮮政策史硏究』, 一潮閣, 1986; 李陽子, 「淸의 對朝鮮政策과 袁世凱」, 『釜大史學』 5, 1981; 「淸의 對朝鮮經濟政策과 袁世凱」, 『東義史學』 3, 1987; 『조선에서의 원세개』, 신지서원, 2002; 金正起, 「淸의 朝鮮에 대한 軍事政策과 宗主權」, 『邊太燮博士華甲紀念史學論叢』, 三英社, 1985; 具仙姬, 『韓國近代 對淸政策史 硏究』, 혜안, 1999 등 참조.
2) 갑신정변 이후 고종의 자주외교 및 자강정책에 관해서는 李光麟, 『韓國開化史硏究(改訂版)』, 一潮閣, 1969; 『韓國開化史의 諸問題』, 一潮閣, 1986; 『開化派와 開化思想硏究』, 一潮閣, 1989; 宋炳基, 「소위 "三端"에 대하여」, 『史學志』 6, 1972; Young Ick Lew(柳永益), "An Analysis of the Reform Documents of the Kabo Reform Movement, 1894," *Journal of Social Science and Humanities*, 40, 1974; "Dynamics of the Korean Enlightenment Movement, 1879~1889: A Survey with Emphasis on the Roles of Korean Leaders," 中央硏究院 近代史硏究所 編, 『淸季自强運動硏討會論文集』 上, 臺北: 中央硏究院 近代史 硏究所, 1987; 金達中, 「1880年代 韓國國內政治와 外交政策」, 『韓國政治學會報』 10, 1976; 스워다우트 지음, 申福龍·姜錫燦 옮김, 『데니의 생애와 활동-韓末 外交 顧問制度의 한 硏究-』, 평민사, 1988; 金源模, 「朴定陽의 對美自主外交와 常駐公使館開設」, 『(藍史 鄭在覺博士古稀紀念)東洋學論叢』, 고려원, 1984; 韓哲昊, 「初代 駐美全權公使 朴定陽의 美國觀-『美俗拾遺』를 중심으로-」, 『韓國學報』 66, 1992 봄 등 참조.

統理軍國事務衙門(1882~1884)에 관한 연구가 이뤄짐에 따라[3] 갑신정변 후 민씨척족정권의 정치기반이자 최고의 국정의결·집행기구였던 내무부에 대한 관심이 모아지기 시작하였다. 그런데 이러한 연구 중 일부는 내무부를 도외시한 채 민씨척족세력이 의정부와 6조를 비롯한 전통적 관료기구 내에서 차지하였던 관직 경력 등을 다루는 데 초점을 맞추거나 일부는 내무부가 국정을 총괄한 최고의 정치기구였다는 사실에 주목하면서도 그 조직과 기능조차 제대로 파악하지 못하는 정도의 수준에 머물고 있다.[4] 따라서 1885~1894년

---

[3] 1881년에 신설된 통리기무아문과 그 계통을 이어받은 기구에 대한 기존의 연구성과로는 全海宗, 「統理機務衙門 設置의 經緯에 대하여」, 『歷史學報』 17·18합집, 1962 ; 李鐘春, 「統理機務衙門에 對한 考察」, 『論文集』(淸州敎育大學) 3, 1968 ; 李鉉淙, 「高宗때 減省廳設置에 대하여」, 『金載元博士回甲紀念論叢』, 乙酉文化社, 1969 ; 彭澤周, 『明治初期日韓淸關係の硏究』, 東京: 塙書房, 1969 ; Martina Deuchler, *Confucian Gentlemen and Barbarian Envoys: The Opening of Korea, 1875~1885*, Seattle and London: University of Washington Press, 1977 ; 李光麟, 「統理機務衙門의 組織과 機能」, 『學術院論文集』(人文·社會科學篇) 26, 1987(『開化派와 開化思想 硏究』, 一潮閣, 1989에 소수) ; 「內衙門의 설치와 기능」, 『韓國開化史硏究』(全訂版), 一潮閣, 1999 ; 田美113, 「統理交涉通商事務衙門에 關한 硏究」, 『梨大史苑』 24·25합집, 1990 ; 崔賢淑, 「開港期 統理機務衙門의 設置와 運營」, 高麗大學校 敎育大學院 碩士學位論文, 1993 ; 韓哲昊, 「統理軍國事務衙門(1882~1884)의 組織과 運營」, 『李基白先生古稀紀念 韓國史學論叢』, 一潮閣, 1994 ; 李美愛, 「1880~1884년 富國強兵推進機構와 議政府」, 『韓國史論』 44, 2000 등 참조.

[4] 내무부에 대해 부분적으로 논급한 연구로는 樽谷憲一, 「閔氏政權上層部の構成に關する考察」, 『朝鮮史硏究會論文集』 27, 1990 ; 원종규, 『조선정치제도사』 3, 평양: 과학·백과사전종합출판부, 1990 ; 김필동, 「갑오경장 이전 조선의 근대적 관제 개혁의 추이와 새로운 관료 기구의 성격」, 『한국의 사회제도와 농촌사회의 변동』, 문학과 지성사, 1992 ; 연갑수, 「개항기 권력집단의 정세인식과 정책」, 『1894년 농민전쟁연구』 3, 역사비평사, 1993 ; 한철호, 「조선의 정치기구 개편과 집권세력의 변동(1884~1894)」, 『東北亞』 7, 1998 ; 「조선정부의 대응(1885~1893)」, 『한국사 39』, 국사편찬위원회, 1999 ; 殷丁泰, 「高宗親政 이후 政治體制 改革과 政治勢力의 動向」, 『韓國史論』 40, 1998 ; 장영숙, 「내무부 존속기간(1885~1894년) 고종의 역할과 정국동향」, 『祥明史學』 8·9, 2003 등 참조.

간 민씨척족정권의 권력구조와 그 특징, 아울러 이 시기 개화·자강 정책의 성격을 올바로 구명하기 위해서는 내무부를 총체적으로 검토하는 작업이 필요하다.

이 글에서는 『日省錄』, 『淸季中日韓關係史料』, 『東京朝日新聞』 등 한·중·일 측의 자료를 활용하여 1885~1894년간에 내무부의 조직과 기능을 집중적으로 분석·검토함으로써 내무부가 어떻게 개화·자강정책을 포함한 국정의 중대 사안을 총괄하는 최고 국정의결·집행기구로 발전해갔는가를 밝혀보고자 한다. 이를 위해 먼저 청국의 對朝鮮 간섭정책하에서 내무부가 설치되는 과정을 알아보겠다. 다음으로 내무부의 조직이 어떻게 정비·확대되고, 그 과정에서 의정부·통리교섭통상사무아문 등 기존 중앙정부기구들의 기능이 어떻게 변해가는지 그 모습을 검토하고자 한다. 마지막으로 내무부가 입안 내지 집행한 안건을 중심으로 그 기능을 살펴보도록 하겠다. 단, 내무부의 운영을 주도한 세력에 대해서는 별도의 글에서 다루고자 한다.

II. 내무부의 설치과정

갑신정변을 무력으로 진압한 청국은 1879년 이래 취해왔던 조선에 대한 소극적인 견제정책을 버리고 적극적인 간섭정책을 취하기 시작했다.[5] 청국의 대조선정책을 입안했던 北洋大臣 李鴻章은 정변 발생의 근본원인을 고종의 '闇弱長厚'와 '閔氏擅政,' 그리고 일본의 책동에 말미암은 친일개화파의 반청 자주노선의 추구 등으로 파악

---

5) 갑신정변 직후 청국의 대조선 정책은 1885년 10월 11일 駐箚朝鮮總理交涉通商事宜 袁世凱의 부임으로 본격화되었다. 이 점에 관해서는 주 1)의 林明德, Young Ick Lew(유영익), 권석봉, 이양자, 구선희 등의 논저 참조.

하고 조선의 내정·외교에 깊숙이 관여·조정하는 정책을 채택하였던 것이다.6)

우선 청국은 갑신정변의 실패로 조선 정계 내에 金玉均·朴泳孝 등 이른바 반청 개화파세력이 제거된 상황 속에서 金弘集·金允植·魚允中 등 친청 개화파 인사들을 扶持함으로써 자국의 입지를 공고히 하고자 노력하였다. 이러한 청국의 의도는 정변 직후 고종이 1884년 10월 20일부터 23일까지 下都監에 駐防한 淸軍의 營務處에 머물면서 總理營務會辦朝鮮防務 袁世凱의 권고에 따라 단행했을 것으로 여겨지는 일련의 제도 및 인사개편에 잘 반영되어 있다. 즉, 고종은 10월 21일에 정변 당시 반포된 모든 傳敎를 환수하는 동시에 郵政局을 혁파하고 통리군국사무아문을 의정부에 합부시켰다.7) 특히 통리군국사무아문을 폐지한 것은 청국이 조선의 개화·자강사업을 통제하는 한편 이 기구를 통해 실권을 행사하고 있던 민씨척족세력을 약화시키는 데 그 목적이 있었다고 판단된다. 이어 11월 30일에 고종은 김윤식이 代撰한 綸音을 반포하여 모든 국정을 의정부에 위임한다는 뜻을 밝혔다.8)

또한 10월 19일에서 21일에 걸쳐 이뤄진 인사개편을 통해 청국의 후원을 받은 친청 개화파인사들이 의정부 중심의 전통적 행정기구의 요직을 차지하였다. 예컨대, 정변 당시 청국군의 출동을 요청하였던 沈舜澤은 영의정에, 정변에 비판적 태도를 견지하였던 김홍집은 좌의정 겸 통리교섭통상사무아문 독판에, 김윤식은 병조판서 겸 강화유수와 통리교섭통상사무아문 협판에, 어윤중은 선혜청제조에

---

6) 中央硏究院 近代史硏究所 編, 『淸季中日韓關係史料』, 臺北: 中央硏究院 近代史硏究所, 1972, 3, 1509~1510쪽, #902, 「北洋大臣李鴻章函」(1885년 10월 28일) 참조.
7) 『日省錄』, 1884년 10월 21일조.
8) 金允植, 「常參綸音」, 韓國學文獻硏究所 編, 『金允植全集(『雲養集』)』 2, 亞細亞文化社, 1980, 82~83쪽.

각각 임명되었다. 그 반면에 민씨척족 중에서는 閔泳翊이 前營使에, 그리고 閔種黙이 漢城判尹에 등용되었을 뿐이다. 그 후 1884년 11월 24일 김홍집은 특파전권대신으로 임명되어 갑신정변의 선후처리를 위해 來韓한 일본 측 전권대신 井上馨과 漢城條約을 체결하였고, 어윤중은 11월 7일에 호조참판을 겸직한 데 이어 1885년 1월 8일에 貢市堂上에 임명되었다. 특히 김윤식은 12월 7일 통리교섭통상사무아문 독판으로 승진되어 외교업무를 장악하면서 고종과 민씨척족이 引俄拒淸策의 일환으로 추진한 (제1차) 朝露密約을 무효화시키는 데 중요한 역할을 담당하였다. 이로써 조선정계 내에서는 청국의 후원을 받은 김홍집·김윤식·어윤중 등이 군사·재정·외교권 등을 장악하고 민씨척족세력을 견제하면서 국정을 주도하게 되었음을 알 수 있다.9)

다음으로 청국은 갑신정변 이후 점차 반청적인 경향을 띠고 있었던 고종과 민씨척족을 견제하기 위해 興宣大院君의 放還을 추진하였다. 청국 조정은 정변 직후에 對日紛爭의 不擴大를 최우선과제로 삼았기 때문에 조선정계의 혼란을 야기할지도 모를 흥선대원군의 석방에 반대하는 입장을 취하였지만, 1884년 12월 6일과 1885년 봄 두 차례에 걸쳐 李鴻章으로 하여금 고종에게 그의 귀국을 간청하도록 종용하였다. 1885년 3월 20일 고종은 일단 李鴻章의 권고를 받아들인다는 태도를 표명할 목적으로 閔種黙 등 陳奏使일행을 청국에 파견하기로 결정하였다.10)

그러나 흥선대원군의 귀국으로 자신들의 정치적 입지가 약화될

---

9) 宋炳基 譯, 『尹致昊日記』, 探求堂, 1975, 295쪽, 1884년 10월 28일 ; 301쪽, 11월 5일 ; 『淸季中日韓關係史料』, 3, 1541쪽, #919, 「總署受北洋大臣李鴻章函」附件三 참조.
10) 흥선대원군의 釋還과정에 대해서는 申基碩, 『韓末外交史硏究』, 一潮閣, 1967, 265~293쪽 ; 권석봉, 앞의 책, 305~334쪽 참조.

것을 염려한 고종과 민씨척족세력은 진주사 일행의 출발을 고의적으로 지연시키는 동시에11) 4월 초순경에 민영익을 天津에 파견하여 흥선대원군의 석방을 저지시키려고 하였다. 李鴻章은 민영익에게 흥선대원군과의 화해를 권유하였지만, 그의 석방이 이미 결정되어 버렸음을 인지한 민영익은 이를 거절하고 귀국하였다. 그 결과 청국과 고종 및 민씨척족세력 간의 대립은 더욱 심화되어 갔다.

갑신정변 이후 청국이 취한 대조선 정책에 불만을 품은 高宗은 대외적으로 청일 양국보다 강력한 러시아에 보호를 요청하는 한편 대내적으로 친청적 관료들 대신에 민씨척족과 자신의 측근세력을 정부 요직에 재배치시키는 인사개편을 시도하였다.

먼저 갑신정변의 사후처리를 둘러싸고 청일 양국 간의 군사적 충돌 가능성이 고조되는 상황에서 고종과 민씨척족세력은 1884년 말 김윤식의 관장하에 있던 통리교섭통상사무아문과 아무런 상의 없이 金鏞元·權東壽를 블라디보스토크로 밀파하였다. 그들은 南우수리 지구의 국경관리관을 통해 러시아정부 측에 조로조약의 신속한 비준, 조로육로통상조약의 체결 및 조선에 대한 러시아의 보호 등을 희망하는 고종의 밀서를 전달하였다. 이와 동시에 고종은 독일인 고문 묄렌도르프(Paul G. von Möllendorff, 穆麟德)의 권유에 따라 주일 러시아공사관을 통해 조선에 대한 러시아의 군사적 보호를 요청하였다. 1885년 1월 초 전권대신 徐相雨와 함께 일본에 파견된 전권부대신 묄렌도르프는 다뷔도프(А. П. Давыдов)공사에게 러시아 군사교관을 조선에 파견해줄 것을 제의하였다. 이에 따라 러시아는 주일공사관 서기관 스뻬이에르(А. Н. Шпейер)를 조선에 보내 군

---

11) 진주사는 6월 11일에 비로소 고종에게 사폐하였다. 4월 27일에 부사를 趙秉式으로 교체하고, 5월 7일 承文院의 咨文撰出에 대한 退定을 지시한 것이 모두 고종과 민씨척족이 가능한 한 진주사의 파견을 늦추려 한 의도에서 비롯되었다고 여겨진다.

사교관 파견문제를 상의하도록 하였다.12)

그러나 조선정부가 시도했던 조로밀약 체결기도를 탐지한 청일 양국은 이를 저지시키는 데 총력을 기울였다. 李鴻章은 總辦朝鮮商務委員 陳樹棠으로 하여금 고종에게 김용원·권동수 등 밀사를 러시아에 파견한 사실을 힐책하고 그들을 유배에 처하도록 요구하였다. 한편 김윤식은 陳樹棠과 일본대리공사 高平小五郎 등 청일 외교관과 상의한 다음 5월 19일과 23일 두 차례에 걸친 스뻬이에르와의 회담에서 자신은 묄렌도르프가 다뷔도프에게 군사교관을 요청한 사실을 전혀 모른다고 하였을 뿐 아니라 조로밀약 자체를 부인해 버렸다. 또한 5월 22일 고종 역시 스뻬이에르를 접견한 자리에서 러시아의 군사교관파견을 요청한 적이 없다는 태도를 취하였다. 이로써 소위 제1차 조로밀약사건은 고종에 대한 청일 양국―특히 청국―의 불신을 가중시킨 채 실패로 돌아가고 말았다.13)

더욱이 고종의 러시아 접근시도는 영국의 巨文島점령을 초래했을 뿐 아니라 청일 양국의 대조선정책에 중대한 변화를 가져다주었다. 1885년 3월 4일에 체결된 天津條約을 통해 조선에서 양국군대를 공동 철수하기로 합의한 청일 양국은 러시아의 대조선 세력 확장에 위기의식을 느끼고 공동 대처방안을 모색하게 되었다. 즉, 러시아의 대조선 진출을 자국의 안보에 커다란 위협이라고 판단한 일본은 5월 23일 양국 군대의 철병에 앞서 조·청 간의 전통적인 종속관계를 묵인해 주는 동시에 청국의 조선의 내정간섭을 묵인하는 내용의 '朝鮮外務辦法(8조)'를 청국에 제안하였던 것이다. 이에 의거해

---

12) Yur-Bok Lee, *West Goes East: Paul Georg von Möllendorff and Great Power Imperialism in Late Yi Korea*, Honolulu: University of Hawaii Press, 1988, pp.101~112 참조.
13) 林明德, 앞의 책, 256~260쪽 ; 佐佐木揚, 「1880年代における露朝關係―1885年の'第一次露朝密約を中心として―」, 『韓』106, 1987, 27~34쪽 참조.

서 청국은 조로밀약을 추진했던 묄렌도르프를 해임시키는 한편 흥선대원군의 귀국을 서두름으로써 反淸 親露策을 강구하던 고종 및 민씨척족세력을 견제하고자 했다.14)

한편 청국의 내정간섭이 갈수록 심화되는 상황 속에서 고종은 정치적 권한과 입지를 확보·강화시키는 데 주력하였다.15) 이를 위해 고종은 3월 29일에 김윤식을 병조판서직에서 해임시켰으며, 4월 6일에 宣惠廳에서 경기도 여주·남양을 제외한 各邑許代를 時價代納토록 한 啓請이 事體에 어긋난다는 이유로 선혜청당상 어윤중을 파면시키는 등 정부 요직을 차지하고 있던 친청파 관료들을 축출하였다.16) 이와 동시에 고종과 민비는 민씨척족을 대거 고위 관직에 등용하였다. 예컨대, 閔丙奭은 2월 24일에 어윤중의 후임으로 호조참판을 거쳐 3월 25일에는 도승지에, 민종묵은 3월 29일에 김윤식의 후임으로 병조판서에, 閔泳緯는 4월 11일에 이조판서를 거쳐 5월 16일에 의정부 좌찬성에, 閔世鎬는 4월 11일에 호조참판에, 閔泳煥은 공조참판·지의금부사·승지를 거쳐 4월 11일에 규장각 직제학에, 閔肯(炯)植은 전라도병마절도사를 거쳐 4월 30일에 병조참판직에 각각 임명되었다. 특히 5월 2일 평안도관찰사 겸 친군서영사 閔應植은 고종의 명령에 따라 평양의 병정을 이끌고 상경하였다가 23일에 좌영사직에 올라 왕실의 보호를 책임지는 역할을 맡았던 것이다.17)

---

14) Young Ick Lew, 앞의 논문(1984), pp.68~71 참조.
15) 갑신정변 이후 청국의 대조선 정책에 관해서는 Young Ick Lew, 앞의 논문(1984) 및 구선희, 앞의 책 참조.
16) 고종이 친청 인사들을 본격적으로 요직에서 몰아낸 시기가 李鴻章이 丁汝昌제독을 서울에 파견하여 청일 양국군을 조선에서 공동 철수시키기로 합의했다는 天津條約의 내용을 고종에게 정식으로 통보했던 1885년 3월 26일 이후였다는 사실은 주목할 만하다.
17) 菊池謙讓, 『近代朝鮮史』 下, 京城: 鷄鳴社, 1940, 180~181쪽 참조.

이와 같이 갑신정변으로 말미암아 위축되었던 민씨척족을 요직에 집중 배치한 고종과 민비는 국정의 주도권을 장악하기 위해 4월 25일 종전의 통리군국사무아문을 부활시키려고 하였다.[18] 이는 당시 청국의 대조선 내정간섭이 점차 강화되고 있었을 뿐 아니라 친청적인 입장을 견지하였던 김윤식 등이 통리교섭통상사무아문의 요직을 장악하고 있었기 때문에 그 기능을 약화시킬 필요가 있었기 때문이다. 그러나 이러한 기도가 청국에 의해 통제받자[19] 5월 25일 고종은 다시 "軍國庶務를 總察"하는 동시에 "궁내사무를 兼管"할 내무부를 신설한다는 교지를 발하였다.[20] 아마도 청국이 반대할 여지를 주지 않으려는 의도에서 고종과 민씨척족은 청국에서 1653년 황제직속기구로서 궁내사무를 전담하기 위해 설립되었던 청국의 內務府[21]를 본떠 동일한 명칭의 내무부를 설치함으로써 군주권 내지 주권을 보존하고, 나아가 부국강병에 관련된 개화·자강정책을 적극 추진하려고 했던 것이다.

---

18) 『비변사등록』, 1885년 4월 25일조.
19) 현재까지 고종이 4월 25일 통리군국사무아문의 부활을 명한 후 진전 상황을 명확히 알려주는 자료는 발견되지 않고 있다. 그렇지만 내무부 설치 교지가 내려졌던 5월 25일까지 약 한 달 동안 조청 양국 간에는 통리군국사무아문의 부활을 둘러싼 의견대립이 있었던 것으로 판단된다. 즉, 통리군국사무아문이 아닌 내무부로 그 명칭을 바꾼 것은 양국 간의 타협에 의한 결과라고 여겨진다.
20) 『日省錄』 및 『高宗實錄』, 1885년 5월 25일조, "敎曰 方今軍國庶務殷繁 總察尤係樞要 另設一衙於禁中 兼管宮內事務 以內務府爲之 衙門稱號官職設置及一應規制 令議政府商酌磨鍊."
21) 청국의 내무부에 대해서는 李鵬年 等 編著, 『淸代中央國家機關槪述』, 北京: 紫禁城出版社, 1989, 100~124쪽 참조.

III. 내무부의 조직

내무부 설치 교지가 발표된 지 보름 뒤인 1885년 6월 10일에 의정부는 전문 15조로 구성된 '內務府 新設節目'(이하 절목으로 약칭)을 마련하였다.22) 그런데 이 절목은 갑신정변 당시 폐지되어 의정부에 흡수되었던 통리군국사무아문의 그것과 거의 동일한 것이었다. 두 기구의 절목을 비교하면, 處所의 위치가 달라진 점, 신설관직인 副主事에 관한 사항이 추가된 점, 印信을 한 개 더 만들어 그 용도를 달리한 점, 書吏와 徒隸 이외에 새로 증원된 내무부 관리인에 대한 급료를 규정한 점 등 사소한 차이가 있다. 또 통리군국사무아문의 절목 중 당상관이 오위도총관직을 겸임할 수 없다는 조항이 내무부 절목에서 삭제되었을 뿐 그 이외의 절목은 같다.23) 이로 미루어 볼 때, 내무부는 청국의 '내무부'에서 그 명칭을 빌렸을 뿐 그 체제와 기능은 통리군국사무아문의 것을 계승하였음이 분명해진다.24)

이 절목은 내무부의 조직과 그 구성원에 대한 규정으로서 그 후 좀 더 상세한 규정이 추가·발포되었다. 특히 8월 9일에 고종은 총리대신 심순택에게 "여러 당상·당하관들과 함께 잘 토의하여 장정을 만들어 終始之效를 도모할 것"을 지시하였다.25) 이 지시에 따라 내무부의 조직과 운영체제를 규정한 '內務府分司章程·事務規則'이 마련되었다.26) 아래에서는 내무부의 신설절목과 그 외 추가된 절목

---

22) 『일성록』, 1885년 6월 10일조.
23) '統理軍國事務衙門新設節目'을 포함한 이 아문의 조직과 운영에 관해서는 한철호, 앞의 논문(1994) 참조.
24) 김윤식도 내무부를 통리군국사무아문의 후신으로 보았다. 金允植, 『續陰晴史』 下, 國史編纂委員會, 1960, 562쪽, "罷機務處 變爲軍國事務衙門 轉爲內務府 則內衙門也."
25) 『고종실록』, 1885년 8월 9일조.
26) 『東萊府啓錄』, 『各司謄錄』 12, 國史編纂委員會, 1984, 597~598쪽, 1885년 8월 1일조. '分司章程·事務規則'이 마련된 정확한 날짜에 대해서는 확실

들, 그리고 분사장정·사무규칙 등을 중심으로 내무부의 조직을 검토해 보기로 한다.

내무부는 의정부와 동일한 정1품아문으로서 국왕을 보필하기 위해 궁궐 내 勤政殿 東月廊에 그 처소를 두었다.[27] 이와 같이 내무부는 '機密重地'의 위상을 갖추고 대신과 당랑이 매일 모여 중앙의 각 관청 및 군영과 지방의 8도·4都의 대소 사무를 의정부의 예에 따라 낱낱이 보고받아[28] 군사 및 궁내사무를 비롯한 국가 중대사를 논의·결정하였으며, 주요 사안의 경우 국왕에게 직접 보고할 수 있었다. 뿐만 아니라 내무부 당상은 承旨가 국가의 중대 사안을 가지고 입시하거나 국왕이 殿座에서 정무를 처리할 때 항상 참여하여 자신의 의견을 개진할 수 있었으며, 또 국왕의 행차 시 수행·보좌하는 임무를 맡아보았던 것이다.[29]

內務府 新設節目[30]

一. 衙門體統 一依政府例爲之爲白齊.
一. 衙門處所 以勤政殿東月廊爲之爲白齊.
一. 督辦 以正從一品 協辦 以正從二品 參議 以堂上正三品爲之 以
　　督辦有闕 則首協辦權差爲白齊.
一. 大臣堂郞 課日齊會爲白齊.
一. 軍國事務 獻可替否 究有至當爲白齊.
一. 堂上 依政院例 各有分掌爲白齊.
一. 如有進達事 請司謁入稟爲白齊.

히 알 수가 없다. 왜냐하면 고종은 8월 9일에 장정과 규칙을 만들도록 지시하였는데, 『동래부계록』에 의하면 8월 1일조에 장정이 기록되어 있기 때문이다.

27) 『일성록』, 1885년 6월 19일조, "命內務府處所 新設前權接於宣傳官廳."
28) 『일성록』, 1885년 6월 24일조.
29) 『일성록』, 1887년 4월 10일, 13일조.
30) 『비변사등록』, 1885년 6월 9일조.

一. 堂上一員 輪回入直爲白齊.
一. 仕進後 依政院例 仕記呈納爲白齊.
一. 堂郞 雖除拜臺職 勿拘仕直爲白齊.
一. 主事 勿拘文蔭武 以參上人擇差 副主事 亦以文蔭武參下及生進 幼學擇差 而三十朔後陞六 依例陞付主事 分掌擧行 一員輪回入直 爲白齊.
一. 堂上 除拜外任 則不得兼帶 以京畿監司守令四都留守 仍帶行公 爲白齊.
一. 印信 令禮曹鑄成 一顆 以銀鑄成 用於御覽文蹟 一顆 鐵鑄成 用 於各項文簿爲白齊.
一. 書吏八人 掌務書吏一人 大廳直三名 徒隷三十名 文書職三名 軍 士三名朔料 以惠廳戶兵曹排給爲白齊.
一. 外他合行條件 追後稟旨施行爲白齊.

  내무부는 총리대신을 수반으로 해서 正·從一品의 督辦, 正·從 二品의 協辦, 堂上正三品의 參議 등 당상관과 文·蔭·武官 및 生 員·進士·幼學 등 배경에 구애 없이 선발된 主事와 副主事 등 당 하관, 그리고 書吏·掌務書吏·大廳直·徒隷·文書職·軍士 등 관리 직으로 구성되었다. 총리대신은 당상관이 상의해서 마련한 각사의 사무를 보고받아 결정·처리하는 내무부의 최고위직이며,[31] 독판은 각사의 업무를 총괄하는 실질적인 책임자였고, 협판과 참의는 실무 를 담당하는 관리로서 각각 독판과 협판의 직무를 보좌하였으며, 주사와 부주사는 행정업무를 담당하는 하급관리였다.
  한편 내무부의 당상관과 당하관은 相避제도에 구애받지 않았는 데[32], 특히 당상관은 臺職을 포함한 중앙의 모든 관직과 지방관직 중에서도 경기감사·수령과 4都의 留守를 겸직할 수 있었다. 더욱

---

31) 『동래부계록』, 1885년 8월 1일조, '사무규칙'.
32) 『일성록』, 1885년 6월 11일조.

이 1886년 9월에 이르러 군사업무를 담당한 병조판서와 중앙군영의 營使, 그리고 재정을 관할하는 호조판서와 선혜청당상 등이 내무부의 당상관직을 예겸하도록 하는 규정이 만들어짐으로써 내무부의 권한과 기능은 한층 더 강화되었다.33)

이와 같이 내무부는 국왕의 직속기구로서 국왕을 보필하는 동시에 군주권의 강화와 개화·자강책을 추진하는 기구로서 출범하였다. 또한 그 업무를 효율적으로 실행하기 위해 당상관들로 하여금 군사와 재정을 포함한 중앙정부의 요직을 겸임할 수 있도록 함으로써 점차 조선 중기의 비변사를 방불케 하는 최고의 국정의결·집행기구로 발전할 수 있었다. 아울러 내무부는 비변사와 달리 그 堂郎이 상피제의 구속을 받지 않음으로써 특정 권력가문에 의해 운영될 수 있는 가능성도 농후하였다.

한편 내무부는 설치 당시 일시적으로 承政院의 예에 따라 吏·戶·禮·兵·刑·工務 등 6務로 나누어 업무를 처리하다가 1885년 6월 20일경에 職制·修文·軍務·司憲·地理·工作·農務局 등 7局의 독자적인 편제를 갖추게 되었다.34) 이어 6월 24일에 고종이 내무부 관리들을 처음 접견한 자리에서 그들에게 '利國便民'에 힘쓸 것을 당부한 이후35) 내무부는 8월 1일경 7局을—예전의 통리기무아문·통리군국사무아문과 현존하는 통리교섭통상사무아문의 조직과 동일한—7司로 개명하게 되었다. 이때 7사는 司憲局의 명칭만 典憲司로 바뀐 이외에 다른 변동은 없었다.36)

---

33) 이들 외에 대제학도 내무부의 당상을 예겸토록 하였다. 아울러 그 후 정치권의 실세였던 민씨척족들이 대거 독판과 협판직에 진출하기 시작했다.『일성록』, 1885년 6월 11일, 1886년 9월 18일, 1888년 9월 28일조 참조.
34)『일성록』, 1885년 6월 20일조.
35)『일성록』, 1885년 6월 24일조.
36) 1885년 8월 1일에 7국이 7사로 전환되었다는 사실은 이 날짜의『일성록』에 주사와 부주사의 업무분장에서 지리사·군무사·농무사라는 명칭이 처음

이들 7司의 소관업무는 다음과 같이 '內務府分司章程'에서 규정되었다.

內務府分司章程[37]

一. 職制司 掌各官職薦撰賞勳啓文承宣外務等事.
一. 修文司 掌典禮學校圖書修史天文施醫記簿等事.
一. 地理司 掌各道山川道里治水監繕田地商務稅務財務漕運鑛山造幣典艦等事.
一. 農務司 掌裁種牧養堤堰漁獵煮鹽開拓等事.
一. 軍務司 掌各道水陸軍兵演操參謀兵器鎭堡運粮測量軍馬等事.
一. 典憲司 掌戶籍各道人口法律警察詞訟等事.
一. 工作司 掌各道工匠土木金石機器造船鐵道電線郵便橋梁製紙營繕織繰等事.

이 장정에 의하면, 직제사는 관리추천과 외교업무를, 수문사는 典禮와 문서작성·정리 및 교육업무를, 지리사는 조운·광산·조폐 등의 세원발굴과 재정업무를, 농무사는 농수산업의 육성업무를, 군무사는 군대훈련·設鎭·군량마련·무기제조 등의 군사업무를, 전헌사는 법률 및 치안업무를, 공작사는 기기·조선·철도·전선·우편·교량·제지 등 각종 근대적 시설의 설치·운영업무를 각각 관장하였던 것이다. 한마디로 내무부는 외교·교육·재정·군사·치안·산업 등 국정 전반에 걸친 업무를 총괄하는 권한을 가졌다고 말할 수 있다.[38] 따라서 내무부의 소관업무는 의정부·6조 등 전통

나타나고 있고, 새로 발견된 '내무부분사장정'에 역시 7사의 명칭으로 기록되었다는 점에서 알 수가 있다. 따라서 이러한 사실을 간과한 채 1886년 6월 26일경에 7사로 개편되었다는 주장은 수정되어야 할 것이다. 『동래부계록』 및 『일성록』, 1885년 8월 1일조 ; 김필동, 앞의 논문, 53~54쪽 참조.

37) 『동래부계록』, 1885년 8월 1일조.
38) 이들 7사의 업무를 통리군국사무아문의 6사와 비교해 보면, 군무사는 그 명칭과 기능이 동일하였으며, 직제사는 장내사와 전선사, 지리사는 이용

적 행정기구와 통리교섭통상사무아문의 4司 1學의 그것과도 상당 부분 중첩될 수밖에 없었다. 특히 내무부와 통리교섭통상사무아문의 조직을 비교하면, 외교방면에서 직제사와 장교사가, 재정방면에서 지리사와 부교사가, 개화기구의 운영방면에서 공작사와 우정사가, 교육방면에서 수문사와 동문학이 각각 업무를 중복 담당하였던 것이다.39)

더욱이 1885년 8월부터 1891년 11월까지 내무부는 개화·자강업무를 추진하기 위해 그 산하에 각종 기구들을 설치해 나갔다.40) 즉, 내무부는 惠商公局을 개칭한 商理局41)을 비롯하여 典圜局42)·轉運局43)·鑛務局44)·交換所45)를 지리사에, 機器局을 공작사에,46) 育英公院을 수문사에,47) 農業牧畜試驗場을 개칭한 種牧局을 농무사에,48) 鍊務公院을 군무사에49) 각각 두었던 것이다. 다시 말해, 1885~1894

사, 농무사는 농상사, 공작사는 감공사의 그 소관업무를 각각 일부 계승하였고, 그 외에 수문사의 직무가 추가되었음을 알 수 있다.
39) 통리교섭통상사무아문 4사 1학의 소관업무에 관해서는 『統理交涉通商事務衙門章程』; 奎章閣 #21783 참조.
40) 『동래부계록』, 1885년 8월 1일조, '內務府事務規則', "一. 各司之要重事務 自該司亦有分局 卽官員與處所排置 次次議定事是白乎."
41) 『일성록』, 1885년 8월 10일조. 지리사의 협판인 민응식과 민영익이 상리국 총판으로 임명된 점과 지리사가 商務를 담당했던 점으로 보아 상리국이 지리사에 소속되었음을 알 수 있다.
42) 『일성록』, 1885년 8월 24일조. 전환국의 총판에 조폐사무를 관할했던 지리국이 아니라 공작사의 협판 민영환이 임명된 사실은 아직까지 업무에 따른 올바른 인사행정이 이뤄지지 않고 있었다는 것을 시사해준다.
43) 『일성록』, 1886년 7월 15일조.
44) 『일성록』, 1887년 4월 5일조.
45) 『일성록』, 1891년 11월 16일조.
46) 『일성록』, 1885년 8월 24일조. 기기국의 총판에 공작사의 참의 金明圭가 임명된 점으로 보아 기기국이 공작사에 소속되었음을 알 수 있다.
47) 『일성록』, 1886년 6월 17일조.
48) 『일성록』, 1886년 7월 15일조;『승정원일기』, 1887년 12월 28일조.
49) 『일성록』, 1888년 5월 19일, 7월 22일조.

년간 내무부는 개화·자강에 관련된 각종 사업을 효율적으로 조정·관장할 수 있는 체제를 갖추게 되었다.

이처럼 내무부가 신설되거나 개편된 자강사업 추진기구들을 그 산하기구로 편입시키는 방향으로 조직을 정비해 나감에 따라 그 소관업무가 중복되었던 통리교섭통상사무아문의 조직은 상대적으로 유명무실하게 되었다.50) 그 결과 1887년 4월 27일에 통리교섭통상사무아문은 그 기능이 이미 상실된 부교사·우정사와 동문학을 폐지시키고 예하에 외교·통상업무를 전담하는 6사만을 남겨놓게 되었다.51)

또한 김윤식이 통리교섭통상사무아문 독판직에서 물러난 뒤에 그 후임으로 내무부의 협판직을 맡고 있었던 조병식·민종묵·조병직 등이 승진·부임하였던 사실은52) 통리교섭사무아문을 내무부의 통제 아래 두려는 시도로 여겨진다. 아울러 고종이 데니(Owen N. Denny), 르장드르(Charles W. LeGendre), 그레이트하우스(Clarence R. Greathouse) 등 미국인 고문관을 통리교섭통상사무아문이 아닌 내무부 협판으로 기용했던 점도 특기할 만하다. 이러한 조치는 고종이 袁世凱의 영향력이 상대적으로 덜 미쳤던 내무부에 외국인 고문관들을 배치함으로써 내무부를 중심으로 반청 자주외교를 펼치려는 의도에서 비롯된 것으로 여겨진다.53)

---

50) 통리교섭통상사무아문의 조직개편과정에 관해서는 전미란, 앞의 논문, 223~227쪽 참조. 그러나 그는 조직개편의 원인을 내무부와 연관시켜서 분석하지 않은 채 단지 그 과정만을 서술하는 데 그치고 말았다.
51) 이 시기는 주차관 袁世凱와 가장 친밀한 관계를 유지하면서 민씨척족세력과 반목상태에 있었던 김윤식과 어윤중이 박영효의 부친 朴元陽 장례사건으로 궁지에 몰렸던 시기이기도 하다.
52) 『일성록』, 1887년 8월 4일, 고종 1889년 7월 2일, 고종 1892년 9월 22일 참조.
53) Young I. Lew, "American Advisers in Korea, 1885~1893," Andrew C. Nahm ed. *The United States and Korea ; American-Korean Relations, 1886~1976*, Kalamazoo, Mich. ; The Center for Korean Studies, Western Michigan

아울러 전통적 행정기구인 6조 역시 그 기능이 더욱 약화되어 갔다. 이러한 상황은 무엇보다도 6조판서의 잦은 교체에서 잘 드러난다. 갑신정변의 진압 직후부터 일본군의 경복궁 점령 전까지 6조판서의 변동 상황을 살펴본 표에 따르면 이 기간 동안 호조 및 병조판서의 경우는 연평균 1.3회와 1.6회로 그 변동이 적다. 특히 병조판서는 민응식(1886.6.27~1888.2.28)·민영환(1888.4.16~1891.8.19)·민영소(1891.9.7~1893.11.16)·민영준(1893.2.14~1894.2.29) 등 민씨척족이 장기간에 걸쳐 독점하고 있었던 점이 주목된다. 또한 호조판서는 정범조(1886.9.15~1888.4.25)·민영상(1889.7.3~1890.11.22)·심이택(1890.12.10~1891.9.15)·박정양(1891.9.15~1894.6.24) 등이 비교적 오랫동안 재직하였고, 민씨척족으로는 민응식(1888.4.25~8.18)만이 잠깐 차지하였을 뿐이다. 이로써 볼 때 민씨척족은 권력유지에 필수 불가결한 병조판서직을 독점적으로 보유하고, 재정을 운영하는 호조판서직에는 친고종 내지 친민계 인물을 등용하였음을 알 수 있다.

〈표〉 6조판서의 인사변동 (1884.10.20~1894.6.21)

연도 6조	1884	1885	1886	1887	1888	1889	1890	1891	1892	1893	1894	총수	평균
이조	1	11(1)	10(1)	7	5	4(1)	10(2)	7(1)	7(1)	3	4(1)	69	7.1
호조	1	1	2	0	4(1)	2(1)	2	1	0	0	0	13	1.3
예조	3	7(1)	7(1)	8(1)	3	12	16(3)	16(5)	9(2)	4(1)	2	86	9
병조	1	5(2)	3(1)	0	2(1)	0	0	2(1)	0	2(1)	2(1)	16	1.6
형조	3	17(3)	10	10(1)	9(2)	8(1)	36(4)	16	7	12(1)	14(1)	142	13.9
공조	4	12(1)	17(1)	9(2)	11	16	14(1)	8	18(1)	13(1)	10	132	13.1

전거: 『日省錄』, 『高宗實錄』.
비고: 1. 평균교체수는 1885~1893년간의 수치임.
    2. ( )은 민씨척족의 수치임.

University, 1972, pp.68~78 ; 스워타우트 저, 신복룡 등 옮김, 『데니의 생애와 활동』, 평민사, 1988, 102~104쪽 참조.

그 반면 인사권을 담당한 이조판서는 연평균 7.1회로 교체됨으로써 재직기간이 평균 2개월을 넘지 못하였고, 1885·1886·1890년도는 10~11회나 변동되었다. 또한 예조판서는 연평균 9회를 기록하였고, 심지어 형조·공조판서는 연평균 13.9·13.1회로써 평균재직일수가 1개월에도 못미쳤다. 이처럼 빈번하게 이조·예조·형조·공조판서직이 교체되었다는 사실은 이들 관직의 임무가 실제로는 수행되지 않았음을 단적으로 보여준다.[54]

이와 같이 6조는 호조·병조판서만이 제대로 업무를 추진할 수 있었고 그 외의 판서들은 형식적으로 직위를 차지하고 있었을 뿐이었다. 더군다나 1886년 9월에 병조와 호조판서는 내무부의 단상관직을 겸임하게 됨에 따라 6조의 실질적인 기능은 形骸化될 수밖에 없었다. 이러한 상황에도 불구하고 집권세력인 민씨척족이 권력을 행사할 수 있었던 이유 중의 하나는, 여기에서는 그 원인을 구체적으로 살펴보지는 않았지만, 이 시기에 내무부가 최고의 국정의결 및 집행기구로서 6조의 기능을 대치하였기 때문이라고 판단된다.

한편 업무분야를 확정지은 내무부는 1887년 중반부터 1891년 11월 16일 交換所를 설치하여 화폐개혁을 시도할 때까지 7사와 그 산하기구를 통해 각종 개화·자강사업을 추진하는 동시에 청국의 대조선 종주권 강화정책에 대항하는 자주외교를 펼쳐 나갔다.[55]

그러나 1894년 봄 동학농민군이 봉기하였을 때 그들을 진압하는 데 실패한 조선정부는 내무부 독판 민영준의 주장을 받아들여 청국

---

54) 安外順,「大院君執政期 人事政策과 支配勢力의 性格」,『東洋古典硏究』1, 1993, 148~156쪽.
55) 1887년 7월 24일에 7사의 印章이 만들어졌다는 점은 7사의 업무가 본격화되었음을 시사해 준다. 또한 동년 12월 25일자 "自今爲始 邊務事外務事軍務事狀啓 內務府啓下事 政院知爲"라는 교지는 내무부가 외교업무를 장악할 수 있는 근거가 되었다.『일성록』, 1887년 7월 24일조 ;『비변사등록』, 1887년 12월 25일조.

군의 파병을 요청하였다. 이를 계기로 조선에 파병한 일본은 정부측과 농민군 사이에 全州和約이 맺어지게 되자 駐兵의 명분을 만들려고 조선정부에 대해 내정개혁의 단행을 촉구하였다. 이때 일본 특명전권공사 大鳥圭介가 조선 측에 제시한 '內政改革方案綱領'은 바로 내외정무를 궁중사무와 분리하고 의정부로 하여금 이를 총괄케 함으로써 '世道執權 弊制'의 本山이었던 내무부를 폐지하는 데 주안점이 있었다.56) 따라서 6월 8일 고종은 내무부 독판 申正熙, 협판 金宗漢과 曹寅承57)을 위원으로 임명하여 老人亭에서 大鳥공사와 내정개혁방안을 상의케 하는 한편 6월 11일 독자적으로 개혁을 추진하기 위해 校正廳을 설치한 뒤 여기에 내무부의 당상관을 대거 등용하였다.58) 그러나 6월 21일에 일본군이 景福宮을 불법적으로 점령한 다음 일본 측의 후원으로 집권한 흥선대원군은 내무부의 관료들을 현직에서 축출함과 동시에 25일에 자신을 지지하는 일군의 친일개화파를 중심으로 軍國機務處를 설치하였다.59) 이로써 내무부는 新官制가 시행되는 7월 20일까지 명목상으로만 유지되었다가 폐지되고 말았다.60)

---

56) '內政改革方案綱目' 중 일본 측이 10일 이내에 결정해 줄 것을 요구한 사항은 내무부 중심의 권력구조 폐지와 내무부를 통해 권력을 행사해 온 민씨척족세력의 제거에 초점을 맞춘 것이라고 할 수 있다. 『舊韓國外交文書: 日案』 2, #2918, 1894년 6월 10일조 ; 『日本外交文書』, 27:1, 586~591쪽, #396, 「內政改革案提出ノ件」 참조.
57) 김종한과 조인승은 6월 4일에 내무부 협판에 임명되었다.
58) 1894년 6월 13일에 행지중추부사 김영수, 이조판서 윤용구, 호조판서 박정양, 병조판서 민영규, 한성부판윤 신정희, 행대호군 이유승·김만식·조종필, 협판 심상훈·김종한·조인승·김사철, 예조참판 朴容大, 개성부유수 李容稙, 한성부우윤 어윤중 등 15명이 교정청 당상에 임명되었는데, 그 가운데 과반인 9명이 내무부 당상관이었다. 『고종실록』, 1894년 6월 13일조.
59) 『일성록』, 1894년 6월 22일, 25일조.
60) 이 점은 내무부 주사로 하여금 군국기무처 낭청을 겸임하도록 하면서 군국기무를 처리하도록 한 것에서도 잘 나타난다. 『승정원일기』, 1894년 6월

Ⅳ. 내무부의 기능

1885~1894년간 내무부는 총 202개에 달하는 국가의 주요 안건을 입안·시행하였는데, 이를 그 산하 7사의 기능에 따라 분류하면 다음의 〈표〉와 같다. 이에 의하면, 내무부는 고종과 민씨척족세력이 袁世凱의 대조선 종주권강화정책에 반발하여 자주적 반청외교를 가장 활발하게 펼쳤던 1887~1888년간의 시기와, 東學敎徒의 敎祖伸寃운동과 동학농민군의 제1차 봉기로 말미암아 위기에 처했던 1893~1894년간의 시기에 가장 왕성한 활동을 벌였다. 앞에서 살펴보았듯이, 내무부는 재정·군사·외교·치안·변정 사무 등 국정전반에 걸쳐 업무를 총괄하는 조직을 갖추고 있었다. 따라서 여기에서는 내무부가 입안·시행했던 안건들을 면밀히 검토함으로써 이 기구가 실제로 어떠한 기능을 발휘했는가를 살펴보도록 하겠다.

〈표〉 내무부 7사의 안건(1885.5.25~1894.7.20)

연도＼7사	군무사	지리사	직제사	수문사	전헌사	공작사	농상사	합계
1885	5	1	1	3	1	2	0	13
1886	9	4	5	3	1	0	1	23
1887	18	13	8	3	3	1	0	46
1888	15	5	3	3	0	0	0	26
1889	6	2	2	4	0	1	0	15
1890	6	5	4	1	3	0	0	19
1891	8	2	3	1	3	0	0	17
1892	5	1	1	0	1	0	0	8
1893	15	1	4	1	2	0	0	23
1894	7	3	2	0	0	0	0	12
합계	94	37	33	19	14	4	1	202

출전: 『일성록』, 『승정원일기』, 『고종실록』.

26일조.

1. 재정확보책 강구

내무부 당상관은 호조와 선혜청의 당상관직을 겸하였을 뿐 아니라 산하 지리사 밑에 전환국·교환국·광무국·전운국 등을 관할함으로써 국가재정을 실제적으로 운영하였다. 여기에서는 내무부가 강구하였던 재정확보책을 왕실의 內帑金과 紅蔘의 제조·무역권 등 왕실재정의 관리, 주전·개광·전운 등 새로운 재원개발 사무의 전담 등으로 나누어 살피고자 한다.

1) 왕실재정의 관리

앞에서 살펴보았듯이, 내무부는 "군국서무를 총찰"하는 동시에 "궁내사무를 겸관"할 목적으로 신설되었다. 그런데 내무부가 맡아본 궁내사무는 바로 왕실의 내탕금과 홍삼의 전매를 관리하는 것이었다.

우선 내무부는 왕실에 필요한 공물을 납부하는 貢市人과 市廛상인들에게 호조와 선혜청을 통해 그들의 활동자금을 분배해 주는 역할을 맡고 있었다.61) 또한 내무부는 대왕대비 趙氏가 사망하였을 때 친군영의 무명 130동과 삼베 100동, 선혜청의 무명과 삼베 각 20동, 그리고 호조의 삼베 30동을 갹출하여 그 장례비에 쓰도록 조치하였다.62) 아울러 내무부는 혜상공국을 商理局으로 개칭하여 예하에 소속시킴으로써 전국의 褓負商을 관리하는 권한도 갖게 되었다.

다음으로 내무부는 조선 초기부터 대청 무역의 수출품으로서 국가의 중요한 재원이었던 홍삼의 전매권을 장악하였다. 원래 홍삼의 제조·무역권은 특정상인과 역관 등이 독점하고 왕실은 이들에게 蔘稅를 징수하는 방식으로 운영되었으나 1884년에 이르러 왕실이

---
61) 『일성록』, 1885년 7월 23일, 1892년 7월 25일, 30일, 1893년 2월 8일, 1894년 2월 9일조.
62) 『일성록』, 1890년 4월 18일조.

이를 직접 관할하여 왕실의 재원으로 충당하기 시작하였다.63) 따라서 1885년 이후에는 궁내사무를 관장하게 된 내무부가 홍삼에 대한 관리를 담당하게 되었던 것이다.

1886년 8월 11일 내무부는 부족한 재정을 보충하기 위하여 赴燕使가 갖고 가는 包蔘(홍삼)의 수량을 5천근 더 추가로 지정하는 동시에 포삼의 密貿를 방지하기 위해 禁潛規定을 엄격히 시행하고, 이의 위반자를 효수에 처하라고 국경지역에 접한 각도 관리들에게 지시하였다.64) 그럼에도 불구하고 그 후 홍삼 밀무가 끊임없이 자행되자 내무부는 1886년 10월 27일 홍삼을 밀조하여 수출한 개성인 金守漢을 군민 앞에서 효수시키고, 사전에 적발된 金最樂과 居間 尹復元을 遠惡地에 유배시키는 조치를 내렸다.65)

이처럼 내무부는 내국인의 홍삼 밀매에 대해 엄한 조처를 취했지만 외국인의 범법행위에 관해서는 직접적인 통제를 가하지 못하였다. 따라서 이 경우에는 통리교섭통상사무아문이 그 업무를 대신하였다. 예컨대 1887년에 인천에 정박했던 청국군함이 귀국하면서 80상자의 홍삼을 실어 가려고 했을 때, 인천세관장인 쇠니케(J. F. Schönicke, 史納機)가 禁需品임을 이유로 허가하지 않은 사건이 일어났다. 그러자 인천주재 청국영사는 이 사실을 駐箚官 袁世凱에게 알렸고, 그는 통리교섭통상사무아문의 독판에게 홍삼 반출을 허락하도록 압력을 가함으로써 쇠니케도 어쩔 수 없이 묵인하고 말았다.66) 또한 1888년 통리교섭통상사무아문은 외국상인—특히 청상—이 홍삼을 偸運하는 일이 있다는 보고를 받고 인천·부산·원산 3개항장의 관

---

63) 崔泰鎬, 「紅蔘專賣制度의 成立過程에 관한 硏究-封建財政의 解體過程을 中心으로-」, 『경제논총』 3, 1983, 47~53쪽 참조.
64) 『일성록』, 1886년 8월 11일조.
65) 『일성록』, 1886년 10월 27일조.
66) 朴奉植, 「'메릴'書簡」, 『金載元博士回甲紀念論叢』, 乙酉文化社, 1969, 11~15쪽 참조.

리에게 이를 엄금하라는 공문을 내리기도 하였다.[67]

2) 주전

내무부가 재정을 확충하기 위해 시도한 방법 중의 하나는 근대적 금속화폐를 주조하여 그 수익을 얻는 것이었다. 갑신정변 직후 주전정책을 담당했던 전환국은 물가급등으로 인한 폐해를 방지하기 위해 당오전의 주조를 억제하였다. 그러나 1887년 4월 18일에 국가의 재정난이 심화되자 내무부는 經用부족을 보충하기 위해 銅産地에 인접해서 원료공급이 용이한 昌原·馬山에 전환국의 專管 아래 위원을 파견하여 당오전을 주조하였다.[68] 이처럼 전환국 위원을 파견하여 직접 주전 사업을 감독케 한 것은 화폐발행권의 중앙 통제라는 긍정적인 측면도 없지 않았다.[69]

그러나 1888년 5월 18일에 내무부는 留守營으로 승격된 春川府의 경비를 조달할 목적으로 西江의 伏波亭과 濯纓亭에서 당오전을 주조토록 하되 춘천부와 호조로 하여금 이의 관리를 맡겼으며,[70] 鎭禦營에서도 주전 사업을 재시행하게 함으로써 사실상 전환국의 단독적인 주전 사업관리는 무너지고 말았다.[71] 더욱이 1888년 7월 이후에는 서울의 萬里倉 등 3곳에서 국가가 단지 세금만을 징수하는 請負鑄錢事業이 허가되기에 이르렀다.[72] 청부주전업자가 국가에 바

---

67) 高麗大學校 亞細亞問題研究所 編,『舊韓國外交關係附屬文書: 統署日記 1』, 高麗大學校出版部, 1972, 755쪽, 1888년 9월 19일조.
68) 『일성록』, 1887년 4월 18일과 19일조.
69) 元裕漢,「當五錢攷」,『歷史學報』35·36합집, 1967, 320~321쪽 ; 吳斗煥,「當五錢 研究」,『經濟史學』6, 1983, 183쪽.
70) 『일성록』, 1888년 5월 18일조.
71) 『고종실록』, 1888년 10월 9일조.
72) 『고종실록』, 1888년 7월 3일조 ; 仁川府廳 編,『仁川府史』, 仁川府, 1934, 1209쪽.

치는 세금은 주전일수를 기준으로 산정하기 때문에 그들은 더 많은 이익을 얻기 위해 야간에도 작업을 강행하였다. 따라서 당오전의 품질은 더욱 조악해졌고, 화폐가치의 하락으로 통화의 문란은 극심해질 수밖에 없었다.73) 이에 내무부는 만리창에서 만든 당오전을 다시 주조하라고 명령하고, 앞으로 조악한 화폐주조가 재발할 경우 都監官과 都邊首 및 해당 당상관을 중죄로 다스리겠다고 엄칙하였다.74)

그러나 1889년 9월 25일 고종은 군량을 보충하기 위한 방편으로 주전소가 보유한 백만 냥을 내무부로 하여금 호조·선혜청·친군영·각 영에 분획하도록 지시하였다.75) 또한 1890년 12월 19일에 전환국은 서북지방의 銅鉛산지에서 가까운 평양에 주전소를 설치하여 관찰사의 전관하에 주전을 재개하였다.76) 이때 평양주전소는 주조를 과다하게 강행함으로써 錢價의 하락과 물가상승을 촉발하였으며, 이 과정에서 주조이익을 얻기 위해 더 많은 조악화를 만들어 내는 악순환이 되풀이되었다.77)

이에 대한 시정책으로써 내무부는 1891년 11월 5일 '新式貨幣條例'를 제정하고 전환국으로 하여금 銀銅화폐를 주조케 하는 동시에 교환소를 설치하여 엽전·당오전과 구애 없이 통용할 것을 제안하였다.78) 즉, 전환국에서는 근대적인 조폐기술로 신식화폐를 주조하

---

73) 『인천부사』, 1209쪽.
74) 『일성록』, 1888년 7월 19일조.
75) 『일성록』, 1889년 9월 25일조 ; 『비변사등록』, 1889년 9월 28일조.
76) 『일성록』, 1890년 12월 19일조.
77) 평안관찰사였던 민병석은 錢品이 조잡하고 윤곽이 甚小한 당오전을 다액 주조하여 巨富가 되었다고 한다. 鄭喬, 『大韓季年史』上, 國史編纂委員會, 1957, 65쪽 ; 『인천부사』, 1210쪽.
78) 『日省錄』, 1891년 11월 5일, 16일조. 교환소 총판에는 내무부 협판 이완용, 회판에는 일본인 大三輪長兵衛가 임명되었다. 한편 한성부 소윤 李建昌은 은동 화폐의 발행에 따른 폐단을 지적하는 상소를 올리기도 하였다. 『일성록』, 1891년 11월 19일조.

는 동시에 교환소에서는 구식화폐와 신식화폐를 교환하는 업무를 수행케 함으로써 화폐제도를 개혁하고자 했던 것이다.[79] 이를 위해 1891년에는 일본에 파견된 전환국 幇辦 安駉壽의 주선으로 日本第五銀行 頭取 大三輪長兵衛와 大坂製銅株式會社長 增田信之를 각각 교환소 회판과 전환국 감독으로 초빙하는 한편 1892년에는 전환국을 인천으로 이전하여 신식화폐를 주전할 기계 설비를 새로이 갖추었다.[80] 아울러 화폐개혁을 주도할 인사가 이루어져 내무부 독판 겸 호조판서 박정양이 민영익을 대신하여 전환국 겸 교환서 관리로, 내무부 참의 成岐運이 전환국 겸 교환서 총판으로 임명되었다.[81] 그러나 민병석이 관장했던 평양에서의 주조사업이 계속 진행되어 폐제문란을 야기시키다가[82] 일본화폐의 조선 침투를 합법화시킨 '신식화폐발행장정'이 발포되기 4일 전인 1894년 7월 8일에야 비로소 중단되는 등 '신식화폐조례'는 제대로 실효를 거두지 못하였다.

3) 개광

1880년대 초반 국가재정 확보책의 일환으로 광산개발의 중요성을 인식하였던 정부는 채광행위를 합법화시키는 한편 광업 주관부서를 설치함으로써 광무체계를 정비하고자 하였다. 그러나 이러한 노력은 갑신정변으로 무산되어 버렸고, 개광사업은 지방 감영의 관장 아래 이뤄지게 되었다. 따라서 당시에 근대식 기술과 대규모의 자

---

79) 安田吉實, 「李朝貨幣『交換局』と大三輪文書について」, 『朝鮮學報』72, 1974, 53~60쪽.
80) 『승정원일기』, 1892년 11월 24일조.
81) 『일성록』, 1892년 11월 2일조.
82) 1893년 말 우의정 정범조는 은동화폐의 주조를 취소하고 평양 주조소를 철폐시킬 것을 건의하였으나, 고종은 이를 받아들이지 않았다. 그러나 이 주전문제로 말미암아 지사 김영수, 독판 민영준, 호조판서 박정양 등이 사직소를 올렸으며, 평안관찰사 민병석도 자책 사임소를 제출하기도 하였다. 『일성록』, 1893년 11월 25일, 27일, 29일, 12월 14일조 참조.

본을 필요로 하는 광산개발을 추진하기 위해서는 국가적 차원의 재정 지원이 절실히 요청되고 있었다.[83]

 이와 같은 추세에 부응하여 1887년 4월 5일 고종은 내무부의 지리국 산하에 광업행정을 전담할 鑛務局을 설치하고 협판 민영익을 그 총판으로 임명하였다.[84] 그 후 내무부는 광무국의 체제가 완전히 정비될 때까지 각도의 광무를 엄격히 감독하기 위해 영흥부사 李容翊과 개천군수 申泰休를 함경남도와 평안북도 광무감리에, 그리고 李根澔를 광무국방판에 각각 임명하였으며,[85] 평양감사로 하여금 광무국 소속인 平壤 煤炭을 관할토록 조치하였다.[86] 또한 광무국은 미국인 피어스(Aillerd I. Pierce) 등 외국인 기술자를 고빙하고 근대식 광무기기를 도입하여 광산의 개발에 박차를 가하였으나 재정 부족 등의 이유로 실효를 거두지 못하고 말았다.

 한편 내무부가 광산채굴권을 담보로 삼아 프랑스로부터 200만 원을 모채하려고 시도했던 일은 주목할 만하다. 1887년 초대 주미공사단의 일원이었던 알렌을 통해 광산채굴을 담보로 한 200만 달러의 차관을 도입하려던 계획이 실패로 돌아간 뒤, 1889년 고종은 민영익 등과 협의해서 재차 모채를 추진했던 것이다. 고종은 내무부 주사 金彰鉉을 조선주재 프랑스 이사관과 상담토록 하였으나 성과를 거두지 못하자 내무부독판 김영수를 재차 보내 교섭한 끝에 반승낙을 받아냈다. 그러나 이 교섭은 고종이 정부 내부에서 합의하

---

83) 李培鎔,「開港後 韓國의 鑛業政策과 列强의 鑛山探査」,『梨大史苑』 10, 1972(『韓國近代 鑛業侵奪史研究』, 一潮閣, 1989 소수) ; 朴萬圭,「開港以後의 金鑛業實態와 日帝侵略」,『韓國史論』 10, 1985 참조.
84) 당시 민영익은 청국에 머무르고 있었기 때문에 내무부는 협판 한규설을 광무국 회판으로 임명하여 사무를 담당하게 하였다.『일성록』, 1887년 5월 11일조.
85)『일성록』, 1887년 5월 7일, 6월 10일, 8월 29일조.
86)『일성록』, 1887년 9월 17일조.

지 않은 채 직접 의뢰한 것이었기 때문에 반대하는 대신들이 많아 중지되었다.[87] 고종은 차관을 얻어 내외채를 갚아 재정을 정리하고 나머지를 광산개발과 철도건설에 충당하려고 했다고 전해진다. 당시 조선의 부채는 약 130~150만 원이었는데, 그 가운데 내무부에 관련된 액수는 절반가량인 70만 원 정도로 알려졌다.[88]

4) 전운

개항 후 청일 양국이 조선에 신식 기선을 도입하여 점차 무역을 확대시키고 상권을 장악하게 되자 조선정부는 1883년 세곡운송기구인 轉運局을 설치하는 한편 청국의 招商局, 영국의 怡和洋行, 독일의 世昌洋行 등 외국기선회사와 조약을 체결하여 조선 水域에 기선을 정기 운항하도록 조치하였다. 특히 정부는 이들 기선회사에 적자 시 결손액을 보충해주는 조건으로 稅米운송권을 부여함으로써 일본의 해운업 진출을 견제하고자 했던 것이다. 그러나 1885년에 이르러 전운국은 제대로 그 기능을 수행하지 못하고 외국기선회사들도 무역부진 등을 이유로 기선운항을 중단하였다.[89]

이에 내무부는 전운국의 체제와 기능을 강화시키고자 1886년 7월에 공작사를 통해 海龍號와 朝陽號 등 기선 2척을 구입하여 전운국에 소속시킨 데 이어[90] 1889년 말에 전운국의 산하에 청의 官督商

---

87) 『일본외교문서』 22, 439쪽, #189 ; 『청계중일한관계사료』 5, 2623~2624쪽, #1443-(1).
88) 『일본외교문서』 22, 439~440쪽, #189. 프랑스 기채에 관해서는 구선희, 앞의 책, 186~188쪽 참조.
89) 이 점에 대해서는 韓佑劤, 「船運과 專運使의 문제」, 『韓國開港期의 商業研究』, 一潮閣, 1970 ; 孫兌鉉, 「舊韓末의 官營汽船海運에 關한 硏究」, 『東亞論叢』 7, 1971 ; 安秉珆, 「李朝時代의 海運業」, 『朝鮮社會の構造と日本帝國主義』, 東京: 龍溪書舍, 1977 ; 羅愛子, 「開港後 淸·日의 海運業浸透와 朝鮮의 對應」, 『梨花史學研究』 17·18합집, 1988 참조.
90) 『일성록』, 1886년 7월 15일조.

辦기업인 招商局을 모방한 관영기선회사인 利運社를 창설하고 顯益號 · 利運號 등을 사들였다.91) 아울러 내무부는 전운 사무를 관장할 인원을 증원하고 그에 대한 인사권을 장악하였다. 내무부는 새로 구입한 기선의 관리책임자로 總務官을 두어 轉運御史를 겸임토록 하였으며, 인천항에 들어오는 세곡을 처리할 轉運委員과 세곡운반선을 감독하는 監運委員을 관할하였다.92)

그러나 이들 기선의 구입비용은 대부분 외국의 차관으로 충당하였기 때문에 이를 상환하기 위해서 또 다른 차관을 들여오는 악순환이 되풀이됨으로써 오히려 국가재정의 궁핍을 초래하였다. 또한 내무부는 전운국을 통해 공미수송에만 주력한 나머지 조선상인에 의한 연안 및 대외무역을 진흥시키는 정책을 펼치지 못하였다. 더욱이 내무부는 세곡 운반권을 가진 전운국 관리들의 횡포를 적절히 통제하지 못하고 농민들의 부담을 가중시킴으로써 동학농민군의 봉기의 한 원인을 제공하였던 것이다.93)

이상을 종합해 보면, 내무부는 왕실의 재정을 확보하기 위해 홍삼전매권을 관리하였으며, 새로운 재원을 마련하기 위해 주전 기계를 도입하고 화폐개혁을 추진하였고, 외국인 기술자를 초빙하고 근대식 기기를 들여와 광산을 개발하였을 뿐 아니라 신식 기선을 매입하여 세곡운반과 무역에 활용하고자 하였다. 이 외에도 내무부는 호남의 김제 등 11읍의 계속된 흉년으로 늘어난 陳廢田을 개관하기

---

91) 利運社의 창설 당시 사장에는 독판내무부사 민영준, 부사장에는 밀양부사 겸 전운총무관 鄭秉夏와 전라도 전운총무관 趙弼永, 그리고 사무관에 전운국위원 禹慶善이 임명되었다. 『인천부사』, 792~794쪽.
92) 『일성록』, 1886년 7월 15일, 8월 11일, 1887년 3월 6일, 5월 27일, 30일, 10월 14일, 15일, 1888년 2월 1일, 7월 9일, 1889년 6월 12일, 1890년 윤2월 26일, 10월 16일, 1894년 7월 12일조 ; 『漢城周報』, 제67호(1887.윤4.22) 및 제71호(1887.5.21) 참조.
93) 『일성록』, 1889년 6월 12일, 1890년 윤2월 22일, 3월 25일, 1894년 5월 13일조.

均田官을 파견한 적도 있었다. 그러나 이러한 일련의 사업은 재정을 확충시키기 못한 채 오히려 민폐를 유발하는 요인이 되고 말았던 것이다.

2. 군사업무 총찰

내무부는 "군국서무를 총찰"하기 위해 설치되었을 뿐 아니라 병조판서와 중앙 군영의 영사는 내무부의 당상관을 겸임하도록 규정되어 있었다. 따라서 내무부는 군사통솔권을 장악하고 중앙과 지방의 군영으로부터 직접 군사업무를 보고받아 이를 총괄적으로 처리하는 권한을 갖고 있었다. 더욱이 내무부가 입안·시행한 안건 중 절반에 가까운 94개가 군무에 관련되었다는 사실은 내무부의 주기능이 군사업무에 있었음을 시사해준다.

1) 군제의 개편과 운영

임오군란 직후 청의 군사제도를 참고하여 정비된 중앙의 新建親軍營制는 갑신정변 이후에도 1888년까지 그대로 유지되었다. 또한 지방군도 친군영제에 따라 1885년에 평양감영은 親軍西營으로, 1887년에 경상감영은 親軍南營으로, 강화군영은 親軍沁營으로 각각 개편되었다.[94]

조선 정계 내에 반청적인 분위기가 고조되었던 1888년에 이르러 고종은 내무부를 통해 군제개편을 시도하게 되었다. 즉, 4월 19일에 고종은 기존의 군제가 재정낭비가 심할 뿐 아니라 500명으로 편제되는 각 영의 군사로는 서양식 훈련을 실시하기가 곤란하다는 이유

---

[94] 『일성록』, 1887년 윤4월 14일조 ;『고종실록』, 1887년 5월 13일조 ; 李炳周,「開化期의 新·舊軍制(1864~1894)」,『韓國軍制史－近世朝鮮後期篇－』, 323~325쪽 참조.

로 親軍右營·後營·海防營을 統衛營으로, 前營·左營을 壯衛營으로, 그리고 別營을 總禦營으로 축소·개칭함으로써 5영제를 3영제로 통폐합시켰는데, 이때 내무부로 하여금 절목을 마련하도록 지시하였던 것이다.95) 이어 5월 19일에 내무부는 이미 도착해 있던 미국인 교관들로 하여금 근대식 군사훈련을 실시토록 할 鍊武公院을 설치하고, 7월 22일에 그 직제절목을 마련하는 동시에 청국식 무기에 대체할 무기의 구입과 화약제조소의 설립을 추진하였다.96)

그러나 이러한 군제개혁은 재정 부족과 청국의 방해로 말미암아 성공을 거둘 수가 없었다. 1891년 2월 27일에 수도의 요지인 蕩春臺와 北漢山城을 방비할 經理廳이 신설되고,97) 1892년 윤6월 15일에는 국왕을 호위하는 龍虎營이 재정비됨으로써 중앙군제는 종전과 동일한 5군영제로 돌아가고 말았다.98)

한편 내무부는 지방군제의 개편도 단행하였다. 내무부는 1888년 4월 19일에 국왕이 유사시에 거처할 행궁을 마련하기 위해 春川府에 留守營을 설치하여 이로 하여금 畿甸과 關東부근의 읍을 관할토록 하였으며,99) 1888년 8월 18일에 三南陸軍을 관할하던 統制營을 統禦營으로 개칭하고 그 영장직을 충청병사가 겸직하도록 하였다. 그러나 1893년에 다시 충청병영은 구례대로 복구되었으며, 통어영은 南陽府에 이설되어 海沿總制營으로 명칭이 바뀌면서 총제사로

---

95) 통위영·장어영·총위영의 영사에는 민영익·한규설·이종건이 각각 임명되었다.
96) 이에 대해서는 李光麟,「美國 軍事敎官의 招聘과 鍊武公院」,『韓國開化史硏究』; 柳永益,「美國 軍事敎官 傭聘始末 片考」,『軍事』4, 1982 참조.
97)『일성록』, 1891년 2월 27일, 3월 23일, 1893년 2월 18일, 2월 27일조 참조. 경리사에는 민영준이 임명되었다.
98)『일성록』, 1892년 윤6월 15일조.
99)『일성록』, 1888년 1월 29일, 2월 19일, 4월 19일, 5월 19일, 6월 25일, 12월 10일, 1893년 3월 19일조 ;『비변사등록』, 1888년 5월 9일조 ; 黃玹,『梅泉野錄』, 國史編纂委員會, 1955, 103쪽 참조.

하여금 그 관할 아래 놓이게 된 강화유수직을 겸하도록 하였다.100) 또한 1893년에 내무부는 全羅監營에 兵隊 400명을 抄出해서 丁額을 복설시키고 그 영호를 親軍武南營으로 칭하였으며,101) 함경북도 按撫營에 別砲衛 200명과 新抄軍 300명을 모집해서 親軍北營을 보강하였다.102)

내무부는 중앙과 지방의 군비를 마련·분획하는 업무를 담당하고 있었다. 우선 내무부는 중앙군의 군비를 충당하기 위해 황해도의 社還米103)·關西의 城餉穀104)·호남의 漕復米와 量餘米 및 漕倉船價米를105) 중앙 군영에 납부토록 하였으며, 인천항의 稅銀이나106) 주전소의 100만 냥을 특하받기도 했다.107) 또한 내무부는 개성유수영의 군사모집과 훈련에 소용될 군량으로 江華砲糧 중 3,000섬을,108) 강화진무영의 재정을 보충하기 위해 三南砲木代錢을,109) 안무영의 別砲衛와 新抄軍을 운영할 자금으로 2년치의 함경북도 焰硝代錢을,110) 복설된 충청병영의 餉需로 총제영 소관 免稅結錢 중 30,000냥을111) 각각 사용하도록 조치하였다. 그리고 내무부는 신설된 춘천유수영의 경비를 조달하기 위해 서강의 복파정과 탁영정에서 주전 사

---

100) 『일성록』, 1888년 8월 18일, 1893년 1월 26일, 2월 7일, 3월 16일 및 18일 ; 『고종실록』, 1888년 10월 14일조.
101) 『일성록』, 1893년 8월 14일조.
102) 『일성록』, 1893년 9월 8일, 1894년 3월 10일조.
103) 『일성록』, 1885년 7월 22일, 1886년 7월 22일, 1889년 11월 15일조.
104) 『일성록』, 1888년 8월 19일조.
105) 『일성록』, 1891년 3월 23일, 1894년 1월 25일조.
106) 『승정원일기』, 1888년 7월 10일조.
107) 『일성록』, 1889년 9월 25일 ; 『비변사등록』, 1889년 9월 28일조.
108) 『고종실록』, 1885년 10월 27일, 11월 3일, 12월 11일조.
109) 『일성록』, 1888년 7월 8일조.
110) 『일성록』, 1893년 9월 8일조.
111) 『일성록』, 1893년 6월 16일조.

업을 벌이는 동시에 輪船船價米를 배정하였으며,112) 해연총제영의 신설 비용으로 전 해방영 관할지역의 屯田과 각도의 砲糧米 외에 중앙 관청의 잡비와 京主人의 몫을 이속시켰다.113)

그럼에도 당시 지방의 병영은 만성적인 군수부족에 시달리고 있었기 때문에 규정대로 훈련이 철저히 실시되지 않고 있었다. 이에 내무부는 거의 매년 흉년 등을 이유로 8도 4都의 군사훈련을 중지시키는 동시에 병력을 堤堰을 축조·개수하는 데 동원하거나114) 元·保軍에게 布를 거두어 들였다.115) 아울러 내무부는 강화심영과 춘천유수영에서 봄·가을에 실시하던 무관 선발시험, 즉 都試를 合設하거나 취소하였다.116) 이러한 내무부의 조치는 다만 유사시에 군정을 동원할 수 있도록 그 인원을 형식상으로 파악하면서 군역을 국가재정의 일부로 활용하였음을 보여준다.

2) 진의 설치와 관장

내무부는 국방의 요충지에 鎭을 설치하고 그에 따른 비용과 인력의 동원문제 등을 관장하였다. 우선 1887년 1월 18일 내무부는 러시아의 조선 침투를 막기 위해 영국이 무단 점령한 후 철수했던 巨文島에 진을 설치하고자 한성판윤 李元會를 經略使로 임명하여 그 방

---

112) 『일성록』, 1887년 윤4월 11일, 1888년 5월 18일, 1890년 5월 30일, 7월 10일 ; 『고종실록』, 1888년 6월 25일조.
113) 『일성록』, 1893년 2월 7일, 5월 16일조.
114) 『일성록』, 1885년 7월 13일, 1886년 1월 12일, 7월 14일, 10월 14일, 1887년 1월 12일, 7월 13일, 9월 19일, 10월 10일, 1889년 10월 6일, 1891년 1월 12일, 1892년 1월 12일, 7월 14일, 1893년 10월 18일 ; 『고종실록』, 1885년 10월 6일 ; 『승정원일기』, 1890년 10월 6일조.
115) 『일성록』, 1887년 9월 19일조 ; 『승정원일기』, 1890년 10월 6일, 1891년 9월 18일조.
116) 『승정원일기』, 1886년 12월 28일조 ; 『일성록』, 1887년 12월 25일, 1889년 4월 21일, 9월 24일, 12월 29일, 1890년 12월 27일, 1891년 3월 25일, 12월 29일, 1892년 4월 23일조.

략을 보고토록 하였다.117) 3월 17일에는 이원회의 別單에 의거하여 내무부는 李民熙를 巨文島僉使에 임명하고, 該道 監司로 하여금 設鎭에 필요한 兵艦·軍器 등의 조달방안을 마련하도록 지시하였다.118)

또 5월 23일에 내무부는 전라감사 李憲稙의 보고서를 신중히 검토한 끝에 巨文島와 대치해 있는 靑山島의 鎭을 폐지하고 해당 첨사와 군수물자를 거문도에 이속시켰다.119) 그러나 청산도의 관아를 옮겨 짓는데 따른 재정적 부담으로 도민들의 불평이 팽배하자 내무부는 청산도의 진을 그대로 유지한 채 鎭將으로 하여금 分駐 防禦토록 수정하였다.120) 이처럼 거문도와 청산도에 진이 모두 설치되었지만, 두 진 간의 거리가 멀어 공문 왕래가 지체되었기 때문에 내무부는 효율적으로 해안을 방어하기 위해 長興府 生日島와 平日島, 興陽縣의 草島를 巨文鎭에 소속시킴으로써 관할지역을 조정해 주었다.121)

다음으로 1886년 4월 20일에 내무부는 全羅右水營의 관할 아래 있는 聖堂鎭의 殿最·船隻配置·收布地方 등에 관한 규정을 마련하였고,122) 11월 3일에는 靈光郡 북쪽에 있는 1개 면을 이곳에 이속시켰으며,123) 1887년 6월 6일에는 東萊府 絶影島를 復鎭하였다.124) 그리고 1890년 3월 27일에 내무부는 영호남 사이에 위치한 요충지 鳥嶺과 秋風嶺에 진을 설치한 후 조령의 관문인 聞慶縣을 都護府로 승격시키는 한편 그 곳 守城將의 명칭을 管城將으로 변경하였다.125)

---

117) 『일성록』, 1887년 1월 18일, 19일조.
118) 『일성록』, 1887년 3월 17일, 18일, 25일조.
119) 『일성록』, 1887년 5월 23일, 7월 15일조.
120) 『일성록』, 1887년 9월 19일조.
121) 『일성록』, 1888년 6월 8일조.
122) 『일성록』, 1886년 4월 20일조.
123) 『일성록』, 1886년 11월 3일조.
124) 『고종실록』, 1887년 6월 6일, 8월 15일조.

3) 동학농민군의 진압

내무부가 유사시에 군사적 조치를 취한 대표적인 사례는 동학교도의 교조신원운동과 동학농민군의 봉기를 진압한 것이었다. 1893년 2월 10일 동학교도들은 교조신원을 위한 복합상소를 올린 후 3월 10일 報恩에서 대규모 집회를 열었다. 이러한 동학교도의 움직임에 대해 高宗은 3월 19일 협판내무부사 趙秉鎬를 충청감사에, 어윤중을 兩湖宣撫使로 각각 임명한 데 이어 25일 의정부의 정승들과 정부차원의 대응책을 협의하였다. 이 자리에서 고종은 충청병영의 병정으로 동학교도를 진무한다는 것은 무리이고 경군의 파병 역시 시기상조임을 내세워 청국에게 원병을 요청하고자 하였다. 그러나 심순택 등이 외국군대의 청병에 반대하자 고종은 일단 統禦營軍額을 이전대로 淸州兵營에 두도록 내무부에 지시를 내렸다.126) 이에 따라 내무부는 청주병영을 그대로 유지하도록 조치하는 한편 강화군영의 군사 300명을 수원에 주둔시키고127) 인천 병정 120명을 총제영에 소속시킴으로써 수도권방어에 만전을 기하였다.128) 다행히 선무사 어윤중의 시의적절한 恩威幷行策으로 동학교도의 교조신원운동은 정부군과 충돌 없이 일단락되었다.

그러나 조정은 동학교도 및 농민들의 불만을 해소시키기 위한 근본적인 개혁을 등한시하였기 때문에 1894년 3월 21일에 古阜民亂을 시발로 동학농민군의 (제1차) 봉기가 전라도 각지로 확산되기에 이르렀다. 따라서 4월 2일 내무부는 전라병사 洪啓薰을 兩湖招討使로 임명하여 그로 하여금 壯衛營 군대를 거느리고 농민군 진압에 나서도록 하였다.129)

---

125) 『일성록』, 1890년 3월 27일, 1892년 3월 21일, 12월 27일조.
126) 『일성록』, 1887년 3월 25일조.
127) 『일성록』, 1893년 3월 28일조.
128) 『일성록』, 1893년 4월 8일조.

하지만 4월 6일 黃土縣전투에서 정부군이 농민군에게 대패하자 내무부는 홍계훈의 증원군 요청에 따라 15일에 강화진무영의 병정 500명과 장위영의 병정 200명을 증파하여 무력에 의한 진압체계를 강화하였다. 아울러 고종은 4월 18일에 농민군의 표적이 되었던 전라감사 金文鉉, 안핵사 李容泰, 고부군수 趙秉甲을 처벌하고 폐정의 시정을 약속하는 칙유를 발포하는 등 회유책을 강구하였다.130) 이와 같은 조처에도 불구하고 농민군은 4월 23일 長城전투에서 승리를 거둔 후 全州를 향해 진격하였다. 정부군의 연이은 敗報에 접한 내무부는 4월 27일 이원회를 兩湖巡邊使로 임명하여 통위영 등 3영의 군사를 대동시켰지만,131) 그들이 출발하기도 전에 이미 농민군에 의해 전주성이 함락되고 말았다.132)

한편 내무부의 독판 민영준은 초토사 홍계훈으로부터 전세가 불리하므로 '外兵'을 빌려 진압할 수밖에 없다는 보고를 받고 4월 12일 이후 청군의 차병을 고종에게 요청하였지만 심순택 등 대신들의 반대에 부딪쳤다.133) 그러나 동학농민군의 전주성 함락 소식이 조정에 전해지자 곧 소집된 4월 30일의 重臣會議에서 민영준은 고종을 설득하여 袁世凱를 통해 청국에 차병을 의뢰하였다.134) 청국은 이

---

129) 『일성록』, 1894년 3월 29일, 4월 2일조.
130) 『일성록』, 1894년 4월 18일조.
131) 『일성록』, 1894년 4월 27일, 29일조. 이날 의정부는 행호군 嚴世永을 三南廉察使로 차하하여 삼남의 吏治 民瘼을 채방하며 便宜 裁斷하여 陸續登聞 품처토록 하였다. 이는 비변사가 순변초토사를, 의정부가 염찰사를 임명할 권한을 가졌던 것과 동일한 차원에서 이뤄진 것이라고 판단된다.
132) 이렇듯 심각한 상황에 직면한 내무부는 농민군의 봉기에 효율적으로 대처하기 위해 독판 신정희와 참의 성기운으로 하여금 군무사를 관할하게 하였다. 『일성록』, 1894년 5월 1일, 3일조.
133) 민영준의 청국 파병 요청에 관해서는 李瑄根, 『韓國史: 現代篇』, 78~98쪽 ; 朴宗根, 『淸日戰爭과 朝鮮』, 一潮閣, 1989, 11~13쪽 참조.
134) 『일성록』, 1894년 4월 30일조.

요청을 받자마자 군대를 파견하는 동시에 이 사실을 일본에 통고하였으며, 농민군의 동향을 예의 주시해왔던 일본도 즉각 대규모 병력을 파병함으로써 청일전쟁의 서막이 오르게 되었다.

청일 양국의 파병소식에 접한 동학농민군은 이들에게 파병의 빌미를 제공하지 않기 위해 5월 7일 정부 측과 이른바 全州和約을 맺었다. 이에 내무부는 초토사와 강화영 兵房을 계속 주둔시키는 동시에 순변사를 즉시 철수시킴으로써 농민군 진압에 대한 군사적 조처를 마무리했다.[135]

요컨대, 내무부는 서양식 군사 훈련을 실시하기 위해 5영제를 3영제로 개편하고 그 운영을 주도하였으며 연무공원을 설치하는 등 군사력을 통솔하였다. 그러나 내무부가 추진했던 중앙군영의 개편은 1891년 이후 왕궁보호와 수도방위에 역점을 두어 5영제로 환원되었으며, 지방군제 역시 수도권 방위에 치중한 나머지 지방군은 명목상으로 존재할 뿐이었다. 더욱이 이러한 개편작업은 청국의 간섭과 재정의 부족으로 말미암아 제대로 실효를 거두지 못하였던 것이다. 그리하여 1894년 (제1차) 동학농민군 봉기 때 내무부는 자체 군사력으로 이를 진압하지 못하게 되자 청병의 파견을 요청함으로써 청일전쟁의 빌미를 제공하고 말았다.

3. 자주외교정책 추진

내무부의 기능 중 특기할 것은 통리교섭통상사무아문이 있음에도 직제사로 하여금 外務를 담당토록 하여 청국에 駐津大員을 상주시키고 일본·미국·유럽 등에 공사단의 파견을 파견함으로써 내정뿐 아니라 외교·통상 문제에도 관여하고 있었다는 점이다. 내무부 설치 당시 통리교섭통상사무아문은 청국 주차관 袁世凱의 통제하에

---

[135] 『일성록』, 1894년 5월 14일조.

있었고, 또한 그와 친밀하고 反閔氏戚族경향을 띠었던 김윤식이 독판으로 있었기 때문에 고종 내지 민씨척족세력이 통제할 수 있는 처지에 놓여 있지 않았다. 따라서 고종은 내무부 설치 직후부터 각국 공사를 소견할 때 내무부의 독판이 入侍하는 것을 定式으로 삼아 외교에 관여할 수 있는 토대를 마련해 놓았다.136) 더욱이 흥선대원군의 석방(1885.8)을 계기로 袁世凱의 내정간섭이 노골화되자 고종 및 민씨척족은 내무부주사 金嘉鎭·金鶴羽·全良黙 등을 통해 제2차 朝露密約을 추진하는 한편 미국인 고문관 데니(德尼)·르장드르(李善得)·그레이트하우스(具禮) 등을 통리교섭통상사무아문이 아닌 내무부의 협판으로 임명하였다. 이어서 1887년 12월 25일 고종은 邊政 및 軍務와 아울러 외무 역시 내무부에서 관장하도록 함으로써137) 내무부의 주관 아래 주진대원을 통한 袁世凱 소환운동, 일본·미국·유럽 등 상주 공사단의 파견 등 반청 자주외교를 추진해 나갔다.

1) 구미주재 공사의 파견을 통한 자주외교

갑신정변 이후 청국의 적극적인 대조선 간섭정책에 불만을 품은 고종과 민씨척족은 친청적 관료를 배척하고 자신들의 측근을 정부 요직에 재배치시킴과 동시에 청일 양국보다 강력한 러시아에 보호를 요청하는 밀약을 추진하였다. 이로 말미암아 조청 양국 간의 갈등이 점차 심화되는 상황에서 1886년 1월 30일 고종은 의주부윤 李鑣永을 내무부 참의로 임명한 다음 곧바로 駐箚日本辨理大臣으로 발탁한다는 명을 내렸다. 이에 의거해서 외아문 독판 김윤식은 조선주재 일본임시대리공사 高平小五郎에게 병자수호조규 제2관에

---

136) 『일성록』, 1885년 6월 28일, 1886년 7월 29일, 1888년 10월 29일, 1889년 1월 19일, 10월 2일, 1890년 4월 7일조.
137) 『비변사등록』, 1887년 12월 25일조.

따라 내무부참의 이헌영을 판리대신으로 임명하여 일본 東京에 특 파하기로 결정하였다는 사실을 통보해주었다.138) 그러나 이헌영은 한성으로 돌아온 후 6월 2일에 병으로 판리대신직을 사직하고 말았 다. 따라서 근대적 외교제도에 입각하여 최초로 임명된 주일 판리 대신의 파견은 실행에 옮겨지지 않았다.

그 후 조선정부는 일단 8월 초 외아문주사 李源兢을 주일종사관 으로 파견하여 공사관서를 물색함과 동시에 일본 망명 중인 김옥균 등의 인도를 교섭케 하였다.139) 1887년 3월경 이원긍이 주일공관을 감정하고 돌아온 지 두 달 후인 5월 16일 내무부는 우선 1887년 5월 16일에 청국의 허락 없이 내무부협판 민영준을 주일판리대신, 내무 부주사 김가진을 주일참찬관으로 임명·파견함으로써 청국의 반응 을 살펴보았다.140) 이에 대해 청국이 별다른 이의를 제기하지 않자 6월 29일 내무부는 이를 '先派後咨'의 선례로 삼아 미국과 유럽주재 전권공사 파견을 추진해나갔다.141) 박정양과 심상학에게 먼저 내무 부협판직을 부여한 뒤 그들을 각각 주미전권공사과 영국·독일·러 시아·이태리·프랑스 등 유럽 5개국 전권공사에 임명하였던 것이 다.142) 이처럼 구미주재 전권공사에 임명된 인물들이 예외 없이 내

---

138) 高麗大 亞細亞問題硏究所 編, 『舊韓國外交文書: 日案』(이하『일안』으로 약칭) 1, 高麗大 亞細亞問題硏究所, 1965, 313쪽, #658 ; 314쪽, #660.
139) 『일본외교문서』 19, 358~359쪽, #123 ; 김수암, 앞의 논문, 193~194쪽 참조.
140) 『일성록』, 1887년 5월 16일조. 이어서 6월 8일 내무부는 전환국위원 金良黙과 安吉壽를 서기관으로, 교섭아문주사 안경수를 번역관으로 임명 하였다. 특히 1886년 제2차 조로밀약을 추진하였던 김가진·전양묵과 반청사상이 강한 안경수를 주일공사관원으로 파견한 사실은 주목할 만 하다.
141) 실제로 6월 13일 민영준일행이 일본으로 떠난 뒤 외아문독판 서상우는 6월 22일 이 사실을 袁世凱에게 조회하였고, 이에 대해 청국이 아무런 반응을 보이지 않자 6월 29일 박정양과 심상학을 각각 미국 및 유럽5개 국주재 전권공사로 임명하였던 것이다.
142) 『일성록』, 1887년 6월 7일, 29일조.

무부의 직함을 가졌다는 점은 내무부가 반청 자주외교의 구심처 역할을 담당하고 있었음을 시사해준다.143)

청국은 조선의 구미주재 전권공사 파견을 청국의 대조선 종주권 강화정책에 대한 정면도전으로 여겨 이를 강경하게 저지시키고자 하였다. 그러나 내무부는 8월 11일 제주관 尹奎燮을 李鴻章에게 보내 박정양의 파미를 요청하는 동시에144) 조선 주재 미국공사관으로 하여금 청국 측의 조치에 항의를 표시토록 하여 결국 '另約三端'의 준수를 조건으로 허락받기에 이르렀다. 그러나 박정양은 재임기간 동안 영약삼단을 무시한 채 미국과 평등외교를 펼침으로써 조선의 독립을 선양하였지만, 이로 말미암아 청국의 외교 압력에 의해 부임한 지 1년도 못되어 소환당하고 말았다.145)

1889년 8월 20일 박정양이 고종에게 복명한 후 청국은 그의 징벌을 강경하게 주장했다. 그러나 고종은 그를 통리교섭통상사무아문의 독판에 임명하려던 계획을 철회했을 뿐 都承旨 겸 副提學직을 제수하였을 뿐 아니라 영약삼단의 개정을 요구하였다.146) 아울러 1891년 9월 6일 袁世凱가 일시 출국한 틈을 타서 고종은 9월 15일에 박정양을 호조판서와 내무부독판으로 임명되었다.147) 청국의 李鴻章은 박정양의 기용을 묵인해주었지만 영약삼단의 개정요청을

---

143) 韓哲昊, 「開化期(1887~1894) 駐日 朝鮮公使의 파견과 외교 활동」, 『韓國文化』 27(「駐日 朝鮮公使의 파견과 외교 활동(1887~1894)」, 『한국 근대 사회와 문화 I -19세기 말에서 20세기 초를 중심으로-』, 서울대학교 출판부, 2003 소수), 2001, 287~292쪽 참조.
144) 『일성록』, 1887년 8월 11일조.
145) 초대 주미전권공사의 파견에 관해서는 주 2)의 송병기, 김원모, 한철호 논문 참조.
146) 1889년 1월 7일 고종이 "出疆使臣 無碍檢擬"라는 지시를 내린 것은 박정양에게 관직을 제수하려는 조치였다고 판단된다. 『일성록』, 1889년 1월 7일조 ; 林明德, 앞의 책, 165~167쪽 참조.
147) 박정양이 귀국 후 제수받은 관직에 관해서는 『일성록』, 1891년 8월 7일, 8일, 9일, 12일, 15일, 9월 6일, 15일, 12월 26일조 참조.

들어주지 않았다.148)

한편 1890년 1월 심상학에 이어 유럽 5개국 전권공사에 발탁된 趙臣熙는 홍콩에 머물면서 주미전권공사 박정양에 대한 청국 측의 강경한 태도를 인지하고 정부의 부임 독촉에도 불구하고 귀국해버렸다. 또한 그의 후임인 朴齊純도 袁世凱의 압력으로 인해 서울에서 떠나지도 못하고 말았다.

2) 駐津大員의 袁世凱 소환운동

1882년 '朝淸商民水陸貿易章程'(이하 무역장정으로 약칭)의 체결교섭 당시 問議官 어윤중은 事大使行의 폐단을 내세워 '派使駐京'안을 추진하였지만, 청국 측은 이 문제를 사대예의에 어긋난다는 이유로 거절하였다. 그 결과 무역장정에서 조청 간에는 일반 公使보다 격이 낮은 '商務委員'을 상호 파견·주차시키는 것으로 규정하고 말았다.149)

그런데 통상사무를 처리하는 駐津大員인 督理通商事務과 從事官·書記官 등에 대한 인사권은 애초부터 통리교섭통상사무아문이 아니라 내무부가 행사하였다.150) 또한 주진대원의 실제 업무도 天津과 北京의 정세 및 각국 외교사절의 동향,151) 청국 개항장들의 상황과 上海주재 察理通商事務의 파견 및 漢城開棧문제에 대한 협의,152) 天津주둔 군대의 교련 및 무기의 제조현황153) 등 청국의 외교·통

---

148) 『청계중일한외교사료』 5, 2922~2925쪽, #1633, 1634, '北洋大臣李鳴章文'(1891년 10월 7일) 참조.
149) 이 점에 대해서는 金鐘圓, 「朝·中商民水陸貿易章程에 대하여」, 『歷史學報』 32, 1966 참조.
150) 주진대원의 파견에 관해서는 한철호, 「한국 근대 주진대원의 파견과 운영(1883~1894)」, 『동학연구』 23, 2007 참조.
151) 『일성록』, 1889년 9월 28일, 1890년 윤2월 9일, 1893년 4월 6일조.
152) 『일성록』, 1893년 2월 22일조. 한편 내무부는 1893년 7월 19일에 上海에 찰리통상사무 성기운을 파견하였다.

상에 관한 전반적인 상황을 파악하거나 양국 간의 현안문제를 해결하는 데 있었다.

특히 고종폐위음모 이후 袁世凱와 고종·민씨척족세력의 불화가 심화되는 추세에서 내무부는 袁世凱를 본국으로 소환시키기 위해 주진대원으로 하여금 李鴻章과 협의하도록 하였다.154) 袁世凱의 1차 임기가 만료되는 1888년 8월 초에 내무부는 종사관 성기운으로 하여금 李鴻章에게 袁世凱의 후임으로 馬建常을 임명해 줄 것을 의뢰하였고, 이어서 8월 27일에는 고종이 직접 李鴻章에게 袁世凱의 교체를 요구하였다. 그러나 이러한 요청들은 모두 李鴻章에 의해 받아들여지지 않았다.155)

그러자 1889년 5월 21일에 내무부는 주진독리·종사관·서기관 전원을 교체시키면서 재차 袁世凱의 소환 교섭을 추진하였다.156) 신임 독리통상사무 金明圭에게 주어진 임무는 표면상 귀국한 초대 주미전권공사 박정양에 대한 李鴻章의 선처를 부탁하는 것이었다.157) 그러나 袁世凱의 조선 내정간섭이 양국 관계에 커다란 손해를 입히고 있으므로 그의 후임으로 '公正明識'한 자를 선임·파견해달라고 요청하는 것이 실질적인 그의 주 임무였다.158) 이러한 시도 역시 李

---

153) 『일성록』, 1893년 8월 30일조, 고종의 독리통상사무 이면상 소견문답 참조.
154) 袁世凱와 민씨척족세력 및 메릴(H. F Merrill, 墨賢里)·데니 등 미국인 고문관과의 대립에 대해서는 林明德, 앞의 책, 152~157쪽 참조.
155) 吳汝綸 編, 『李文忠公(鴻章)全集: 譯署函稿』, 南京, 1908[臺北: 文海出版社](이하 『譯署函稿』로 약칭) 19, 24~25쪽, "議留袁世凱駐韓"(1888년 11월 16일) ; 25~26쪽, "與朝鮮官成岐運筆談節略"(1888년 8월 9일) 참조.
156) 『일성록』, 1889년 5월 21일조, "差下駐津督理金明圭 從事官金商悳 書記官邊錫運 內務府啓請差下也."
157) 이들은 임명된 지 3개월이 지난 8월 24일에 비로소 고종에게 辭陛하고 26일 출발하기로 예정되어 있었다. 『일성록』, 1889년 8월 24일조 참조.
158) 이를 주도한 인물은 민영익과 김가진이었다. 『譯署函稿』 19, 49~50쪽, "論撤換袁世凱"(1889년 11월 19일) ; 50~53쪽, "與朝鮮陪臣金明圭問答節略"(1889년 10월 26일) 참조.

鴻章의 거부로 실패로 돌아갔다.
 요컨대, 내무부는 청국의 적극적인 종주권 강화정책에 대항하여 주진대원을 통해 袁世凱의 소환운동을 펼치는 한편 주일 및 주미전권공사를 파견하여 자주·평등외교를 전개하려 했다. 그러나 이러한 시도는 청국의 반대로 말미암아 오히려 袁世凱의 권한이 더 강화되고 주미전권공사 박정양이 강제 소환당함으로써 모두 실패하고 말았다. 그럼에도 불구하고 내무부가 주도했던 반청 자주외교는 조선의 국가적 독립을 대외적으로 표방하는 성과를 거두었다.

4. 근대적 시설 설립

 내무부는 앞에서 살펴본 전환국·전운국·광무국·연무공원 등을 비롯하여 종목국·육영공원·전보국(전우총국) 등을 설립, 그 예하기관으로 소속시킴으로써 1885~1894년간에 이뤄진 조선정부의 개화·자강, 즉 근대화작업을 주도하였다.
 우선 내무부는 농상사무를 권장하기 위해 설치되었던 농무목축시험장을 산하조직인 농무사에 소속시켜 종목국으로 개칭하고 그 당상으로 하여금 전관케 하였다.159) 보빙사행의 일원이었던 崔景錫이 1884년 초에 설립했던 농무목축시험장은 미국으로부터 각종 농산물의 종자와 가축, 그리고 신식 농기구를 수입하여 품종을 개량하고 낙농업을 일으키는 동시에 근대적인 농법을 도입했다. 그러나 1886년 초 최경석이 갑자기 병사하고 미국에 요청한 농업기사 역시 도착하지 않았기 때문에 그 사업은 방치상태에 놓여 있었다.160) 내무부는 이 시험장을 농목국으로 개치하는 한편 1887년에 영국인 농업기술자 재프리(R. Jaffray, 爵佛雷)를 고빙하여 그 경영뿐 아니라 2

---

159)『일성록』, 1886년 7월 15일조 ;『승정원일기』, 1887년 12월 28일조.
160) 李光麟,「農務牧畜試驗場의 設置에 대하여」,『韓國開化史研究』참조.

년제 농업학교인 農務學堂을 설립케 하고 학생들에게 기술을 가르치도록 하였다.161) 그러나 이 계획 역시 재프리가 1888년 5월에 사망하는 바람에 중단되고 말았다.162)

다음으로 내무부는 서양의 근대적인 문물을 수용하기 위한 방안으로 외국어를 교육하는 육영공원을 수문사 예하에 설치하고, 수문사 당랑으로 하여금 그 사무를 겸관케 하였다.163) 원래 보빙사의 건의로 입안된 육영공원의 설립계획은 갑신정변으로 말미암아 일시 중단되었다가 1886년에 비로소 헐버트(Homer B. Hulbert) 등 미국인 교사 3명이 도착한 것을 계기로 결실을 보게 된 것이었다. 육영공원은 내무부협판 민응식·민종묵·민병석·민영달 등 민씨척족이 그 운영을 담당하였지만, 학생들을 제대로 충원하지 못하였을 뿐 아니라 재정조달마저 어려웠기 때문에 소기의 목적을 달성하지 못한 채 1894년에 폐지되었다.164)

마지막으로, 내무부는 공작사 예하에 전보국을 설치하여 근대적인 전신시설을 설치하였다. 내무부는 갑신정변 직후 청국이 조선에 대한 종주권을 강화할 목적으로 西路電線을 가설하려고 하자 조선측의 電務委員을 파견하여 이를 감독하도록 지시하였다.165) 그러나 서로전선은 청국의 차관을 도입하여 만들어진 것이었기 때문에 청국이 그 관할권을 장악하게 되었다.166)

---

161) 『統署日記』 1, 1887년 8월 23일조 ; 高麗大學校 亞細亞問題研究所 編, 『舊韓國外交文書: 英案』 1, 高麗大學校出版部, 1967, 1887년 7월 14일조 참조.
162) 『통서일기』 1, 1888년 5월 19일조.
163) 『일성록』, 1886년 6월 17일조. 육영공원주사에는 감찰 전양묵, 통리교섭통상사무아문주사 李瑛이 임명되었다.
164) 李光麟, 「育英公院의 設置와 그 影響」, 앞의 책(1969) 참조.
165) 내무부는 서로전선이 가설되자 부호군 李容稙을 電線大員으로 임명하여 청국 派員과 함께 檢飭케 한 데 이어 李應相·姜泰熙·尙澐·朴喜鎭 등을 電務委員으로 임명하였다. 『일성록』, 1885년 8월 9일, 19일조.

이에 내무부는 1887년 3월 1일 전보국을 설치하여 전신사무를 전관케 하고 전선을 자주적으로 가설하려는 정책을 펼쳤다.167) 이를 위해 전보국은 프랑스로부터 200만 불의 차관을 얻어 청국의 차관을 상환한다는 계획 아래 서로전선의 관리권 반환을 요구하는 한편 외국인 기술자를 초빙하고 각종 전신기재를 구입해서 독자적으로 京釜線과 元山線의 설치를 추진하였다. 그러나 이 시도는 袁世凱의 반대로 모두 무산되고 말았다.168)

이상으로 미루어 볼 때, 내무부는 서양의 근대적 문물과 기술을 적극적으로 도입하기 위해 근대적 시설을 설립·운영하였음을 알 수 있다. 내무부가 주전·개광 등을 통해 확보한 재정 가운데 그 일부를 연무공원·육영공원·종목국·전보국 등을 설치하는 데 투여하여 자주적으로 '부국강병'의 기틀을 마련하고자 노력했다는 점은 주목할 만하다. 그러나 이러한 시설들이 제대로 실효를 거두지 못한 원인이 우선적으로 청국의 저지책동에 있다 하더라도, 이를 극복할 수 있는 내무부관리들의 능력과 적극적인 추진의지가 결여되어 있었음도 간과해서는 안 될 것이다.

5. 기타

내무부는 재정·군사·외교·근대적 시설의 설립에 관한 업무 이외에 국경획정·민란예방을 위한 호적정비 등 국가의 각종 사안을 처리하였다.

우선 내무부는 조·청 간의 국경 분쟁을 불러일으키고 있던 間島

---

166) 金正起, 「西路電線(仁川-漢城-義州)의 架設과 反淸意識의 形成」, 『金哲埈博士華甲紀念史學論叢』, 知識産業社, 1983 참조.
167) 『일성록』, 1887년 3월 1일조.
168) 林明德, 앞의 책, 227~234쪽 참조.

지역의 경계선 획정문제와 越境人의 단속문제에 관여하였다. 양국 간의 변경지역에 거주하는 조선농민이 두만강을 넘어 간도로 이주하여 농지를 개간하게 되자 청국은 조선정부 측에 이를 단속해줄 것을 요구해왔다. 이에 1885년 7월 30일 내무부는 安邊府使 李重夏를 土們勘界使, 외아문주사 趙昌植을 종사관으로 임명하여 청국 측의 관리들과 국경문제를 논의하도록 하였다.[169] 그러나 白頭山定界碑에 적혀 있는 土們江의 해석을 둘러싸고 양국 대표들의 의견이 엇갈렸기 때문에 1887년 1월과 1888년 3월에 열린 협상에서도 결국 합의를 이끌어내지 못하였다.[170]

내무부는 평안·함경도의 각 지역에서 끊임없이 일어나는 월경행위를 막기 위해 함경도 按撫使로 하여금 변경문제를 맡아보도록 하거나[171] 監理慶興陸路通商事務직을 겸임한 慶興府使로 하여금 邊政사무를 보고하도록 지시하였다.[172] 그럼에도 불구하고 鍾城과 會寧의 邊民 중에 청의 吉林 지역으로 넘어 들어가 경작하는 자가 점차 늘어갔다. 심지어 종성의 관리들이 이들에게 세금을 거두어들이는 사건도 발생하였던 것이다. 이 문제에 대해 袁世凱로부터 항의를 받은 내무부는 前 鐘城府使 睦承錫과 前 會寧府使 金在容을 파직시켰다.[173] 또한 내무부는 義州府로 압송된 월경죄인 高人泳 등을 유배시키고,[174] 潛越殺戮한 죄인 韓成眞·金仁淑 등을 효수형에 처하였으며,[175] 범법한 淸商을 곤장으로 다스린 禮山縣監 尹相耈를 파면시키는 등[176] 양국 간의 분쟁을 줄이는 조치를 취하였다. 그리고

---

169) 『일성록』, 1885년 7월 30일 및 11월 6일조.
170) 『일성록』, 1886년 8월 14일, 1887년 1월 16일, 3월 4일, 1888년 3월 11일조.
171) 『일성록』, 1885년 7월 30일조.
172) 『일성록』, 1889년 8월 23일조.
173) 『일성록』, 1889년 7월 8일조.
174) 『일성록』, 1891년 8월 19일조.
175) 『고종실록』, 1893년 8월 30일조.

내무부는 日本人의 불법적인 삼림채벌이 횡행하고 있던 鬱陵島에 대해서도 平海郡 소속 越松萬戶로 하여금 울릉도의 島長을 겸임시켜 관리·감독하도록 하였다.177)

다음으로 내무부는 전국적으로 빈발하고 있었던 민란과 범법행위를 예방하는 조치로서 五家作統法을 부활시키고 戶口臺帳을 작성함으로써 각 호의 인적 사항과 지역별 호구의 증감·이동 상황을 파악하고자 하였다.178) 특히 내무부는 漢城의 치안에 만전을 기하기 위해 捕盜廳의 책임자인 좌·우 포도대장에 대한 임명권을 장악하였으며,179) 家券[집문서]의 도난 및 위조가 성행하게 되자 漢城府가 만들어 준 집문서로만 매매하도록 하는 규정을 마련하였다.180) 또한 富平府에 창고가 설치된 이후 화물의 왕래가 잦아짐에 따라 내무부는 부사로 하여금 討捕使를 겸임토록 하여 譏察을 강화시켰다.181)

이상을 종합해 보면, 내무부는 재정·군사·외교·변정 관련 업무를 비롯하여 그 산하기구인 육영공원·연무공원·광무국·종목국·전환국·기기국·전보국 등을 통해 개화·자강사업을 주관하는 등 국정 전반에 걸친 주요 사안을 입안·시행함으로써 의정부와 6조를 능가하는 최고의 국정의결·집행기구로서 기능하였다. 특히 내무부가 주도했던 이러한 일련의 근대화조치는 조선의 자주독립과 부국강병을 도모하는 데 어느 정도 공헌하였으나 청국의 적극적인 대조선 내정간섭정책과 관리들의 무능력 및 재정부족 등으로 말미

---

176) 『일성록』, 1890년 3월 23일조.
177) 『일성록』, 1888년 2월 7일조.
178) 『일성록』, 1885년 11월 27일, 12월 16일, 1890년 3월 29일, 11월 22일조.
179) 내무부가 좌·우포도대장의 任免에 관여한 조치에 대해서는 1887년 10월 15일, 1890년 5월 27일, 1891년 1월 19일, 4월 27일, 9월 9일, 1893년 4월 27일조 ; 『승정원일기』, 1892년 8월 19일조 참조.
180) 『일성록』, 1893년 2월 13일조.
181) 『일성록』, 1887년 11월 15일조.

암아 실효를 거두지 못하고 말았다.

V. 맺음말

이 글에서는 갑신정변 이후 갑오개혁에 이르는 시기(1885~1894)에 존속하였던 내무부의 설치배경, 그 조직과 기능을 검토함으로써 내무부가 종전의 비변사를 능가하는 최고의 국정의결·집행기구로 발전해 갔다는 사실을 새롭게 밝히고자 하였다. 그 결과 내무부에 대하여 다음과 같은 결론을 얻을 수 있었다.

갑신정변이 청국의 무력에 의해 진압된 후 그 사후처리를 둘러싸고 청일 양국 간의 긴장이 고조되자 고종과 민씨척족세력은 장차 발발할지도 모를 양국 간의 군사적 충돌을 방지할 목적으로 러시아의 군사적인 보호를 요청하는 제1차 조로밀약을 추진하였다. 그러나 조선정부의 러시아 접근책은 영국의 거문도점령을 초래하였을 뿐 아니라 청일 양국이 러시아의 조선침투에 공동으로 대처하는 빌미를 제공해 주었다. 특히 청국은 김윤식 등 조선정계 내의 친청파 인사들을 통리교섭통상사무아문 등 관계의 요직에 집중 배치시키는 한편 조로밀약을 추진했던 묄렌도르프를 퇴진시킨 데 이어 보정부에 연금 중인 흥선대원군을 석방·귀국시킴으로써 조선의 내정에 적극 간섭하기 시작했다.

이러한 상황 속에서 고종은 정부의 요직에 있던 친청파 관료들을 축출하고 그 후임으로 민씨척족을 대거 등용하는 한편 청국의 통제 하에 놓여 있었던 통리교섭통상사무아문의 기능을 약화시키고 자신들의 권한을 유지·강화시키기 위해 갑신정변으로 폐지된 통리군국사무아문을 부활시키려고 하였다. 그러나 이 시도가 청국에 의해 좌절되자 1885년 5월 25일 고종은 다시 군국서무를 총찰하고 궁내사무를 겸관할 내무부를 신설하기에 이르렀다. 고종은 명분상 청국이 반대할 여지를 주지 않으려는 궁여지책으로 1653년에 설치된 황제직속기구로서 궁내사무를 전담하였던 청국의 '내무부'를 본떠 동일한 명칭의 내무부를 설치함으로써 군주권을 보존하고, 나아가 부국강병에 관련된 개화·자강정책을 적극 추진하려고 했던 것이다. 한마디로 내무부는 청국 내무부의 명칭을 모방하였지만 통리군국사무아문의 체제를 계승하여 그 기능과 권한을 한층 더 강화시킨 기구라고 말할 수 있다.

내무부는 통리군국사무아문과 마찬가지로 처소를 禁中에 두고 각사·諸營 및 8道·4都로부터 직접 보고받아 군국서무를 총괄하는 정일품아문이었다. 내무부는 의정부의 3정승이 겸임하였던 총리대신을 수반으로 당상관인 독판·협판·참의 등의 당상관에 의해 운영되었으며, 당하관인 주사·부주사 등이 행정업무를 담당하고 있었다. 내무부의 관리들은 상피제도에 구애받지 않았는데, 특히 당상관은 臺職을 포함한 중앙의 모든 관직과 지방관직 중에서도 경기감사·수령과 4도의 유수를 겸직할 수 있었다. 더욱이 당상관은 병조판서와 중앙 군영의 영사, 호조판서와 선혜청당상 등 군사·재정 관련부서의 요직을 例兼할 수 있는 규정이 만들어짐으로써 내무부는 실질적으로 국정을 총괄할 수 있게 되었다.

내무부의 조직은 설치 초기에 기존의 6조와 동일한 이·호·예·병·형·공무 등 6무로 편제되었는데, 1885년 6월 20일경에 6무를 군무·직제·사헌·수문·지리·공작·농무국 등 7국으로 개편하였다가 8월 1일에 그 명칭을 7사로 개칭하였다. 7사의 소관업무를 살펴보면, 직제사는 관리추천과 외교업무를, 수문사는 典禮와 문서작성·정리 및 교육업무를, 지리사는 조운·광산·조폐 등의 세원발굴과 재정업무를, 농무사는 농수산업의 육성업무를, 군무사는 군대훈련·설진·군량마련·무기제조 등의 군사업무를, 전헌사는 법률 및 치안업무를, 공작사는 기기·조선·전선 등 각종 근대적 시설의 설치 업무를 각각 맡아보았다. 또한 내무부는 기기국·전환국·종목국·전보국·광무국·연무공원·육영공원 등을 신설하여 7사 산하에 둠으로써 개화·자강 관련 업무를 효율적으로 추진할 수 있는 독자적인 조직을 갖추었다.

실제로 1885~1894년간 내무부는 재정·군사·외교·변정·산업 등 국정 전반에 걸쳐 202개의 주요 사안을 입안·시행하였다. 내무부는 왕실 내탕금과 홍삼의 제조·무역권 등 왕실재정의 관리와 주전·개광·전운사업의 관할 등 재정확보책을 강구하였으며, 군제개편, 중앙 및 지방군의 통솔, 군비의 확보·조달, 진의 치폐 등 군사권을 장악함과 동시에 군사업무를 총찰하였고, 구미주재 공사단과 청국 주진대원의 파견을 통해 반청 자주외교와 袁世凱 소환운동을 펼쳤다. 아울러 내무부는 종목국·육영공원·전보국 등 근대화 추진기구를 설립·운영함으로써 개화·자강운동을 주관하였다. 이 외에도 내무부는 조·청 양국 간의 국경획정과 월경 문제 등의 변정사무, 민란과 범법행위 예방을 위한 오가작통법과 호적정비 등을 실시하였다. 내무부가 주도했던 일련의 조치—특히 개화·자강사업과 구미주재 공사단의 파견 등—는 조선의 부국강병을 도모하고 자주외교를 펼치는 데 어느 정도 기여하였지만, 청국의 적극적인 내정간섭정책과 재정부족 및 민씨척족의 무능·부패로 말미암아 제대로 실효를 거두지 못하고 말았다.

이와 같이 내무부는 갑신정변 직후 청국의 대조선 내정간섭이 강화되는 것에 대항하여 군주권을 보존·강화하는 동시에 '부국강병'과 '편민이국'에 관련된 개화·자강사무와 자주외교를 추진하기 위해 설치된 '機密重地'였다. 그 후 내무부는 종전의 비변사와는 달리 행정실무를 집행할 7사와 그 산하기구의 확충을 통해 그 권한을 확대시켜 나감으로써 조선왕조의 전통적 정부조직인 의정부와 6조는 물론 통리교섭통상사무아문의 기능을 점차 형해화시키고 개화·자강사업을 비롯한 국정전반의 주요사무를 총괄하는 최고의 국정의결 및 집행기구로서 부상하였던 것이다. 그러나 1894년 6월 25일 일본이 경복궁을 점령한 뒤 조선에 대한 침략을 원활히 수행하기 위해 갑오개혁을 단행하는 과정에서 군국기무처를 신설함으로써 내무부는 실질적으로 폐지되어 버렸고, 그 후 궁내부로 축소·개편되었다.
　내무부의 조직과 기능을 살펴 본 이 글이 개화기의 전체상을 조감하는 데 일조하기를 기대한다. 또한 내무부는 1880년대 초 관료기구의 개편으로 신설된 통리기무아문 계통의 조직이므로 전통적인 관료제도가 근대적인 관료제도로 변화하는 과도기적 성격을 이해하는 데 도움을 줄 수 있을 것이다. 아울러 내무부가 존속하였던 갑신정변에서 갑오개혁에 이르는 약 10년간의 기간은 전자의 결과와 후자의 원인이 중첩되어 있었던 만큼, 이 글이 갑신정변의 결과를 객관적으로 재평가하는 동시에 갑오개혁과 동학농민군의 봉기를 초래한 원인을 분석하고, 나아가 최고집권자였던 고종을 올바로 평가하는 데에도 하나의 실마리를 제공할 수 있기를 바란다.

내무부 관료의 구성과 정치적 성향(1885~1894)

Ⅰ. 머리말

앞글에서는 갑신정변 이후 청국의 적극적인 대조선의 간섭정책 하에서 조선의 주권을 보존하기 위해 10년간(1885~1894) 설치되었던 內務府의 조직과 기능을 검토한 바 있다. 그 결과 내무부는 각종 개화·자강사업 및 궁내의 중대사안을 처리함으로써 조선 왕조 최고의 국정의결·집행기구로 기능하였음이 밝혀졌다.[1] 그러나 이 글에서는 내무부가 직급별로 어떻게 구성되었으며, 내무부 관료들은 어떠한 정치적 성향을 띤 세력이었는가를 분석하지 못했기 때문에 내무부의 전모를 제시하기에 미흡한 점이 있었다.

내무부는 總理大臣을 비롯해서 督辦·協辦·參議 등의 堂上官과 主事·副主事 등의 堂下官으로 구성되어 있었다. 그런데 내무부의 당상·당하관의 경우 相避制에 구애되지 않았으며, 당상관은 중앙의 관직과 지방의 경기감사·수령과 4도의 유수직 등을 겸임할 수 있었다. 또한 1886년 9월(음)에 군사와 재정을 관할하는 병조판서와 중앙군영의 영사, 호조판서와 선혜청당상 등이 내무부의 당상관을

---

[1] 韓哲昊,「閔氏戚族政權期(1885~1894) 內務府의 組織과 機能」,『韓國史研究』90, 1995.

예겸하도록 규정되었다. 따라서 내무부의 당상관으로서 중앙정부의 요직까지 겸임했던 인사들을 가려내어 그들의 官歷 및 정치적 성향을 구명하는 일은 내무부의 운영상황은 물론 당시 집권세력의 관계 내 포진상황과 그들의 집단적 성격을 밝히는 데 관건이 된다고 여겨진다.

지금까지 내무부의 구성원에 관해서는 내무부의 7사 예하에 속한 기기국·육영공원 등 개화·자강기구와 내무부 주도로 추진된 反淸 자주외교를 고찰하는 과정에서 단편적으로 논급되었다.2) 또한 의정부와 6조를 비롯한 전통적 관료기구 내에서 민씨척족세력이 차지하였던 관직 경력을 구명하는 수준에 머물러 있다.

따라서 이 글에서는 기존의 연구성과를 수용하되『日省錄』·『高宗實錄』등 조선왕조의 기본자료와『淸季中日韓關係史料』및『東京朝日新聞』·『現今淸韓人傑傳: 朝鮮國』등 중국과 일본 측 자료를 토대로 내무부의 직급별 구성과 그 구성원의 정치적 성향을 살펴보고자 한다. 이러한 연구는 1885~1894년간 내무부를 중심으로 정국을

---

2) 갑신정변 이후 조선정부의 자주외교 및 자강정책에 관한 연구는 李光麟,『韓國開化史硏究(改訂版)』, 一潮閣, 1969 ;『韓國開化史의 諸問題』, 一潮閣, 1986 ;『開化派와 開化思想硏究』, 一潮閣, 1989 ; 宋炳基,「소위 "三端"에 대하여」,『史學志』6, 1972 ; Young Ick Lew(柳永益), "An Analysis of the Reform Documents of the Kabo Reform Movement, 1894", *Journal of Social Science and Humanities*, 40, 1974 ; "Dynamics of the Korean Enlightenment Movement, 1879~1889: A Survey with Emphasis on the Roles of Korean Leaders", 中央硏究院 近代史硏究所 編,『淸季自强運動硏討會論文集』上, 臺北: 中央硏究院 近代史硏究所, 1987 ; 金達中,「1880年代 韓國國內政治와 外交政策」,『韓國政治學會報』10, 1976 ; 스워다우트 지음, 申福龍·姜錫燦 옮김,『데니의 생애와 활동-韓末 外交 顧問制度의 한 硏究-』, 평민사, 1988 ; 金源模,「朴定陽의 對美自主外交와 常駐公使館 開設」,『藍史鄭在覺博士古稀紀念 東洋學論叢』, 고려원, 1984 ; 韓哲昊,「初代 駐美全權公使 朴定陽의 美國觀-『美俗拾遺』(1888)를 중심으로-」,『韓國學報』66, 1992 ;「개화기(1887~1894) 주일 조선공사의 파견과 외교활동」,『한국문화』27, 2001 등 참조.

운영했던 민씨척족정권의 실체를 이해하는 데에도 도움이 될 것이다.

Ⅱ. 내무부 관료의 직급별 구성

내무부는 총리대신을 수반으로 정·종1품의 督辦, 정·종2품의 協辦, 당상 정3품의 參議 등 堂上官과 文·蔭·武官 및 生員·進士·幼學의 신분에 구애 없이 선발된 主事·副主事 등 堂下官(郎廳), 그리고 書吏·掌務書吏·大廳直·徒隷·文書職·軍士 등의 管理職으로 구성되었다.3) 아래의 〈표〉에 의거하여 내무부 설치 초기인 1885년 6월 21일 현재 그 인사배치현황을 살펴 보면, 독판 1명, 협판 11명, 참의 4명 등 당상 16명과 주사 7명, 부주사 13명 등 낭청 20명, 도합 36명이었다. 그러나 독판은 4국이 공석이었고 협판과 참의도 대부분 2국을 겸관함으로써 업무를 본격적으로 수행할 인원이 확보되지 못하

〈표〉 내무부 7국의 인사배치현황(1885년 6월 21일)

직급 7국	독판	협판	참의	주사	부주사
군무국	金箕錫	任商準·李敎獻·閔應植	洪承憲	尹泰駉·金鶴羽	南廷弼
지리국		金永壽·閔應植*	鄭夏源		徐相喬·林敎相· 俞起濬·趙性一
직제국		閔種黙	金明圭	金春熙·高永喆	申洛均·嚴柱興
수문국		沈履澤	鄭夏源*	金弼洙	鄭文燮
사헌국	金箕錫*	趙準永	洪承憲*	徐丙壽	曺百承
공작국		金永壽*·閔泳煥	金明圭*		尹昌大·李喆儀
농무국		李喬翼·閔丙奭	王錫鬯	洪承運	俞性濬·金永汶

전거: 『日省錄』.
비고: *표는 겸직.

---

3) 『備邊司謄錄』, 1885년 6월 9일조, '內務府新設節目' 참조.

고 있었다. 더욱이 7국 중 군무국에 병조판서와 중앙군의 영사를 겸직한 독판과 협판이 집중 배치된 것은 내무부가 초창기에 왕실의 안전을 도모하기 위한 군사업무에 역점을 두고 있었음을 시사해준다.

내무부의 구성원은 1886년 9월 18일에 호조판서와 선혜청당상이 내무부의 당상관을 겸직하도록 규정한 것을 계기로 내무부가 병권에 이어 재정권을 장악할 수 있는 기반을 갖추기 시작하면서부터 급격히 늘어났다.4) 그 후 내무부는 1887년 초반까지 조직을 정비하면서 원래의 정원이라 할 수 있는 독판 7명, 협판 14명, 참의 8명으로 운영되는 체제를 갖추게 됨으로써 명실상부한 최고 국정 의결 및 결정기구로 기능하게 되었던 것이다.

1. 총리대신

총리대신은 당상관으로부터 각사의 사무를 보고받아 중요사안을 결정·처리하는 내무부의 최고위직이다.5) 내무부 창설 당시에는 영의정 沈舜澤이, 그 후에는 좌의정 金炳始·金弘集·宋近洙 등과 우의정 金有淵·鄭範朝 등이 총리대신을 겸직하였다. 즉, 통리기무아문·통리군국사무아문의 경우와 마찬가지로 의정부 3정승이 총리대신직을 겸임하였던 것이다.6) 이와 같이 의정부의 3정승이 통리교섭

---

4) 한철호, 앞의 논문(1995), 1~12쪽.
5) 『東萊府啓錄』, 1885년 8월 1일조, '事務規則,' "一. 各司事務 督辦與該堂 相議進告于總理大臣 而辦直裁處 如有重大事件 啓稟施行."
6) 1881년에 신설된 통리기무아문과 그 계통의 통리군국사무아문·통리교섭통상사무아문에 관해서는 全海宗, 「統理機務衙門 設置의 經緯에 대하여」, 『歷史學報』 17·18합집, 1962 ; 李鐘春, 「統理機務衙門에 對한 考察」, 『論文集(淸州敎育大學)』 3, 1968 ; 李鉉淙, 「高宗때 減省廳設置에 대하여」, 『金載元博士回甲紀念論叢』, 乙酉文化社, 1969 ; 彭澤周, 『明治初期日韓淸關係の硏究』, 東京: 塙書房, 1969 ; Martina Deuchler, *Confucian Gentlemen and Barbarian Envoys: The Opening of Korea, 1875~1885*, Seattle

통상사무아문이 아닌 내무부의 총리대신을 겸임했다는 사실은 내무부가 정치적으로 대단히 중요했음을 시사해준다.

그러나 내무부의 총리대신은 명목상의 총괄자로서 국왕의 정책자문에 응하는 역할을 하였을 뿐이었다.[7] 이 점은 고종이 총리대신들이 정승직을 사임한 후에도 계속 총리대신직을 겸임토록 한 점에서 잘 드러난다.[8] 더욱이 보수적 성향을 띤 일부 총리대신들은 내무부의 조직과 권한이 확대되어 내무부가 기존의 의정부 기능을 위축시킬 것을 우려하기까지 하였다. 예를 들어, 김병시는 고종에게 내무부가 주관했던 주전 및 광산개발 등 각종 자강사업의 폐단을 지적하고 이를 중지시킬 것을 건의하였으며, 심순택도 내무부 산하 기구의 인원을 축소시킬 것과 국정개혁의 필요성을 역설한 바 있다.[9] 이러한 사실들은 김병시·심순택 등 총리대신이 내무부의 권한 확대 및 정책결정과정에 불만 내지 우려감을 품고 있었음을 보여준다.

---

and London: University of Washington Press, 1977 ; 李光麟, 「統理機務衙門의 組織과 機能」, 『學術院論文集(人文·社會科學篇)』 26, 1987『開化派와 開化思想研究』(一潮閣, 1989) 所收 ; 田美蘭, 「統理交涉通商事務衙門에 關한 研究」, 『梨大史苑』 24·25합집, 1990 ; 韓哲昊, 「統理軍國事務衙門(1882~1884)의 組織과 運營」, 『李基白先生古稀紀念 韓國史學論叢』 下(一潮閣, 1994) 등 참조.

7) 일본의 『時事新報』도 내무부의 구성에 대해서 "第1堂上[總理大臣]은 沈舜澤이지만……虛名을 띤 데 불과하고, 그 세력은 金箕錫, 閔應植, 閔泳煥, 閔丙奭, 閔種黙이 쥐고 있다"고 보도하였다. 『時事新報』, 1885년 9월 1일자, '朝鮮通信' 참조.
8) 『日省錄』, 1886년 9월 16일, 27일, 28일, 1888년 4월 14일조.
9) 『일성록』, 1887년 8월 15일, 1888년 8월 26일, 1889년 6월 20일조 ; 『東京朝日新聞』, 1889년 9월 28일자, '朝鮮近事' 참조.

2. 독판

　독판은 7사의 업무를 총괄하는 실무 책임자였다. 내무부 창설 당시 李載元이 약 10일간 독판직을 맡은 후 그의 후임 金箕錫이 1년 여간 군무사와 전헌사의 독판을 겸관했을 뿐이었다.[10] 그러나 1885년 6월 내무부가 7사의 조직을 갖추고 그 예하에 각종 개화·자강 추진기구들을 확대시키는 과정에서 독판의 수는 늘어났다. 1886년 8월 이후 沈履澤·鄭範朝·金永壽가, 1887년에는 민씨척족 중에서 최초로 閔應植이, 1889년에는 閔泳翊과 趙康夏가 독판으로 추가 임명되어 그 수가 7명에 이르렀다. 따라서 통리군국사무아문의 경우와 같이 내무부의 독판은 各司에 1명씩 배치된 셈이다. 그 후 독판의 수는 1889년에는 6~7명, 1890년에는 4~6명, 1891년에는 5~9명, 1892년에는 9~10명, 1893년에는 9~12명, 1894년에는 최고 14명으로 다소 변동이 있었다(〈부록 1〉 참조).

　주목할 것은 1887년 이후 민응식·민영익·민영환·민영준 등 민씨척족들이 장기간 독판직을 차지하면서 군사와 재정관련 부서의 직임을 겸직하였고, 또 1893~1894년경에 총 독판수의 과반을 차지함으로써 이른바 '勢道'의 역할을 수행했다는 점이다. 내무부 독판직에 올랐던 관리는 총 19명이었는데, 그들 대부분은 여흥 민씨를 비롯하여 豊陽 趙氏·靑松 沈氏·潘南 朴氏 등 명문 양반가문출신으로서 科擧를 통해 관직에 진출하여 정부요직을 두루 거쳤던 인물들이었다. 그들 가운데 이재원·정범조·민응식·민영익·박정양 등은 통리기무아문·통리군국사무아문과 통리교섭통상사무아문 등에 근무한 경력이 있었다. 그러나 민영익과 박정양을 제외한 인사들은

---

10) 이 시기에 정권을 실질적으로 장악하고 있었던 민응식 등 민씨척족은 모두 협판직을 차지하면서 원로대신 김기석을 독판에 임명해 전면에 내세웠던 것으로 생각된다.

일본과 미국의 근대적 문물에 접해보지 못했기 때문에 기존체제에 대한 개혁의지가 약한 보수적 관료들이었다. 이 사실은 내무부의 7사 예하에 설치된 각종 개화·자강추진기구들이 제대로 기능을 발휘하지 못한 주요인 중의 하나였다고 판단된다.

3. 협판

협판은 실무를 담당하는 관리로서 독판의 직무를 보좌하는 기능을 맡았다. 1885년 6월 20일 처음 내무부의 업무분장이 이뤄졌을 때 독판은 1명에 불과했는데, 협판에는 민응식·민영익·민영환·민종묵·민병석 등 민씨척족계 문관과 심이택·김영수·李喬翼·趙準永 등 친민씨계 문관, 그리고 李敎獻·李奎奭·任商準·鄭洛鎔 등 중앙군영의 영사였던 무관 등 11명이 임명되었다. 이 점으로 미루어 초기에는 협판이 내무부의 업무를 실제로 관장한 실세였음을 알 수 있다. 그 후 협판의 수는 1885년 말에 12명, 1886년에 13~18명, 1887년에 16~19명, 1888년에 14~20명, 1889년에 15~22명으로 점차 증원되어 1894년까지 이 숫자를 유지함으로써 각 사에 2명씩 배정되었던 것으로 판단된다(〈부록 2〉참조).

내무부 존치기간 중 협판에 임명된 58명의 관리에는 민씨척족을 위시하여 과거의 문·무과 출신 관리들이 포진하고 있었다. 즉, 민씨척족으로서 민영준·閔泳奎·閔泳韶·閔泳商·閔泳達·閔丙承 등이, 문과출신으로서 鄭夏源·趙康夏·李鑣永·朴定陽·沈相學·趙臣熙·趙秉稷·趙秉式·朴齊純·金春熙·趙同熙·李完用·金明圭·金思轍 등이, 그리고 무과출신으로서 李鐘健·韓圭卨·申正熙 등이 기용되었던 것이다. 이 중에 민종묵·박정양·조준영·심상학·조병직·이헌영·김명규·김사철 등은 통리기무아문계통의 신설기구에 종사하였을 뿐 아니라 조사시찰단(신사유람단)의 일원으로 일본을 방문하였기 때문에 국제정세에 비교적 밝고 개화·자강사무의 실무 능력을 구비하였던 인물들이었다. 따라서 그들은 내무부 산하의 전환국·기기국·광무국·연무공원·육영공원 등 '자강' 추진기구와 외국의 공사관원으로 발탁되어 개화·자강사업을 추진함과 동시에 자주외교를 펼쳤다. 또한 한규설·이종건·정낙용 등 무관은 고종 및 민씨척족의 두터운 신임을 받아 1886년 이래 중앙 및 지방 군영의 책임을 맡음으로써 왕실의 신변안전을 담당하였던 인물이었다.

협판들 가운데 민응식·민영익·민영환·민영준·민영규·민영소 등 민씨척족과 심이택·조강하·김영수·박정양 등 13명은 내무부의 조직이 정비된 1886년 8월 이후에 협판직에서 독판직으로 승진하여 내무부의 중심인물로 부상했다.[11] 또한 김윤식이 통리교섭통상사무아문 독판직에서 물러난 뒤 그 후임으로 조병식·민종묵·조병직 등이 내무부의 협판직에서 곧바로 승진·부임하였던 사실은[12] 내무부 업무가 통리교섭통상사무아문의 사무를 점차 잠식해 나갔으며, 내무부가 통리교섭통상사무아문보다 상위부서였음을 밝혀준다.

아울러 내무부가 데니(Owen N. Denny, 德尼), 르장드르(Charles W. LeGendre, 李善得), 그레이트하우스(Clarence R. Greathouse, 具禮) 등 미국인 고문관을 통리교섭통상사무아문이 아닌 내무부 협판으로 기용했던 점도 특기할 만하다. 예를 들어, 1885년 5월 제1차 조로밀약사건 이후 청국의 李鴻章이 독일인 묄렌도르프(P. G. von Möllendorff, 穆麟德)의 후임자로 데니를 외교고문으로 선임하여 조선의 대외문제에 간섭하자, 고종은 데니를 통리교섭통상사무아문의 장교사 당상직 이외에 내무부 협판직을 겸임토록 조처하였다. 이러

---

11) 1885년 7월 4일 민씨척족 중 袁世凱와 비교적 친분이 두터웠던 민영익이 협판에 등용된 것은 청국과의 마찰을 완화시키기 위한 조치였다고 생각된다.
12) 『일성록』, 1887년 8월 4일, 1889년 7월 2일, 1892년 9월 22일조 참조.

한 조치는 고종이 駐箚朝鮮總理交涉通商事宜 袁世凱의 영향력이 상대적으로 덜 미쳤던 내무부에 데니를 배치함으로써 자신이 직접 대외업무를 처리할 수 있는 기회를 마련하려는 의도에서 취해진 것으로 볼 수 있다.13) 실제로 데니는 고종의 기대에 부응하여 조선의 반청정책을 적극 도와주었다. 요컨대, 고종은 외국인 고문관들을 내무부의 협판에 등용함으로써 청국의 내정간섭을 견제시키는 동시에 군주권의 강화를 꾀하였던 것이다.

4. 참의

참의는 협판을 보좌하는 역할을 담당한 관리였다. 내무부 창설 당시 참의직에는 鄭夏源·金明圭·洪承憲·王錫鬯 등 4명이 임명되었는데, 이들 중 중국인 王錫鬯이 농무국에 배치되었고 나머지 3명은 각각 2국(사)을 겸관하였다. 그 후 1886년 6월 26일 王錫鬯이 참의직에서 물러난 것을 계기로 참의의 수는 1887년에 4~11명, 1888년과 1889년에 9~10명으로 증가되어 내무부가 폐지될 때까지 3~9명선을 유지하였던 것이다(〈부록 3〉 참조). 이로써 볼 때 협판은 각 사에 1명씩 배치된 것으로 여겨진다.

특히 내무부 설립 당시 청국인 王錫鬯이 참의직에 임명된 점은

---

13) 심지어 조선정계 내에서 데니의 영향력이 자기보다 더 커질 것을 염려하였던 袁世凱는 그가 통역관을 구하지 못하게 공작을 펼치기까지 했다. George M. McCune and John A. Harrison ed., *Korean-American Relations: Documents Pertaining to the Far Eastern Diplomacy of the United States. Volume I: The Initial Period, 1883~1886*, Berkeley and Los Angeles: University of California Press, 1951, pp.146~148, #156, 1886년 7월 5일, Denby→Secretary of State ; 스워다우트, 앞의 책, 102~104쪽 ; Young I. Lew, "American Advisers in Korea, 1885~1893", Andrew C. Nahm ed., *The United States and Korea: American-Korean Relations, 1866~1976*, Kalamazoo, Mich.: The Center for Korean Studies, Western Michigan University, 1972, pp.68~78 참조.

주목할 만하다. 그는 1883년 1월 19일부터 1884년 10월 17일까지 통리군국사무아문 禮務와 農商司의 참의를 역임한 바 있었는데, 재직시 고종에게 '請鑄常平疏'를 올렸다. 이로써 미루어 그는 처음에는 조청 양국 간의 관계를 조정하거나 통리군국사무아문을 감시하는 역할을 맡았다가 후에는 주로 경제분야의 자문역할을 담당했던 것으로 추측된다.14) 따라서 그가 내무부 창설 당시 재차 참의로 임명된 것도 청국 측이 그로 하여금 내무부를 간접적으로 통제하려는 의도가 있었던 것으로 이해된다. 그러나 王錫鬯이 직급이 낮은 농무국(사)의 참의로 임명된 데다가 발령 후 불과 1년 뒤인 1886년 6월 26일에 참의직에서 물러난 사실로 미루어 내무부에 대한 청국의 간섭은 상대적으로 약하였다고 판단된다.

한편 참의를 역임한 인물로는 1886년에 이헌영·민영준, 1887년에 유석·閔丙承·趙同熙·朴齊純·金春熙, 1889년에 閔泳達·成岐運, 1890~1893년간에 金嘉鎭·李完用·閔泳柱·閔哲勳·鄭敬源, 그리고 갑오개혁 직전에 金鶴羽·權瀅鎭·朴準陽 등을 들 수 있다. 참의에 임명된 31명 중 민영준·민병승·민영달·민영주·정하원·조동희·박제순·김춘희·이완용 등 12명은 나중에 협판으로 승진하였다. 또한 윤헌·김사철·김가진·김학우·이원긍·이위·이인영·이종원 등은 통리기무아문과 통리군국사무아문에서 활동한 경력을 갖고 있었다.

그리고 그들 중에는 독판·협판의 경우와는 달리 양반의 서자, 중인 혹은 변방의 土班 출신으로서 과거를 통하지 않았지만 외국어에 능통하거나 개화사정에 밝은 점을 인정받아 기기국·전환국 등에 근무한 경력이 있는 소위 時務家들이 많았다.15) 즉, 그들은 전통

---

14) 『漢城旬報』, 제2호(1883.10.11), '內國記事.' 또한 한철호, 앞의 논문(1994), 1548~1549쪽 참조.

15) 이와 같이 당상관에 해당하는 참의직에 서자·중인·토반 출신이 등용된

적인 정치·사회제도에 대한 개혁의지와 반청사상이 강했기 때문에 내무부 예하의 개화·자강추진기구의 실무를 담당하였을 뿐 아니라 반청 친미·친일외교를 펼쳐나가는 데 앞장섰다.

5. 주사·부주사

주사와 부주사는 행정업무를 처리하는 관리로서 각사에 1명과 2명씩 각각 배치되었다.16) 주사 총 47명과 부주사 총 28명 가운데 洪承運·徐丙壽·尹泰駟·高永喆·金鶴羽·南廷弼·徐相喬·李琠·南宮檍·趙秉承·李學均·林敎相·丁文燮·俞起濬·申洛均·嚴柱興 등은 통리기무아문·통리군국사무아문·통리교섭통상사무아문 혹은 박문국·기기국·제중원·동문학 등 개화추진기구에 복무함으로써 근대적 학문 내지 외국어에 소양이 있고 실무행정에 밝은 전문직 관리들이었다. 따라서 그들 중 대부분은 내무부와 통리교섭통상사무아문의 당상관 혹은 자강추진기구의 간부로 발탁되었다.

III. 내무부 관료의 정치적 성향

내무부의 당상·당하관은 상피제의 제한을 받지 않았고, 특히 당상관들은 중앙의 모든 관직과 지방의 경기감사·수령과 4도 유수직을 겸임할 수 있었기 때문에 군사와 재정을 비롯한 국가의 요직을

점은 관리임용제도가 전통적인 과거 중심체제에서 근대적인 능력본위제로 넘어가는 과도기적 현상을 보여주고 있다는 면에서 주목할 만하다. 이러한 양상은 갑오개혁 중 더욱더 두드러지게 나타나고 있다. 柳永益, 『甲午更張硏究』, 一潮閣, 1992, 187~192쪽 ; 〈부록 3〉 참조.

16) 『東萊府啓錄』, 1885년 8월 1일조, '事務規則', "一. 凡於事務 旣經稟定 卽 指令於主事 主事仍卽遵行施措 必躬執文簿."

독차지하게 되었다. 따라서 당상관으로서 중앙정부의 요직을 겸임했던 인사들이 내무부의 운영을 주도했던 것이다. 그들을 정치·사회적 배경을 중심으로 분류해 보면 다음과 같다.

1. 민씨척족계 문관

청국의 대조선 간섭정책이 강화되던 상황 속에서 고종·민비와 정치적 운명을 같이 했던 민응식·민영익·민영환·민영준 등 민씨척족이다. 이들은 정권을 유지·강화하기 위해 연합의 형태를 취하는 한편 정치적 실권자인 이른바 '세도'로 부상하기 위해 상호 간에 경쟁을 벌이기도 하였다.17)

내무부의 설치 이후 그 조직의 정비가 마무리되는 1888년 초반까지 민씨척족의 대표자로 활약했던 인물은 민응식이었다. 평안관찰사로 재직 중 주전업무를 관장하면서 부를 축적하였던 것으로 알려진 그는 갑신정변 직후 평양의 西營병사들을 이끌고 상경하여 왕실의 호위를 담당함으로써 실권을 장악하였다.18) 내무부 창설 직후 그는 좌영사로서 군무사와 지리사의 협판으로 임명되어 군사와 재정을 관장하는 "韓廷에서 가장 권세있는 宰臣"19)이 되었다. 이후 그는 상리국총판·육영공원관리사무를 비롯하여 1886년 6월 27일부터 1888년 2월 28일까지 병조판서를 겸임하였으며, 1887년 8월 16일에

---

17) 井上角五郎·杉村濬·柵瀨軍之佐 저, 한상일 역, 『서울에 남겨둔 꿈: 漢城之殘夢·在韓苦心錄·朝鮮時事』, 건국대학교출판부, 1993, 68~69, 347~351쪽 참조.
18) 당시에 국왕이나 정부도 민응식의 승인을 받지 못한 일을 아무 것도 시행할 수 없을 정도였다고 한다. 菊池謙讓, 『近代朝鮮史』下, 京城: 鷄鳴社, 1940, 180~181쪽 참조.
19) 『日本外交文書』19, 526쪽, #310, 機密 제167호, 1885년 11월 11일, 高平→井上. 또한 『朝野新聞』에는 당시의 정계상황을 "현금 應植의 威權이 매우 높아서 政令이 모두 그의 손에서 나온다"고 묘사하였다. 『朝野新聞』, 1885년 11월 27일자, '二閔氏' 및 12월 1일자, '閔應植の威權' 참조.

민씨척족 가운데 최초로 내무부 독판직에 올랐다. 그러나 1888년 4월 25일부터 8월 18일까지 호조판서를 역임한 뒤 그는 독판직을 유지하고 있었지만 중앙 군영이 아닌 통어사·친군진남영사·총제사 등 외군직으로 밀려남으로써 예전처럼 정치적 영향력을 발휘하지 못했다.[20]

민씨척족 중 袁世凱와 두터운 친분을 유지하였던 민영익은 우영사로서 역시 군무사 협판에 임명되어 두 차례 병조판서를 겸임하였다. 그러나 그는 겨우 두 달 남짓 병조판서로 재임하였을 뿐 아니라 1885년 7월에 청국 측의 흥선대원군 放還을 저지하기 위해 天津으로 파견되어 있었기 때문에 병권을 장악하였다고는 보기 힘들다.[21] 더욱이 1886년 7월 그는 고종이 '引俄拒淸策'의 일환으로 추진했던 제2차 조로밀약을 袁世凱에게 밀보하는 동시에 이로 인해 파생된 袁世凱의 고종폐위음모를 고종에게 알려주는 이율배반적인 행동을 하였다. 이 때문에 조·청 양국으로부터 모두 신임을 잃어버린 그는 곧바로 香港으로 일종의 정치적 망명을 떠나지 않을 수 없었다.[22] 1887년에 민영익은 일시 귀국하여 고종에게 10여 개 조의 개혁안을 건의하기도 하였지만 그 실효를 거두지 못했다.[23] 그 후 그는 내무

---

20) 『東京朝日新聞』, 1888년 11월 30일자, '朝鮮京城の模樣' 참조.
21) 민영익이 병조판서에 재직했던 기간은 1885년 10월 20~22일, 1886년 4월 25일~6월 27일간이었다.
22) 林明德, 『袁世凱與朝鮮』, 臺北: 中央研究院 近代史研究所, 1972, 148, 261쪽 참조.
23) 서울주재 일본공사관이 파악한 민영익의 건의안은 "一. 大院君을 내세워 政治에 참여시킬 것, 一. 別入侍를 폐지할 것, 一. 官員을 줄일 것, 一. 親軍의 兵員을 줄일 것, 一. 百官의 祿을 지급할 것, 一. 賣官을 금지할 것, 一. 漢江沿岸의 雜稅를 없앨 것, 一. 貢人을 파할 것, 一. 牛皮都賈를 없앨 것, 一. 京城의 開市를 철폐할 것, 一. 衣服을 개량할 것." 등이다. 이들 중 민영익이 과연 袁世凱가 주장하는 대원군의 정계복귀를 제안했는 가는 의문이지만, 그 외의 사항은 당시 민씨척족정권하의 각종 폐단의 시정을 주장하였다는 점에서 주목할 만하다. 伊藤博文 編, 『秘書類纂: 朝

부의 독판직을 보유한 채 국내정계에 관여하기보다는 주로 香港이나 上海에 머물면서 조선의 외교정책을 원거리에서 지원하였다.[24]

내무부의 자주외교와 자강사업이 가장 활발하게 추진되었던 1888~1891년간에는 민영환이 내무부의 실권자로 군림하였다.[25] 그는 내무부 창설 때부터 공작국의 협판으로서 전환국총판을, 군무사로 옮겨 전영사·해방총영사·상리국총판직을 겸임함으로써 민씨척족정권의 핵심인물로 부상하였다.[26] 이와 아울러 그는 민영익과는 달리 김윤식을 탄핵하고 제2차 조로밀약을 추진하는 등 반청 친로정책을 추진하는 데 앞장섰다.[27] 그는 1887년 형조·예조판서를 거쳐 1888년 4월에 병조판서와 통위사를 겸직하는 등 1891년 8월까지 병권을 잡으면서 최고실력자의 자리를 차지하였다. 그러나 그는 1891~1893년간 부인 金氏의 服喪을 계기로 관직을 맡지 않았다가 1894년 1월에 독판직을 제수받았지만 곧이어 갑오개혁이 단행되는 바람에 정계에서 축출당하고 말았다.

1891년부터 1894년 6월 내무부가 폐지될 때까지 민씨척족의 대표격은 민영준이었다.[28] 그는 1886년 12월 내무부 참의로 임명된 지

鮮交涉史料』中, 東京: 秘書類纂刊行會, 1936, 68~70쪽, '閔泳翊革政條奏の事' 참조.

24) 그는 데니와 함께 1887년에는 주미전권공사의 파견을 주선하였고, 1889년에는 미국과 영국의 무역회사와 차관교섭을 시도하는 한편, 袁世凱의 교체를 李鴻章에게 요구하는 등 민씨척족정권의 유지에 일익을 담당하였던 것이다. 林明德, 앞의 책, 159, 157, 209쪽 ; 송병기, 앞의 논문, 96~102쪽 등 참조.

25) 그에 관해서는 姜聖祚,「桂庭 閔泳煥 研究」,『關東史學』2, 1984 참조.

26)『朝野新聞』, 1886년 2월 6일자, '執政者の交迭' 및 5월 5일, '大院君' 등 참조.

27) 中央研究院 近代史研究所 編,『清季中日韓關係史料』4, 臺北: 中央研究院 近代史研究所, 1972, 2111~2114쪽, #1146, 1886년 5월 11일, '總署收北洋大臣李鴻章文' 참조.

28)『清季中日韓關係史料』5, 2974쪽, #1670, 1892년 5월 17일, '總署收北洋大臣李鴻章文,' "惟戚臣閔泳駿近方有寵 權勢冠諸閔上."

한 달여 만에 협판으로 승진하여 1886년 5월 주일판리대신에 발탁되었으며, 귀국 후 1887년 12월 15일부터 1889년 11월 8일까지 평양감사로 재직하는 동안 중앙정계로 진출할 수 있는 발판을 마련하였다.29) 1889년 12월에 강화유수로서 내무부의 협판으로 복귀한 그는 1890년에 선혜청당상·공시당상에 임명되어 재정권을 장악하는 한편 1891년에 경리사·통위사·연무공원판리사무를 겸임하여 병권도 수중에 넣음으로써 정계의 제일인자가 되었다. 그 후 민영준은 권력을 유지하기 위해 袁世凱에게 영합하였다. 袁世凱도 그의 무능과 탐욕을 알고 있었지만,30) 민영익 이후 다른 민씨척족과 달리 친청적인 입장을 견지하였던 그의 집권을 원조해줌으로써 조선정부에 대한 영향력을 확대시켰던 것이다.31)

이들 이외에 민영소는 1889년 협판에 임명된 뒤 1891년 8월 25일 독판으로서 민영환에 이어 동년 9월 7일부터 1893년 4월 26일까지 병조판서를 맡으면서 일본 망명 중인 金玉均의 암살을 시도하였다. 또한 민영익의 부친 閔斗鎬는 1893~1894년간 독판으로서 춘천유수를, 민영규는 1887~1890년, 1892~1893년 두 차례 협판을 거쳐 독판이 되어 수원유수와 병조판서를, 민영상은 1889~1890년간 협판으로서 호조판서를 겸임하는 등 정부의 요직을 독점하고 있었다. 특히

---

29) 평양감사 재직 시 그의 비리에 대해서는 黃玹, 『梅泉野錄』, 國史編纂委員會, 1955, 96쪽 ; 杉山米吉, 『現今淸韓人傑傳 : 朝鮮國』, 東京 : 杉山書店, 1894, 51~53쪽, '閔泳駿' 참조.
30) 그의 연간소득은 1893년에 쌀 4만 석, 1894년에 5~6만 석에 이르렀다고 한다. 『東京朝日新聞』, 1895년 1월 9일자, '亡命閔族の遺産' 참조.
31) 袁世凱의 민영준에 대한 평가는 다음과 같다. "妃從堂姪閔泳駿有肆應才 知韓君妃利慾薰心 每以聚斂生財等計 立効獻媚 韓理財諸臣罕有及者 曾不數年 已由府使歷任監司 出使日本 現充內署督辦 所有國內財政進退官吏及諸要政 皆泳駿操其柄 其君妃賣官鬻爵 亦悉由泳駿經手 權勢薰赫 門前如市 不特擧朝無足與衡 卽議政相臣亦屛息以聽 惟聚斂以久 衆怨叢歸 韓王以貪黜聲聞 心亦漸厭 特以妃故 卒無如何." 『淸季中日韓關係史料』 5, 3133쪽, #1781, 1893년 3월 2일, '總署收北洋大臣李鴻章文.'

민종묵은 1885~1889년간 협판으로서 병조판서·육영공원관리사무·형조판서 등을 겸직한 후 1889년 7월 3일부터 1892년 9월 22일까지 통리교섭통상사무아문 독판으로 재직하면서 그동안 이 기구를 통해 청국의 대조선 종주권정책을 강력하게 추진해왔던 袁世凱의 영향력을 배제시키는 데 기여하였다.32) 그리고 '閔族中의 才士'로 불려졌던 민영달은 1890~1894년간 협판으로서 육영공원관리사무·호조판서를 겸임하는 동안 민영준의 권력독점을 견제하는 역할을 담당하기도 하였다.33)

이로써 판단컨대, 민씨척족은 내무부의 독판과 협판직을 장기 보유하면서 병조판서·중앙군의 영사와 호조판서·선혜청당상 등 전통적 조직의 군사·재정부서, 전환국·육영공원·연무공원 등 자강추진기구의 요직을 번갈아가며 겸임함으로써 국정의 운영권을 장악하였던 것이다. 이러한 사실은 내무부가 민씨척족세력의 권력집중처로서 기능하고 있었음을 단적으로 보여준다.

2. 친민계 무관

왕실의 신변안전을 도모하기 위해 중앙 및 지방의 군대통솔권을 관장했던 김기석·정낙용·한규설·이종건 등은 무과출신의 親閔系 무관세력이다. 우선, 김기석은 내무부 설치 직후 군정과 치안을 통

---

32) 袁世凱는 민종묵을 "性極便佞 恐難公忠大局"이라고 평가하면서 그가 친청적인 태도를 취하지 않을 것으로 판단하였다. 따라서 袁世凱는 민종묵이 독판 재직 시 고압적인 수단으로 통리교섭통상사무아문을 통제하였다. 林明德, 앞의 책, 150쪽 참조.

33) 그는 민영준이 자신의 딸을 義和君과 혼인시키려던 계획을 흥선대원군에게 알려 저지시키는 한편, 동학농민군을 진압하기 위해 청군의 파견을 주장한 민영준에 반대하는 입장을 취함으로써 민씨척족 중 유일하게 군국기무처의 의원에 임명되기도 하였다. 杉山米吉, 앞의 책, 16~17쪽, '閔泳達' 참조.

괄하는 군무사·전헌사의 독판을 겸관하면서 우영사·병조판서·해방영사를 차례로 맡았으며, 1888년 1월 30일 춘천유수 겸 진어사로서 국가적 위기 시 고종이 도피할 수 있는 근거지를 확보하는 데 주력하였다.[34] 정낙용은 1889년 3월 24일 평안도 병마절도사로 부임하기까지 후영사·좌포장·전환국총판·강화유수 등을 역임하였다.

그리고 중앙군의 영사직은 李敎獻·李奎奭·李景宇 등 원로급 무관들에게 일시적으로 맡겨졌다가 1888년 이후에 한규설과 이종건에 의해 장악되었다. 갑신정변 당시 변법개화파에 의해 살해당했던 한규직의 아우 한규설은 1886년 2월에 우영사로서 협판에 오른 뒤 병조참판·해방영사·광무국회판을 두루 거쳤으며, 1888년 4월 19일 군제개편 시 전영과 좌영을 병합한 장위영의 책임자가 되어 연무공원판리사무·기기국총판·한성판윤 등을 겸임하였다. 아울러 그는 고종과 외교고문 데니의 중개 역할을 담당하면서 고종의 반청적인 궁중비밀외교를 수행하기도 하였다.[35] 이와 같이 그는 군사 분야뿐 아니라 중앙정계의 요직을 두루 거친 고종 측근 중의 실력자였던 것이다.[36] 또한 그는 1889년 香港에 파견되어 민영익과 더불어 영국 및 미국 무역회사로부터의 차관 도입을 추진하기도 하였다.[37]

---

34) 黃玹, 앞의 책, 103쪽 참조.
35) 그는 영어와 국제법에 능통한 시무가 유길준을 袁世凱의 박해로부터 보호하면서 자문을 구하거나 외교문서의 기안을 부탁하기도 하였다. 또한 1888년 군제개편과 동시에 청국식 服制를 변경하였을 때, 장위사로서 청국공사관의 호위 책임을 맡았던 그는 복제변경에 불만을 품은 袁世凱한테 맞기까지 하였다. 柳永益,「『西遊見聞』論」,『韓國史市民講座』7, 1990, 137~139쪽 ;『東京朝日新聞』, 1888년 12월 20일자, '清公使の近事' 등 참조.
36) 그는 자신의 형과 절친했던 민영익의 후원으로 막강한 직위를 차지할 수 있었다. 따라서 그는 香港으로 망명한 민영익의 대역을 맡고 있었던 것으로 보인다. 유영익, 앞의 책, 102~104쪽 참조.
37) 그는 귀국 직후 두 번째로 袁世凱에게 구타당하였는데, 이러한 수모는 그의 차관도입활동과 무관하지 않으리라고 생각된다.『東京朝日新聞』, 1889년 8월 14일자, 'テニ-氏' ; 林明德, 앞의 책, 209쪽 참조.

한편 이종건은 1885년 8월 28일 전영사에 임명되어 별영사를 겸찰하였으며, 군제개편 이후 연무공원판리사무·전환국총판·좌포장·총위사·장위영사를 맡았다.

요컨대, 이들 친민계 무관세력은 내무부의 당상으로서 민응식·민영환·민영준과 더불어 군영의 통솔권을 장악함으로써 고종과 민씨 척족이 권력을 유지할 수 있는 군사적 기반을 공고히 하였던 것이다.

3. 개화파 관료

반청사상이 강하고 국제정세에 비교적 밝아 대외적으로 자주외교를 전개하는 한편 자강추진기구에 종사했던 박정양·정경원·이완용·김가진·김학우·권재형·전양묵·김명규·김춘희·이면상·성기운 등 開化派 官僚들이다. 그들은 서로 사회·정치적 배경과 그 활동영역이 상이하였지만, 대부분 개인적 능력으로써 요직에 발탁되었던 高宗 내지 閔氏戚族의 側近勢力이었다. 여기에서는 편의상 그들의 특징이 가장 잘 드러나는 외교적 활동을 중심으로 다음의 3집단으로 나누어 살펴보겠다.

1) 친미 관료

친미 관료는 대미 외교관으로 활약했던 박정양·이완용·정경원 등을 들 수 있다.

박정양은 1887년에 협판으로서 초대 주미전권공사로 발령받아 미국에 주재하는 동안 파미의 전제조건이었던 '영약삼단'을 이행하지 않고 독자적인 대미 외교를 펼쳤기 때문에 청국의 압력으로 1년도 안되어 강제 귀국 당하였다.[38] 이 사건을 계기로 그는 반청자주외

---

38) 박정양의 對美 외교활동과 미국관에 관해서는 송병기, 앞의 논문 ; 金源模,「朴定陽의 對美自主外交와 常駐公使館開設」,『藍史鄭在覺博士古稀紀

교의 상징적 인물로 부각되었고, 그에 대한 문책여부를 둘러싸고
조·청 양국 간에 심각한 외교적 분쟁이 일어났다.[39] 그 후 박정양
은 도승지·지의금·지경연·지춘추·형조판서를 거쳐 1891년 9월 6일
에 袁世凱가 제2차 임기만료를 갱신하기 위해 일시 귀국한 틈을 타
고 9월 15일에는 호조판서와 내무부독판에 임명되었다.[40] 1892년에
그는 민영익을 대신하여 전환국관리 겸 교환국관리를 겸직하면서
'신식화폐조례'를 제정하여 화폐개혁의 단행을 주도하기도 하였
다.[41] 이와 같이 그는 반청 친미론자로서 개혁적인 성향을 띠고 있
었을 뿐 아니라 청렴결백하게 관직생활을 하였기 때문에[42] 갑오개
혁 중에도 내무부 독판출신으로는 유일하게 군국기무처 의원에 발
탁되었던 것이다.

이완용은 1887년 육영공원 좌원학생으로 영어를 배운 후 주차미

念 東洋學論叢』, 고려원, 1984 ; 韓哲昊, 「初代 駐美全權公使 朴定陽의 美
國觀-『美俗拾遺』(1888)를 중심으로-」, 『韓國學報』 66, 1992 ; 柳永益,
「개화기의 대미인식」, 『한국인의 대미인식: 역사적으로 본 형성과정』, 민
음사, 1994 등 참조.
39) 고종은 그에 대한 청국의 강경처벌방침에 반발하여 그를 통리교섭통상
사무아문독판에 임명하려던 계획을 철회했지만, 곧이어 도승지 겸 부제
학을 제수하였을 뿐 아니라 '영약삼단'의 개정을 요구하였다. 林明德, 앞
의 책, 165~168쪽 참조.
40) 이에 대해 袁世凱의 서무대리였던 辦理龍山通商事務 唐紹儀는 즉각 항
의를 표시하였지만, 결국 李鴻章이 "藩屬을 厚待한다"는 명분으로 그의
顯職기용을 승인함에 따라 일단락되었던 것이다. 『청계중일한외교사료』
5, 2923~2925쪽, #1634, 1891년 10월 7일, '總署收北洋大臣李鴻章文' 참조.
41) 安田吉實, 「李朝貨幣『交換局』과 大三輪文書에 대하여」, 『朝鮮學報』 72,
1974, 57~60쪽 참조.
42) 박정양이 호조판서로 재직할 당시 그의 집을 방문했던 어떤 일본인이 그
에게 호조판서의 집이 왜 이렇게 초라하냐고 묻자, 그는 "재정을 관장하
는 大臣으로서 절약하지 않으면 一國이 어찌 부강할 수가 있겠는가"라고
답하였다 한다. 또한 일본공사관 측도 그를 "閔家時代에도 非行이 없던
사람"으로 평가하고 있었다. 杉山米吉, 앞의 책, 23~24쪽, '朴定陽 ; 國史
編纂委員會 編譯, 『駐韓日本公使館記錄』 5, 國史編纂委員會, 1990, 46쪽
참조.

국 참찬관으로 발탁되어 서리공사를 역임하였으며, 귀국 후 내무부 참의를 거쳐 1890년에 협판으로 승진하였다. 그는 1891년 교환서총판으로서 박정양과 함께 화폐개혁의 실무를 맡았고, 다음 해에는 육영공원 판리사무를 겸임하는 등 개화운동추진의 일익을 담당하였다.

정경원은 1891년에 駐津 從事官으로 임명되었으나 부임하지 않은 채 세자시강원의 문학·겸문학을 거쳐 1893년에 내무부 참의로서 시카고에서 개최된 만국박람회 出品事務大員에 선임되어 '명예사무대원' 알렌(Horace N. Allen)과 더불어 미국을 방문한 인물이다. 그는 미국에서 귀국하는 도중에 일본에 머물면서 다른 물건은 하나도 사지 않고 엄청난 양의 서적만을 구입했을 정도로 근대적 학문에 열성을 보인 학구파였다.[43]

이상을 종합해 보면, 박정양·이완용·정경원 등은 초대 주미공사관원 또는 미국박람회 출품사무대원으로 알렌과 함께 고종의 반청·친미 자주외교를 충실히 수행한 것을 계기로 정계 내의 친미파로 성장하는 동시에 각종 자강추진기구의 실무진으로 활약하였다. 이러한 배경으로 그들은 갑오개혁 때에 貞洞派의 핵심인물로서 재등용되었으며, 특히 삼국간섭 이후 민비시해사건 전까지 정계의 주도권을 장악하여 개혁활동을 펼칠 수가 있었던 것이다.[44]

2) 친일 관료

친일 관료는 대일 외교를 담당했던 김가진·김학우·권형진·권재형 등이다.

김가진[45]은 1885년에 내무부 주사에 임명되었고 다음 해에 미국

---

43) 그는 세자시강원 재직 시 義和君의 惰容을 조금도 용서하지 않는 강직한 성품의 소유자로 알려져 있었다. 杉山米吉, 앞의 책, 34쪽, '鄭敬源' 참조.
44) 韓哲昊, 『親美開化派 研究』, 國學資料院, 1998 참조.
45) 그는 서얼 출신이었지만, 1877년 규장각 검서관을 시작으로 관계에 진출

인 고문관으로 부임한 협판내무부사 데니와 고종과의 연락책으로 활약하는 한편[46] 1886년 7월 고종의 밀명에 따라 김학우·전양묵·조존두 등과 함께 제2차 조로밀약을 획책하였다가 잠시 유배를 당하기도 했다.[47] 그는 1886년 10월 12일부터 1887년 5월 2일까지 주진 종사관으로 근무한 다음 1887~1893년간 주일공사관 서기관·판사대신으로 발탁되었다. 일본 주재기간 동안 그는 꾸준히 반청 자주외교를 펼쳐나갔으며,[48] 1889년에 민영익과 더불어 袁世凱를 조선에서 물러나도록 추진하였고, 1890년에는 仁川·鐵島 간의 항로를 개설하여 청국의 경제적 이권 침탈을 방지하고자 노력하였다.[49]

아울러 그는 민씨척족정권의 부정부패와 무능에 대해서도 비판적인 태도를 견지하고 있었다. 그리하여 1891년 일본에 망명 중인 김옥균·박영효 등이 李鴻章·흥선대원군과 내통하여 민씨척족정권을 타도하려는 계획을 추진하였을 때, 그는 안경수·권재형과 함께 이에 가담하였다. 그러나 이 계획이 사전에 민씨척족에게 누설됨에 따라 그는 소환조치를 당한 뒤 민씨척족의 미움을 받아 중앙정계에서 배제당했다.[50] 그 후 그는 안동부사로서 지방에 머물고 있었다

한 후 장악원·장흥고 주부 등 주로 궁중의 사무를 맡아 그 박학과 총명으로 고종의 총애를 받았으며, 1883년에는 통리교섭통상사무아문 주사와 인천항감리서 서기관으로서 통상무역 업무에 종사하였다.
46) *Korean-American Relations* 1, p.151, #3, 1886.9.8, Foulk→Secretary of State 참조.
47) 林明德, 앞의 책, 261~265쪽 ; 金源模, 「袁世凱의 韓半島 安保策(1886)」, 『東洋學』 16, 1986, 236~240쪽 등 참조.
48) 그는 주일 청국공사 王鳳藻가 공식석상에서 "동양에서 독립국은 오직 일본과 청국뿐이다."라고 발언하자 즉각 연단에 올라가 "조선은……오랜 역사와 社稷을 갖고 있는 독립국이다. 누가 妄誕無稽하게 감히 우리나라를 욕하고 다른 나라에 예속되었다고 하는가"라고 반박하였다고 한다. 細井肇, 『現代漢城の風雲と名士』, 京城: 日韓書房, 1910, 168~169쪽 참조.
49) 『淸季中日韓外交史料』 5, 2694~2695쪽, #1483, 1889년 12월 1일 및 2773~2776쪽, #1530, 1890년 4월 14일, '總署收北洋大臣李鴻章文' 참조.

가 1894년 동학농민군의 봉기로 청일 양국군이 조선에 파견되었을 때, 안경수의 천거로 내무부 참의로 재등용되어 대일외교의 실무를 담당하였다.

김학우[51]는 함경도 경성출신 張博의 천거로 1884년 기기국위원에 발탁된 뒤 1885년 8월 1일 내무부주사로 전환국위원을 겸임하면서 上海에서 총기제조를 위한 부속품을 구입하는 한편 西路電線 가설에 참여하기도 하였다.[52] 그는 고종의 총신으로서 1886년에 김가진 등과 더불어 제2차 조로밀약을 추진하였으며, 1887년 이후 전운서 낭청·연무공원사무·기기국사사 등을 역임하는 동안 일본을 자주 왕래하면서 세곡운송선과 석탄을 구입하는 한편 巡邏事務長으로서 연안의 밀어채와 밀무역을 단속하는 일에도 관여하였다.[53] 이와 같이 그는 풍부한 외국방문경험을 바탕으로 근대식 문물을 도입하는 데 앞장섰을 뿐 아니라 유길준·조희연·권형진 등과 교유관계를 돈독히 한 것을 계기로 1894년 6월 22일 내무부 참의로 임명되어 군국기무처 의원으로 발탁되었다.

---

50) 이 과정에서 그는 흥선대원군과 김옥균 간의 연락을 맡은 안경수가 민씨 척족에게 밀고할 것을 염려하였기 때문에 오히려 김옥균 등에게 이 계획을 역이용하자고 제안하였다. 즉, 그는 양측의 음모를 고종에게 밀고하여 조정의 동요를 조장함으로써 청국 측이 민씨척족을 천진으로 납치하도록 계획을 수정하였던 것이다. 『朝鮮交涉史料』 하, 7~17쪽, '大院君陰謀ニ關スル始末' 참조.

51) 그는 함경북도 경흥의 토반 출신으로서 러시아·청국·일본에 遊歷하면서 이들 국가의 언어에 능통하였을 뿐 아니라, 근대적 법학에도 일가견을 가진 인물이었다. 杉山米吉, 앞의 책, 31~32쪽, '金鶴羽'; 李光麟, 「舊韓末 露領 移住民의 韓國政界 進出에 대하여-金鶴羽의 活動을 중심으로-」, 『韓國開化史의 諸問題』, 一潮閣, 1986 ; 유영익, 앞의 책, 108~110쪽 참조.

52) 杉山에 의하면, 그는 장박이 아닌 정낙용의 추천으로 관직에 등용되었다고 하는데 그 근거가 제시되지는 않았다. 杉山米吉, 앞의 책, 31~32쪽, '金鶴羽' 참조.

53) 『日本外交文書』 25, 400~401쪽, #174, 機密 제4호, 中川→榎本 참조.

권형진54)은 1888년 8월 28일 육영공원사무에 임명된 것 이외에 뚜렷한 활동이 없었지만, 김학우·유길준·장박·권재형 등과 교제한 것을 계기로 1894년 6월 22일 내무부 참의에 등용된 뒤 군국기무처 의원으로 개혁을 추진하게 되었다.55) 권재형은 1885년 통리교섭통상사무아문 주사를 거쳐 1890년에 전보국주사에 임명되었다가 1891~1893년간 주일공사관 서기관·서리판사대신으로 근무하였다. 그는 일본에 주재하는 동안 朝·奧수호통상조약을 체결하였을 뿐 아니라 일본외무성에 치외법권의 철회를 요구하여 일본외무대신 陸奧宗光으로부터 긍정적인 회답을 얻어내기도 하였다.56)

　요컨대, 김가진·김학우·권형진·권재형 등은 서얼 내지 무관·토반출신으로서 전통적 사회·정치제도에 대해 비판적인 이른바 소장 개화파인사들이었지만, 국제정세에 밝고 자강업무를 추진할 능력을 갖춤으로써 고종에게 특탁되어 對露·日외교에 종사하였다. 특히 이들은 조선정계 내의 日本通으로서 1894년 6월 21일 일본군의 경복궁 불법 점령 이후 유길준·조희연·안경수 등과 더불어 군국기무처 의원과 새로 수립된 내각의 협판으로 갑오개혁을 추진하는 핵심세력으로 부상하였던 것이다.

---

54) 그는 武官으로서 1881년 일본식 사관훈련기관인 別技軍이 창설되었을 때 일본 육군이 조선에 파견한 어학 유학생을 자청하여 자기집에 숙박시키면서 일본의 정세를 파악하는 동시에 일본인들과의 교유를 돈독히 맺었다고 한다. 그의 친형 권동진이 별기군의 1기생이었던 점으로 미루어 권동진이 그 기회를 마련해준 것으로 생각된다. 권동진은 3·1운동 당시 천도교의 대표로서 33인 중의 한 사람이다. 그와 권동진에 관해서는 杉山米吉, 앞의 책, 45~46쪽, '權瀅鎭'; 細井肇, 앞의 책, 194쪽 참조.
55) 유영익, 앞의 책, 110쪽 참조.
56) 高麗大學校 亞細亞問題硏究所 編, 『舊韓國外交關係附屬文書: 統署日記 3』 6, 高麗大學校出版部, 1973, 106~107쪽, 1893년 4월 23일조 참조.

3) 친청 관료

청국 주진대원으로서 대청 외교의 실무를 맡았던 박제순·김명규·성기운 등이다.

박제순은 1883년 통리교섭통상사무아문 주사로 관직생활을 시작하여 1884년에는 주진종사관으로, 1886~1887년간에는 두 차례 주진독리통상사무로 파견된 것을 계기로 청국외교통으로 두각을 나타냈다.57) 귀국 후 그는 이조참의·대사성·호조참의를 거쳐 1887년 8월 27일에는 내무부참의에 임명되어 인천부사 겸 감리통상사무와 전환국총판을 겸임하였다. 그는 1890년 1월에 협판으로 승진하면서 趙臣熙의 후임으로 유럽 5개국전권공사에 임명되었다. 이는 고종이 자신의 반청 자주외교의지를 강력히 표명하는 동시에 그로 하여금 袁世凱와 '영약삼단'의 개정교섭을 벌이도록 하는 데 있었다. 그러나 이러한 시도는 청국 측에 의해 거부당했기 때문에 그는 부임지로 출발조차 하지 못하고 말았다.58) 그는 한성부좌윤·호조참판·이조참판 등을 역임하였다가 1893년 8월 이후 여주목사·장흥부사·전라감사 등 지방관직을 제수받아 중앙정계에서 소외되었다.

김명규는 1885년 내무부 참의에 임명된 후 기기국총판·여주목사·병조참판·예조판서·대사헌·이조참판·한성부우윤 등을 역임하였다. 그는 내무부 참의로 재직 중 두 차례에 걸쳐 청국에 파견되어 반청외교를 전개하였다. 즉, 그는 1885년 6월에 問議使로서 李鴻章에게 대원군의 석방을 연기시켜 줄 것을 요청하였으며, 1889년 5월에 주진독리통상사무로 부임하여 이홍장에게 초대 주미전권공사 박정양에 대한 선처와 주차관 袁世凱의 교체를 요구하였던 것이다.59)

---

57) 그에 관해서는 大村友之丞 編, 『朝鮮貴族列傳』, 京城: 朝鮮總督府印刷局, 1910, 65~69쪽 참조.
58) 『청계중일한관계사료』 5, 2744~2745쪽, #1509, 1890년 2월 17일, '總署收北洋大臣李鴻章文' 참조.

귀국 후 그는 1892년 협판으로 승진한 뒤 대사헌·대사간·승지 등을 겸임하였다.

성기운은 1884년 3월 9일부터 1886년 10월 12일까지 약 3년 7개월여간 청국주진 종사관과 서기관으로 근무한 후 내무부 주사에 임명되었다가 곧이어 양성현감으로 발령받았으며, 1887년 5월 2일 다시 청국주진 서기관으로 부임하여 2년 동안 종사하면서 袁世凱의 제1차 임기가 만료되는 1888년 8월 초에는 李鴻章에게 그 후임으로 馬建常을 임명해달라고 의뢰하기도 하였다.60) 1889년에 그는 내무부 참의로 승진하여 인천부사 겸 감리통상사무·교환서총판을 겸임하였으며, 1893년에는 上海주재 綮理通商事務를 임명되었다. 이와 같이 성기운은 청국통이었기 때문에 1894년 동학농민군이 봉기하였을 때 袁世凱에게 청국군대의 파병을 요청하는 실무자로 발탁되었던 것이다.61)

요약하면, 박제순·김명규·성기운 등은 청국 주진대원으로서 흥선대원군의 석방 및 귀국 저지·袁世凱 소환운동·'영약삼단'의 개정요구 등 조청 양국의 현안문제에 대해 고종과 청국 李鴻章 간의 의견 조정역할을 담당하였던 청국외교통들이었다.62) 따라서 이들은 1894년에 이르러 동학농민군을 진압하기 위해 청국군대의 파병을 袁世凱에게 요청하는 실무역할을 맡아보게 되었다.

---

59) 林明德, 앞의 책, 118, 157쪽 참조.
60) 吳汝綸 編, 『李文忠公(鴻章)全集: 譯署函稿』, 臺北: 文海出版社影印, 1960, 24~25쪽, 1888년 11월 16일, '議留袁世凱駐韓'; 25~26쪽, 8월 9일, '與朝鮮官成岐運筆談節略' 참조.
61) 그는 4월 27일에 민영준과 함께 袁世凱에게 군대파견을 건의하였고, 29일에는 정식으로 청국군의 출병을 요구하는 의정부조회를 전달하는 한편 5월 1일에는 군무사를 관할하는 내무부 참의로서 청국군대의 접대책임을 맡았던 것이다. 그에 관해서는 大村友之承 編, 앞의 책, 164~167쪽 참조.
62) 한철호, 「한국 근대 주진대원의 파견과 운영(1883~1894)」, 『동학연구』 23, 2007 참조.

IV. 맺음말

내무부는 갑신정변 이후 갑오개혁 이전까지 국가 기무를 총찰하고 궁내사무를 관장했던 최고의 국정의결 및 결정기구였다. 내무부의 당상관은 상피제의 제한을 받지 않았을 뿐 아니라 중앙의 모든 관직과 지방의 京畿監司·守令, 그리고 四都의 留守직을 겸임할 수 있었기 때문에 정부의 요직을 독차지하면서 국정전반의 운영을 주도해 나갔던 것이다. 따라서 이 글에서는 내무부의 인적 구성과 그들의 정치적 성향에 대한 고찰을 통해 당시 집권세력의 동향과 그 성격을 밝혀보고자 하였다.

내무부는 의정부의 3정승이 예겸하는 총리대신을 수반으로 독판 7명, 협판 14명, 참의 7명 등 당상관 28명과 주사 7명, 부주사 14명 등 당하관(낭청) 21명, 총 52명으로 구성되는 것이 원칙이었다. 그러나 내무부 설치 초기인 1885년 6월 21일 현재 그 구성원은 독판 1명, 협판 11명, 참의 4명 등 당상 16명과 주사 7명, 부주사 13명 등 낭청 20명, 도합 36명에 불과하였다. 독판의 경우 4국이 공석이었고, 협판과 참의도 대부분 2국을 겸관함으로써 업무를 본격적으로 수행할 인원이 확보되지도 않았던 것이다. 더욱이 7국 중 군무국에 병조판서와 중앙군의 영사를 겸임한 독판과 협판이 집중 배치된 점으로 미루어 내무부는 설치 당시 왕실의 안전을 도모하기 위한 군사력 확보에 역점을 두고 있음을 알 수 있다.

그러나 1886년 9월 18일에 호조판서와 선혜청당상이 내무부 당상관직을 겸임하도록 됨으로써 내무부는 군사권에 이어 재정권도 장악할 수 있는 토대가 마련되었고, 이를 계기로 구성원의 수도 급격히 늘어났다. 그리하여 내무부는 1887년 초반에 비로소 원래의 정원이라 할 수 있는 독판 7명, 협판 14명, 참의 8명으로 운영되는 체제를 갖추게 되어 질적인 최고의 국정 의결 및 결정기구로 부상하게 되었던 것이다.

내무부의 총리대신은 명목상 내무부의 최고책임자였지만 실무에는 관여하지 않았다. 그러나 의정부의 3정승이 총리대신직을 겸임했던 사실은 내무부가 최고의 국정의결 및 결정기구였음을 상징적으로 보여준다. 내무부의 실무책임자는 독판으로서 설치 당시에는 김기석 1명뿐이었지만, 1886년 8월 이후 심이택·정범조·김영수 등 원로대신이 추가되었다. 특히, 1887년 7월 이후 민응식·민영익·민영환·민영준 등 민씨척족들은 독판직을 장기간 보유하면서 군사와 재정관련 부서의 요직까지 겸직함으로써 내무부를 통해 국정전반을 통괄하였다. 민씨 이외에 독판들은 대부분 풍양 조씨·청송 심씨·반남 박씨 등 명문 양반가문출신으로서 과거를 거쳤지만 민영익·박정양을 제외하고는 대부분 일본 및 미국의 근대적 문물에 접해본 적이 없는 보수적 성향의 인물들이었다.

내무부의 실무를 담당했던 협판에는 민씨척족을 비롯하여 이교익·조준영·박정양·조병직 등 친민계 문관들과 정낙용·한규설·이종건 등 친민계 무관들이 등용되었다. 이들 중에는 통리기무아문·통리군국사무아문·통리교섭통상사무아문 등에 근무하거나 조사시찰단의 일원으로 일본을 방문한 인사들이 다수 있었기 때문에 국제정세에 비교적 밝고 개화지향적인 성향을 띠고 있었다. 따라서 협판은 내무부 7사 산하의 각종 개화·자강추진기구 내지 미·일 양국의 공사관원으로 발탁되어 개화정책과 자주외교의 실무자로 활약하였다. 그 중 고종과 민씨척족의 두터운 신임을 받았던 한규설 등 친민계 무관들은 1886년 이래 중앙 및 지방의 군영책임자로서 왕실의 보호책임을 맡았다. 특기할 점은 데니, 르장드르 및 그레이트하우스 등 외국인 고문관이 청국의 영향력이 상대적으로 약한 내무부의 협판직에 기용되어 고종의 반청 외교 및 자강정책을 지원해 주었다는 사실이다.

참의는 협판을 보좌하는 직책으로서 독판 및 협판과는 달리 김가진·김학우·권재형 등 양반 서자, 중인 또는 변방의 토반 출신으로서 과거와는 무관하게 외국어에 능통하거나 개인의 능력을 인정받아 기기국·전환국 등에 근무했던 인물들이 많았다. 그들은 전통적인 정치·사회제도에 대한 개혁의지와 반청사상이 강했기 때문에 내무부 예하의 개화·자강추진기구의 실무를 담당하였을 뿐 아니라 반청 친미·친일외교를 펼쳐나가는 데에도 앞장섰다.

요컨대, 내무부의 당상관들은 병조판서, 중앙군 영사 및 호조판서, 선혜청당상, 전환국 등 군사·재정 관련부서와 육영공원 및 연무공원 등 개화·자강추진기구의 요직을 번갈아 역임함으로써 이른바 勢道로 행세하였던 민응식·민영익·민영환·민영준 등 민씨척족, 중앙군 영사 내지 지방군 책임자로서 군대통솔권을 장악하였던 김기석·정낙용·한규설·이종건 등 친민계 무관, 그리고 국제정세에 비교적 밝고 외국어에 능하거나 時務 능력을 갖춘 박정양·김가진·김학우 등 개화파 관료 등 세 가지 부류로 구성되어 있었다. 다시 말해 민씨척족세력은 친민계 무관들과 함께 왕실의 안전과 정권의 군사적 기반을 공고히 하는 동시에 개화파 실무관료들을 발탁하여 개화·자강 및 자주외교정책을 펼쳐나갔던 것이다.

이처럼 조선의 내·외정을 적극적으로 간섭·감독하였던 袁世凱의 '監國'체제하에서 내무부를 통해 국정전반의 운영권을 장악한 민씨척족세력은 부국강병을 도모하기 위해 개화·자강사업을 전개하고 반청 자주외교를 펼치는 데 어느 정도 성과를 거두었다. 그러나 민씨척족은 군주권을 보존하는 데 치중한 나머지 국가의 재정·군사력을 확충하는 데에는 실패하였다. 그 원인은 청국의 간섭정책에 기인하기도 했지만, 민씨척족의 무능·부패에도 커다란 책임이 있었다. 따라서 1894년 초 동학농민군이 봉기하자 민씨척족은 자신들의 失政을 인정·自退하고 개혁을 도모하기보다는 기득권을 유지하는 데 급급해서 청국에 파병을 요청하는 결정적 한계를 드러냈다. 이로 인해 1894년 7월 청국의 파병을 빌미로 조선침략을 꾀한 일본군에 의해 민씨척족정권이 붕괴됨과 아울러 그들의 중추적 권력기관이었던 내무부 역시 폐지되고 말았다.

<부록 1> 내무부 독판의 배경
<부록 2> 내무부 협판의 배경
<부록 3> 내무부 참의의 배경

〈부록 1〉 내무부 독판의 배경

성명	본관	생몰년	신분(등과)	외유국	재임기간	임용 이전의 주요경력
李載元	全州	1831~1891	文班(1853)		1885.6.11~6.20	工曹·禮曹·刑曹判書(65), 吏曹判書, 判尹(71), 平安監司(76), 統理機務衙門堂上(81), 吏曹判書(82), 兵曹判書(84)
金箕錫	光山	?	武班		1885.6.20~1888.10.14~?	御營大將(76, 82, 84), 摠戎使(77, 82), 禁衛大將(77), 判義禁(83), 左捕將, 水原留守(84)
沈履澤	靑松	1832~?	文班(1857)	淸國	1886.8.18~1892.5.18	大司成, 開城留守(76), 全羅監司(78), 廣州留守(80), 漢城判尹, 工曹判書(82), 吏曹·禮曹判書(84), 刑曹·戶曹判書, 內務府協辦, 判義禁(85)
鄭範朝	東萊	1837~1897	文班(1859)		1886.9.18~1890.12.10	左參贊(64), 全羅監司(76), 工曹·禮曹判書(79), 統理機務衙門堂上(80~82), 統理軍國事務衙門督辦(83~84), 兵曹判書(84), 工曹·戶曹判書(85), 判義禁(86), 弘文提學(87)
金永壽	光山	1829~1899	文班(1870)	淸國	1886.9.2~11894.6.25	大司成(76), 江華留守(79), 禮曹判書, 平安監司(82), 戶曹判書(84), 禮曹判書, 典圜局管理, 內務府協辦, 兵曹判書(85), 吏曹·戶曹判書, 判義禁(86)
閔應植	驪興	1844~1903	文班(1882)		1887.8.16~1888.8.28, 1888.3.21~?, 1893.1.17~1894.6.25	副修撰, 直閣, 兼司書, 弼善, 應敎, 兼文學, 檢校直閣, 承旨(82), 統理軍國事務衙門參議·協辦(83~84), 戶曹參判(83), 平安監司(84), 左營使, 內務府協辦, 判尹, 刑曹判書(85), 兵曹判書(86), 育英公院辦理事務(87)
閔泳翊	驪興	1860~1914	文班(1877)	日本.淸.美	1889.1.10~1894.6.25	都承旨, 吏曹參議, 大司成(78), 戶曹參判(79), 吏曹參判, 統理機務衙門堂上, 別技軍敎鍊所堂上(81), 統理交涉通商事務衙門協辦(82), 惠商公局總辦(83), 統理軍國事務衙門協辦, 禁衛大將(84), 右營使, 內務府協辦, 兵曹判書, 判尹(85),

이름	본관	생몰	신분(과거)	외유	임기	관직
						兵曹判書, 左捕將, 右營使, 典圜局管理(86), 鍊武公院辦理事務(88)
趙康夏	豊壤	1841~?	文班(1864)		1889.2.15~ 1890.11.28	全羅監司(82), 慶尙監司(83), 工曹判書(85), 內務府協辦(86), 判尹, 禮曹判書, 藝文提學(87), 知義禁(88), 判義禁(89)
趙秉式	楊州	1832~1907	文班(1858)	淸國	1891.6.28~ 9.19	副摠管(82), 刑曹參判(83), 內務府協辦, 大司憲(85), 禮曹判書, 知經筵(86), 統理交涉通商事務衙門督辦(87~88), 咸鏡監司(88), 江原監司(90), 京畿監司(91)
李憲稙	韓山	1838~1907	文班(1875)		1891.12.5~?	大司成(76), 開城留守(82), 水原留守(85), 全羅監司(86), 忠淸監司(89), 京畿監司, 內務府協辦(90), 吏曹判書, 判義禁(91)
閔泳駿	驪興	1852~1935	文班(1877)		1891.8.25~ 1894.6.25	正言(80), 檢詳(81), 承旨(82), 大司成(83), 寧邊府使, 吏曹參議(84), 承旨, 內務府參議(86), 刑曹參判, 內務府協辦, 吏曹參判, 平安監司(87), 江華留守(89), 刑曹·禮曹判書, 宣惠廳堂上, 漢城判尹, 左參贊, 判義禁(90), 吏曹判書, 鍊武公院辦理事務(91)
閔泳韶	驪興	1852~1917	文班(1878)		1891.8.25~ 1894.6.25	正字(81), 檢閱(82), 承旨(83), 輔德(84), 春川府使(85), 吏曹參判, 右尹(86), 承旨(87), 工曹判書, 同義禁, 戶曹參判(88), 刑曹判書, 廣州留守, 內務府協辦(89), 吏曹判書(90), 禮曹判書, 左參贊, 判義禁(91)
朴定陽	潘南	1841~1905	文班(1886)	日本	1891.9.15~ 1894.6.25	刑曹參判(79), 統理機務衙門堂上(81), 大司成, 吏曹參判, 承旨(82), 統理軍國事務衙門協辦, 機器局總辦, 吏曹參判(83), 承旨, 統理交涉通商事務衙門協辦(84), 承旨(85), 同義禁, 承旨, 內務府協辦(87), 承旨(89), 同義禁(90), 漢城左尹, 同經筵, 知經筵, 刑曹·戶曹判書(91)

부록 | 299

鄭基會	東萊	1829~?	文班(1858)		1892.3.28~ 1893?	工曹判書(82), 禮曹判書, 漢城判尹(83), 咸鏡監司(84), 大司憲, 吏曹判書(86), 藝文提學, 知義禁(87), 右參贊, 工曹判書(88), 漢城判尹(89), 弘文提學, 判義禁(90), 刑曹·禮曹判書(91)
閔斗鎬	驪興	1805~?	文班	1893.4.20~ 1894.6.2	水原判官(75), 載寧郡守(76), 朔州府使(77), 黃州牧使(80), 驪州牧使(81), 戶曹參判(82), 承旨(83), 刑曹參議(85), 刑曹參判, 知義禁, 春川府使(86), 春川留守(90~94)
金聲根	安東	1829~1919	文班(1862)	1893.5.25?~ 1894.6.25	承旨, 同春秋(82), 全羅監司(83), 吏曹參判(85), 同經筵(86), 輔德, 承旨, 內務府協辦(87), 直提學, 判尹, 工曹判書(88), 知經筵, 刑曹判書(89), 藝文提學(90), 左參贊, 吏曹判書(91), 右參贊, 判義禁(92), 弘文提學(93)
閔泳奎	驪興	1847~1922	文班(1875)	1893.8.10~ 1894.6.25	兵曹正郎(76), 應敎, 承旨, 兵曹參判(80), 吏曹參議(81), 刑曹參判(82), 同經筵(83), 承旨(84, 85), 江華留守(86), 內務府協辦(87), 刑曹判書(88), 禮曹判書, 判尹(90), 右參贊, 吏曹判書, 京畿監司(92), 水原留守(93)
閔泳煥	驪興	1861~1905	文班(1878)	1894.1.8~ 1894.6.25	掌令(79), 應敎(80), 承旨(81), 大司成(82), 吏曹參議(84), 開城留守, 內務府協辦(85), 工曹參判, 海防摠管(86), 商理局總辦, 前營使, 刑曹·禮曹判書(87), 兵曹判書(88~91), 刑曹判書, 左參贊(93)
申正熙	平山	1833~1895	武班	1894.5.1~ 1894.6.25	左捕將(77, 79), 御營大將, 右捕將(78), 訓練大將, 統理機務衙門堂上, 刑曹判書, 壯禦大將(81), 左捕將, 漢城判尹, 知義禁(92), 內務府協辦, 扈衛部將, 知訓練, 判義禁(93), 漢城判尹(94)

전거: 『統理衙門先生案』, 奎章閣, #18156, #18157, #18158, #18159 ; 細井肇, 『現代漢城の風雲と名士』, 京城: 日韓書房, 1910 ; 大村友之丞 編, 『朝鮮貴族列傳』, 京城: 大村

友之丞, 1910 ; 牧山耕藏 編, 『朝鮮紳士名鑑』, 日本電報通信社 京城支局, 1911 ; 國史編纂機器局會 編, 『高宗純宗實錄』中, 探求堂, 1970 ; 國史編纂委員會 編, 『承政院日記』, 國史編纂委員會, 1970 ; 서울大學校古典刊行會 編, 『日省錄』, 서울大學校出版部, 1971~1972 ; 國史編纂委員會 編, 『大韓帝國官員履歷書』, 國史編纂委員會, 1972 ; 國史編纂委員會 編, 『尹致昊日記』 4, 國史編纂機器局會, 1975 ; 崔永禧, 「駐韓日本公使館記錄 收錄 『韓末官人의 經歷一般』」, 『史學研究』, 21, 1969 ; 方善柱, 「徐光範과 李範晉」, 『崔永禧先生華甲紀念 韓國史論叢』, 探求堂, 1987 ; 『國朝文科榜目索引』, 太學社, 1988 ; Vipan Chandra, *Imperialism, Resistance, and Reform in Late Nineteenth-Century Korea Enlightenment and the Independence Club*, Institute of East Asian Studies University of California, Berkeley, 1988 ; 柳永益, 『甲午更張研究』, 一潮閣, 1990 ; 한국정신문화연구원, 『한국민족문화대백과사전』, 한국정신문화연구원, 1991.

〈부록 2〉 내무부 협판의 배경

성명	본관	생몰년	신분(登科)	외유국	재임기간	임용 이전의 주요경력
沈履澤	淸松	1832~?	文班(1857)	淸國	1885.6.11~1886.8.18	大司成, 開城留守(76), 全羅監司(78), 廣州留守(80), 判尹, 工曹判書(82), 吏曹·禮曹判書(84), 刑曹·戶曹判書(85)
金永壽	光山	1829~1899	文班(1870)	淸國	1886.9.21~1886.9.21	大司成(76), 江華留守(79) 禮曹判書, 平安監司(82), 戶曹判書(84), 禮曹判書, 典圜局管理(85)
閔應植	驪興	1844~1903	文班(1882)		1885.6.11~1887.8.16	副修撰, 直閣, 兼司書, 弼善, 應敎, 兼文學, 檢校, 直閣, 承旨(1882), 統理軍國事務衙門參議·協辦(83~84), 戶曹參判(83), 平安監使(84), 左營使, 內務府協辦, 判尹, 刑曹判書(85), 兵曹判書(86) 育英公院辦理事務(87)
閔泳煥	驪興	1861~1905	文班(1878)		1885.6.11~1891?	掌令(79), 應敎(80), 承旨(81), 大司成(82), 吏曹參議(84), 開城留守(85), 知經筵, 工曹參判, 海防摠管(86), 商理局總辦, 前營使, 禮曹判書(87), 兵曹判書(88~91), 刑曹判書, 左參贊(93)
閔種黙	驪興	1835~1910	文班(1874)	日本淸國	1885.6.11~1889.7.2	戶曹參議(78), 統理機務衙門堂上(81), 大司成, 漢城右尹, 兵曹·戶曹參判(82), 統理軍國事務衙門協辦, 刑曹判書(83), 知經筵(84), 兵曹判書(85)
李喬翼	延安	1807~?	文班		1885.6.11~1889.12.23	副摠官(82), 承旨, 統理軍國事務衙門協辦(83), 禮曹參判(84), 工曹判書, 宣惠廳堂上(85)
趙準永	豊壤	1833~1896	文班(1864)	日本	1885.6.11~1886.5.9	大司成(75), 統理機務衙門堂上(81), 左尹(82), 統理軍國事務衙門協辦, 吏曹參判, 承旨, 大司憲(83), 禮曹參判(84), 開城留守(85)

姓名	本貫	生沒	身分(文科)	海外經驗	官職期間	歷任官職
李敎獻	全義	1832~?	武班		1885.6.11~8.27	全羅兵馬使(69), 兵曹參判(83), 左捕將, 摠戎使(84), 右捕將, 別營使(85)
李奎奭	德水	?	武班		1885.6.11~8.27	慶尙左道兵馬使(64), 後營使(85)
任商準		1818~?	武班		1885.6.11~8.27	慶尙右道兵馬使(66), 御營大將, 刑曹判書(71), 訓鍊大將(72), 判尹(74), 咸北兵馬使(79), 摠戎使(82), 前營使(85)
閔丙奭	驪興	1858~1940	文班(1879)		1886.6.13~11.8, 1889.1.2~11.8	副提學, 吏曹參議(82), 輔德, 承旨, 兼輔德(83), 承旨(84), 統理軍國事務衙門參議, 大司成(84), 承旨, 戶曹參判, 同經筵(85)
閔泳翊	驪興	1860~1914	文班(1877)	日本 清國 美國	1885.7.4~1889.1.10	都承旨, 吏曹參議, 大司成(78), 戶曹參判(79), 吏曹參判, 統理機務衙門堂上, 別技軍敎鍊所堂上(81), 統理交涉通商事務衙門協辦(82), 惠商公局總辦(83), 統理軍國事務衙門協辦, 禁衛大將(84), 右營使(85)
鄭洛鎔	延日	1827~1914	武班(1855)		1885.8.28~1889.3.24?	全羅左水使(67), 統制使(79), 右尹(82), 兵曹參判(83), 左捕將(85)
申 桓			武班		1885.8.28~1886?	龍虎營禁軍別將(83), 同義禁(84)
李鐘健	全州	1843~?	武班		1885.8.28~1894?	平安兵馬使(83), 右捕將(85)
趙秉式	楊州	1832~1907	文班(1858)	淸國	1885.11.8~1887.8.4	副摠管(82), 刑曹參判(83), 內務府協辦, 大司憲(85), 禮曹判書, 知經筵(86), 統理交涉通商事務衙門督辦(87~88), 咸鏡監司(88), 江原監司(90), 京畿監司(91)
李載完	全州	1855~1922	文班(1875)		1885.11.17~1887.4.12	左尹(84), 刑曹判書, 大司憲, 知義禁(85)
鄭夏源	延日	1851~?	文班(1880)	淸國	1886.1.27~?	別兼春秋, 獻納, 修撰, 兼司書(82), 直閣, 兼弼善(83), 兵曹參議, 承旨, 統理軍國事務衙門參議(84), 大司

					成, 吏曹參議, 內務府參議, 承旨, 吏曹參判(85)
趙康夏	豊壤	1841~1892	文班	1886.1.28~1889.2.15	全羅監司(82), 慶尙監司(83), 工曹判書(85), 內務府協辦(86), 漢城判尹, 禮曹判書, 藝文提學(87), 知義禁(88), 判義禁(89)
朴鳳彬	高靈	1838~?	文班(1871)	淸國	1886.1.28~1891?	副修撰(71), 副應敎(73), 承旨(82), 吏曹參議(83), 大司成(84), 刑曹參判(85)
韓圭卨	淸州	1848~1930	武班		1886.2.3~1894.6.25	全羅右水使, 承旨(83), 慶尙右兵馬使(84), 禁軍別將, 承旨, 右捕將, 兵曹參判, 左尹(85)
德尼			美國人		1886.3.5~1890.윤2.26	
李景宇	全州	1801~?	武班		1886?~1886.4.21	御營大將(47), 訓練大將(52), 判尹(62), 判義禁(83)
趙定熙	楊州	1845~?	文班(1863)	淸國	1886.5.9~?	吏曹參議(72), 大司諫(80), 禮曹參判(82), 同經筵(83), 漢城右尹, 刑曹參判, 承旨, 統理交涉通商事務衙門協辦(85), 同成均(86)
李鑢永	全州	1835~1907	文班(1870)	日本	1886.6.2~1887?	修撰(70), 敎理(72), 兵曹參知(77), 京畿道暗行御使(78), 定州牧使(80), 統理機務衙門堂上(81), 承旨(82), 吏曹參議, 釜山港監理, 慶尙右道暗行御史(83), 義州府使(84)
閔泳駿	驪興	1852~1935	文班(1877)	日本	1887.1.14~12.15, 1889.12.14~1891.8.25	正言(80), 檢詳(81), 承旨(82), 大司成(83), 寧邊府使, 吏曹參議(84), 承旨, 內務府參議(86), 刑曹參判, 內務府協辦, 吏曹參判, 平安監司(87), 江華留守(89), 刑曹·禮曹判書, 宣惠廳堂上, 漢城判尹, 左參贊, 判義禁(90), 吏曹判書, 鍊武公院辦理事務(91)
閔泳奎	驪興	1847~1922	文班(1875)		1887.4.15~1890?, 1892.7.21~	兵曹正郎(76), 應敎, 承旨, 兵曹參判(80), 吏曹參議(81), 刑曹參判(82), 同經筵(83), 承旨(84, 85),

					1893.8.10	江華留守(86), 內務府協辦(87), 刑曹刑曹判書(88), 禮曹判書, 判尹(90), 右參贊, 吏曹判書, 京畿監司(92), 水原留守(93)
朴定陽	潘南	1841~1905	文班 (1866)	日本 美國	1887.6.7~1891.9.15	刑曹參判(79), 統理機務衙門堂上(81), 大司成, 吏曹參判, 承旨(82), 統理軍國事務衙門協辦, 機器局總辦, 吏曹參判(83), 承旨, 統理交涉事務衙門協辦(84), 承旨(85), 同義禁, 承旨, 內務府協辦(87), 承旨(89), 同義禁(90), 漢城左尹, 同經筵, 知經筵, 刑曹·戶曹判書(91)
沈相學	淸松	1845~?	文班 (1873)	日本 淸國	1887.6.7~8.27	注書(73), 正言(75), 副修撰(77), 敎理, 應敎(80), 承旨, 統理機務衙門堂上(81), 承旨(83), 大司成(84), 吏曹參議, 大司諫, 戶曹參判(86), 兵曹·禮曹參判(87)
趙臣熙	楊州		文班		1887.7.21~1890.1?	修撰(76), 承旨(83, 84, 85), 大司成, 承旨(86), 承旨, 同春秋, 右尹(87)
李源逸	龍仁	1842~?	文班 (1867)	淸國	1887.11.29~1888?	副摠管(82), 同春秋, 禮曹參判, 同經筵, 承旨, 戶曹參判(83), 工曹·吏曹參判, 同義禁(84), 漢城左尹, 大司諫(85), 同春秋(86), 承旨(87)
李範晉	全州	1853~1911	庶子 (1879)		1887.11.29~?	正言, 掌令(80), 統理機務衙門郎廳(82), 修撰, 直閣(84), 檢校, 承旨, 順天府使(85), 同春秋, 工曹·戶曹參判(87)
金聲根	安東	1829~1919	文班 (1862)		1887.12.1~1893.5.25	承旨, 同春秋(82), 全羅監司(83), 吏曹參判(85), 同經筵(86), 輔德, 承旨, 內務府協辦(87), 直提學, 判尹, 工曹判書(88), 知經筵, 曹判書, 右參贊, 判義禁(92), 弘文提學(93)
韓章錫	淸州	1845~1894	文班 (1872)		1888.9.28~1889.5.1.	承旨(78), 大司成(81), 兵曹·刑曹參判, 同春秋, 特進官(82), 統

성명	본관	생몰	신분(등과)	사행국	재임기간	주요관직
					1889.11.28 ~1890.3.27	理軍國事務衙門協辦(83), 吏曹參判, 同成均(84), 弘文提學(86), 刑曹判書, 大提學(88)
沈相薰	淸松	1854~?	文班 (1874)		1888.10.5~?, 1893.1.17~ 1894.6.25	承旨, 淸州牧使(82), 檢校, 直閣(83), 吏曹參議, 檢校, 直閣, 兼輔德, 統理軍國事務衙門參議・協辦, 京畿監司(84), 同經筵, 同成均(86), 漢城左尹(88)
趙秉稷	楊州	1833~1901	文班 (1863)	日本	1889.7.2~ 1892.9.22, 1893.4.18~ 11.26	修撰(67), 敎理(68), 承旨(73, 74, 78, 79), 統理機務衙門堂上(81), 漢城左尹, 特進官(82), 漢城右尹, 戶曹參判, 仁川港監理(83), 刑曹參判(86), 兵曹參判, 統理交涉通商事務衙門協辦, 同義禁(87), 漢城右尹, 吏曹參判(88), 開城留守(89)
閔泳商	驪興	1829~?	文班 (1872)		1889.7.3?~ 1890?	工曹・刑曹判書(85), 忠淸監司(86~89)
趙秉鎬	林川	1847~?	文班 (1866)	淸國 日本	1889.9.2~ 1893.8.19?	吏曹參議(80), 副摠管(82), 同經筵, 同義禁, 弘文提學, 禮曹參判, 同成均, 統理交涉通商事務衙門督辦(84), 知春秋, 工曹・禮曹・刑曹判書(85), 知義禁(86), 右參贊, 判尹(89)
閔泳韶	驪興	1852~?	文班 (1878)		1889.9.2~ 1891.8.25	正字(81), 檢閱(82), 承旨(83), 輔德(84), 春川府使(85), 吏曹參判, 漢城右尹(86), 承旨(87), 工曹判書, 同義禁, 戶曹參判(88), 刑曹判書, 廣州留守, 內務府協辦(89), 吏曹判書(90), 禮曹判書, 左參贊, 判義禁(91)
朴齊純	潘南	1858~ 1916	文班 (1883)	淸國	1890.1.2~ ?	統理交涉通商事務衙門主事, 駐津從事官・書記官(83), 副敎理(85), 承旨(86), 吏曹參議, 大司成, 內務府參議, 承旨, 慶州府尹(87), 仁川府使(88), 典圜局總辦(89)
李善得			美國人		1890.2.19~ 1894.6.25	

閔泳達	驪興	1859~?	文班(1885)		1890.3.12~ 1894.6.25	修撰(85), 敎理(87), 文學, 直閣, 吏曹正郎, 承旨(88), 大司成, 檢校, 內務府參議, 吏曹參議(89), 輔德(90)
趙東冕	豊壤	1867~?	文班(1883)		1890.3.27?~ 1892.2.26	童蒙敎官, 待敎, 執義(84), 兼輔德, 吏曹參議, 大司成(85), 刑曹·吏曹參議(86), 兼輔德, 內務府參議(87), 吏曹·禮曹參判, 同春秋, 開城留守(88), 京畿監司(89)
金春熙	慶州	1855~?	文班(1883)	淸國	1890.9.5~ 1893?	檢閱, 正言(84), 副修撰, 內務府主事, 執義, 應敎(85), 司僕寺正, 文學(86), 吏曹正郎, 承旨, 內務府參議(87), 大司成(88), 吏曹參議, 檢校(89), 工曹·兵曹·戶曹參判(90)
李憲稙		?~1907	文班		1890.9.18~ 1891.12.5	大司成(76), 開城留守(82), 水原留守(85), 全羅監司(86), 忠淸監司(89), 京畿監司(90), 吏曹判書, 判義禁(91)
具禮				美國人	1890.11.23~ 1894.6.25	
李耕稙	韓山	1841~1895	文班(1885)		1890.12.21~ 1891.9.19?, 1893.4.20~?	童蒙敎官(76), 副修撰(86), 內務府參議(87)
閔丙承	驪興	1866~?	文班(1885)		1890.12.21~ 1893.12.21	兼輔德, 應敎(85), 吏曹正郎, 承旨, 大司成(86), 內務府參議(87), 吏曹參議, 承旨, 兼輔德(88), 承旨(89), 檢校, 禮曹·吏曹參判, 漢城左尹(90)
趙同熙	楊州	1856~?	文班(1876)		1891.3.29~ 1894.6.25	假注書, 副修撰, 直閣, 兵曹左郎, 御營從事官, 應敎, 司僕寺正(79), 禮曹參議, 承旨(80), 兼輔德(82), 統理軍國事務衙門參議(83~84), 大司成(85), 承旨, 吏曹, 內務府參議(87), 承旨, 檢校直閣(88), 右尹, 刑曹·吏曹參判(89), 同春秋, 戶曹參判(90)

부록 | 307

洪承憲	豊山	1854~?	文班 (1875)		1891.3.29?~ 1894.7.7	承旨(83), 內務府參議(85~91), 承旨 (85, 87, 88), 持平, 大司諫, 承旨(90)
李完用	牛峰	1859~ 1926	文班 (1882)	美國	1891.11.16~ 1894.6.25	待敎, 修撰, 海防營軍司馬(86), 育英公院左院學生(87), 駐美公使館參贊官・署理公使(87~89), 吏曹・統理交涉通商事務衙門參議(88), 承旨, 內務府參議(90), 刑曹參判, 承旨, 同春秋, 電報局會辦(91)
金明圭		1848~?	文班 (1885)	淸國	1892.7.21~ 1894.6.25	副修撰, 兼文學, 承旨, 內務府參議, 大司成, 機器局總辦, 驪州牧使(85), 寧邊府使(86), 漢城左尹, 同春秋(87), 兵曹參判, 同義禁, 承旨, 同經筵(88), 禮曹判書, 大司憲, 同成均, 駐津理, 吏曹參判, 右尹(89), 承旨, 大司憲, 兵曹參判(90), 大司憲, 同敦寧(91), 大司諫, 大司憲(92)
尹悳	坡坪	1856~?	文班 (1885)		1893.1.17~?	副司果, 統理軍國事務衙門主事(83), 應敎(87), 兼司書, 相禮(88), 大司成, 承旨, 檢校(89), 吏曹參議, 漢城左尹, 工曹・禮曹參判, 大司成(90), 同經筵, 承旨, 漢城右尹, 刑曹參判, 同義禁(91), 漢城左尹, 承旨(92)
申正熙	平山	1833~ 1895	武班		1893.2.19~ 1894.5.1	左捕將(77, 79), 御營大將, 右捕將(78), 訓練大將, 統理機務衙門堂上, 刑曹判書, 壯禦大將(81), 左捕將, 判尹, 知義禁(92)
金思轍	延安	1847~?	文班 (1878)	日本	1893.10.15~ 1894.6.25	應敎, 正言, 副敎理(82), 統理交涉通商事務衙門主事, 龍岡縣令(83), 左營軍司馬(87), 執義, 修撰(88), 司諫(89), 承旨, 善山府使(90), 承旨(92), 統理交涉通商事務衙門・吏曹參議, 大司成, 刑曹參判. 同義禁, 同春秋, 同經筵, 漢城左尹, 承旨(93)

이름	본관	생몰	신분(등과)	파견국	파견기간	주요경력
李冕相	全州	1846~?	文班 (1889)	淸國	1894.1.8~ 6.25	典圜局委員(84), 少尹(89), 承旨, 大司諫(90), 同經筵, 禮曹參判, 大司成, 承旨, 吏曹參議, 駐津督理, 宗正卿, 刑曹參判, 同義禁, 同春秋, 全羅道暗行御史(92), 同敦寧, 承旨, 宗正卿(93)
金宗漢				淸國	1894.6.4~ 6.25	大司諫(84), 承旨, 吏曹參議, 大司成(85), 禮曹參判, 同義禁, 漢城右尹, 兵曹參判(86), 同經筵, 漢城左尹, 承旨, 刑曹參判, 同義禁, 同敦寧(87), 漢城右尹·左尹, 禮曹參判(88), 吏曹·工曹參判(89), 戶曹參判, 弘文直提學(90), 大司憲, 同成均(91), 刑曹·吏曹參判(92), 承旨, 兵曹參判(93), 同敦寧, 嘉山郡守, 漢城右尹, 禮曹參判(94)
曹寅承	昌寧	1827~1896	文班 (1867)	淸國	1894.6.4~ 6.25	承旨(84, 85), 承旨, 吏曹參議(88), 禮曹·兵曹參判(89), 刑曹參判, 同經筵, 右尹(90), 漢城左尹·右尹, 刑曹參判(91), 吏曹參判, 大司諫, 大司憲, 承旨, 漢城右尹, 同成均(92), 承旨(93)

〈부록 3〉 내무부 참의의 배경

성명	본관	생몰년	신분(등과)	외유국	재임기간	임용 이전의 주요경력
鄭夏源	延日	1851~?	文班(1880)	淸國	1885.6.11~1886.1.27	別兼春秋, 獻納, 修撰, 兼司書(82), 直閣(83), 兵曹參議, 承旨, 統理軍國事務衙門參議(84), 大司成, 吏曹參議, 內務府參議, 承旨, 吏曹參判(85)
金明圭	安東	1848~?	文班(1885)	淸國	1885.6.11~1892.7.21	副修撰, 兼文學, 承旨, 內務府參議, 大司成, 機器局總辦, 驪州牧使(85), 寧邊府使(86), 漢城左尹, 同春秋(87), 兵曹參判, 同義禁, 承旨, 同經筵(88), 禮曹判書, 大司憲, 同成均, 駐津督理, 吏曹參判, 右尹(89), 承旨, 大司憲, 兵曹參判(90), 大司憲, 同敦寧(91), 大司諫, 大司憲(92)
王錫鬯				淸國人	1885.6.11~1886.6.2	統理軍國事務衙門參議(83~84)
洪承憲	豊山	1854~?	文班(1875)		1885.6.13~1893.3.29?	承旨(83), 內務府參議(85~91), 承旨(85, 87, 88), 持平, 大司諫, 承旨(90)
李鏸永	全州	1835~1907	文班(1870)	日本	1886.1.30~1886.6.2	修撰(70), 教理(72), 兵曹參知(77), 京畿道暗行御使(78), 定州牧使(80), 統理機務衙門堂上(81), 承旨(82), 吏曹參議, 釜山港監理, 慶尙右道暗行御史(83), 義州府使(84~86)
李瑋	德水	1839~?	文班(1882)		1886.6.13~1888.9.17?	統理機務衙門郎廳, 江陵府使(81), 定州牧使(84)
閔泳駿	驪興	1852~1935	文班(1877)	日本	1887.1.14~12.15 1889.12.14~1891.8.25	正言(80), 檢詳(81), 承旨(82), 大司成(83), 寧邊府使, 吏曹參議(84), 承旨, 內務府參議(86), 刑曹參判, 內務府協辦, 吏曹參判, 平安監司(87), 江華留守(89), 刑曹·禮曹判書, 宣惠廳堂上, 判尹, 左參贊, 判義禁(90), 吏曹判書, 鍊武公院辦理事務(91)

李容植	韓山	1853~1932	文班(1875)		1886.12.10~1887?	承旨(82), 同義禁, 大司憲(83), 大司憲(84), 吏曹參判, 大司憲, 統理交涉通商事務衙門參議(85~86)
柳璎	全州	1841~?	文班(1871)		1887.4.15~1889.8.7	江原道暗行御史(74), 敎理(76), 掌令(77), 校理, 弼善(78), 修撰(79), 副應敎, 相禮(80), 統理機務衙門郎廳(81), 承旨(82, 83), 忠淸道暗行御使(83), 承旨(84, 87)
閔丙承	驪興	1866~?	文班(1885)		1887.4.15~1890.12.21	兼輔德, 應敎(85), 吏曹正郞, 承旨, 大司成(86), 內務府參議(87), 吏曹參議, 承旨, 兼輔德(88) 承旨(89), 檢校, 禮曹·吏曹參判, 左尹(90)
趙同熙	楊州	1856~?	文班(1876)		1887.4.15~1891.3.29	假注書, 副修撰, 直閣, 兵曹佐郞, 御營從事官, 應敎, 司僕寺正(79), 禮曹參議, 承旨(80), 兼輔德(82), 統理軍國事務衙門參議(83~84), 大司成(85), 承旨, 吏曹·內務府參議(87), 承旨, 檢校, 直閣(88), 漢城右尹, 刑曹·吏曹參判(89), 同春秋, 戶曹參判(90)
朴齊純	潘南	1858~1916	文班(1883)	淸國	1887.8.27~ ?1887.11.22~1890.1.12	統理交涉通商事務衙門主事, 駐津書記官(83~86), 副敎理(85), 承旨·工曹參議(86), 駐津督理(86~87), 吏曹參議, 大司成, 內務府參議, 承旨, 慶州府尹(87), 仁川府使(88), 典圜局總辦(89)
金春熙	慶州	1855~?	文班(1883)	淸國	1887.11.22~1890.9.5	檢閱, 正言(84), 副修撰, 內務府主事, 執義, 應敎(85), 司僕寺正, 文學(86), 吏曹正郞, 承旨, 內務府參議(87), 大司成(88), 吏曹參議, 檢校(89), 工曹·兵曹·戶曹參判(90)
李耕植	韓山	1841~1895	文班(1885)		1887.11.22~1890.12.21	童蒙敎官(76), 副修撰(86), 內務府參議(87)
李萬敎	延安	1851~?	文班(1872)	淸國	1887.11.29~1893?	承旨, 全羅道暗行御史(85), 承旨(86), 承旨, 全羅道暗行御史(87),

부록 | 311

姓名	本貫	生沒	身分(科擧)	派遣國	在職期間	經歷
閔泳達	驪興	1859~?	文班 (1885)		1889.10.12~ 1890.3.12	修撰(85), 敎理(87), 文學, 直閣, 吏曹正郞, 承旨(88), 大司成, 檢校·內務府·吏曹參議(89), 輔德(90)
成岐運	昌寧	1847~?	文班 (1879)	淸國	1889.10.12~ 12.29, 1890.9.18~ 1894.6.25	駐津書記官(83~86), 持平(84), 修撰(85), 駐津從事官, 內務府主事, 陽城縣監(86), 承旨, 慶州府尹, 靈光郡守(89)
金嘉鎭	安東	1846~ 1922	庶子 (1877)	日本	1890.2.6~ 1891.3.22, 1894.5.19~ 6.22	監察(81), 統理交涉通商事務衙門主事(83), 仁川港監理署書記官(85), 修撰, 左營軍司馬, 承旨(87), 承旨(90)
李完用	牛峰	1859~ 1926	文班 (1882)	美國	1890.11.6~ 1891.11.16	待敎, 修撰, 海防營軍司馬(86), 育英公院左院·學生(87), 駐美公使館參贊官·署理公使(87~89), 吏曹·統理交涉通商事務衙門參議(88), 承旨, 內務府參議(90), 刑曹參判, 承旨, 同春秋, 電報局會辦(91)
李容泰	全州	1854~?	文班 (1885)		1891.3.6~ 1894?	淸道郡守, 江華判官, 副修撰(85), 應敎, 前營軍司馬, 直閣(87), 檢校(88), 應敎, 兼司書, 文學, 檢校(89), 大司成, 承旨, 南陽府使(90)
閔泳柱	驪興	1846~?	文班 (1887)		1892.3.28~ 1894.6.25	假監(84), 天安郡守(88), 內務府主事, 敎理(90), 副修撰, 應敎, 壯衛營軍司馬, 修撰, 應敎, 檢校直閣, 副敎理(91), 內務府主事, 應敎, 承旨(92)
閔哲勳	驪興	1856~?	文班 (1885)		1893.1.17~ 1894?	注書(86), 正言, 敎理(87), 副敎理(88), 副應敎, 統衛營軍司馬, 修撰, 副敎理, 承旨(89), 承旨(90, 91)
李種元	慶州	1856~?	文班 (1891)		1893.1.17~ ?	統理交涉通商事務衙門主事(83), 敎理, 副校理(92)
鄭敬源	延日	1841~?	文班 (1890)	淸國	1893.1.17~ 1894.6.25	副校理(90), 副敎理, 修撰, 敎理, 統衛營軍司馬, 應敎, 兼司書, 文學(91), 兼文學, 執義, 司諫, 相禮, 承旨(92)

金敎獻	慶州	1868~1923	文班(1885)		1893.4.21~1894.1.14?	別兼春秋, 副敎理(87), 文學, 應敎, 執義, 副校理(88), 執義, 司書(89), 檢校(90), 副修撰, 執義, 經理廳軍司馬, 兼文學, 司書, 司諫, 副修撰, 吏曹正郞, 大司成, 承旨(92)
李源兢	全州	1849~?	文班(1891)		1894.6.22~7.20	統理交涉通商事務衙門主事(83, 86), 應敎, 修撰, 敎理, 副修撰(91), 副敎理, 修撰, 掌令, 敎理, 司諫, 執義, 副應敎(92), 敎理, 執義(93), 掌令, 副修撰, 副敎理(94)
朴準陽					1894.6.22~7.20	內務府主事(86), 承旨(94)
金鶴羽	金海	1862~1894	土班	露國淸國日本	1894.6.22~7.20	機器局委員(84), 典圜局委員, 內務府主事(85), 鍊武公院事務(88), 轉運局郎廳(91), 巡邏事務長(92), 鍊武公院參理(94)
權瀅鎭		1858~1900			1894.6.22~7.20	訓練僉正, 鍊武公院事務(88), 機器局幇辦(94)
權在衡	安東	1855~?	庶子	日本	1894.7.2~7.20	釜山港監理署書記官(84), 統理交涉通商事務衙門主事(85), 仁川港幇辦(87), 電報局主事(90), 駐日書記官·署理辦事大臣(91~93), 壯衛營文案(94)
李寅榮	慶州	?~1865	?		1894.7.5~7.20	統理交涉通商事務衙門主事(89, 91)

참고문헌

1. 자료

『高宗純宗實錄』, 探求堂, 1970.
『統理交涉通商事務衙門章程』, 奎章閣 #21783.

高麗大學校 亞細亞問題研究所 編, 『舊韓國外交文書』, 高麗大學校出版部, 1967~1971.
_____, 『舊韓國外交關係附屬文書』, 高麗大學校出版部, 1972~1974.
國史編纂委員會 編, 『承政院日記』, 國史編纂委員會, 1970.
_____, 『大韓帝國官員履歷書』, 國史編纂委員會, 1972.
_____, 『備邊司謄錄』, 國史編纂委員會, 1972.
_____, 『東萊府啓錄』, 『各司謄錄』 12, 國史編纂委員會, 1984.
金允植, 『陰晴史』, 國史編纂委員會, 1958.
_____, 『續陰晴史』, 國史編纂委員會, 1960.
金弘集, 『金弘集遺稿』, 高麗大學校出版部, 1976.
大韓民國 國會圖書館 編, 『國朝榜目』, 大韓民國 國會圖書館, 1971.
리승만, 『독립졍신』, 로샌즐리쓰: 대동신셔관, 1910.
朴定陽, 『從宦日記』, 韓國學文獻研究所 編, 『朴定陽全集(竹泉稿)』, 亞細亞文化社, 1984.
서울大學校 古典刊行會 編, 『日省錄: 高宗篇』, 서울大學校 古典刊行會, 1972.
서울市史編纂委員會 편저, 『國譯 漢城府來去文』, 서울특별시, 1997.
宋炳基·朴容玉·朴漢卨 等編, 『韓末近代法令資料集』, 大韓民國 國會圖書館, 1970~1972.
俞吉濬, 『西遊見聞』, 交詢社, 1895.
_____, 『俞吉濬全書』, 一潮閣, 1971.
尹致昊, 『尹致昊日記』, 國史編纂委員會, 1974~1975.

李光洙,『島山安昌浩』,『李光洙代表作選集』9, 三中堂, 1971(重版).
李商在,「상투에 갓쓰고 米國에 公使갓든 이약이, 벙어리 外交, 그레도 評判은 조왓다」,『別乾坤』2, 1926.
李夏榮,「韓米國交와 海牙事件」,『新民』14, 1926.
鄭喬,『大韓季年史』, 國史編纂委員會, 1957.
統理軍國事務衙門 編,『上諭』, 奎章閣 #18094.
黃玹,『梅泉野錄』, 國史編纂委員會, 1955.

비숍 지음, 이인화 옮김,『한국과 그 이웃나라들』, 살림, 1994.
알렌 지음, 신복룡 옮김,『朝鮮見聞記』, 평민사, 1986.
알렌 저, 金源模 완역,『알렌의 日記』, 檀國大學校出版部, 1991.
헐버트 지음, 신복룡 옮김,『大韓帝國滅亡史』, 평민사, 1984.

故宮博物院 編,『淸光緖朝中日交涉史料』, 故宮博物院, 1932.
方豪 編,『馬相伯先生文集』, 上智編譯館出版, 1947.
吳汝綸 編,『李文忠公(鴻章)全集』, 文海出版社(影印), 1965.
王彦威 等輯,『淸季外交史料』, 文海出版社(影印), 1932.
中央硏究院近代史硏究所 編,『淸季中日韓關係史料』, 中央硏究院近代史硏究所, 1972.

古筠紀念會 編,『金玉均傳』, 慶應出版社, 1944.
國史編纂委員會 編,『駐韓日本公使館記錄』, 國史編纂委員會, 1987~1995.
大村友之承 編,『朝鮮貴族列傳』, 朝鮮總督府印刷局, 1910.
杉山米吉,『現今淸韓人傑傳: 朝鮮國』, 杉山書店, 1894.
信夫淳平,『韓半島』, 東京堂書店, 1901.
伊藤博文 編,『秘書類纂: 朝鮮交涉史料』, 秘書類纂刊行會, 1936.
仁川府廳 編,『仁川府史』, 仁川府, 1934.
日本外務省 編,『日本外交文書』, 日本國際聯合協會, 1936~.

Allen, *Allen Papers*.

Despatches from United States Ministers to Korea, 1883~1905, The U. S. National Archives M. F. Record Group No. 134.

George M. McCune and John A. Harrison eds., *Korean-American Relations : Documents Pertaining to the Far Eastern Diplomacy of the United States. Volume I : The Initial Period, 1883~1886*, Berkeley and Los Angeles : University of California Press, 1951.

Spencer J. Palmer ed. *Korean-American Relations : Documents Pertaining to the Far Eastern Diplomacy of the United States. Volume II : The Period of Growing Influence, 1887~1895*, Berkeley and Los Angeles : University of California Press, 1963.

Scott S. Burnett ed. *Korean-American Relations : Documents Pertaining to the Far Eastern Diplomacy of the United States. Volume III : The Period of Diminishing Influence, 1896~1905*, Berkeley and Los Angeles : University of California Press, 1989.

The Korean Repository, Seoul : Trilingual Press, 1892, 1895~1898.

서울大學校 韓國敎育史庫 編,『十九世紀 美國務省外交文書 : 韓國關聯 文書』 2[United States Department of State, *Notes from the Korean Legation in the United States to the Department of State, 1883~1906*, File Microcopies of Records in the National Archives, Washington, D. C.], 서울大學校 韓國敎育史庫, 1994.

『독립신문』,『제국신문』,『漢城旬報』,『漢城周報』,『皇城新聞』
『東京朝日新聞』,『報知新聞』,『時事新報』,『朝野新聞』,『朝日新聞』,『漢城新報』
The Independent, New York Times.

2. 연구문헌

[단행본]

姜在彦, 『韓國의 開化思想』, 比峰出版社, 1981.
權錫奉, 『淸末 對朝鮮政策史硏究』, 一潮閣, 1986.
具仙姬, 『韓國近代 對淸政策史 硏究』, 혜안, 1999.
김봉렬, 『兪吉濬 開化思想의 硏究』, 경남대학교출판부, 1998.
金源模 편저, 『近代韓國外交史年表』, 檀大出版部, 1984.
─────, 『한미수교사』, 철학과현실사, 1999.
─────, 『개화기 한미 교섭관계사』, 단국대학교출판부, 2003.
文一平 著, 李光麟 校註, 『韓美五十年史』, 探求堂, 1975.
박은숙, 『갑신정변 연구─조선의 근대적 개혁구상과 민중의 인식─』, 역사비평사, 2005.
朴宗根, 『淸日戰爭과 朝鮮』, 一潮閣, 1989.
서영희, 『대한제국 정치사 연구』, 서울대학교출판부, 2003.
孫禎睦, 『朝鮮時代都市社會硏究』, 一志社, 1977.
─────, 『韓國開港期 都市社會經濟史硏究』, 一志社, 1982.
申基碩, 『韓末外交史硏究』, 一潮閣, 1967.
愼鏞廈, 『獨立協會硏究』, 一潮閣, 1976.
원종규, 『조선정치제도사』 3, 과학백과서전종합출판부, 1990.
兪東濬, 『兪吉濬傳』, 一潮閣, 1987.
柳永益, 『甲午更張硏究』, 一潮閣, 1990.
─────, 『韓國近現代史論』, 一潮閣, 1992.
尹炳喜, 『兪吉濬硏究』, 國學資料院, 1998.
李光麟, 『開化黨硏究』, 一潮閣, 1973.
─────, 『韓國開化思想硏究』, 一潮閣, 1979.
─────, 『韓國開化史의 諸問題』, 一潮閣, 1986.
─────, 『開化派와 開化思想 硏究』, 一潮閣, 1989.
─────, 『유길준』, 東亞日報社, 1992.
─────, 『開化期의 人物』, 延世大學校出版部, 1993.

_____, 『韓國近現代史論攷』, 一潮閣, 1999.
이민식, 『근대 한미관계 연구(증보판)』, 백산자료원, 1998.
_____, 『근대 한미관계사(보급판)』, 백산자료원, 2001.
李培鎔, 『韓國近代 鑛業侵奪史研究』, 一潮閣, 1989.
李瑄根, 『韓國史: 最近世篇』, 乙酉文化社, 1961.
_____, 『韓國史: 現代篇』, 乙酉文化社, 1963.
이양자, 『조선에서의 원세개』, 신지서원, 2002.
이정식, 권기붕 옮김, 『초대 대통령 이승만의 청년시절』, 동아일보사, 2002.
전택부, 『월남 이상재의 생애와 사상』, 연세대학교출판부, 2001.
정용화, 「문명의 정치사상─유길준과 근대 한국─」, 문학과지성사, 2004.
韓㳓劤, 『韓國開化期의 商業硏究』, 一潮閣, 1976.
韓哲昊, 『親美開化派硏究』, 國學資料院, 1998.
홍사중, 『상투틀고 미국에 가다』, 弘盛社, 1983.

로버트 올리버, 황정일 옮김, 『신화에 가린 인물 이승만』, 건국대학교출판부, 2002.
스워다우트 지음, 신복룡・강석찬 옮김, 『데니의 생애와 활동』, 평민사, 1988.
井上角五郞 저, 한상일 역, 『서울에 남겨둔 꿈: 漢城之殘夢』, 건국대학교출판부, 1993.
해링튼 저, 李光麟 역, 『開化期의 韓美關係─알렌博士의 活動을 중심으로─』, 一潮閣, 1973.

王信忠, 『中日甲午戰役之外交背景』, 淸華大學出版部, 1936.
李鵬年 等 編著, 『淸代中央國家機關槪述』, 紫禁城出版社, 1989.
林明德, 『袁世凱與朝鮮』, 中央硏究院 近代史硏究所, 1972.

菊池謙讓, 『近代朝鮮史』下, 鷄鳴社, 1940.
尹健次, 『朝鮮近代敎育の思想と運動』, 東京大學出版會, 1982.
田保橋潔, 『近代日鮮關係の硏究』上, 朝鮮總督府中樞院, 1940.
彭澤周, 『明治初期日韓淸關係の硏究』, 塙書房, 1969.

Martina Deuchler, *Confucian Gentlemen and Barbarian Envoys : The Opening of Korea, 1875~1885*, Seattle and London : University of Washington Press, 1977.

Vipan Chandra, *Imperialism, Resistance, and Reform in Late Nineteenth-Century Korea Enlightenment and the Independence Club*, Berkeley : Institute of East Asian Studies University of California, 1988.

Yor-Bok Lee, *West Goes East*, Honolulu, University of Hawaii Press, 1988.

[일반논문]

姜萬吉, 「俞吉濬의 韓半島中立化論」, 『創作과 批評』, 1973년 겨울호.
姜聖祚, 「桂庭 閔泳煥 研究」 『關東史學』 2, 1984.
具仙姬, 「福澤諭吉과 1880年代 韓國開化運動」, 『史叢』 32, 1987.
權五榮, 「東道西紀論의 構造와 그 展開」, 『韓國史市民講座』 7, 1990.
金光宇, 「大韓帝國時代의 都市計劃─漢城府 都市改造事業─」, 『鄕土서울』 50, 1991.
金達中, 「1880年代 韓國國內政治와 外交政策」, 『韓國政治史學報』 10, 1976.
김민규, 「개화기 俞吉濬의 국제질서관 연구─兩截體制와 條規體制의 관련성에 대하여─」, 『韓國人物史研究』 3, 2005.
金炳夏, 「俞吉濬의 經濟思想」, 『東洋學』 4, 1974.
김신재, 「유길준의 민권의식의 특질」, 『동학연구』 22, 2007.
金泳鎬, 「俞吉濬의 開化思想」, 『創作과 批評』, 1968년 겨울호.
金源模, 「朴定陽의 對美自主外交와 常駐公使館 開設」, 『藍史鄭在覺博士古稀記念 東洋學論叢』, 고려원, 1984.
金正起, 「1880년대 機器局·機器廠의 設置」, 『韓國學報』 10, 1978.
──, 「西路電線(仁川-漢城-義州)의 架設과 反淸意識의 形成」, 『金哲埈博士 華甲紀念史學論叢』, 知識産業社, 1983.
──, 「淸의 朝鮮에 대한 軍事政策과 宗主權」, 『邊太燮博士華甲紀念史學論叢』, 三英社, 1985.
金鐘圓, 「朝中水陸商民貿易章程에 대하여」, 『歷史學報』 32, 1966.
김필동, 「갑오경장 이전 조선의 근대적 관제개혁의 추이와 새로운 관료기구의 성격」,『한국의 사회제도와 농촌사회의 변동』, 文學과 知性社, 1992.

金賢淑,「韓末 顧問官 J. McLeavy Brown에 대한 硏究」,『韓國史硏究』 66, 1989.

─── ,「韓國 近代 西洋人 顧問官 硏究(1882~1904)」, 梨花女大 博士學位論文, 1999.

노대환,「閔泳翊의 삶과 정치활동」,『韓國思想史學』 18, 2002.

朴萬圭,「開港以後의 金鑛業實態와 日帝侵略」,『韓國史論』 10, 1985.

朴奉植,「'메릴'書簡」,『金載元博士回甲紀念論叢』, 乙酉文化社, 1969.

方善柱,「徐光範과 李範晉」,『崔永禧先生華甲紀念 韓國史論叢』, 探求堂, 1987.

卞鍾和,「1883年의 韓國使節團의 보스튼 訪問과 韓美 科學技術交流의 發端」,『한국과학사학회지』 4-1, 1982.

宋京垣,「韓末 安駉壽의 政治活動과 對外認識」,『韓國思想史學』 8, 1997.

宋炳基,「소위 "三端"에 대하여」,『史學志』 6, 1972.

─── ,「光武年間의 改革」,『한국사』 19, 국사편찬위원회, 1976.

─── ,「光武改革 硏究──그 性格을 中心으로──」,『史學志』 10, 1976.

─── ,「쇄국기의 대미인식」, 민음사, 1994.

愼鏞廈,「大韓帝國과 獨立協會」,『韓國史硏究入門』, 知識産業社, 1981.

─── ,「大韓帝國과 獨立協會」,『제2판 한국사연구입문』, 지식산업사, 1987.

安外順,「大院君執政期 人事政策과 支配勢力의 性格」,『東洋古典硏究』 1, 1993.

연갑수,「개항기 권력집단의 정세인식과 정책」,『1894년 농민전쟁연구』 3, 역사비평사, 1993.

吳斗煥,「當五錢 硏究」,『經濟史學』 6, 1983.

元裕漢,「當五錢攷」,『歷史學報』 35·36合輯, 1967.

─── ,「典圜局攷」,『歷史學報』 37, 1968.

柳永益,「美國 軍事敎官 傭聘始末 片考」,『軍事』 4, 1982.

─── ,「『西遊見聞』論」,『韓國史市民講座』 7, 1990.

─── ,「통시기적으로 본 대미인식」,『한국인의 대미인식』, 민음사, 1994.

─── ,「雩南 李承晩의『監獄雜記』白眉」,『人文科學』(연세대) 80, 1999.

尹炳喜,「일본망명시절 俞吉濬의 쿠데타음모사건」,『한국근현대사연구』 3, 1995.
殷丁泰,「高宗親政 이후 政治體制 改革과 政治勢力의 動向」,『韓國史論』 40, 1998.
李光麟,「內衙門의 설치와 기능」,『韓國開化史研究』(全訂版), 一潮閣, 1999.
李美愛,「1880~1884년 富强政策推進機構와 議政府」,『韓國史論』 44, 2000.
李玟源,「대한제국의 성립과 '광무개혁', 독립협회에 대한 연구성과와 과제」,『韓國史論』 25, 1995.
이병주,「開化期의 新舊軍制(1864~1894)」,『한국군제사: 근세조선후기 편』, 육군본부, 1977.
李瑄根,「庚辰修信使 金弘集과 黃遵憲著『朝鮮策略』에 관한 再檢討」,『東亞論叢』 1, 1963.
李陽子,「淸의 對朝鮮政策과 袁世凱」,『釜大史學』 5, 1981.
─── ,「淸의 對朝鮮經濟政策과 袁世凱」,『東義史學』 3, 1987
李鐘春,「統理軍國事務衙門에 대한 考察」,『論文集』(淸州敎育大學) 3, 1968.
李泰鎭,「18~19세기 서울의 근대적 도시발달 양상」,『서울학연구』 4, 1995.
─── ,「1896~1904년 서울 도시개조사업의 주체와 지향성」,『韓國史論』 37, 1997.
李鉉淙,「高宗때 滅省廳設置에 대하여」,『金載元博士回甲紀念論叢』, 乙酉文化社, 1969.
장수영,「구 한말 역대 주미공사와 그들의 활동」,『재미과학기술협회보』 11, 1983.
장영숙,「내무부 존속년간(1885~1894년) 고종의 역할과 정국동향」,『祥明史學』 8·9합집, 2003.
田美蘭,「統理交涉通商事務衙門에 關한 硏究」,『梨大史學』 24·25합집, 1990.
田鳳德,「西遊見聞과 俞吉濬의 法律思想」,『學術院論文集』 15, 1976.
全海宗,「統理軍國事務衙門의 經緯에 대하여」,『歷史學報』 17·18합집, 1962.
조창수,「1백년 전 워싱톤의 한국 여성」,『여성동아』, 1982년 12월호.
趙恒來,「黃遵憲의『朝鮮策略』에 對한 檢討」,『大邱大論文集』 3, 1962.
朱鎭五,「대한제국과 독립협회」,『한국역사입문 3』, 풀빛, 1996.

崔泰鎬, 「紅蔘專賣制度의 成立過程에 관한 硏究—封建財政의 解體過程을 中心으로—」, 『경제논총』 3, 1983.
한국역사연구회 광무개혁 연구반, 「'광무개혁' 연구의 현황과 과제」, 『역사와 현실』 8, 1992.
韓哲昊, 「初代 駐美全權公使 朴定陽의 美國觀—『美俗拾遺』(1888)를 중심으로—」, 『韓國學報』 66, 1992.
_____, 「統理軍國事務衙門(1882~1884)의 組織과 運營」, 『李基白先生古稀紀念 韓國史學論叢』 下, 一潮閣, 1994.
_____, 「閔氏戚族政權期(1885~1894) 內務府의 組織과 機能」, 『韓國史硏究』 90, 1995.
_____, 「閔氏戚族政權期(1885~1894) 內務府 官僚 硏究」, 『아시아문화』, 12, 1996.
_____, 「시무개화파의 개혁구상과 정치활동」, 『한국근대 개화사상과 개화운동』, 신서원, 1998.
_____, 「대한제국 초기 한성부 도시개조사업과 그 의의—'친미'개화파의 치도사업을 중심으로—」, 『鄕土서울』 59, 1999.
_____, 「갑오개혁 주도세력의 현실대응론」, 『한국근현대사연구』 11, 1999.
_____, 「유길준의 생애와 사상」, 『한일관계사연구』 13, 2000.
_____, 「俞吉濬의 개화사상서 『西遊見聞』과 그 영향」, 『震檀學報』 89, 2000.
_____, 「開化期(1887~1894) 駐日 朝鮮公使의 파견과 외교 활동」, 『韓國文化』 27, 2001.
_____, 「'최초의 미국대학 졸업생' 이계필의 일본·미국 유학과 활동」, 『동국사학』 37, 2002.
_____, 「개화기 관료지식인의 미국 인식—주미 공사관원을 중심으로—」, 『역사와 현실』 58, 2005.
_____, 「서유견문」, 『고전으로 가는 길』, 아카넷, 2007.
_____, 「한국 근대 주진대원의 파견과 운영(1883~1894)」, 『동학연구』 23, 2007.
_____, 「우리나라 최초의 국기('박영효 태극기' 1882)와 통리교섭통상사무아문 제작 국기(1884)의 원형 발견과 그 역사적 의의」, 『한국독립운동사

연구』 31, 2008.
韓興壽, 「獨立協會의 政治集團化過程」, 『社會科學論集』(延世大) 3, 1970.

須川英德, 「朝鮮開港後一八八〇年代における生絲輸出の試みについて—內衛門布示と蠶桑公司—」, 『朝鮮史研究會論文集』 26, 1989.
安田吉實, 「李朝貨幣『交換局』と大三輪文書について」, 『朝鮮學報』 72, 1974.
月脚達彦, 「開化思想の形成と展開—俞吉濬の對外觀を中心に—」, 『朝鮮史研究會論文集』 28, 1991.
槽谷憲一, 「閔氏政權上層部の構成に關する考察」, 『韓國史研究會論文集』 27, 1990.
佐佐木揚, 「1880年代における露朝關係—1885年の'第一次露朝密約を中心として—」, 『韓』 106, 1987.

Yong Ick Lew, "American Advisers in Korea, 1885~1893," Andrew C. Nahm ed. *The United States and Korea : American-Korean Relations, 1886~1976*, Kalamazoo, Mich. ; The Center for Korean Studies, Western Michigan University, 1972.
_____, "An Analysis of the Reform Documents of the Kabo Reform Movement, 1894," *Journal of Social Sciences and Humanities* 40, 1974.
_____, "Yüan Shih-k'ai's Residency and the Korean Enlightenment Movement," *The Journal of Korean Studies* 5, 1984.
_____, "Dynamics of the Korean Enlightenment Movement, 1879~1889 : A Survey with Emphasis on the Roles of Korean Leaders," 中央研究院 近代史研究所 編, 『淸季自强運動硏討會論文集』 上, 臺北: 中央研究院 近代史 研究所, 1987.
Yur-Bok Lee, "Establishment of a Korean Legation in the United States, 1887~1890 : A Study of Conflict Between Confucian World Order and Modern International Relations," Mimeographed paper, 1983.

찾아보기

ㄱ

감공사 184, 210
감생청(減省廳) 179, 203
감운위원(監運委員) 241
갑신정변 20, 41, 177, 209, 211
갑오개혁 24, 25, 26, 50
강석호(姜錫鎬) 30
강진희(姜進熙) 81, 82
강태희(姜泰熙) 256
개화당 22, 48, 62, 204
거문도(巨文島) 220, 245, 246
거문도점령 220, 260
게이오의숙(慶應義塾) 18, 38, 53, 70, 71, 146
경략사(經略使) 245
경리청(經理廳) 243
고부민란(古阜民亂) 247
고영철(高永喆) 146, 275
고종폐위음모 277
곤도 마스키(近藤眞鋤) 71
공작사 227, 228, 256
광무국(鑛務局) 188, 239
교정청(校正廳) 232
교조신원운동 247
교환소(交換所) 228, 231
구본신참(舊本新參) 99, 101
군국기무처(軍國機務處) 27, 232, 283

군기처(軍機處) 177, 209
군무사 184, 210, 227, 228
군민공치(君民共治) 23
권동수(權東壽) 219
권재형(權在衡) 135, 285, 287, 312
권형진(權瀅鎭) 286, 312
균전관(均田官) 242
그레샴 164, 165, 166
그레이트하우스 99, 113, 229, 250, 272
기기국(機器局) 115, 193, 200, 228
기무처(機務處) 175, 177, 178, 180, 209
기연해방영(畿沿海防營) 190
김가진(金嘉鎭) 86, 251, 274, 284, 286, 311
김교헌(金敎獻) 312
김기석(金箕錫) 270, 280, 297
김노미(金老美) 81
김만식(金晩植) 204, 232
김명규(金明圭) 228, 254, 271, 273, 288, 307, 309
김명균(金明均) 207
김문현(金文鉉) 248
김병국(金炳國) 180, 196, 197
김병덕(金炳德) 196, 197, 199
김병시(金炳始) 97, 99, 105, 177, 180, 197, 199, 208, 211, 268, 269
김사철(金思轍) 232, 271, 274

김선근(金善根) 192
김선순(金宣純) 71
김성근(金聲根) 299, 304
김영수(金永壽) 105, 232, 238, 239, 270, 271, 272, 297, 301
김옥균(金玉均) 16, 17, 20, 23, 37, 41, 47, 70, 71, 72, 121, 204, 207, 208, 211, 279, 285
김용원(金鏞元) 219, 220
김유연(金有淵) 180, 197, 198, 199, 268
김윤식(金允植) 16, 17, 18, 23, 26, 47, 71, 75, 177, 178, 180, 200, 205, 208, 211, 217, 218, 219, 220, 221, 229, 250, 272
김윤정(金潤晶) 162, 169
김재용(金在容) 258
김정식 109, 115
김종한(金宗漢) 232, 308
김중환(金重煥) 103, 111, 128
김창현(金彰鉉) 239
김춘희(金春熙) 100, 271, 274, 306, 310
김학우(金鶴羽) 25, 26, 274, 275, 285, 286, 287, 312
김호연(金浩然) 71
김홍제(金弘濟) 101
김홍집(金弘集) 26, 47, 144, 145, 177, 178, 180, 194, 217, 218, 268

ㄴ

남궁억(南宮檍) 105, 108, 109, 110, 112, 115, 117, 128, 131, 275
남정철(南廷哲) 103, 105, 131, 192
남정필(南廷弼) 267, 275
내무부(內務府) 85, 87, 213
내무부 신설절목(內務府 新設節目) 223, 224
내무부 분사장정(內務府 分司章程) 223, 227
내정개혁방안강령(內政改革方案綱領) 232
노인정(老人亭) 232
노인정회담 26
농목국 255
농무국 273
농무사 227, 228, 255
농무학당(農務學堂) 256
농상사 184, 210

ㄷ

다뷔도프 219, 220
다이 112, 115, 119
다카히라 고고로(高平小五郎) 220, 250
당소의(唐紹儀) 283
당오전 186, 187, 201
『대한문전(大韓文典)』 13, 31
덤머학교 19, 40, 151
데니(德尼) 250, 254, 272, 273, 281, 285
『뎨(제)국신문』 58, 59
도시개조사업 94
『독립신문』 52, 54, 55, 109, 125,

126, 129, 130
『독립정(정)신』 58, 59, 60
독립협회 52, 126, 127, 128
동문학(同文學) 117, 228, 229
동학농민전쟁 25

ㄹ

르장드르 229, 250, 272, 291
링컨대학교 73, 76, 79

ㅁ

마건상(馬建常) 179, 254, 289
『만국공법(萬國公法)』 37, 43
마루야마 시케토시(丸山重俊) 168
마스다 노부유키(增田信之) 238
만주(滿洲)집중책 98
메르텐스 194
메릴 254
모오스 19, 40, 51
목승석(睦承錫) 258
묄렌도르프 179, 180, 194, 219, 220, 272
무츠 무네미츠(陸奧宗光) 27, 287
「미속습유(美俗拾遺)」 35, 66, 80, 161
민겸호(閔謙鎬) 198
민긍식(閔肯植) 221
민두호(閔斗鎬) 279, 299
민병석(閔丙奭) 206, 221, 238, 256, 302
민병승(閔丙承) 271, 274, 306, 310

민비시해사건 26, 106
민상호(閔商鎬) 98, 105, 127
민세호(閔世鎬) 221
민영규(閔泳奎) 232, 271, 272, 299, 303
민영달(閔泳達) 256, 271, 274, 280, 306, 311
민영상(閔泳商) 230, 231, 279, 305
민영소(閔泳韶) 230, 271, 272, 279, 298, 305
민영위(閔泳緯) 221
민영익(閔泳翊) 19, 20, 39, 40, 41, 142, 146, 147, 148, 150, 181, 189, 194, 195, 201, 203, 204, 208, 211, 218, 219, 239, 243, 270, 272, 276, 277, 281, 285, 297, 302
민영주(閔泳柱) 274, 311
민영준(閔泳駿) 25, 230, 231, 238, 248, 251, 270, 272, 274, 276, 278, 289, 298, 303, 309
민영환(閔泳煥) 105, 221, 230, 270, 272, 276, 278, 299, 301
민응식(閔應植) 195, 201, 204, 205, 206, 208, 211, 221, 230, 256, 270, 272, 276, 297, 301
민종묵(閔種黙) 123, 200, 201, 205, 208, 211, 218, 229, 256, 271, 280, 301
민철훈(閔哲勳) 274, 311
민치완(閔致完) 207
민태호(閔台鎬) 180, 186, 187, 195, 197, 198, 199, 208, 211

ㅂ

박규수(朴珪壽) 16, 17, 37, 115, 144, 202
박봉빈(朴鳳彬) 303
박영진 58
박영효(朴泳孝) 16, 17, 19, 20, 23, 26, 37, 39, 40, 41, 70, 106, 107, 122, 207, 208, 285
박용규(朴鎔奎) 160
박용대(朴容大) 232
박원양(朴元陽) 229
박유굉(朴裕宏) 71
박정양(朴定陽) 20, 35, 42, 52, 66, 69, 74, 75, 76, 77, 78, 80, 82, 86, 97, 98, 100, 102, 103, 105, 106, 107, 108, 115, 116, 117, 118, 119, 121, 125, 128, 130, 142, 152, 154, 155, 158, 161, 186, 200, 201, 205, 208, 230, 232, 238, 251, 252, 254, 255, 270, 271, 282, 284, 288, 298, 304
박제순(朴齊純) 192, 253, 271, 274, 288, 305, 310
박준양(朴準陽) 274, 312
박준우 72
박희진(朴喜鎭) 256
배재학당(培材學堂) 117, 119
백두산정계비(白頭山定界碑) 258
버리츠어학숙(語學塾) 73
버크 29
베베르 98, 123, 167
베이야드 82, 85, 154
변법개화파 23, 47
변수(邊燧) 65, 73, 74, 84, 146, 148, 207
변원규(卞元圭) 192
보빙사(報聘使) 19, 40, 142, 146, 193, 203
「봉사기(奉使記)」 163
부교사 228, 229
부국책(富國策) 43
브라운 99, 110, 115, 119, 123, 124, 125, 129
비변사(備邊司) 176, 226

ㅅ

사이온지 긴모치(西園寺公望) 32
사회진화론 19, 40
삼치론(三恥論) 27, 28
상리국(商理局) 228, 234
상운(尙澐) 256
상피제도(相避制度) 225, 261
서광범(徐光範) 16, 74, 146, 147, 148, 149, 150, 162, 206
서로전선(西路電線) 256, 257, 286
서병수(徐丙壽) 267, 275
서북경략사 203
서상교(徐相喬) 185, 267, 275
서상우(徐相雨) 71, 219
서상집(徐相潗) 30
『서양사정(西洋事情)』 18, 21, 38, 43
『서유견문(西遊見聞)』 21, 35, 37, 45, 51, 151
서재필(徐載弼) 74, 100, 126
선후사의육조(善後事宜六條) 178

성기운(成岐運)　192, 238, 254, 289, 311
「세계대세론(世界大勢論)」　19, 40, 55
세창양행(世昌洋行)　240
송근수(宋近洙)　268
쇠니케　235
수구당　22, 48
수독판(首督辦)　197, 198
수문사　227, 228, 256
수신사　201, 202
슈펠트　145
스뻬이에르　219, 220
시무개화파　23, 26, 47
시무학교(時務學校)　53, 54
신건친군영제(新建親軍營制)　242
신기선(申箕善)　52, 99, 100, 101, 105, 130, 177, 180, 206
신낙균(申洛均)　267, 275
신사척사운동(辛巳斥邪運動)　145
신식화폐발행장정　238
신식화폐조례　86, 237
신정희(申正熙)　232, 271
신태휴(申泰休)　239
『신학월보(神學月報)』　58
신환(申桓)　302 심동신(沈東臣)　191
심상학(沈相學)　251, 253, 271, 304
심상훈(沈相薰)　99, 100, 103, 122, 123, 124, 125, 130, 201, 203, 205, 206, 208, 211, 232, 305
심순택(沈舜澤)　196, 197, 247, 248, 268, 269
심의석(沈宜碩)　110, 115, 117, 128
심이택(沈履澤)　226, 270, 297, 301

씰　98

ㅇ

아관파천　26, 97
아더　147
안경수(安駉壽)　25, 86, 112, 113, 238, 251, 285
안길수(安吉壽)　251
안종수(安宗洙)　71
안창호(安昌浩)　60
알렌　75, 77, 81, 82, 98, 153, 161, 239, 284
어윤적(魚允迪)　53
어윤중(魚允中)　16, 17, 18, 23, 26, 177, 178, 180, 191, 203, 204, 206, 208, 211, 217, 218, 221, 229, 232, 247, 253
엄주흥(嚴柱興)　71, 275
에이와예비학교(英和豫備學校)　66, 70, 72, 116
연무공원(鍊武公院)　243
열국입약권도책　144
영선사(領選使)　178, 192, 201, 202
영약삼단(另約三端)　20, 42, 81, 116, 152, 252, 282, 288
『영환지략(瀛環志略)』　144
오가작통법(五家作統法)　259
오경석(吳慶錫)　144
오미와 쵸베에(大三輪長兵衛)　86, 238
오익영(吳益泳)　111
오장경(吳長慶)　180, 189
오토리 게이스케(大鳥圭介)　228

왓턴 83
왕석창(王錫鬯) 273, 309
용호영 243
우정사 228, 229
우정총국 203
울릉도(鬱陵島) 195, 259
원세개(袁世凱) 75, 81, 120, 152, 189, 200, 202, 204, 213, 217, 229, 233, 248, 249, 252, 253, 254, 255, 257, 258, 272, 273, 277, 279, 281, 283, 285, 288, 289
유기준(俞起濬) 267, 275
유기환(俞箕煥) 135
유길준(俞吉濬) 13, 100, 146, 147, 151, 281, 286
유석(柳璵) 274, 310
유성준(俞星濬) 15, 58, 71
유세남(劉世南) 100
유정수(柳正秀) 18, 38
유진수(俞鎭壽) 15
유치홍(俞致弘) 15
『유학경위(儒學經緯)』 105
유한택 132
유홍기(劉鴻基) 17, 179
육군도야마학교(陸軍戶山學校) 70
6무 183
6사 183, 185
육영공원(育英公院) 119, 256, 283
윤규섭(尹奎燮) 252
윤상구(尹相耉) 258
윤용구(尹用求) 97, 105, 232
윤용선(尹容善) 99, 105, 123
윤이병(尹履炳) 100, 101

윤자덕(尹滋悳) 180, 197, 199
윤철규 111
윤치오(尹致旿) 53
윤치호(尹致昊) 65, 97, 98, 190
윤태일(尹泰馹) 207, 275
윤태준(尹泰駿) 189, 201, 202, 205, 206, 208, 211
윤헌(尹瀗) 274, 307
의친왕(義親王) 30
이강(李堈) 45, 53
이경우(李景宇) 281, 303
이경직(李耕稙) 16, 306, 310
이계필(李啓弼) 65, 105, 108, 112, 113, 115, 116, 118, 128
이교익(李喬翼) 271, 301
이교헌(李敎獻) 271, 281, 302
이규석(李奎奭) 271, 281, 302
이규진 110, 115
이근호(李根澔) 239
이노우에 가오루(井上馨) 26, 144, 218
이도재(李道宰) 205, 206
이리분쟁(伊犁紛爭) 144
이만교(李萬敎) 310
이민희(李民熙) 246
이범진(李範晉) 98, 304
이상재(李商在) 77, 81, 86, 98, 105, 121, 127, 135, 153, 161
이선득(李善得) 305
이세진(李世鎭) 100, 101
이승만(李承晩) 58, 59, 60, 169
이승수(李承壽) 166
이완용(李完用) 52, 77, 79, 86, 97,

125, 128, 153, 154, 156, 159, 167,
　　169, 271, 274, 283, 307, 311
이용사　184, 210
이용익(李容翊)　30, 103, 239
이용직(李容稙)　232, 256, 310
이용태(李容泰)　248, 311
이운사(利運社)　241
이운호(利運號)　241
이원긍(李源兢)　251, 274, 312
이원일(李源逸)　304
이원회(李元會)　245, 246, 248
이위(李瑋)　274, 309
이유승(李裕承)　232
이윤용(李允用)　98, 105
이응상(李應相)　256
이인영(李寅榮)　274, 312
이일직(李逸稙)　101
이재순(李載純)　97
이재완(李載完)　302
이재우　109, 115
이재원(李載元)　270, 297
이전(李琠)　256, 275
이조연(李祖淵)　185, 189, 193, 194,
　　195, 201, 202, 205, 208, 211
이종건(李鍾健)　99, 100, 101, 105,
　　243, 271, 272, 280, 282, 302
이종원(李種元)　274, 311
이종하(李鍾夏)　81, 109, 115, 118,
　　119, 128
이중칠(李重七)　187, 206
이중하(李重夏)　207, 258
이채연(李采淵)　75, 77, 80, 83, 97,
　　98, 105, 108, 109, 110, 112, 113,

　　115, 116, 118, 119, 121, 122, 124,
　　125, 127, 128, 130, 131, 135, 153,
　　159, 164
이토 히로부미(伊藤博文)　168
이하영(李夏榮)　77, 81, 82, 97, 153,
　　159, 168, 169
이학균(李學均)　275
이헌영(李鐚永)　250, 251, 271, 274,
　　303, 309
이헌직(李憲稙)　246, 298, 306
이홍장(李鴻章)　144, 145, 152, 178,
　　179, 180, 216, 219, 252, 254, 272,
　　283, 285, 289
이화양행(怡和洋行)　240
임교상(林敎相)　185, 267, 275
임상준(任商準)　271, 302
임오군란　177, 188, 201, 209
입헌군주제　31, 47

ㅈ

장건(張謇)　179
장교사　228, 272
장내사　184, 185, 210
장박(張博)　286, 287
장어영　243
장음환(張蔭桓)　81
장통상회(長通商會)　195
장패륜(張佩綸)　179
장호익(張浩翼)　30
재프리　255
『저사집역(苧社輯譯)』　19, 39
전무위원(電務委員)　256

전보국 256, 257
전선사 184, 210
전양묵(全良黙) 251, 256, 285
전운국(轉運局) 240, 241
전운어사(轉運御史) 241
전운위원(轉運委員) 241
전주화약(全州和約) 232, 249
전헌사 227
전환국(典圜局) 85, 187, 236, 237
절영도(絕影島) 246
정경원(鄭敬源) 155, 156, 157, 159, 160, 162, 163, 284, 311
정기회(鄭基會) 299
정낙용(鄭洛鎔) 101, 105, 123, 271, 272, 280, 302
정동구락부(貞洞俱樂部) 98
정동파(貞洞派) 26, 52, 98, 99, 100, 102, 104, 119, 123, 127, 135, 280
정문섭(丁文燮) 207, 271
정미7조약 31
정범조(鄭範朝) 198, 199, 230, 238, 268, 270, 297
정성우(鄭惺愚) 100, 101
「정치학」 31
정하원(鄭夏源) 206, 271, 273, 274, 302, 309
조강하(趙康夏) 270, 271, 272, 298, 303
조동면(趙東冕) 306
조동희(趙同熙) 206, 271, 274, 306, 310
조로밀약(朝露密約) 218, 220
조로육로통상조약 219

조미조약 146, 166
조민희(趙民熙) 135
조병갑(趙秉甲) 248
조병승(趙秉承) 275
조병식(趙秉式) 130, 229, 271, 272, 298, 302
조병직(趙秉稷) 97, 229, 271, 305
조병호(趙秉鎬) 247, 305
조선외무판법(朝鮮外務辦法) 220
『조선책략(朝鮮策略)』 145
조신희(趙臣熙) 253, 251, 288, 304
조양호(朝陽號) 240
조영하(趙寧夏) 178, 179, 180, 194, 198, 199, 200
조인승(曹寅承) 232, 308
조정희(趙定熙) 303
조존두(趙存斗) 285
조종필(趙鍾弼) 232
조준영(趙準永) 200, 201, 205, 208, 211, 271, 301
조창식(趙昌植) 258
조청상민수륙무역장정(朝淸商民水陸貿易章程) 146, 178, 179, 191, 192, 253
조총희(趙寵熙) 71
조택현(趙宅顯) 30
조희연(趙羲淵) 286, 287
종목국 255
주시경(周時經) 119
주진대원(駐津大員) 192, 249, 253, 288, 289
주향국(籌餉局) 190, 196, 210
『중동전기본말(中東戰紀本末)』 58

「중립론」 151
『지구전요(地毬典要)』 144
지리사 227, 228
지운영(池運永) 207
직제사 227, 249
진수당(陳樹棠) 204, 220

ㅊ

「참호견문록(參互見聞錄)」 163
천진조약(天津條約) 220, 221
청일전쟁 25, 249
청주상평소(請鑄常平疏) 206, 274
초상국(招商局) 240, 241
총위영 243
최경석(崔景錫) 146, 255
취운정(翠雲亭) 20, 21, 41, 42

ㅋ

콜럼비안대학교 73, 79, 83, 84, 117
클리블랜드 69, 74, 81, 159

ㅌ

타운센드 71
토문감계사(土們勘界使) 207, 258
토문강(土們江) 258
통리교섭통상사무아문(統理交涉通商事務衙門) 175, 214
통리군국사무아문(統理軍國事務衙門) 175, 181, 222
통리군국사무아문 신설절목(統理軍國事務衙門 新設節目) 181, 182
통리기무아문(統理機務衙門) 175, 177, 183, 209
통리내무아문(統理內務衙門) 175, 180
통리아문(統理衙門) 175, 180
통어영 243
통위영 243

ㅍ

팔학사(八學士) 204, 206
포삼(包蔘) 188, 235
포크 147, 149
푸트 142, 146, 148, 158
피어스 239

ㅎ

하세가와 요시미치(長谷川好道) 168
하야시 곤스케(林權助) 168
하여장(何如璋) 144
한규설(韓圭卨) 20, 41, 42, 44, 99, 195, 211, 243, 271, 272, 280, 303
한규직(韓圭稷) 189, 201, 202, 205, 208
한성개잔(漢城開棧) 253
한성부 65, 93, 105
『한성신보(漢城新報)』 109, 126
한성조약(漢城條約) 218
한장석(韓章錫) 185, 304

『해국도지(海國圖志)』 16, 37, 144
해룡호(海龍號) 240
해연총제영(海沿總制營) 243, 245
헐버트 127, 256
혁명일심회(革命一心會) 30
현승운(玄昇運) 195
현영운(玄暎運) 71
현익호(顯益號) 241
현흥택(玄興澤) 146
혜상공국 195, 234
홍계훈(洪啓薰) 247, 248
홍순목(洪淳穆) 186, 196, 197
홍승운(洪承運) 184, 185, 267, 275
홍승헌(洪承憲) 273, 307, 309
홍영식(洪英植) 146, 147, 148, 150, 180, 203, 204, 205
홍종복(洪鍾復) 54
홍종우(洪鍾宇) 101
홍준표 109, 115
『황성신문(皇城新聞)』 54, 55, 56, 57
황준헌(黃遵憲) 145, 146
황토현전투(黃土縣戰鬪) 248
후쿠자와 유키치(福澤諭吉) 18, 38
흥사단(興士團) 13, 32, 33
흥선대원군(興宣大院君) 152, 218, 219, 232, 250, 277, 285

■ 한철호(韓哲昊)
· 고려대학교 사학과, 고려대학교 대학원 사학과(석사), 한림대학교 대학원 사학과(문학박사).
· 현재 동국대학교 역사교육과 교수, 한국근현대사학회 회장.

■ 주요논저
· 「개항기 일본의 치외법권 적용 논리와 한국의 대응」(『한국사학보』 21, 2005).
· 「제1차 수신사(1876) 김기수의 견문활동과 그 의의」(『한국사상사학보』 27, 2006).
· 「한국 근대 주진대원의 파견과 운영(1883~1894)」(『동학연구』 23, 2007).
· 「메이지 초기 일본외무성 관리 다나베 다이치(田邊太一)의 울릉도 · 독도인식」(『동북아역사논총』 19, 2008).
· 「우리나라 최초의 국기('박영효 태극기' 1882)와 통리교섭통상사무아문 제작 국기(1994)의 원형발견과 그 역사적 의의」(『한국독립운동사연구』 31, 2008).
· 『친미개화파연구』(국학자료원, 1998).
· 『동아시아 속의 한일 2천년사』(책과함께, 2005)(역서).
· 『일본이라는 나라』(책과함께, 2007)(역서).
· 『1905년 한국보호조약과 식민지 지배책임』(선인, 2008).
· 『북한행 엑소더스』(책과함께, 2008).